应用型本科院校“十二五”规划教材/经济管理类

Management

管理学

主　编　陈冰冰　李立辉

副主编　岳广军　魏　婧　李　刚

哈爾濱工業大學出版社
HARBIN INSTITUTE OF TECHNOLOGY PRESS

内容简介

本书是作者在长期从事管理学教学与研究的基础上，融合了当代管理学发展的最新理论与中国管理实践而推出的教材。全书共分为十二章，按照计划、组织、领导、控制以及创新等职能对管理学的基本理论、基本思想和基本方法进行了规范阐述。本书在强调理论和方法体系的同时，设置引导案例、管理小故事、练习库、实训等模块，突出内容的实务性和可操作性，以形成本书的特色。

本书可作为高等院校经济管理类各专业的本科生教材，适用于各类企事业管理人员培训，以及社会自学者作为参考书。

图书在版编目(CIP)数据

管理学／陈冰冰，李立辉主编．—哈尔滨：哈尔滨工业大学出版社，2013.1(2016.1重印)
应用型本科院校“十二五”规划教材
ISBN 978-7-5603-3975-7

Ⅰ.①管… Ⅱ.①陈… ②李… Ⅲ.①管理学-高等学校-教材 Ⅳ.①C93

中国版本图书馆CIP数据核字(2013)第018387号

策划编辑 杜 燕 赵文斌
责任编辑 苗金英
出版发行 哈尔滨工业大学出版社
社 址 哈尔滨市南岗区复华四道街10号 邮编150006
传 真 0451-86414749
网 址 http://hitpress.hit.edu.cn
印 刷 黑龙江省地质测绘印制中心印刷厂
开 本 787mm×960mm 1/16 印张21.75 字数471千字
版 次 2013年1月第1版 2016年1月第3次印刷
书 号 ISBN 978-7-5603-3975-7
定 价 39.80元

序

哈尔滨工业大学出版社策划的《应用型本科院校"十二五"规划教材》即将付梓,诚可贺也。

该系列教材卷帙浩繁,凡百余种,涉及众多学科门类,定位准确,内容新颖,体系完整,实用性强,突出实践能力培养。不仅便于教师教学和学生学习,而且满足就业市场对应用型人才的迫切需求。

应用型本科院校的人才培养目标是面对现代社会生产、建设、管理、服务等一线岗位,培养能直接从事实际工作、解决具体问题、维持工作有效运行的高等应用型人才。应用型本科与研究型本科和高职高专院校在人才培养上有着明显的区别,其培养的人才特征是:①就业导向与社会需求高度吻合;②扎实的理论基础和过硬的实践能力紧密结合;③具备良好的人文素质和科学技术素质;④富于面对职业应用的创新精神。因此,应用型本科院校只有着力培养"进入角色快、业务水平高、动手能力强、综合素质好"的人才,才能在激烈的就业市场竞争中站稳脚跟。

目前国内应用型本科院校所采用的教材往往只是对理论性较强的本科院校教材的简单删减,针对性、应用性不够突出,因材施教的目的难以达到。因此亟须既有一定的理论深度又注重实践能力培养的系列教材,以满足应用型本科院校教学目标、培养方向和办学特色的需要。

哈尔滨工业大学出版社出版的《应用型本科院校"十二五"规划教材》,在选题设计思路上认真贯彻教育部关于培养适应地方、区域经济和社会发展需要的"本科应用型高级专门人才"精神,根据黑龙江省委书记吉炳轩同志提出的关于加强应用型本科院校建设的意见,在应用型本科试点院校成功经验总结的基础上,特邀请黑龙江省9所知名的应用型本科院校的专家、学者联合编写。

本系列教材突出与办学定位、教学目标的一致性和适应性,既严格遵照学科体系的知识构成和教材编写的一般规律，又针对应用型本科人才培养目标及与之相适应的教学特点，精心设计写作体例，科学安排知识内容，围绕应用讲授理论，做到“基础知识够用、实践技能实用、专业理论管用”。同时注意适当融入新理论、新技术、新工艺、新成果，并且制作了与本书配套的PPT多媒体教学课件，形成立体化教材，供教师参考使用。

《应用型本科院校“十二五”规划教材》的编辑出版，是适应“科教兴国”战略对复合型、应用型人才的需求，是推动相对滞后的应用型本科院校教材建设的一种有益尝试，在应用型创新人才培养方面是一件具有开创意义的工作，为应用型人才的培养提供了及时、可靠、坚实的保证。

希望本系列教材在使用过程中，通过编者、作者和读者的共同努力，厚积薄发、推陈出新、细上加细、精益求精，不断丰富、不断完善、不断创新，力争成为同类教材中的精品。

黑龙江省教育厅厅长

前　言

进入21世纪以来，全球经济的迅猛发展，使得全球企业管理趋势、管理理念也发生了巨大的变化。在新的时代背景下，管理作为一项整合社会资源的活动显得更加重要，管理已成为新生产力的重要构成要素，社会对管理人才与管理水平的要求也越来越高。

管理学是一门经济管理类的专业基础课，是高等院校规定的管理类核心课程之一。学生掌握该课程的理论知识对管理类专业的其他专业课有重要的作用，实践性很强。所以管理学教材除了要求框架结构新、汇集的相关研究成果新、资料数据新之外，力求将职业道德、实践训练、创新精神贯穿全书。

本书编写的原则是：根据应用型本科院校的培养目标和此类院校学生的特点，教材内容定位在基本理论、基本概念、基本技能讲够、讲透的基础上，内容范围不宜过大，内容深度不宜太难，注重能力和技能的训练，注重理论联系实际，注重培养学生动手、动脑的创新能力。

本书编写共分为十二章，按照计划、组织、领导、控制以及创新等职能对管理学的基本理论、基本思想和基本方法进行了规范阐述。在强调理论和方法体系的同时，章节中设置引导案例、管理小故事、练习库、实训等模块，此体系既能激发学生趣味性，又能使学生加深对理论的理解，突出内容的实务性和可操作性，以形成本书的特色。

本书由陈冰冰设定体例结构，拟定编写大纲，组织编写和最后统稿。各章编写分工是：魏婧编写第一章；屈宏编写第二章；李刚编写第三章；刘乔辉编写第四章；李立辉编写第五章、第八章；陈冰冰编写第六章、第七章；程婷编写第九章；岳广军编写第十章、第十一章；王涛编写第十二章。

本书在编写的过程中，参考和借鉴了国内外一些专家、学者的书籍、报刊资料和网络资料，在此向相关资料的作者表示衷心的感谢！应用型本科院校规划教材编委会和哈尔滨工业大学出版社的领导及有关同志，对出版本书给予了亲切指导和大力支持，并付出了艰苦的劳动，在此，谨向他们表示最诚挚的谢意。

由于编者水平有限，时间仓促，疏漏之处在所难免，敬请同行和广大读者批评指正。

编　者

2012年11月

目　录

第一章　管理概述 …………………………………………………………… 1
　第一节　管　理 ………………………………………………………… 2
　第二节　管理主体——管理者 ……………………………………… 9
　第三节　管理客体和管理环境 ……………………………………… 15
　第四节　管理机制与管理方法 ……………………………………… 17
第二章　管理思想与管理理论的发展 ……………………………………… 28
　第一节　中国管理思想 ……………………………………………… 29
　第二节　西方管理思想 ……………………………………………… 31
　第三节　管理学发展趋势 …………………………………………… 46
第三章　决　　策 …………………………………………………………… 56
　第一节　决策概述 …………………………………………………… 57
　第二节　决策理论及方法 …………………………………………… 65
　第三节　管理实践中的决策 ………………………………………… 77
第四章　管理道德与社会责任 ……………………………………………… 89
　第一节　管理道德 …………………………………………………… 90
　第二节　社会责任 …………………………………………………… 103
第五章　计　　划 …………………………………………………………… 119
　第一节　计划概述 …………………………………………………… 120
　第二节　目标管理 …………………………………………………… 134
　第三节　战略管理 …………………………………………………… 138
第六章　组　　织 …………………………………………………………… 149
　第一节　组织设计概述 ……………………………………………… 150

第二节　组织变革 …… 170
第三节　组织文化 …… 177
第七章　人力资源管理 …… 187
第一节　人力资源管理概述 …… 189
第二节　人力资源管理过程 …… 194
第三节　人力资源管理实践 …… 214
第八章　领　　导 …… 224
第一节　领导与领导者概述 …… 225
第二节　领导理论 …… 235
第三节　领导艺术 …… 245
第九章　管理沟通 …… 253
第一节　沟通概述 …… 254
第二节　沟通障碍与有效沟通 …… 264
第十章　激　　励 …… 281
第一节　激励概述 …… 281
第二节　激励理论 …… 287
第十一章　控　　制 …… 298
第一节　控制的概念及作用 …… 298
第二节　控制的过程 …… 303
第三节　控制方法 …… 307
第十二章　管理创新 …… 319
第一节　管理创新概述 …… 319
第二节　传统管理创新 …… 323
第三节　新世纪管理创新——知识管理与团队合作 …… 327
参考文献 …… 338

第一章

Chapter 1

管理概述

【引导案例】

郭×最近被一家生产机电产品的公司聘为总裁。在他准备去接任此职位的前一天晚上，他浮想联翩，回忆起他在该公司工作20多年的情况。

他在大学时学的是工业管理，大学毕业后就到该公司工作，最初担任液压装配单位的助理监督。因为他对液压装配所知甚少，在管理工作上也没有实际经验，他感到几乎每天都手忙脚乱。可是他非常认真好学，他一方面仔细参阅该单位所定的工作手册，努力学习有关的技术知识；另一方面监督长也对他主动指点，使他渐渐摆脱了困境，胜任了工作。经过半年多的努力，他已有能力独自承担液压装配的监督长工作。可是，当时公司没有提升他为监督长，而是直接提升他为装配部经理，负责包括液压装配在内的四个装配单位的领导工作。

在他当助理监督时，它主要关心的是每日的作业管理，技术性很强。而当他担任装配部经理时，他发现自己不能只关心当天的装配工作状况，他还得做出此后数周乃至数月的规划，还要完成许多报告和参加许多会议。他没有多少时间去从事他过去喜欢的技术工作。当上装配部经理不久，他就发现原有的装配工作手册已基本过时，因为公司已安装了许多新的设备，吸收了一些新的技术，这令他花了整整一年时间去修订工作手册，使之切合实际。在修订过程中，他发现要让装配工作与整个公司的生产作业协调起来，有很多需要进一步研究的工作。他还主动到几个工厂去访问，学到了许多新的工作方法，他也把这些吸收到修订工作中去。由于该公司的生产工艺频繁发生变化，工作手册也不得不经常修订，郭×对此都完成得很出色。他工作了几年后，不但自己学会了这些工作，而且学会了如何把这些工作交给助手去做，教他们如何做好，这样他可以腾出更多的时间用于规划工作和帮助他的下属工作得更好，用更多的时间去参加会议、批阅报告和完成自己向上级的工作汇报。

当他担任装配部经理六年之后，正好该公司负责规划工作的副总裁辞职，郭×便主动申请担任此职务。在同另外5名竞争者较量之后，郭×被正式提升为规划工作副总裁。他自信拥有担任此新职务的能力，但由于此高级职务工作的复杂性，仍使他在刚接任时碰到了不少麻烦。但是，他还是渐渐适应了，做出了成绩，以后又被提升为负责生产工作的副总裁，而这一职位通常是由该公司资历最深的、辈分最高的副总裁担任。到了现在，郭×又被提升为总裁。他知道一个人当上公司最高主管职位之时，应该自信自己有处理可能出现的任何情况的才能，但他也明白自己尚未达到职位所要求的水平。因此，他不禁想到自己明天就要上任了，今后数月的情况会怎么样？他不免为此而担忧！

上述"引导案例"讲述了郭×在20多年的工作中担任过各种层次的管理者，在担任这些层次管理者的过程中，职能有所不同。郭×升任总裁以后，将成为决策指挥者，这一职能与他以前担任的管理者的职能是不一样的。试回答以下问题：

1. 你认为郭×当上总裁后，它的管理职责与过去相比有了哪些变化？

2. 从管理者职能的角度，对郭×20多年的管理工作进行分析。

解决这些问题所涉及的理论知识和技能正是本章要讲述的内容。

【本章主要内容】

1. 掌握管理的含义；
2. 理解管理的属性；
3. 掌握管理者的素质要求；
4. 理解管理者的基本职能；
5. 理解管理对象的构成与环境分类；
6. 了解管理方法的分类，掌握管理机制的机理与类型。

第一节 管 理

大到全世界，小到一个班级，一个宿舍单元，我们的生活方方面面都离不开管理。一个国家，一个学校，一家银行，如果没有适当的人来管理，国家会走向灭亡，学校会停滞不前甚至衰退，银行会产生由经营不善导致的巨额坏账。我们国家的管理正由粗放型管理向集约型管理迈进，第三部门开始兴起，服务类行业在各行各业中的比重得以加强。政府管理由强权管理走向公共管理，由善管走向善治，由公共管理走向公共服务。一个学生组织，一个部门，小到对组织成员的管理制度，开会的考勤制度，请假制度，都需要认真制定，并且要对每一阶段的工作进行总结。将好的方式方法进行保留，将存在的问题及时加以解决。如果是管理方面的不足，需要及时修订制度，以保证同样的问题不会再出现。

【管理小故事 1.1】

一个小男孩有一条裤子，自己很喜欢，但是穿上后才发现裤子太长了，不合适。于是他找到了奶奶，央求她帮忙改一下。奶奶说现在的家务事太多，忙不开，让他去找妈妈。于是小男孩找到了妈妈，可妈妈正在忙着，没时间。最后小男孩没办法只好去找姐姐，但姐姐说有约会，时间就要到了。小男孩怀着失望的心情睡着了。过了一会儿，奶奶忙完家务事，想起了小孙子说的事，于是就把小男孩的裤子剪短了。妈妈忙完后，也剪短了一截。姐姐回来后，也剪短了一截。可想而知，小男孩的裤子会变成什么样子。

从这个故事不难看出，裤子何以越改越短，奶奶、妈妈和姐姐的好心，何以变成了爱的幽默？故事中的奶奶、妈妈和姐姐恰如我们管理生活中的三个管理者，这个故事反映了我们管理工作中的一些弊端，也给了我们许多启迪。

其实，我们的员工就像小男孩一样无助。而我们的管理者呢，要么都不管，要么都来管。可想而知，我们的员工如果同时接受几个上级的命令，肯定会导致局面混乱、效率低下或出现无人负责的局面；也经常因分工不明而出现互相推诿、指责的现象。

首先，没有明确的岗位职责，也就是分工不明确，一条裤子有条件去改动的有多人，出现了一职多人的现象。大家都去抢着做一件事未必是件好事。分工协作、各负其责才能使工作效益最大化。

再次，要养成及时反馈的习惯。无论是上级安排工作，还是下级向领导反映工作或要求帮助，管理者都要在限定的时间内做出及时合理的答复。避免因为管理者不予处理或忘记处理造成下属转找其他相关负责人。另外，即使管理者不在，也要交代相关人员给予处理，但要指清人选和所负责的工作，以免出现不必要的混乱。故事中的奶奶、妈妈和姐姐就是缺乏沟通和反馈的工作习惯，造成了一项工作重复做，最终结果是把简单的工作做砸了。

最后，要做好监督工作和信息共享的工作。小男孩虽然请求了多人为其改裤子，但是其没有做好监督工作和信息共享的工作，工作交接不清，一条裤子被改动三次他也有很大责任，只有养成好的工作习惯，很多事情才会变得简单自然。

管理是个充满智慧和挑战的工作，但智慧的人们，你的裤子有多长？你是第几个剪这条裤子的人？还是你根本就从没剪过。

一、管理的重要性

管理的重要性具体表现在以下四个方面。

（一）管理有利于资源的有效利用

①管理必须侧重于组织的成效和绩效。实质上，管理的第一个任务是规定组织的成效和绩效，而任何有这方面经验的人都可以证明，这实质上是最艰难、最有争议的任务，但同时也是最重要的工作。因此，管理的责任就是通过协调组织的资源，在组织内外取得成效。

②从管理的任务上看，管理能够使这一体系中共同工作的人用尽可能少的支出（包括人力、物力、财力等），去实现他们的目标。

③从管理的性质上看，管理是引导人力和物质资源进入动态的组织以达到这些组织的目标，使服务对象获得满意，并且使服务的提供者获得一种高度的成就感。

（二）管理是促进生产力发展的关键因素

先进的科学技术与先进的管理是推动现代社会发展的“两个轮子”，二者缺一不可。管理在现代社会中占有重要地位。经济的发展固然需要丰富的资源与先进的技术，但更重要的还是组织经济的能力，即管理能力。从这个意义上说，管理本身就是一种经济资源，作为"第三生产力"在社会中发挥作用。先进的技术，要有先进的管理与之相适应，否则，落后的管理就不能使先进的技术得到充分发挥。

（三）管理是一个组织和社会经济利益的重要手段

管理是保证组织有效的运行所必不可少的条件，管理是组织协调各部分活动，并使之与环境相适应的主要力量。所有的管理活动都是在组织中进行的，有了管理组织才能正常地进行活动。管理是一切组织正常发挥其功能的前提，任何一个组织的集体活动，无论性质如何，都只有在管理者对它加以管理的条件下，才能按照所要求的方向进行。只有通过管理使组织各个要素有机地结合起来，组织才能正常地运行与活动。管理的作用还表现在实现组织目标上。组织只有通过管理，才能有效地实现组织的目标。有效的管理正在寻求组织要素、各环节、各项管理措施、各项政策以及各种手段的最佳组合。通过这些组合，就会产生一种新的效能，可以让各个要素发挥其最佳的效果，从而有助于实现组织的目标。

（四）管理可以有效促进社会的发展及提高社会生活质量

管理就是使工作标准化，使管理过程自动化，因而管理的作用只有一个，那就是防止失误的发生。因此，管理有利于促进社会的发展。

二、管理的含义与属性

（一）管理的含义

"管"，中国古代指锁匙。《左传》："郑人使我掌其北门之管。"可引申为管辖、管制，体现着权力的归属。"理"，本义是治玉。《韩非子·和氏》："王乃使人理其璞，而得玉焉。"引申为整理或处理。二字连用，表示在权力范围内，对事物的管束和处理过程。

在西方，管理的含义稍有不同。它一般与人类的组织活动有关。人类在实践中发现，许多人在一起工作能够完成个人无法完成的任务，于是慢慢地产生了各种社会组织。在组织内，为了协调大家的活动，就产生了管理。

1. 组织的含义

组织是对完成特定使命的人的系统性安排。实际中的组织形形色色，人们对组织认识的角度各有差别。但一般来说，任何一个组织的存在都必须具备以下三个条件。

（1）组织是人组成的集合

组织是由人构成的，同时组织活动也需要一定的物质资源。因此组织既是物质结构，又是社会结构。组织活动的资源配置是通过人来完成的，正是人群形成了组织，没有人群便没有组织。

（2）组织具有一定的目标

任何组织都有其基本的使命和目标，企业是为了生产产品、提供服务以满足顾客需要；教育机构是为了培养人才;医院是为了给病人提供健康服务等。组织的使命和目标说明了组织存在的理由。

(3)组织通过专业分工和协调来实现目标

组织之所以存在,是因为它能够满足人们在日常生活和社会活动中的某种需要,这就构成了组织基本的使命和目标。为了完成自己的使命和目标,组织必须开展实际的业务活动(统称作业工作),如医院的诊治、学校的教学、工业企业的生产等。组织是直接通过作业活动来完成组织目标的,而作业活动的开展又离不开相应的人力资源(员工)、物力资源(原材料和机器设备)、财力资源(资金)和信息资源(各种数据和情报)等的运用作为条件,否则作业活动就会成为"无米之炊"。因此,为了保证作业活动基本过程的顺利、有效进行,还需要开展另一方面的活动——管理。因此,组织中的活动便由此实现其基本的专业化分工——作业和管理两大类。可见,管理工作是组织内独立进行的、有别于作业工作又为作业工作提供服务的活动,是保证组织正常运行、发展以实现组织目标的手段。

2. 管理的含义

如前所述,组织活动可分为基本的两大类:①直接导致组织目标完成的作业活动;②确保作业活动有效进行的管理活动。因此,管理是任何组织都不可或缺的。那么什么是管理呢?由于管理活动的复杂性,不同的学者对此见仁见智,从不同角度提出了自己的看法。

泰勒对管理的定义:"管理是一门怎样建立目标,然后用最好的方法经过他人的努力来达到的艺术。"

孔茨强调管理的工作任务,他认为:"管理是指同他人一起,或通过他人有效完成任务。"穆尼认为,"管理就是领导",重在强调管理者个人的作用。西蒙等人认为,决策贯穿于管理的全过程和各个方面,因而提出"管理就是决策。"

法约尔对管理的定义:"管理就是计划、组织、控制、指挥、协调。"

这些定义从不同的侧面反映了管理的性质。为便于进行广泛的讨论,本书采用下面的定义:在特定的环境条件下,以人为中心,对组织所拥有的资源进行有效的计划、组织、领导、控制,以便达到既定组织目标的过程。这一定义有四层含义:

(1)管理的目标是保证组织目标的实现

管理是任何组织不可缺少的,但绝不是独立存在的。管理不具有自己的目标,不能为管理而进行管理,管理的终极目的只是保证作业活动的有效进行,为实现组织目标服务。

(2)管理的对象是组织的各类资源

人的需要是无限的,而满足这些需要的资源是有限的。小至家庭,大到国家,所有组织都面临着稀缺资源如何在成员中有效配置的问题。尽管同一组织的成员有共同的目标,但各个人的观念、志趣、经验、能力不尽相同,矛盾在所难免。因此,组织成员之间的协调是组织存在并正常运行的前提,也是管理的基本内容之一。

(3)管理工作由一系列相互关联、连续进行的活动构成

这些活动包括计划、组织、激励、领导、控制等,它们构成了管理的基本职能。

①计划职能(Planning),包含规定组织的目标,制定整体战略以实现这些目标,以及将计划逐层展开,以便协调和将各种活动一体化。计划的好坏决定了组织绩效的高低,计划的成果就形成了组织的战略。

②组织职能(Organizing),包括决定组织要完成的任务是什么;谁去完成这些任务;这些任务怎样分类组合;谁向谁报告以及各种决策应在哪一级上制定。

③激励职能(Stimulating),要求管理者分析员工需要,将员工个人需要的满足与组织任务的实现密切结合起来,充分调动下属的积极性。

④领导职能(Leading),管理者向员工描述未来清晰的愿景,调动组织成员的能动性,使他们理解自己在组织目标过程中所起的作用。

⑤控制职能(Controlling),管理者评价组织目标的实现情况并确定采取什么样的行动来保持和提高业绩。

管理职能的提出与划分,为研究管理问题提供了一个理论框架或理论体系。有关管理的概念、理论、原则、方法和程序都可以按照不同的管理职能而加以分类归纳并予以系统论述,而管理职能则涵盖了管理的基本要素。

职能是互不相关而孤立存在的。它们既相互联系、相互依存,又各自发挥其独立作用。计划职能是管理的首要职能,没有计划,组织、领导、控制都无从谈起;但没有组织、领导和控制,计划也不能有效落实,特别是控制职能,能对前三项职能的有效实施起很好的反馈作用。

(4)管理活动在一定的环境背景下进行

任何组织都是在一定环境中从事活动的;任何管理也都要在一定的环境中进行,这个环境就是管理环境。管理环境的特点制约和影响管理活动的内容和进行。管理环境的变化要求管理的内容、手段、方式、方法等随之调整,以利用机会,趋利避害,更好地实施管理。管理应善于发现环境为组织提供的机会和构成的威胁。

3. 管理效果的度量

管理工作的效果通过组织效率和组织效能来衡量。管理要通过综合运用组织中的各种资源来实现组织的目标。在组织活动中,管理负责把资源转化为成果,将投入转化为产出。由于社会资源的稀缺性,组织从环境中获得的各种资源都是有成本的,任何组织都不可能无偿使用资源。所以管理者必须关心所经营的输入资源的有效利用。管理的成效好坏、有效性如何,集中体现在它是否使组织以最少的资源投入,取得最大的、合乎需要的成果产出。对于给定的输入,如果能获得更多的输出,就提高了效率;同样,对于较少的输入,能够获得同样的输出,也就提高了效率。因此,效率意味着组织具有较为合理的投入产出比,管理具有比较高的效率,就是为了使资源成本最小化。

然而,仅仅有效率是不够的,管理还必须使活动实现预定的目标,即追求活动的有效性,也称效果(Effectiveness)。当管理者实现了组织的目标,我们就说他们是有效果的。因此,效率涉及的是活动的方式，而效果涉及的是活动的结果。

效率和效果是互相联系的。例如，如果某个人不顾效率，它很容易达到有效果。精工(Seiko)集团如果不考虑人力和材料输入成本的话，它还能生产出更精确和更吸引人的钟表。为什么一些政府机构经常受到公众的抨击，按道理说他们是有效果的，但他们的效率太低，也就是说，他们的工作是做了，但成本太高。因此，管理不仅关系到使活动达到目标，而且要做得尽可能有效率。

组织可能是有效率的但却是无效果的吗？完全可能，那种要把错事、根本没有必要做的事干好的组织就是如此！在日常生活中，人们常常只注重某一方面。例如，有的政府部门常常只注意如何用各种规章制度、政策法规规范人们的行动，使其保持正确的方向，却不注重提高办事效率，以至出现一个建设项目要盖上百个、上千个图章的事例；有的企业则常常只注重效率而忽视了效益，如通过实施计件工资制提高了工人的生产效率，大量生产出来的却是市场并不需要的商品，以至于库存积压、负债累累。显然，相对而言，效益是第一位的。试想，如果本来就是一件不应该做的事，你却把它做得很好，有什么意义呢？当然，以为只要目标是对的，就可以不讲效率、不惜工本，也是不对的。成功的管理不仅要确保做正确的事，而且要尽可能做得好。好的管理就是要做好对的事。

当然，在更多的情况下，高效率还是与高效果相关联的。低水平的管理绝大多数是由于无效率和无效果，或者是通过以牺牲效率来取得效果的。

(二)管理的属性

1. 管理的二重性

管理具有自然属性和社会属性二重性，这是马克思主义关于管理问题的基本观点。管理的自然属性是与生产力相联系的属性，即管理源于许多人一起进行的协作劳动，是有效组织共同劳动所必需的，具有同生产力和社会化大生产相联系的自然属性；管理的社会属性是与生产关系相联系的属性，即管理是在一定的生产关系条件下进行的，必然体现着生产资料所有者指挥劳动、监督劳动的意志，因此，它又有同生产关系和社会制度相联系的社会属性。管理是自然属性与社会属性的统一。

学习和掌握管理的二重性对我们学习和理解管理学、认识我国的管理问题、探索管理活动的规律，以及运用管理原理来指导实践都具有重大的现实意义。

首先，管理的二重性体现着生产力和生产关系的辩证统一关系。把管理仅仅看作生产力或仅仅看作生产关系，都不利于我国管理理论和实践的发展。只有遵循管理的自然属性要求，并在充分体现社会主义生产关系的基础上，分析和研究我国的管理问题，形成具有中国特色的管理学，才能更好地指导我国的管理实践。

其次，西方的管理理论、技术和方法是人类长期从事生产实践的产物，是人类智慧的结晶，是不分国界的。我们可以学习、引进国外先进的管理理论、技术和方法，根据我国的国情，去其糟粕，取其精华，洋为中用，博采众长，使其成为我国管理理论体系的有机组成部分。

第三，管理总是在一定的生产关系下进行的，体现着一定的统治阶级的意志。所以，在学习西方管理理论时应有原则性，要分析其特殊性和相对局限性，有鉴别、有选择地为我所用。

第四，任何管理理论、技术与方法的出现，都有其时代背景，都是与当时的生产力及社会条件相适应的。因此，我们在应用某些理论、技术与方法时，必须结合本部门、本单位的实际情况，因地制宜，这样才能取得良好的效果。

2. 管理的科学性与艺术性

管理既是一门科学，又是一门艺术。管理是科学与艺术的统一；是客观规律与主观能动性的统一。

（1）管理是一门科学

管理作为一门科学，具有科学的一般特性，即规律性、程序性和技术性。

①规律性。管理科学是人类在长期的社会生产实践活动中，对管理活动规律的总结。管理科学是系统化的理论知识，它把管理的规律性提示出来，形成原则、程序和方法，使管理成为理论指导下的规范化理性行为。承认管理的科学性，就是要求人们在管理活动中不断发现与摸索管理的规律性，按照管理的规律办事。

②程序性。科学的逻辑在管理活动中表现为一种严格的程序化操作，程序性是管理活动的一个重要特征。这种程序性首先体现在管理流程的设计中，其次体现在具体的操作方法上。

③技术性。管理科学是一门应用性很强的科学，管理理论通过具体的管理技术和技能得到应用。

（2）管理是一门艺术

管理是一种随机的创造性工作，它不可以单纯通过数学计算去求得最佳答案，也不可能为管理者提供解决问题的具体模式。从这个意义上讲，管理是一种艺术。管理的艺术体现在应变性、策略性和协调性三个方面。

①应变性。管理者在管理过程中，会遇到各种意想不到的事件，有无应变能力，便显得十分重要。尤其是当组织遇到突然的重大变故时，管理者的应变能力往往起着决定性的作用。

②策略性。管理者不仅需要运用智慧进行战略层面上的思维和运作，更需要策略层面上的灵活操作，只有一个个策略上的成功，才能最终取得战略上的成功。

③协调性。管理者的重要任务就是对各种关系进行协调，既有人与人的关系协调，也有人与物的关系协调。管理关系的复杂性，使得管理活动经常游离于“按部就班”之外，此时，保证组织的正常运转，依赖的往往不是章法而是协调，即各种关系的正确处理。

纵观管理实践和管理理论的发展历程，可以看出管理是从科学性始发，历经艺术性的发展，科学性的加强，又回到艺术的螺旋上升的过程，虽然在不同时期侧重点不同，但终究是科学与艺术兼具的统一体。管理科学反映管理关系领域中的客观规律，是一个不断丰富的知识体系；管理艺术则以管理知识和经验为基础，是富有创造性的管理技巧综合。管理科学是管理这一能动过程的客观规律的反映,而管理艺术则是它的主观创造性方面的反映。管理者只有既懂得管理科学又有娴熟的管理艺术,才能使自己的管理活动达到炉火纯青的地步。

第二节　管理主体——管理者

一、管理者的含义

(一)管理者的概念

我们将组织活动分为作业活动和管理活动两大类,这样,组织成员也就根据他们从事的不同类型的工作而分为作业人员和管理人员。当然这种区分不是绝对的。许多情况下,管理人员也做些作业工作。这有利于促进领导者和下属的沟通理解。如医院院长有时也做些外科手术,学校校长也要讲课,企业销售经理也可能参与业务谈判和签订销售合同等。但无论如何,一个管理者不能把他的大部分时间和精力用于作业工作,不然他就不可能成为一个称职的管理者。

管理人员的工作,从本质上讲,是通过他人并使他人同自己一起实现组织的目标。通常情况下,管理者并不亲自从事具体工作,而是委托他人去做,自己花大量的时间和精力进行计划安排、组织领导和检查控制他人的工作。管理者之所以在身份和地位上不同于其他人,就是因为其"分内"工作性质与作业人员的工作迥然不同,而且管理者还要对其他人的工作负最终责任。正是在促成他人努力工作并对他人工作负责这一点上,管理人员与作业人员构成了组织中相对独立的两大部分成员。

因此,管理者是那些在组织中行使管理职能、指挥或协调他人完成具体任务的人。作业人员是指在组织中直接从事具体的业务,且不承担对他人工作监督职责的人。

(二)管理者的职责

作为一个管理者能否将自己的思想行为和事业紧紧揉合在一起,在员工中产生巨大的凝聚力,使事业取得成功,这是一个管理者的重要职责。

作为一个管理者首先应该是抓大事,而不应"事必躬亲"。管理者的责任,归结起来,主要是出主意、用干部两件事。一切计划、决策、指示都属于出主意一类;一切选才、用人都属于用干部一类。概括地讲,作为一个管理者应抓好以下几项工作:

1. 目标规划和科学决策

"凡事预则立,不预则废",可见计划、决策是工作成败的关键。现代管理者不是封建时代的官僚,而应成为为人民造福的"公仆",应当对本公司的发展前景有一张清晰的蓝图,对本公司的长远发展方向、中期和近期的奋斗目标了如指掌,并对实现这些目标的途径和步骤做出明确具体的规划,这是作为现代管理者的第一件大事。

科学决策,就是管理者运用科学的思维方法,对准备行动的若干方案进行选择,以期达到最优目标。当前,社会分工越来越细,每一个决策的失误,都会带来很大损失,作为一个管理者应该经常提醒自己决策是否具有科学性。

(2)制定规范和组织协调

建立合理而有效的组织机构,制定各种全局性的管理制度,协调好内部各种人员的关系,保证目标规划的实现,是管理者的又一项重要工作。

现代管理者不能只强调个人的作用,不能仅靠个人的威信、关系和经验来管理公司,而应靠制定各种规章制度,靠各种经济责任制的落实,靠科学的管理方法来管理公司。只有这样才能更好地调动每个员工的积极性。

协调是谋求大家行动上的步调一致,沟通则是求得思想上的共同了解,没有恰当的协调和有效的沟通,再好的计划也不能付诸实施。因此,作为一个管理者必须注意做好组织的协调和沟通,使整个公司或部门形成一个坚强的集体,而我们的各级管理就好比一个乐队的指挥,一个高明的指挥,要能够在不干扰整体演奏的情况下,及时、巧妙地对某些乐器加以指挥和调整。

(3)选才和放权

任何一个管理者的思想、意图都需要下属去贯彻执行,管理者不一定处处比自己的下属高明。而管理者的工作要想收到事半功倍的效果,必须善于选才用人。古今中外大凡有远见者都很注重举贤、用贤和育贤。

放权是管理的一项重要职责,作为一个管理者应按照下级的管理范围逐级放权。这样不仅可以减轻管理者的负担,而且把权分给下属,人尽其才,各司其职,既提高了管理效能,又调动了下属的积极性。同时,作为一个管理者还要把培养自己的接班人作为一项重要任务努力地去完成。一些企业甚至明文规定,在没有培养出足以代替自己的合格接班人以前,就不得晋升。在这一点上我们的管理者也应有所借鉴,应当形成一种习惯,从自己上任的第一天起,就努力地去发现和培养自己的接班人。

二、管理者的分类

(一)按组织层次分类

管理人员是从事全部或部分管理工作的人的总称。一般来说,一个组织中从事管理工作的人可能有许多,可以将这些管理者按所处的组织层次不同划分为高层管理者、中层管理者和基层管理者,如图1.1所示。

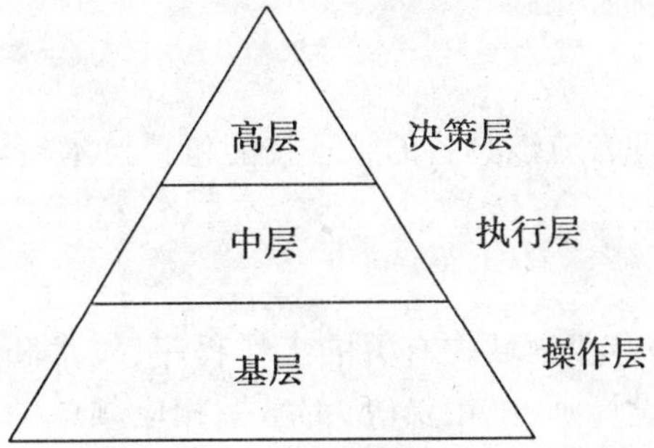

图 1.1　管理者的层次

1. 高层管理者

高层管理者是指对整个组织的管理负有全面责任的人,他们的主要职责是:制定组织的总目标、总战略,掌握组织的大政方针并评价整个组织的绩效。他们在与外界的交往中,往往代表组织以“官方”的身份出现。

2. 中层管理者

中层管理者通常是指处于高层管理者和基层管理者之间的一个或若干个中间层次的管理者,他们的主要职责是:贯彻执行高层管理者所制定的重大决策,监督和协调基层管理者的工作。与高层管理者相比,中层管理者更注意日常的管理事务。

3. 基层管理者

基层管理者亦称第一线管理人员,也就是组织中处于最低层次的管理者,他们所管辖的仅仅是作业人员而不涉及其他管理者。他们的主要职责是:给下属作业人员分派具体工作任务,直接指挥和监督现场作业活动,保证各项任务的有效完成。

上述三个不同层次的管理人员,其工作内容和性质存在着很大的差别。第一线管理人员主要关心的是具体工作的完成,他们在处理问题时,往往凭借的是其丰富的生产、销售或研究工作经验和熟练的技术才能。而最高管理层人员则对组织总的长远目标和战略计划感兴趣,他们在处理问题时,往往依靠的是其丰富的人际技能与战备洞察力。因此,第一线管理人员所考虑的问题,往往是机器调整和设备维修等;而最高管理层人员所关心的问题,则可能是如何制订战略计划,把竞争对手的市场夺过来,以扩大自己的市场占有率等。总地说来,第一线管理人员所关心的主要是具体的战术性工作,而最高管理层人员所关心的则主要是抽象的战略性工作。

(二)按管理领域分类

可以将这些管理者按管理领域分为综合管理者和专业管理者。综合管理者即负责管理整个组织或组织中某个事业部门的全部活动的管理者;专业管理者即仅仅负责管理组织中某一类活动的管理者。

三、管理者的技能

通常而言,作为一名管理者应该具备的管理技能包括技术技能、人际技能、概念技能三大方面。

(一)技术技能

技术技能是指使用某一专业领域内有关的工作程序、技术和知识完成组织任务的能力。例如,工程师、会计师、广告设计师、推销员等,都掌握相应领域的技术技能,所以被称作专业技术人员。对于管理者来说,虽然没有必要使自己成为精通某一领域技能的专家(因为他可以依靠有关专业技术人员来解决专门的技术问题),但他还是需要了解并初步掌握与其管理的专业领域相关的基本技能,否则就将很难与他所主管的组织内的专业技术人员进行有效的沟通,从而也就无法对他所管辖的业务范围内的各项管理工作进行具体的指导。毋庸置疑,医院的院长不应该是对医疗过程一窍不通的人,学校的校长也不应该是对教学工作一无所知的人,工厂的生产经理更不应该是对生产工艺毫无了解的人。当然,不同层次的管理者,对于技术技能要求的程度是不相同的。相对而言,基层管理者需要技术技能的程度较深,而高层管理者则只需要有些粗浅了解即可。

(二)人际技能

人际技能是指与处理人事关系有关的技能,即理解、激励他人并与他人共事的能力。这种能力当然首先包括领导能力,因为领导者必须学会同下属人员沟通并影响下属人员的行为。但人际技能的内涵远比领导技能广泛,因为管理者除了领导下属人员外,还得与上级领导和同级同事打交道,还得学会说服上级领导,学会同其他部门同事紧密合作。可以说,人事关系这项技能,对于高、中、低层管理者有效地开展管理工作都是非常重要的,因为各层次的管理者都必须在与上下左右进行有效沟通的基础上,相互合作,共同完成组织的目标。

(三)概念技能

概念技能是指综观全局、认清为什么要做某事的能力,也就是洞察企业与环境相互影响之复杂的能力。具体地说,概念技能包括理解事物的相互关联性从而找出关键影响因素的能力、确定和协调各方面关系的能力以及权衡不同方案优劣和内在风险的能力等。显然,任何管理者都会面临一些混乱而复杂的环境,需要认清各种因素之间的相互关系,以便抓住问题的实质,根据形势和问题果断地做出正确的决策。因此,管理者所处的层次越高,其面临的问题越复杂,越无先例可循,就越需要概念技能。

处于不同层次的管理者所应掌握和应用的技能是有一定差异的,高层管理者主要应掌握概念技能,对组织的战略发展方向和战略目标有清晰的把握和准确的定位,使组织更好地适应不断变化的环境;在组织中的基层管理者则需要有很好的技术技能,要在基层的作业环节有效带领团队实现企业的既定目标;但对于各层管理者同等重要的是人际技能。

四、管理者的角色

20 世纪 60 年代末期,亨利·明茨伯格(Henry Mintzberg)对 5 位总经理的工作进行了一项仔细的研究,他的发现对长期以来对管理者工作所持的看法提出了挑战。例如,与当时流行的成见相反,这种成见认为管理者是深思熟虑的思考者,在做决策之前,他们总是仔细地和系统地处理信息。而明茨伯格发现,他所观察的经理们陷入大量变化的、无一定模式的和短期的活动中,他们几乎没有时间静下心来思考,因为他们的工作经常被打断。有半数的管理者活动持续时间少于 9 分钟。在大量观察的基础上,明茨伯格提出了一个管理者究竟在做什么的分类纲要。明茨伯格的结论是,管理者扮演着 10 种不同的,但却是高度相关的角色。管理者角色(Management Roles)这个术语指的是特定的管理行为范畴,正如表 1.1 所示,这 10 种角色可以进一步组合成三个方面:人际关系、信息传递和决策制定。

表 1.1　明茨伯格的管理者角色理论

角色	描述	特征活动
人际关系方面		
(1)挂名首脑	象征性的首脑,必须履行许多法律性的或社会性的例行义务	迎接来访者,签署法律文件
(2)领导者	负责激励和动员下属,负责人员配备、培训和交往的职责	实际上从事所有的有下级参与的活动
(3)联络者	维护自行发展起来的外部接触和联系网络,向人们提供恩惠和信息	发感谢信,从事外部活动或从事其他外部活动
信息传递方面		
(4)监听者	寻求和获取各种特定的即时的信息,以便透彻地了解组织与环境,作为组织内部和外部信息的神经中枢	阅读期刊和报告,保持私人接触
(5)传播者	将从外部和下级得到的信息传递给组织的其他成员——有些是关于事实的信息,有些是解释和综合组织的有影响的人物的各种价值观点	举行信息交流会,用打电话方式传达信息
(6)发言人	向外界发布有关的组织的计划、政策、行动、结果等信息,作为组织所在产业方面的专家	举行董事会议,向媒体发布信息
决策制定方面		
(7)企业家	寻求组织和环境中的机会,制定改进方案以发起变革,监督某些方案的策划	制定战略,检查会议执行情况,开发新项目
(8)混乱驾驭者	当组织面临重大的、意外的动乱时,负责采取补救行动	制定战略,检查陷入混乱和危机的时期
(9)资源分配者	负责分配组织的各种资源——事实上是批准所有重要的组织决策	调度、询问、授权,从事涉及预算的各种活动和安排下级的工作
(10)谈判者	在主要的谈判中作为组织的代表	参与工会进行合同谈判

(一)人际关系方面的角色

人际关系角色(Interpersonal Roles)指所有的管理者都要履行礼仪和象征性的义务。当学院的院长在毕业典礼上颁发毕业证书时,或者工厂领班带一群高中学生参观工厂时,他们都在扮演挂名首脑的角色。此外,所有的管理者都具有领导者的角色,这个角色包括雇用、培训、激励、惩戒雇员。管理者扮演的第三种角色是在人群中间充当联络员。明茨伯格把这种角色描绘成与提供信息的来源接触,这些来源可能是在组织内部或外部的个人或团体。销售经理从人事经理那里获得信息属于内部联络关系;当这位销售经理通过市场营销协会与其他公司的销售执行经理接触时,他就有了外部联络关系。

(二)信息传递方面的角色

信息角色(Information Roles)指所有的管理者在某种程度上,都从外部的组织或机构接受和收集信息。典型的情况是,通过阅读杂志和与他人谈话来了解公众趣味的变化,竞争对手可能正打算干什么,等等,明茨伯格称此为监听者角色;管理者还起着向组织成员传递信息的作用,即扮演着传播者的角色;当他们代表组织向外界表态时,管理者是在扮演发言人的角色。

(三)决策制定方面的角色

决策角色(Decision Criteria),明茨伯格围绕制定决策又确定了4种角色:①作为企业家,管理者发起和监督那些将改进组织的问题;②作为混乱驾驭者,当组织面临更大的、意外的动乱时,管理者负责采取补救活动;③作为资源分配者,管理者负有分配人力、物质和金融资源的责任;④当管理者为了自己组织的利益与其他团体议价和商定成交条件时,是在扮演谈判者的角色。

大量的后续研究试图检验明茨伯格的角色理论的有效性,这些研究涉及不同的组织和这些组织的不同的管理层次。研究证据一般都支持这样一种观点,即不论何种类型的组织和在组织的哪个层次上,管理者都扮演着相似的角色。但是,管理者角色的侧重点是随组织的等级层次变化的,特别是传播者、挂名首脑、谈判者、联络者和发言人角色,对于高层管理者要比低层管理者更重要。相反,领导者角色对于低层管理者,要比中、高层管理者更重要。

能否认为,通过对管理工作的实际观察得出的10种角色观点会使计划、组织、领导、控制这种传统的职能理论失效呢?答案是否定的。

首先,职能方法仍然代表着将管理者的工作概念化的最有效的方式 。经典的职能理论提供了一种清晰的和界限明确的方法,使我们能够对管理者从事的成千种活动和用以实现组织目标的各种技术进行明确的分类。

其次,虽然明茨伯格可以给出更详细的和仔细斟酌过的管理角色分类方案,但是这些角色实质上与四种职能是一致的。明茨伯格提出的许多角色,基本上可以归入一个或几个职能中。比如,资源分配角色就是计划的一部分,企业家角色也属于计划职能;所有人际关系的三种角色都是领导职能的组成部分;而其他大多数角色也与四个职能中的一个相吻合。当然并非所有的角色都是如此,这种差别实质上可以用明茨伯格的综合管理活动和纯粹管理工作的观点来解释。

所有的管理者都从事一些不纯属管理性的工作。明茨伯格观察的经理们花费时间搞公共关系和筹集资金这一事实,虽然证实了明茨伯格观察方法的精确性,但也表明并非管理者从事的每一件事情,都必须是管理者工作的基本组成部分。一些包括在明茨伯格的纲要中的活动或许可以去掉。

第三节 管理客体和管理环境

一、管理客体

管理客体,是指企业管理主体直接作用和影响的对象,包括社会组织、职能活动和资源要素,是企业管理中需要十分关注和尽力工作的领域。管理者最经常、最大量的管理对象是社会组织实现基本职能的各种活动。

管理者正是在对各种活动进行筹划、组织、协调和控制的过程中,发挥着管理的功能。

管理的资源要素有人员、资金、物资设备、时间、信息等。

作为管理客体的人与作为领导客体的人又有所区别。管理客体的人,主要是在工作中处于第一线的技术工作者、操作者;领导客体的人,主要是综合素质较高的,有一定管理能力的管理者。

二、管理环境

【管理小故事 1.2】

提到婴儿,你会想到那两种产品?——牛奶和尿布。二者同等重要。而想到尿布你又想到了谁?——日本锦公司的多川博。当太平洋战争的炮火打破神户商业大学毕业的多川博的梦想后,只好在其岳父一个有三十名职工的,生产胶质尿布、雨衣等产品的小厂当帮手。多川博预计,战争结束后会出现生孩子的高峰,便建议工厂专门生产尿布。他预料尿布需求量肯定会随着婴儿出生率的提高而扩大。然而,他没有料到,在战后经济异常困难的日本,谁肯把钱花在买尿布上,因此,工厂的产品滞销,营业额下降。在严酷的现实面前,多川博日夜为推销产品绞尽脑汁。直到1955年日本经济由复兴转向准备起飞时,锦公司正式成立。1959年多川博接任经理。到80年代中期,锦公司年营业额已达73亿日元。在经营过程中,多川博发现,胶质尿布的销售量并不和婴儿的出生率成正比,而是同家庭的生活水平、文化程度成正比,低则买的少,高则买的多。察觉到这一信息后,他专门搜集全世界有关尿布的信息。多川博在重视扩大销路的同时,也倾注心血于改进生产技术,积极推进工厂的机械化和自动化。

思考:锦公司不同时期的内外环境有何不同?多川博又是怎样面对挑战与机遇的?锦公司的发展主要靠的是什么?在发展的各个阶段中,公司的管理与环境的关系怎样?

(一)管理环境概述

任何组织都是在一定环境中从事活动的;任何管理也都要在一定的环境中进行,这个环境就是管理环境。管理环境的特点制约和影响管理活动的内容和进行。管理环境的变化要求管理的内容、手段、方式、方法等随之调整,以利用机会,趋利避害,更好地实施管理。尤其对于行政管理来说,管理环境的影响作用更是不可忽视。这是由行政环境的特点所决定的。斯蒂芬·P·罗宾斯将管理环境定义为对组织绩效起着潜在影响的外部机构或力量。管理环境是组织生存发展的物质条件的综合体,它存在于组织界限之外,并可能对管理当局的行为产生直接或间接的影响。

(二)管理环境的内容

管理环境可分为外部环境和内部环境,外部环境一般有政治环境、文化环境、经济环境、科技环境和自然环境;内部环境有人力资源环境、物力资源环境、财力资源环境以及内部文化环境。

1.外部环境

外部环境是组织之外的客观存在的各种影响因素的总和。它是不以组织的意志为转移的,是组织的管理必须面对的重要影响因素。

(1)政治环境

对非政府组织来说,政治环境包括一个国家的政治制度,社会制度,执政党的性质,政府的方针、政策、法规法令等。

(2)文化环境

文化环境包括一个国家或地区的居民文化水平、宗教信仰、风俗习惯、道德观念、价值观念等。

(3)经济环境

经济环境是影响组织,特别是企业的重要环境因素,它包括宏观和微观两个方面。宏观经济环境主要指一个国家的人口数量及其增长趋势,国民收入、国民生产总值等。通过这些指标能够反映出国民经济发展水平和发展速度。微观经济环境主要指消费者的收入水平、消费偏好、储蓄情况、就业程度等因素。

(4)科技环境

科技环境反映了组织物质条件的科技水平。科技环境除了直接相关的技术手段外,还包括国家对科技开发的投资和支持重点;技术发展动态和研究开发费用;技术转移和技术商品化速度;专利及其保护情况等。

(5)自然环境

自然环境包括地理位置、气候条件及资源状况。地理位置是制约组织活动的一个重要因素。

对于不同的组织有一般的共同环境,同时也要在一定的特殊领域内活动。一般环境对不同类型的组织均产生某种程度的影响,而与具体领域有关的特殊环境则直接、具体地影响着组织的活动。如企业需要面对的特殊环境包括现有竞争对手、潜在竞争对手、替代品生产情况及用户和供应商的情况。外部环境与管理相互作用,一定条件下甚至对管理有决定作用。外部环境制约管理活动的方向和内容。无论什么样的管理目的,管理活动都必须从客观实际出发。脱离现实环境的管理是不可能成功的。“靠山吃山,靠水吃水”一定程度上反映了外部环境对管理活动的决定作用。同时外部环境影响管理的决策和方法。当然,管理对外部环境具有能动的反作用。

2. 内部环境

内部环境是指组织内部的各种影响因素的总和。它是随组织产生而产生的,在一定条件下内部环境是可以控制和调节的。

(1)人力资源环境

人力资源对于任何组织都始终是最关键和最重要的因素。人力资源的划分根据不同组织、不同标准有不同的类型。比如,企业人力资源根据他们所从事的工作性质的不同,可分为生产工人、技术工人和管理人员三类。

(2)物力资源环境

物力资源是指内部物质环境的构成内容,即在组织活动过程中需要运用的物质条件的拥有数量和利用程度。

(3)财力资源环境

财力资源是一种能够获取和改善组织其他资源的资源,是反映组织活动条件的一项综合因素。财力资源指的是组织的资金拥有情况、构成情况、筹措渠道、利用情况。财力资源的状况决定组织业务的拓展和组织活动的进行等。

(4)内部文化环境

文化环境是指组织的文化体系,包括组织的精神信仰、生存理念、规章制度、道德要求、行为规范等。

内部环境随着组织的诞生而产生,对组织的管理活动产生影响。内部环境决定了管理活动可选择的方式方法,而且在很大程度上影响到组织管理的成功与失败。

第四节　管理机制与管理方法

一、管理机制

(一)管理机制的含义

管理机制,是指管理系统的结构及其运行机理。管理机制本质上是管理系统的内在联系、功能及运行原理，是决定管理功效的核心问题。当这一概念应用于工商企业时，就成为一种广为运用的非常重要的概念——企业经营机制。我国国有企业改革的大方向就是“转机建制”，即转换企业经营机制，建立现代企业制度。

（二）管理机制的特征

（1）内在性

管理机制是管理系统的内在结构与机理，其形成与作用是完全由自身决定的，是一种内运动过程。

（2）系统性

管理机制是一个完整的有机系统，具有保证其功能实现的结构与作用系统。

（3）客观性

任何组织，只要其客观存在，其内部结构、功能既定，必然要产生与之相应的管理机制。这种机制的类型与功能是一种客观存在，是不以任何人的意志为转移的。

（4）自动性

管理机制一经形成，就会按一定的规律、秩序，自发地、能动地诱导和决定企业的行为。

（5）可调性

机制是由组织的基本结构决定的，只要改变组织的基本构成方式或结构，就会相应改变管理机制的类型和作用效果。

（三）管理机制的构成

1. 管理机制以客观规律为依据

管理机制是以组织的结构为基础，由若干子机制有机组合而成的。例如，依据经济规律，会形成相应的利益驱动机制；依据社会和心理规律，会形成相应的社会推动机制。管理机制的自动作用，是严格按照一定的客观规律的要求施加于管理对象的。违反客观规律的管理行为，必然受到管理机制的惩罚。

2. 管理机制以管理结构为基础和载体

一个组织的管理结构主要包括以下方面：组织功能与目标；组织的基本构成方式；组织结构；环境结构。

3. 管理机制本质上是管理系统的内在联系、功能及运行原理

管理机制主要表现为以下三大机制。

（1）运行机制

运行机制是指组织基本职能的活动方式、系统功能和运行原理。其本身还具有普遍性。

（2）动力机制

动力机制是指管理系统动力的产生与运作的机理。主要由以下三个方面构成：

①利益驱动，是社会组织动力机制中最基本的力量，是由经济规律决定的。例如，在一个企业中，多劳多得，少劳少得，员工为了“多得”而“多劳”。

②政令推动，是由社会规律决定的。例如，管理者通过下达命令等方式，要求员工完成工作。

③社会心理推动，是由社会与心理规律决定的。例如，管理者通过对员工进行人生观教育，调动员工的积极性。

(3)约束机制

约束机制，是指对管理系统行为进行限定与修正的功能与机理。约束机制主要包括以下四个方面的约束因素。

①权力约束，既要利用权力对系统运行进行约束，又要对权力的拥有与运用进行约束。

②利益约束，既要以物质利益为手段，对运行过程施加影响，又要对运行过程中的利益因素加以约束。

③责任约束，指通过明确相关系统及人员的责任，来限定或修正系统的行为。

④社会心理约束，指运用教育、激励和社会舆论、道德与价值观等手段，对管理者及有关人员的行为进行约束。

(四)管理机制的应用价值

①管理机制的研究是对管理行为内在本质与规律的揭示。

②管理机制是加强科学管理的依据。

③管理机制的转换与创新是组织(企业)改革的核心。

二、管理方法

(一)管理方法的含义

管理方法是指用来实现管理目的而进行的手段、方式、途径和程序的总和，也就是运用管理原理，实现组织目的的方式。任何管理，都要选择、运用相应的管理方法。说起管理方法，人们很容易想起密密麻麻的数字和符号构成的数学模型、烦琐复杂的逻辑运算和形形色色的计算机，使一般人望而生畏，觉得高不可攀。其实，数学方法只是思维逻辑的一种形式，计算机是提供信息、进行运算的一个辅助性工具。数学手段和计算机运用只是管理方法的一个部分、一个方面或一种类型，并不是管理方法的全部。

(二)管理方法的重要性

管理方法是管理理论、原理的自然延伸和具体化、实际化，是管理原理指导管理活动的必要中介和桥梁，是实现管理目标的途径和手段，它的作用是一切管理理论、原理本身所无法替代的。

(三)管理方法的形成

20世纪初，人们开始对管理方法作专门研究，最早提出科学的管理方法的是美国管理学家泰罗。泰罗的科学管理理论中所倡导的科学管理方法其实质就是任务管理法，任务管理法是人们最早研究的一种科学管理方法。泰罗所说的任务管理,也可以称为任务作业。任务管理法的基本内容,可以概括为通过时间及动作研究确定标准作业任务,并将任务落实到工人。就是说,工人的作业在于完成管理人员规定的任务,而这种任务又是管理人员经过仔细推敲后设计出来的。这样,组织中的工人都有明确的责任,按职责要求完成了任务则付给一定的报酬。任务管理法规定组织中的每个人在一定时限内完成任务的数额,但任务管理法并不是只规定每个人的工作量,那就是把任务管理法简单化了。规定工作量本身并不能说就是科学管理,这里的关键在于所规定的工作量的定额是怎样确定的。如果定额仍是依靠经验或习惯来确定,那就只是具有任务管理的形式,实质则仍然是经验管理。科学管理和经验管理的区别,不在于是否给组织的成员分配任务,而在于所分配的任务的质和量是否经过科学方法计算来的。任务管理法的最明显的作用在于提高工人的工作效率,而提高效率的关键又在于科学地进行时间及动作的研究。泰罗提出的任务管理法的科学成分,也就在于他所倡导的时间动作研究方法。

(四)管理方法的发展

1. 人本管理法

从管理学的发展来看,对组织采取以人为中心的管理方法是在任务管理后提出来的。20世纪30年代以后,管理学家发现,提高人的积极性,发挥人的主动性和创造性对提高组织的效率更为重要。组织活动成果的大小是由领导方式与工作人员的情绪决定的,由此管理学将研究的重点转向了管理中的人本身,这就是以行为科学为主要内容的人际关系理论。人际关系学家主张采取行为管理的方法,即通过分析影响人的行为的各种心理因素,采用一定的措施改善人际关系,以此提高工作人员的情绪和士气,从而能产出最大的成果,达到提高组织效率的目的。在人际关系理论的推动下,对于组织的管理和研究便从原来以"事"为中心发展到以"人"为中心,由原来对"纪律"的研究发展到对行为的分析,由原来的"监督"管理发展到"自主"管理,由原来的"独裁式"管理发展到"民主参与式"的管理。管理者在管理中采取以工作人员为中心的领导方式,即实行民主领导,让职工参加决策会议,领导者经常考虑下属的处境、想法、要求和希望,与下属采取合作态度,管理中的问题通过集体讨论,由集体来做出决定,监督也采取职工互相监督的方式等。这样,职工在情感上容易和组织融为一体,对上司不是恐惧疏远而是亲切信任,他们的工作情绪也就可以保持较高的状态,从而使组织活动取得更大的成果。这种以人为中心的管理理论和方法也包含着一系列更为具体的管理方法,常用的主要有参与管理、民主管理、工作扩大化、提案制度和走动管理等。

科学管理以物质利益的满足为前提,人际关系理论则主张管理必须重视人的心理上的满足。古典组织理论强调合理的劳动分工和对组织的有效控制,人际关系理论则强调对人际行为的激励。因此,人际关系理论的出现,给组织管理带来了巨大的变化。从40年代开始,人际关系理论渐渐渗入组织管理实践中去,管理学家在这种管理思想中找到缓和劳资关系,提高工人的士气,借以提高生产效率的方法。人本管理法是作为对任务管理法的革新而提出的一种新的管理方法。人本管理法和任务管理法的重大区别在于:任务管理法要求工作人员的活动标准化,工作人员在工作中的自由度是很小的,但对完成组织规定的任务较有保证。而行为管理法则有较大的灵活性,工作人员在组织中有相当的自由度,较能发挥其自主性和创造性,但这样一来,组织内的变动也较大,组织规定的任务有时却无法完成。为了吸取两种方法的长处和克服短处,一种新的管理方法提出来了,这就是目标管理法。

2. 目标管理法

目标管理是美国著名管理学家德鲁克的首创,1954 年,他在《管理实践》一书中,首先提出"目标管理与自我控制"的主张,随后在《管理——任务、责任、实践》一书中对此作了进一步阐述。德鲁克认为,并不是有了工作才有目标,而是相反,有了目标才能确定每个人的工作。所以"企业的使命和任务,必须转化为目标",如果一个领域没有目标,这个领域的工作必然被忽视。因此管理者应该通过目标对下级进行管理,当组织高层管理者确定了组织目标后,必须对其进行有效分解,转变成各部门以及每个人的分目标,管理者根据分目标的完成情况对下级进行考核、评价和奖惩。德鲁克认为,如果一个领域没有特定的目标,这个领域必然会被忽视。如果没有方向一致的分目标指示每个人的工作,则企业的规模越大,人员越多,专业分工越细,发生冲突和浪费的可能性就越大。企业每个管理人员和工人的分目标就是企业总目标对他的要求,同时也是员工对企业总目标的贡献。只有完成每一个目标,企业总目标才有完成的希望,而分目标又是各级领导人员对下属人员进行考核的主要依据。德鲁克还认为,目标管理的最大优点在于它能使人们用自我控制的管理来代替受他人支配的管理,激发人们发挥最大的能力把事情做好。

目标管理是以相信人的积极性和能力为基础的,企业各级领导者对下属人员的领导,不是简单地依靠行政命令强迫他们去干,而是运用激励理论,引导职工自己制定工作目标,自主进行自我控制,自觉采取措施完成任务,自动进行自我评价。

3. 系统管理法

第二次世界大战之后,企业组织规模日益扩大,企业内部的组织结构也更加复杂,从而提出了一个重要的管理课题,如何解决复杂大企业的管理问题。为了解决复杂大企业的效率问题,系统方法产生了。

系统方法属于一般科学方法论,它以认识、研究和探讨结构复杂的客体确立必要的方法论原则。所谓系统方法,就是按照事物本身的系统性把研究对象放在系统的形式中认识和考察的一种方法。具体地说,从系统的观点出发,始终着重从整体与部分(要素)之间、整体与外部环境之间、部分(要素)与部分(要素)之间的相互作用和相互制约的关系中考察对象,从而达到最佳地处理问题的一种方法。

系统方法是一种满足整体、统筹全局、把整体与部分辩证地统一起来的科学方法,它将分析和综合有机地结合,并运用数学语言定量地、精确地描述研究对象的运动状态和规律。它为运用数理逻辑和电子计算机来解决复杂系统的问题开辟了道路,为认识、研究和探讨结构复杂的整体确立了必要的方法论原则。

在用系统方法考查研究对象时,一般应该遵循整体性、最优化的原则。整体性是系统方法的基本出发点。所谓整体性原则,就是把研究对象看作由各个构成要素形成的有机整体,从整体与部分相互依赖、相互制约的关系中揭示对象的特征和运动规律,研究对象的整体性质。整体性质不等于形成它的各要素性质的机械之和,对象的整体性是由形成它的各要素(或子系统)的相互作用决定的。因此它不要求人们事先把对象分成许多简单部分,分别地进行考察,然后再把它们机械地迭加起来,而要求把对象作为整体对待,从整体与要素的相互依赖、相互联系、相互制约的关系中指示系统的整体性质。如一个由人群、动植物、山川河流、树木花草、大气环境等组成的系统的性能和活动规律,只存在于组成系统的各要素之间相互作用、相互依存的关系中,单独研究其中任一部分都不能揭示出系统的规律性。最优化原则是指,从许多可供选择的方案中选择出一种最优的方案,以便使系统运行于最优状态,达到最佳的效果。它可以根据需要和可能为系统确定最优目标,并运用最新技术手段和处理方法把整个系统分成不同的层次结构,在运动中协调整体与部分的关系,使部分的功能和目标服从系统总体的最优功效,从而达到整体最优的目的。

(五)管理方法的特点

1. 数据化

现代管理方法把传统管理方法中的定性描述发展到管理的定量计算上,把定性分析和定量分析结合起来使管理"科学化"。实践证明,定性分析和定量分析是不可偏废的两个侧面。离开定性分析,定量分析就会失去灵魂、迷失方向;而任何质量又表现为一定数量,没有数量就没有质量,没有准确的数字为依据就不能做出正确的判断。

2. 系统化

现代化管理方法广泛采用现代系统理论,把系统分析方法应用于管理,使复杂的问题系统化、简单化。现代化管理方法为管理人员全面地理解问题和解决问题提供了科学的数学模型,实行计划、方案设计、办法的最优化选择。

3. 标准化

现代化管理方法的运用,可以实现管理标准化。管理工作的标准化,就是按照管理活动的规律,把管理工作中经常重复出现的内容,规定出标准数据、标准工作程序和标准工作方法,作为从事管理工作的原则。

4. 民主化

现代化管理中,不仅充分发展各级领导和专业管理人员的作用,更加重视调动与发挥全体员工的主动性、积极性和创造性,使全体员工在管理中发挥更大的作用。

（六）管理方法的分类

1. 按作用的原理分类

按作用的原理分类管理方法可分为行政方法、经济方法、法律方法和教育方法等。

（1）行政方法

行政方法是指依靠行政权威，借助行政手段，直接指挥和协调管理对象的方法。其特点是具有强制性、直接性、垂直性、无偿性。其局限性在于由于强制干预，容易引起被管理者的心理抵抗。行政方法的表现形式有命令、指示、计划、指挥、监督、检查、协调等。与宏观经济管理不同，企业管理由于范围小、对象少，宜于多用行政方法进行管理，才能提高效率。

（2）经济方法

经济方法是指依靠利益驱动，利用经济手段，通过调节和影响被管理者物质需要而促进管理目标实现的方法。其特点为利益驱动性、普遍性、持久性。其局限性在于可能产生明显的负面作用。经济方法的表现形式主要有价格、税收、信贷、经济核算、利润、工资、奖金、罚款、定额管理、经营责任制等。由于这种方法与人们的物质利益紧密相连，对于调动人员的积极性有较大的作用。

（3）法律方法

法律方法是指借助国家法规和组织制度，严格约束管理对象为实现组织目标而工作的一种方法。其特点是具有高度强制性及规范性。其局限性在于，对于特殊情况有适用上的困难，缺乏灵活性。它的表现形式有国家的法律、法规，组织内部的规章制度，司法和仲裁等。

（4）教育方法

教育方法是指借助社会学和心理学原理，运用教育、激励、沟通等手段，通过满足管理对象社会心理需要的方式来调动其积极性的方法。其特点是具有自觉自愿性和持久性。其局限性在于对紧急情况难以适应。它的表现形式有宣传教育、思想沟通、各种形式的激励等。

2. 按适用的普遍程度分类

管理方法按其普遍性程度不同，一般可以分为专门管理方法和通用管理方法。

（1）专门管理方法

专门管理方法是对某个资源要素、某一局部或某一时期实施管理所特有的专门方法，是为解决具体管理问题的管理方法。如计算机信息管理是以信息资源为主要管理对象的具体管理方法。激励管理方法是以人力资源为管理对象的具体管理方法。而生产管理、销售管理、库存管理、行政管理等，由于管理对象、目的不同而具备不同的管理特点，这就要求必须有适应这些特点的特殊的、专门的方法。即使是某一类型的管理，由于其具体的条件不同，也各有其不同的特点。例如，同样是企业的生产管理，但对每一个特定企业而言，由于工艺技术不同，所有制不同，生产的规模不同，人的素质不同，社会环境不同，其管理都会具有各自的特点，需要有同它们的特点相适应的管理方法。总之，每一事物、每一过程的矛盾都各有其特殊性质，用不同的方法去解决不同的矛盾，是由各种不同的管理活动所具有的特殊规律决定的，管理者应该根据各种不同的具体条件发挥其创造性。每个新的具体方法的产生，都是管理者的知识经验、组织能力、专业技能和创造性思维的集中表现。

(2)通用管理方法

通用管理方法是以不同领域的管理活动都存在某些共同的属性为依据而总结出的管理方法。通用管理方法是人们对不同领域、不同部门、不同条件管理实践的理论概括和总结，揭示出了这些共同属性，从而总结出的管理方法。比如，不论是政治活动还是经济活动，都需要做好决策和为协调各方面的活动而进行的组织和控制，以保证预定目标的实现。这种存在于各种管理活动中的共同性，决定了某些管理方法的通用。在管理的实践过程中，管理学家根据管理实际工作中的应用问题提出了许多通用的管理方法，其中有任务管理法、人本管理法、目标管理法、系统管理法等。这些通用管理方法对于各种不同的管理活动都是适用的，是管理方法中主要和重要的组成部分。

3. 按方法的定量化程度分类

按方法的定量化程度，管理方法可分为定性管理方法和定量管理方法。任何事物都有质的规定性和量的规定性，原则上都可以从质和量两个方面来把握。一般认为，确定事物内部和外部各种数量关系的方法，叫做定量的方法；确定事物及其运动状态的性质的方法，叫做定性的方法。

在管理实践中，管理者运用数理知识方法，对管理现象及其发展趋势，以及与之相联系的各种因素，进行计算、测量、推导等，属于定量分析方法。管理者对管理现象的基本情况进行判断、粗略统计和估计属于定性分析方法。定性是粗略的定量，定量是精确的定性。在现代管理中，定量管理已成为很重要的方法和手段，这标志着管理水平的提高。定量方法是重要的，但是它并不排斥定性的方法，这不仅是由于定性是定量的基础，而且还在于，有许多事物和现象运用目前的手段还难于进行定量研究，从而使定量方法受到限制。定量方法和定性方法又是相互渗透的，许多问题的解决，常常需要二者相互补充。还有不少方法既可用来定性，又可用来定量。管理者在管理的过程中，要充分地利用这两种管理方法的特点，为管理服务。

本章小结

本章首先在介绍多种管理定义的基础上，深入研究了管理的定义；分析了管理的属性；介绍了管理系统的五个要素和四大职能。

其次，通过传统观点与现代观点的比较，认识管理者的概念；重点分析了管理者的分类与素质要求，特别是管理者的技能。

再次，从社会组织、构成要素及其职能活动三个层次上研究了管理对象；分析了管理的环境分类及环境与管理之间的关系。

最后,从管理机制的含义出发,明确管理机制的内容;了解管理方法的分类;掌握管理机制的构成及其作用机理。

练 习 库

一、单项选择题

1. 对企业资源进行计划、组织、人员配备、领导、控制,以有效地实现组织目标的过程称为(　　)。

A. 管理　　B. 组织　　C. 战略计划　　D. 激励

2. 管理同生产关系相联系而表现出的属性是(　　)。

A. 自然属性　　B. 社会属性　　C. 科学属性　　D. 艺术属性

3. 在管理中居于主导地位,起核心作用的是(　　)。

A. 管理者　　B. 管理对象　　C. 管理环境　　D. 管理组织

4. 通过管理提高效益,需要一个过程,这表明管理学是一门(　　)。

A. 软科学　　B. 硬科学　　C. 应用性学科　　D. 定量化学科

5. 管理的控制职能由(　　)执行。

A. 高层管理人员　　B. 中层管理人员　　C. 基层管理人员　　D. 以上均是

6. 管理的二重性是指(　　)。

A. 艺术性与科学性　　B. 基础性与边缘性

C. 自然属性与社会属性　　D. 普遍性与重要性

7. 学习和研究管理学最主要的方法是(　　)。

A. 系统的方法

B. 矛盾分析方法

C. 理论联系实际

D. 马克思主义的辩证唯物主义和历史唯物主义

8. 某位管理人员把大部分时间都花费在直接监督下属人员工作上,他一定不会是(　　)。

A. 工长　　B. 总经理　　C. 领班　　D. 车间主任

二、多项选择题

1. 管理的目标就是有效地实现组织的目标。有效包括(　　)。

A. 效率　　B. 效益　　C. 效应　　D. 效果

2. 与其他学科相比管理学的特点是(　　)。

A. 实践性　　B. 综合性　　C. 艺术性　　D. 社会性

3. 管理学是一门科学,它具有科学的特点,表现为(　　)。

A. 客观性　　B. 实践性　　C. 系统性　　D. 发展性

三、填空题

1. 管理内部一般包括五个要素，即________、________、________、________和________。

2. 管理的二重性是________、________。

3. 管理学的特性是________、________、________和________。

4. 管理学的特点表现为________、________和________。

5. 学习和研究管理学的方法包括________、________和________。

四、简答题

1. 什么是管理？什么是管理学？

2. 管理学的研究对象与主要内容有哪些？

3. 管理学的特性有哪些？

4. 如何理解管理既是一门科学又是一门艺术？

5. 如何理解管理的二重性，掌握二重性原理对于学习管理和从事管理工作有何意义？

6. 为什么要学习、研究管理学？

7. 实际管理中需要管理者具备哪些素质？基层管理者最重要的素质与技能是什么？

8. 怎样理解经济环境对管理的影响？

9. 如何理解管理机制的含义与特征？

10. 怎样有效地运用管理方法？

五、案例分析题

案例1：

管理者干什么？

蒋华是某新华书店邮购部经理。该邮购部每天要处理大量的邮购业务，在一般情况下，登记订单、按单备货、发送货物等都是由部门中的业务人员承担的。但在前一段时间里，接连发生了多起A要的书发给了B，B要的书却发给了A之类的事，引起了顾客极大的不满。今天又有一大批书要发送，蒋华不想让这种事情再次发生。

问题：他应该亲自核对这批书，还是仍由业务员们来处理？

案例2：

设备部经理王威吩咐领班刘江带一班人马去安装一套新的燃气系统，而这套系统却出现了渗漏。王威的上司认为王威必须为此负责，哪怕系统安装的时候王威正在外地出差。同样，王威认为刘江必须为此负责，哪怕刘江从来不拿工具干活。

问题：谁应该为此负责？

实　训

1. 实训目标

使学生结合实际，加深对管理活动的感性认识与理解。

2. 实训内容

学生自愿组成小组，每组 6 ~ 8 人，利用课余时间，到一家中小企业进行调查与访问。在调查访问之前，每组需根据课程所学知识经过讨论制定调查访问提纲，主要包括调研的主要问题与具体安排。调研内容有以下两项：

（1）重点访问一位企业管理者，了解其职位、工作职责、该职位需要的技能等。

（2）调查该企业的管理环境，主要是外部环境。

3. 实训要求

（1）每人要写出调查报告，描述和分析上述两项内容。

（2）调查后安排一次讨论课，以小组为单位，每组出一名代表发言讨论。

（3）教师根据学生的调查报告与讨论发言的表现给予评价打分，纳入学生实训课考核之中。

第二章
Chapter 2

管理思想与管理理论的发展

【引导案例】

如何分粥

有七个人住在一起，每天共喝一桶粥，显然粥每天都不够。一开始，他们抓阄决定谁来分粥，每天轮一个。这样每周下来，他们只有一天是饱的，就是自己分粥的那一天。后来他们开始推选出一个道德高尚的人出来分粥。强权就会产生腐败，大家开始挖空心思去讨好他，搞得整个小团体乌烟瘴气。然后大家开始组成三人的分粥委员会及四人的评选委员会，互相攻击扯皮下来，粥吃到嘴里全是凉的。最后大家想出来一个方法：轮流分粥，但分粥的人要等其他人都挑完后拿剩下的最后一碗。为了不让自己吃到最少的，每人都尽量分得平均，就算不平，也只能认了。大家快快乐乐，和和气气，日子越过越好。

管理的真谛在“理”不在“管”。管理者的主要职责就是建立一个像“轮流分粥，分者后取”那样合理的游戏规则，让每个员工按照游戏规则自我管理。游戏规则要兼顾公司利益和个人利益，并且要让个人利益与公司整体利益统一起来。责任、权利和利益是管理平台的三根支柱，缺一不可。缺乏责任，公司就会产生腐败，进而衰退；缺乏权利，管理者的执行就变成废纸；缺乏利益，员工积极性就会下降，消极怠工。只有管理者把“责、权、利”的平台搭建好，员工才能“八仙过海，各显其能”。

【本章主要内容】

1. 中西方管理思想的发展进程；
2. 西方管理思想的代表人物及其思想理论；
3. 管理学发展趋势。

管理思想及管理理论的产生和发展都源于人类不断进行的管理实践。管理思想的产生和发展可以追溯到人类社会诞生之初，自从有了人类社会活动，就有了管理活动。随着管理活动的日益丰富，管理思想逐渐形成，管理思想在管理实践中不断系统化，最终成为管理理论。本章主要介绍中西方管理思想和管理理论形成与发展的基本内容，为今后掌握管理的一般规律和管理创新奠定基础。

第一节 中国管理思想

一、中国古代管理思想

中国是世界四大文明古国之一,中国的管理历史同样悠久。任何管理思想都伴随着一定的社会与历史文化产生。在漫长的历史长河中,中国传统的管理思想形成了自身的特色,具有强大的生命力。

中国古代虽没有专门的管理学专著,但古代思想家们在论述人生观、社会观、军事等类问题的时候,都涉及了管理学重要的思想和原则。《周礼》、《墨子》、《孙子兵法》等论著中均体现了精髓的管理思想。儒家、道家、法家等各类思想学说为中国乃至亚洲各国古代管理思想的形成做出了不可磨灭的贡献。

(一)儒家思想中的管理思想

儒家思想是中国传统文化的主流,儒家思想着重于对人类精神文明的研究,在中国封建社会形成长达数千年超稳定组织的过程中发挥了极其重要的作用。

孔子是儒家学派的创始人,其思想核心是“仁”和“礼”,其主要内容是“仁者爱人”和“克己复礼”。他提出“仁”学,要求统治者体察民情,反对苛政和任意刑杀;提倡广泛地理解和体贴他人,以此调整人际关系,稳定社会秩序。他讲“克己复礼”,要求人们的行为符合“礼”的准则。孔子死后“儒分为八”,其中影响最大的是以孟轲为代表的“孟氏之儒”和以荀子为代表的“孙氏之儒”。孟轲主张行“仁政”,提出了民贵君轻思想,他说“民为贵,社稷次之,君为轻”,把我国古代重民思想发展到了一个新阶段。荀子认为治理国家主要靠礼仪道德,同时主张把法制作为礼的补充形式。

(二)墨家思想中的管理思想

墨家学说的创始人是墨子。墨家思想的核心是“兼相爱,交相利”,墨子从“兼爱”的立场出发,提出了“非攻”的主张,反对倚强凌弱的战争。墨家提出“尚贤”思想,反对任人唯亲;主张“尚同”,认为天下大乱的原因是没有共同的“义”,这种思想多少为后来统一局面的形成在理论上做了准备。墨家还主张“节用”、“非乐”,强调节俭,反对浪费。纵观世界历史,凡国用有度、为政清廉、体恤民情,都会国泰民安。反之,横征暴敛、荒淫奢侈、戕害民生,则会天下大乱。这是中国管理历史提供的一条真理,同时节俭也是企业家致富的要素之一。

(三)道家思想中的管理思想

道家学派创始人老子,博学多识,精通礼法。在老子看来,“道”是凌驾于天之上的天地万物的本源。“天法道,道法自然”的思想摒除了“天命”的绝对权威,提升了人的价值,为我国人的现代化和法的现代化提供了本土资源。

(四)法家思想中的管理思想

法家在战国时期比较活跃,战国早期,李悝、吴起、商鞅等各自进行了变法活动,对封建政权的巩固起到了积极作用。战国后期法家的代表人物韩非提倡“法”、“术”、“势”并用。“法”指政策法令;“术”指君主驾驭官吏的办法和政治斗争策略;“势”指权力。韩非认为治理国家必须明法令、设刑罚,强调“法不阿贵”。

(五)兵家思想中的管理思想

兵家是专门研究军事理论与实践的学派,主要代表人物是孙膑,他著有《孙膑兵法》,书中所阐述的“为将之道”、“用人之道”、“用兵之道”,以及在各种极其错综复杂的环境中为了取胜所采用的各种战略、策略,堪称人类智慧的结晶。对我们今天的各项管理工作,特别是处于激烈竞争中的企业,都有着极其现实的参考价值。

二、中国近、现代管理思想

从“传统”管理到“现代”管理的演变,在国外是一个长达数十年的渐进过程,在中国则是一个突变过程。

(一)中国近现代管理思想的历史轨迹

中国近现代管理思想与中国古代管理思想轨迹一脉相承,中国古代管理思想为中国近现代管理思想的发展提供了文化积淀。

中国近代前期管理思想的转变过程是一些先进人士向西方国家寻找真理的过程。林则徐、魏源是向西方寻求救国真理的思想先驱。他们作出了引进西方管理思想的最初尝试;洋务派代表人物李鸿章、张之洞提出以“自强”、“求富”为管理目标的主张;康有为、梁启超推出建立资产阶级君主立宪制国家的改革措施;孙中山、廖仲恺提出以三民主义为特征的政治管理思想。近代后期主要是“中华民国”时期。辛亥革命推动资本主义发展,第一次世界大战为民族工商业的发展提供了机会,并形成了企业家群体。这些经营管理者借鉴西方的企业管理理论与方法使中国的传统经营思想与之融合,产生了独具特色的企业经营管理思想。其代表人物有张謇、荣宗敬、荣德生等。

中国现代管理思想主要是毛泽东和邓小平的管理思想。毛泽东的管理思想主要包括毛泽东对党的建设与管理、对根据地和新中国的政权建设和管理、对经济的建设和管理、对军队的建设和管理、对科技文化教育事业的建设和管理、对社会的管理等内容。邓小平的管理思想主要完成了中国管理思想由传统到现代的转变,为后来的改革开放奠定了思想基础。

(二)中国近现代管理思想的特点

1. 中西管理思想融合

纵观中国古代管理思想,从远古夏商周、秦汉至隋唐到宋元明清时期,其内容没有本质变化。从政治上看，整个历史过程就是中央集权不断加强的过程；从经济上看，是自给自足的农本位，小农经济。

近现代时期情况有所不同，西方的民族政治思想随西方殖民者的入侵而传入。先进的中国人在面临国破家亡的时候，在政治上提出了君主立宪和推翻帝制的主张，并取得成功。随后中国共产党学习苏联经验，建立了人民当家做主的共和国，在学习的同时中国共产党还结合中国实际情况走出了一条中国特色社会主义道路。

2. 管理思想出现新内容

洋务运动开启了中国近代化的历程。近代工商企业开始建立，近代工商企业的发展使企业经营管理的思想体系形成，并充实了中国传统管理思想。在继承中国传统管理思想精华的同时，企业家引进美国泰罗制等管理思想并使两者相融合。

3. 借鉴中国古代管理思想

中国近现代民族企业家注重吸取传统文化的精髓，在经营中强调引证和运用中国古代的管理思想。如荣德生推崇陶朱公的计然之策；陈嘉庚采用白圭的“人弃我取，人取我予”的经营之法等。

第二节　西方管理思想

一、西方管理思想萌芽

西方文化起源于希腊、罗马、埃及、巴比伦等文明古国，它们在国家管理、生产管理、军事、法律等方面都曾有过光辉实践，为人类文明做出了杰出贡献。

（一）古希腊

古希腊在“荷马时代”时期处于原始社会时代。社会管理制度处于军事民主制阶段。当时的氏族已是父系氏族。在部落和部落联盟内，设有三种机构：议事会、民众会和军事首长。议事会由氏族贵族或部落上层分子组成，有广泛的权利，部落内务外交大事都由它讨论通过。民众会由成年男子组成，对作战、媾和、迁徙、选举领袖等内务外交大事，通过举手或呼喊的简单方式表决。军事首长的主要职责是统率军队作战，但尚无国王的专制权力。

公元前8世纪，希腊地区普遍出现国家，当时的国家皆是以一个城市或市镇为中心，一城一邦独立自主，称为希腊城邦。这种小国寡民的城邦最本质的特征就是其公民政治获得了较充分的发展。希腊各邦最早都有传说中的国王与王朝；另外还有贵族会议和公民大会。但在发展过程中，王权却不像东方各国那样日益强大，反而逐渐衰微乃至后来在一些城邦中建立了古代公民权利最发达的民主政治。城邦公民政治即是指公民的多数决议，无论在寡头、贵族或平民政体中，总是最后的裁判，具有最高的权威。城邦公民政治这个本质特征有助于希腊经济的发展和文化的繁荣，也为后世民主政治管理提供了典范。

古希腊的先哲苏格拉底认识到管理的普遍性，认为管理私人事务和管理公共事务由于都涉及对人的管理，所以两者的管理技术是可以互通的。如果一个人不能管好自己的私人事务，他肯定也不能管好公共事务。亚里士多德也认为，管理一个国家和管理一个家庭的艺术之间有类似之处，这两者都涉及对财产、奴隶和自由人的管理，唯一不同的就是经营管理范围的大小。这反映古希腊较早认识到管理不同事务所要求的管理技术基本上是相同的，并肯定了劳动分工的优越性。

（二）古罗马

古罗马的兴盛，在很大程度上归功于其有效的组织。罗马帝国强盛时期的疆域，东起美索不达米亚，西至大西洋，北抵达西亚和不列颠，南达北非。古罗马为后世提供了许多统治帝国管理方面的经验。其中主要是政权机构的逐步完善、新法律的颁布和宗教对思想的控制。

古罗马共和国中央机构由执政官、元老院和森都利亚大会组成。执政官由两人组成，两人权力相等，彼此有否决权。元老院在国家政权机构中处于权力中心地位。森都利亚大会后来逐渐获得重要的政治权力，但大会的表决权操纵在少数富有公民手中。罗马中央政权随后又采取元首政治，实质上是隐蔽的专制君主制。罗马帝国时期采取君主制统治帝国。公元前451—前450年制定的“十二铜表法”是罗马历史上第一部成文法典，后来发展成为罗马法发展的基础，它在一定程度上限制了贵族在司法上的专横行为。其后又颁布了李锡尼和绥克斯图法案、波提利阿法等法律制度。

罗马帝国在395年分裂为东、西两部分。西罗马帝国灭亡于476年，东罗马帝国于1453年灭亡。西罗马帝国灭亡后，基督教完整保留了下来，不仅成为法兰克王国的国教，而且成为所有蛮族国家的国教，罗马教廷则成为基督教对西欧各国进行政治、经济、文化统治的巨大国际政治中心。公元756年，通过“丕平献土”，在意大利中部建立了一个教皇国，从此教皇在至高无上的神权之外又具有了世俗统治的权力，进一步巩固了罗马教廷在基督教世界的地位。基督教采取教阶制为组织原则，基督教圣礼是教会掌握群众的重要手段，它是封建统治重要的精神支柱，在社会安定方面的贡献尤为突出。

（三）古埃及

古王国时期，埃及的君主专制开始确立，主要表现在以下几方面。

①国王是全埃及的最高统治者，国家的行政、司法、经济、军事和宗教等大权都集于君主一人之手。

②国王直接统帅军队。

③国王的话就是法律，他可以颁布相当于法律的敕，同时他还拥有最高审判权。

④国王大肆宣扬君权神授思想。

古埃及的君主们生前用专制权力牢牢控制人们,死后葬在修筑的金字塔里。金字塔在工程设计、施工等方面组织管理工作的严密与卓有成效,表明古埃及人已经具有相当的管理知识和管理思想。

(四)古巴比伦

公元前18世纪,古巴比伦国王汉谟拉比建立起强大的中央集权的帝国。汉谟拉比统治时期,他作为国王具有绝对权威,事无巨细都要亲自过问。他建立严格的军事制度,加强对国内经济的控制,宣扬君权神授,制定了古代社会第一部比较完整的法典——《汉谟拉比法典》,法典以法律的形式规范了古巴比伦社会行为,调节了人与人之间的关系,是世界上最早以法律手段管理国家的尝试。

二、西方早期管理思想

(一)中世纪思想家的管理思想

1. 托马斯·阿奎那

托马斯·阿奎那是中世纪经院哲学的哲学家和神学家,他把理性引进神学,用"自然法则"来论证"君权神圣"说。他将审慎、节制、正义、坚韧列为人类的四大美德。这四大美德都是人类自然而与生俱来的,而且它们之间是互相联结的。同时,阿奎那也指出三大神学上的美德:信仰、希望、慈善。这三大神学美德是超自然的。

此外,阿奎那将法则分为四项:永恒的、自然的、人类的和神授的。永恒的法是上帝治理所有生物的根据;自然的法是人类在永恒法则中的"参与"部分,并且可以透过理性得知。人类的法属于实际法。神授的法是透过经籍给予的启示。

2. 马基雅·维里

马基雅·维里,佛罗伦萨人,他在《君主论》中把政治当作一个实际的权宜之计来探讨,论述君主成功地进行统治的理论和谋略,他认为君主管理国家必须具备以下条件:

①国家必须有由公民组成的军队。

②必须有以全部财力、人力加以支持的坚定的国策,以及果断执行这种国策的统治者。

③当国家的安全受到威胁时,为解除臣民的苦难,国君可以玩弄权术,弱小者对付强敌有时必须采取并不正大光明的打击方式。

马基雅·维里最早提出了关于领导效能应注意提高领导者的素质,他在著作中论述了与管理有关的原则,即管理四原则。

(1)群众认可

所有的政府,其持续存在都依赖于群众的支持,即权力是自下而上的,而不是自上而下的。

(2)内聚力

要使国家能持续存在,必须要有内聚力。组织内聚力的一个关键因素是使人民确信他们可以信赖自己的君主，知道君主期望于他们的是什么——责任明确性原则。

(3)领导方式

领导者(或管理者)的类型有两种：一种是自然或天生型，另一种是后天获得领导技术的类型。领导者必须努力掌握领导方法，要学会以身作则，要能鼓励自己的民众，要能与各个集团打成一片，又要处处维护尊严。要公正对待公民，能明智地利用各种机会，具有领导能力。

(4)生存意志

任何组织的主要目标之一就是无论遇到多大的苦难，都要使自己存在下去。

3. 托马斯·莫尔

托马斯·莫尔著有《乌托邦》，“乌托邦”一词来自希腊文，意即“乌有之乡”。莫尔第一次用它来表示一个幸福的、理想的国家，他认为社会管理要公平、公正。在书中，社会的基础是财产公有制，人们在经济、政治权力方面都是平等的，实行按需分配的原则。莫尔的结论非常明确：私有制乃万恶之渊薮。私有制使一切最好的东西都落到最坏的人手中，而其余的人都穷困不堪。因此，“只有完全废除私有制度，财富才可以得到平均公正的分配，人类才能有福利”。

(二)威尼斯兵工厂的管理经验

1. 威尼斯兵工厂

中世纪的威尼斯兵工厂是近现代管理思想的一个雏形，于1436年建立。兵工厂在管理中有较明显的分工，国家议会直接管理兵工厂并派特派员与工厂联系，兵工厂内设有一位正厂长和两位副厂长。兵工厂内部，设置多个巨大的作业部门，由工长和技术人员领导。正副厂长和特派员主要从事财务管理、采购等职能，生产和技术问题则由各作业部门的工长和技术人员负责。兵工厂又是现代复式簿记会计制度的发源地。兵工厂管理规定，所有账目都要反映在两本日记账和一本分类账上。

2. 威尼斯兵工厂的管理经验

威尼斯兵工厂管理实践的主要内容有以下几方面。

(1)组织机构和领导工作

在兵工厂的管理工作中，较好地体现了互相制约和平衡的原则。

(2)部件储存

这有助于实行装配线作业和精确计算存货，节省时间和劳力，加快了安装船只的速度。

(3)装配线生产

兵工厂在安装舰船时采用了类似于现代装配线生产的制度，生产效率很高。

(4)会计控制

兵工厂的会计制度使它能追踪并评价所有的费用，进行管理控制。

(5)存货控制

由专人负责检查并由专人记录。

(6)成本控制

兵工厂还利用成本控制和计量方法来帮助做出管理决策。

(7)人事管理

兵工厂有严密的人事管理制度，严格规定上下工和工间休息的时间等。

三、西方古典管理思想

西方古典管理理论形成于19世纪末和20世纪初的美欧，它主要分为科学管理理论和组织管理理论。

(一)泰罗的科学管理思想

弗雷德里克·泰罗是美国古典管理学家，科学管理的创始人，被管理界誉为科学管理之父。泰罗进入米德韦尔公司后，从一般工人一步步升迁到总经理，丰富的工作经历使他了解了工人们普遍怠工的原因，他感到缺乏有效的管理手段是提高生产率的严重障碍。为此，泰罗开始探索科学的管理方法和理论。

泰罗的科学管理思想概括起来可分为作业管理、组织管理和管理哲学三方面。

1. 作业管理

作业管理是泰罗科学管理的基本内容之一，泰罗认为科学管理的中心问题是提高劳动生产率。为了改善工作表现，他提出了以下几方面内容。

(1)工作定额原理

企业要设立一个专门制定定额的部门或机构，这样的机构不但在管理上是必要的，而且在经济上也是合算的。要制定出有科学依据的工人的“合理日工作量”，就必须通过各种试验和测量，进行劳动动作研究和工作研究。其方法是选择合适且技术熟练的工人；研究这些人在工作中使用的基本操作或动作的精确序列，以及每个人所使用的工具；用秒表记录每一基本动作所需时间，加上必要的休息时间和延误时间，找出做每一步工作的最快方法；消除所有错误动作、缓慢动作和无效动作；将最快最好的动作和最佳工具组合在一起，成为一个序列，从而确定工人“合理的日工作量”，这就是所谓的工作定额原理。

(2)标准化原则

要完成高标准的劳动定额，需要做两件事：一是按标准化的要求，对工人进行培训；二是提供标准化的生产条件，包括劳动工具和劳动对象。

(3)差别计件工资

泰罗认为工人“磨洋工”的一个重要原因是报酬制度不合理，为了鼓励工人完成定额，泰罗认为可以根据工人完成定额情况实行差别计件工资制，使工人的贡献大小与工资高低紧密挂钩。

(4)能力与工作相适应

泰罗指出，健全的人事管理的基本原则是使工人的能力同工作相适应，企业管理当局的责任在于为雇员找到最合适的工作,培训他们成为第一流的工人,激励他们尽最大的力量来工作。为了挖掘人的最大潜力,还必须做到人尽其才。为了最大限度地提高生产率,对某一项工作,必须找出最适宜做这项工作的人,同时还要最大限度地挖掘其最大潜力,才有可能达到最高效率。因此对任何一项工作必须要挑选出"第一流的工人"。所谓挑选第一流工人,就是指在企业人事管理中,要把合适的人安排到合适的岗位上。只有做到这一点,才能充分发挥人的潜能,才能促进劳动生产率的提高。

2. 组织管理

泰罗主张在工厂中将计划职能与执行职能相分离,实行职能工长制,在组织机构管理控制上实行例外原理。

(1)计划职能与执行职能相分离

泰罗深信最高效率不是凭工作经验创造出来的,必须用科学的方法来改变。为此,泰罗主张,"由资方按科学规律去办事,要均分资方和工人之间的工作和职责",要把计划职能与执行职能分开,并在企业设立专门的计划机构。泰罗在《工厂管理》一书中为专门设立的计划部门规定了17项主要负责的工作,包括企业生产管理、设备管理、库存管理、成本管理、安全管理、技术管理、劳动管理、营销管理等。所以,泰罗所谓计划职能与执行职能分开,实际是把管理职能与执行职能分开;所谓设置专门的计划部门,实际是设置专门的管理部门;所谓"均分资方和工人之间的工作和职责",实际是说让资方承担管理职责,让工人承担执行职责。这也就进一步明确了资方与工人之间、管理者与被管理者之间的关系。

泰罗把计划的职能和执行的职能分开,改变了凭经验工作的方法,代之以科学的工作方法,即找出标准,制定标准,然后按标准办事。要确保管理任务的完成,应由专门的计划部门来承担找出和制定标准的工作。具体来说,计划部门要从事全部的计划工作并对工人发布命令,其主要任务是:

①进行调查研究并以此作为确定定额和操作方法的依据。

②制定有科学依据的定额和标准化的操作方法和工具。

③拟订计划并发布指令和命令。

④把标准和实际情况进行比较,以便进行有效的控制等工作。

在现场,工人或工头则从事执行的职能,按照计划部门制定的操作方法的指示,使用规定的标准工具,从事实际操作,不能自作主张、自行其是。泰罗的这种管理方法使得管理思想的发展向前迈出了一大步,将分工理论进一步拓展到管理领域。

(2)实行职能工长制

泰罗的职能工长制是根据工人的具体操作过程进一步对分工进行细化而形成的。他认为这种职能工长制度有三个优点:

①每个职能工长只承担某项职能,职责单一,对管理者培训花费的时间较少,有利于发挥每个人的专长。

②管理人员的职能明确，容易提高效率。

③由于作业计划由计划部门拟订，工具和作业方法标准化，车间现场工长只负责现场指挥与监督，因此非熟练技术的工人也可以从事较复杂的工作，从而降低了整个企业的生产费用。

尽管泰罗认为职能工长制有许多优点，但后来的事实也证明，这种单纯"职能型"的组织结构容易形成多头领导，造成管理混乱。所以，泰罗的这一设想虽然对以后职能部门的建立和管理职能的专业化有较大的影响，但并未真正实行。

(3)在组织机构管理控制上实行例外原理

泰罗认为，规模较大的企业不能只依据职能原则来组织和管理，而必须应用例外原则。所谓例外原则，是指企业的高级管理人员把一般的日常事务授权给下级管理人员去负责处理，而自己只保留对例外事项、重要事项的决策和监督权，如重大的企业战略问题和重要的人员更替问题等。这种以例外原理为根据的管理控制原则，以后发展成为管理上的分权化原则和实行实业部制等管理体制。

3. 管理哲学

管理是以管理哲学为指导的，管理哲学是管理中的世界观、认识论和方法论，是从思维和存在的角度对管理的本质和发展规律所作的哲学概括。科学管理，恰恰是在管理的世界观、认识论和方法论上对管理进行了归结和变革。因此，泰罗的科学管理思想集古典管理思想发展之大成，是管理哲学上的突破，是全面的和划时代的。

泰罗以自己在工厂中的管理实践和理论探索，冲破了工业革命以来一直延续的传统的经验管理方法，将科学引进了管理领域，并创立了一套具体的管理方法，为管理理论的系统形成奠定了基础。从本质上讲，泰罗的科学管理是将人从小农意识、小生产的思维方式转变为现代社会化大工业生产的思维方式的一场革命，没有这次革命，就不可能真正地进入现代文明社会。

泰罗的另一项主张，是将管理的职能从企业生产职能中独立出来，使得企业开始有人从事专职的管理工作。这样，就进一步促进了对管理实践的思考，为管理理论的进一步形成和发展开辟了道路。同时，泰罗制的现场作业管理方法在实际的生产组织管理中取得了显著的效果。由于采取了科学管理的作业程序和管理方法，推动了生产力的发展，使得企业生产效率提高了许多倍。因此，科学管理在当时的美国和欧洲受到欢迎。即使在今天，科学管理思想仍然发挥着巨大的作用，现代管理科学学派可以说是科学管理思想的必然延伸。在今日的西方世界，有许多学者面对现代西方许多颓废的思潮在大声地疾呼要恢复到科学管理的时代去。

(二)法约尔的一般行政管理理论

法约尔，法国人，于圣艾帝安国立矿业学院毕业后受雇于康门塔里——福尔香堡采矿冶金公司，终其一生。法约尔的一般管理理论是西方古典管理思想的重要代表，也是以后各种管理理论和管理实践的重要依据，对管理理论的发展和企业管理的历程均有着深刻的影响。

由于法约尔早期就参与企业的管理工作，所以他的研究是从"办公桌前的总经理"出发的，以企业整体作为研究对象。他认为，管理理论是指“有关管理的、得到普遍承认的理论，是经过普遍经验检验并得到论证的一套有关原则、标准、方法、程序等内容的完整体系”；有关管理的理论和方法不仅适用于公私企业，也适用于军政机关和社会团体。他的理论贡献主要体现在他对管理职能的划分和管理原则的归纳上。

1. 企业的基本活动

企业的基本活动如图 2.1 所示。

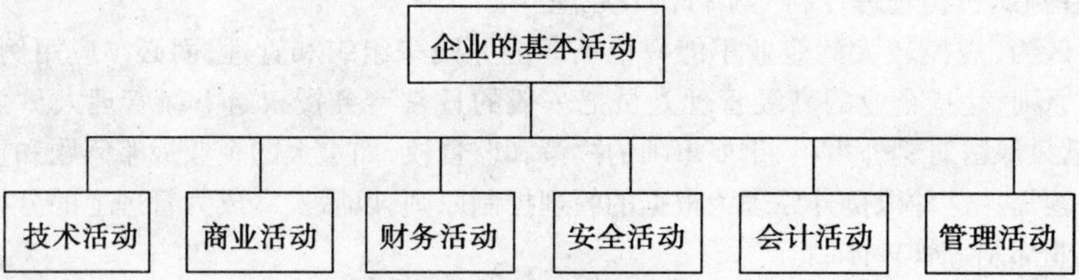

图 2.1　企业的基本活动

(1)技术活动

技术活动包括生产、制造、加工。

(2)商业活动

商业活动指购买、销售、交换。

(3)财务活动

财务活动指资金的筹措和运用。

(4)安全活动

安全活动指设备维护和职工安全等。

(5)会计活动

会计活动指货物盘存、成本统计、核算等。

(6)管理活动

管理活动包括计划、组织、指挥、协调和控制五项职能活动。

2. 管理活动的五项职能

(1)计划

计划是指探索未来和制定行动方案，对管理工作具有首要的重要性。

(2)组织

组织确立企业在物质资源和人力资源方面的结构，就是要建立企业的物质和社会的双重结构，是管理的第二要素。

(3)指挥

指挥运用其领导艺术以推动组织业务、促使其人员发挥作用、减少无效耗费的过程，是管理的第三个要素，就是使组织成员的活动得到保证。

(4)协调

协调是连接、联合、调和所有的活动和力量，就是使事情和行动都有合适的比例。

(5)控制

控制是要注意一切是否按已制定的规章和下达命令进行。其目的在于检验管理中其他四种要素在实际发挥作用时是否得当。没有控制，其他四种要素活动的效果既得不到验证，也得不到保证。

3. 管理的十四条原则

(1)分工

劳动的专业化分工可以提高效率。

(2)权力与责任

权责必须对等，行使权力必然产生责任，权力与责任应相一致。

(3)纪律

纪律对于企业取得成功是绝对必要的。纪律是企业领导人同下属之间在服从、勤勉、积极、举止和尊敬等方面所达成的一种协议。组织内所有成员都要根据各方达成的协议对自己在组织内的行为进行控制。

(4)统一指挥

每一个下属都应该接受而且只应该接受一个上司的命令。

(5)统一领导

凡是具有同一目标的全部活动，仅有一个领导和一套计划。

(6)个人利益服从集体利益

个人利益服从集体利益即个人和小集体的利益不能超越组织的利益。当二者不一致时，主管人员必须想办法使它们一致起来。

(7)合理的报酬

薪给制度应当公平，对工作成绩与工作效率优良者应有奖励。

(8)集权与分权

要根据本组织的实际情况，适当改变集权与分权的程度。

(9)等级链与跳板原则

管理机构中，最高一级到最低一级应该建立关系明确的职权等级序列，这既是执行权力的路线，也是信息传递的渠道。一般情况下不要轻易地违反它，但在特殊取得授权的情况下，不同部门的低层级管理人员可以越过上级权力与信息链直接进行沟通与交流，以节省时间，提高效率。

(10)秩序

就社会组织而言，将合适的人安排在合适的岗位上，做到“各有其位，各就其位”；就物品而言，放在预先规定的位置，保持整齐清洁。

(11)公平

合情加上合理，则为公平。公道地执行已订立的协定，善意地对待员工，关注平等。

(12)人员稳定

任何组织都有必要鼓励职工做长期的服务。人员特别是管理人员的经常变动将对企业极为不利。

(13)首创精神

首创精神是创立和推行计划的动力。法约尔认为，创造性是行动的动力，必须大力提倡，充分鼓励首创精神，但是，创造性应以不违背职权和纪律为限。

(14)团结精神

全体成员的和谐与团结是企业发展的巨大力量。在法约尔看来，加强团队精神的最有效方法在于严格的统一指挥。

(三)韦伯的官僚行政组织

马克斯·韦伯，德国人，被称为“组织理论之父”，提出了行政组织理论，对后世产生了深远的影响。韦伯认为，任何组织都必须以某种形式的权力作为基础，没有某种形式的权力，任何组织都不能达到自己的目标。人类社会存在三种为社会所接受的权力：一是传统权力通过传统惯例或世袭得来；二是超凡权力，来源于别人的崇拜与追随；三是法定权力，是理性——法律规定的权力。韦伯认为在三种权力中，只有理性——法律权力才是行政组织形式的基础。理想的官僚行政组织模式具有以下特点。

1. 明确的劳动分工

把组织内的工作分解，按职业专业化对成员进行分工，明文规定每个成员的权力和职责。

2. 等级严密

按职权组织体系将所有职位构成从上到下的权力结构和指挥体系，即按职位高低组建层层监督、控制，井然有序、权责分明的组织体系。

3. 规范录用

组织中人员的录用必须根据任用职务的要求，通过考试和教育培训择优录用。

4. 实行任命制

组织中所有担任公职的人员除个别需要通过选举产生外，其余皆由上级委任，不采取选举方式。

5. 管理职业化

组织中的行政管理人员是“专职的”管理人员，领取固定的薪金，有明文规定的升迁制度。但行政管理人员不是企业的所有者，只是其中的工作人员。

6. 遵守纪律

组织里的人员必须严格遵守组织规则、纪律和制约，严格按程序办事。

7. 公私有别

组织中成员之间的关系以理性准则为指导，不受个人情感的影响。同样，这种公正的态度也适用于组织与外部人员和部门之间的关系。

四、西方现代管理思想

（一）现代管理理论产生的历史背景

1. 战后经济重建

一般认为现代的管理理论是从第二次世界大战以来一直到20世纪80年代初的整个历史阶段中西方的管理理论。这一历史阶段的理论是在资本主义社会通过第二次世界大战以后的政治、经济格局的重新调整过程当中所形成的管理理论。

第二次世界大战是人类历史上迄今为止的规模最大的战争，其给参战国造成的损失远远超过了第一次世界大战。第二次世界大战给人类社会带来了巨大的破坏并产生了极其深远的影响。经过这次大战，除美国外，无论战胜国还是战败国经济均大大下滑，美国成为战后唯一的超级大国。

2. 科学技术的迅猛发展

科学技术的发展在第二次世界大战以后取得了巨大的突破，推动了整个世界经济的发展。

①蒸汽机的发明，能源的第一次革命，将人类领进了工业文明时代。

②计算机的诞生、应用及发展，改变了人类生活的方方面面，使人类的生产力产生了巨大的飞跃，对管理理论也是一个巨大的推动。

③新材料的不断发现和应用，给工业和生活带来了巨大的变革。

④人类空间技术和生物工程的应用与发展，逐渐改变了人类的生活方式，使社会生产力得到进一步解放。

3. 资本主义经济发展的三个阶段

第二次世界大战以后，主要资本主义国家的经济发展经过了以下三个历史阶段。

①第二次世界大战结束到20世纪50年代初，这一时期是资本主义国家的政治调整、经济恢复和发展时期。

②20世纪50年代中期以后到20世纪70年代初，这是发达资本主义国家经济发展的黄金时期，经济发展速度超过了历史上的任何时期。

③1973年末爆发世界性资本主义经济危机，从这时开始资本主义世界进入了经济滞胀时期，这也是对经济结构、经济政策进行重新调整的时期。

4. 企业结构发生变化

第二次世界大战以后,随着科技革命成果的运用、重化工业和新型的工业部门的建立以及第三产业的发展,资本主义国家的生产和资本进一步集中,垄断资本的统治也和战前不一样,资本主义世界企业发生了如下一些变化。

①垄断企业规模朝着大型化发展。

②垄断企业混合合并。

③大中小企业协作化发展。

④企业的股份高度分散化。

⑤企业不断向国际化方向发展。

(二)现代管理理论主要学派

1. 社会系统学派

社会系统学派的代表人物是切斯特·巴纳德,其代表作是1938年出版的《经理人员的职能》,这一学派以组织理论为研究重点,将组织看作是一种人与人之间相互协作的社会系统,要受到社会环境各方面因素的影响。

社会系统学派的主要观点可以归纳为以下几方面:

(1)组织是一个协作系统

巴纳德认为,组织是一个由个人组成的协作系统,个人只有在一定的相互作用的社会关系下同他人协作,才能发挥作用。

(2)协作系统的三要素

巴纳德认为,组织作为一个协作系统都包含以下三个基本要素。

①一个共同的目标。

②每一成员都有协作的意愿,并愿意为实现组织目标而做出贡献。

③有一个彼此沟通的信息系统,可进行意见交流。

(3)组织要实现效力原则和效率原则

巴纳德认为,组织是两个或两个以上的人所组成的协作系统,管理者应在这个系统中处于相互联系的中心,并致力于获得有效协作所必需的协调。因此,经理人员要招募和选择那些能为组织目标的实现而做出最大贡献并能协调地工作在一起的人员。为了使组织的成员能为组织目标的实现做出贡献和进行有效地协调,巴纳德认为应该采用“维持”的方法,包括“诱因”方案的维持和“威慑”方案的维持。

①“诱因”方案的维持是指采用各种报酬奖励的方式来鼓励组织成员为组织目标的实现做出他们的贡献。

②“威慑”方案的维持是指采用监督、控制、检验、教育和训练的方法来促使组织成员为组织目标的实现做出他们的贡献。

(4)经理人员的职能

经理人员的作用就是在一个正式组织中充当系统运转的中心,并对组织成员的活动进行协调,指导组织的运转,实现组织的目标。根据组织的要素,巴纳德认为,经理人员的主要职能有以下三个方面。

①提供信息交流的体系。

②促成必要的个人努力。

③提出和制定目的。

2. 经验或案例学派

经验或案例学派又称经理学派,这一学派的主要代表人物是彼得·德鲁克和欧内斯特·戴尔,该学派认为应该从企业管理的实际出发,以大企业的管理经验为主要研究对象,通过研究各种各样成功和失败的案例,就可以了解怎样管理。这一学派的主要观点有以下几点。

①作为企业主要领导的经理,其工作任务着重于:造成一个“生产的统一体”,有效调动企业各种资源,尤其是人力资源作用的发挥;经理做出每一项决策或采取某一行动时,一定要把眼前利益与长远利益协调起来。

②对建立合理组织结构问题普遍重视。德鲁克认为,当今的管理组织的新模式可以概括为:集权的职能性结构;分权的联邦制结构;矩阵结构;模拟性分散管理结构;系统结构。该派还强调,各类组织要根据自己的工作性质、特殊条件以及管理人员的特点来确定本组织的管理结构。

③对科学管理和行为科学理论重新评价。这一学派的许多人认为,科学管理和行为科学理论都不能完全适应企业的实际需要,只有经验学派将这二者结合起来才真正实用。

④提倡实行目标管理。

3. 社会技术系统学派

社会技术系统学派是在社会系统学派的基础上进一步发展而形成的,其代表人物是特里司特和其在英国塔维斯托克研究所中的同事。他们通过对英国煤矿中长壁采煤法生产问题的研究,发现仅分析企业中的社会方面是不够的,还必须注意其技术方面。他们发现,企业中的技术系统(如机器设备和采掘方法)对社会系统有很大的影响。个人态度和群体行为都受到人们在其中工作的技术系统的重大影响。社会技术系统学派认为,组织既是一个社会系统,又是一个技术系统,并非常强调技术系统的重要性,认为技术系统是组织同环境进行联系的中介。因此,必须把企业中的社会系统同技术系统结合起来考虑,而管理者的一项主要任务就是要确保这两个系统相互协调。

4. 系统管理学派

系统管理理论是指运用系统理论中的范畴、原理,对组织中的管理活动和管理过程,特别是组织结构和模式进行分析的理论。该学派主要代表人物有卡斯特、罗森茨韦克和约翰逊。

该理论的主要观点如下。

①组织是一个以人为主体的人造系统,组织系统中任何子系统的变化都会影响其他子系统的变化,系统的运行效果是通过各个子系统相互作用的效果决定的,这些系统既相互独立,又相互作用、不可分割,从而构成一个整体。

②企业是由人、物资、机器和其他资源在一定的目标下组成的一体化系统,它的成长和发展同时受到这些组成要素的影响,在这些要素的相互关系中,人是主体,其他要素则是被动的。管理人员需力求保持各部分之间的动态平衡、相对稳定及一定的连续性,以便适应情况的变化,达到预期目标。同时,企业还是社会这个大系统中的一个子系统,企业预定目标的实现,不仅取决于内部条件,还取决于企业外部条件,如资源、市场、社会技术水平、法律制度等,它只有在与外部条件的相互影响中才能达到动态平衡。

③如果运用系统观点来考察管理的基本职能,可以把企业看成是一个投入－产出系统,投入的是物资、劳动力和各种信息,产出的是各种产品(或服务)。运用系统观点使管理人员不至于只重视某些与自己有关的特殊职能而忽视了大目标,也不至于忽视自己在组织中的地位与作用,可以提高组织的整体效率。

④系统管理理论还提出了有关整体和个体组构及其运营的观念体系:组织是人们建立起来的相互联系并共同运营的要素(子系统)所构成的系统;任何子系统的变化均会影响其他系统的变化;系统具有半开特性——既有自己的特性,又有与外界沟通的特性。

5. 管理过程学派

管理过程学派又称管理职能学派、管理程序学派,是在法约尔的一般管理理论的基础上发展而来的。这个学派后来经美国的管理学家哈罗德·孔茨等人的发扬光大,成为现代管理理论学丛林中的一个主流学派。

管理过程学派的研究对象就是管理的过程和职能。他们认为,管理就是在组织中通过别人或同别人一起完成工作的过程。管理过程的职能有计划、组织、人事、指挥和控制。这一学派的主要特点是将管理理论同管理人员所执行的管理职能,也就是管理人员所从事的工作联系起来。他们认为,无论组织的性质多么不同(如经济组织、政府组织、宗教组织和军事组织等),组织所处的环境有多么不同,但管理人员所从事的管理职能却是相同的,管理活动的过程就是管理的职能逐步展开和实现的过程。因此,管理过程学派把管理的职能作为研究的对象,他们先把管理的工作划分为若干职能,然后对这些职能进行研究,阐明每项职能的性质、特点和重要性,论述实现这些职能的原则和方法。管理过程学派认为,应用这种方法就可以把管理工作的主要方面加以理论概括并有助于建立起系统的管理理论,用以指导管理的实践。

6. 管理科学学派

管理科学学派,又称计量管理学派、数量学派,是泰罗科学管理理论的继承和发展,其代表人物是伯法。

管理科学学派力图抛弃凭经验、凭主观判断来进行管理,而提倡采用科学的方法,探求最有效的工作方法或最优方案,以达到最高的工作效率,以最短的时间、最小的支出,得到最大的效果。不同的是,管理科学的研究,已经突破了操作方法、作业研究的范围,而向整个组织的所有活动方面扩展,要求进行整体性的管理。由于现代科学技术的发展,一系列的科学理论和方法被引入管理领域。因此,管理科学可以说是现代的科学管理。其基本特征是:以系统的观点,运用数学、统计学的方法和电子计算机技术,为现代管理决策提供科学的依据,解决各项生产、经营问题。基于管理科学的特征,大多数管理学家认为管理科学只是一种有效的管理方法,而不是一种管理学派,它仅适用于解决特定的管理问题。管理科学学派有以下主要特点。

①力求减少决策的个人艺术成分。依靠建立一套决策程序和数学模型以增加决策的科学性。他们将众多方案中的各种变数或因素加以数量化,利用数学工具建立数量模型,研究各变数和因素之间的相互关系,寻求一个用数量表示的最优化答案。决策的过程就是建立和运用数学模型的过程。

②各种可行的方案均是以经济效果作为评价的依据,然后再对风险和一些不确定因素对方案的影响做出估计,如成本、总收入和投资利润率等。

③广泛地使用电子计算机。现代企业管理中影响某一事务的因素错综复杂,建立模型后,计算任务极为繁重,无法用手工求解,必然要借助电子计算机,这就使数学模型应用于企业和组织成为可能。

7. 沟通(信息)中心学派

沟通中心学派的代表人物有:莱维特、申农和韦弗。该派主张把管理人员看成一个信息中心,并围绕这一概念来形成管理理论;认为管理人员的作用就是接受信息、贮存与发出信息,每一位管理者的岗位犹如一台电话交换机;强调计算机技术在管理活动和决策中的应用,强调计算机科学同管理思想和行为的结合。

8. 管理文化学派

战略管理兴起于20世纪60年代,可分为两类:一类以理性主义为特征,致力于战略的制定,包括设计学派、计划学派和定位学派;一类强调非理性因素,注重对战略制定过程中行为因素的研究,包括企业家学派、认识学派、学习学派、权力学派、文化学派和环境学派。综合学派则试图将前两类的观点兼收并蓄,从多方面反映企业战略的本质特性。

文化学派将战略制定视为观念形态的形成和维持过程,认为企业战略形成根植于企业文化及其背后的社会价值观念,企业文化将组织中的个体连接成为整体,企业文化的形成就是将企业中各种有益的因素进行整合以创造并维持企业竞争优势的过程。

第三节 管理学发展趋势

一、管理理论的新技术

(一)决策支持系统

决策支持系统是辅助决策者通过数据、模型和知识,以人机交互方式进行半结构化或非结构化决策的计算机应用系统。它是管理信息系统向更高一级发展而产生的先进信息管理系统。它为决策者提供分析问题、建立模型、模拟决策过程和方案的环境,调用各种信息资源和分析工具,帮助决策者提高决策水平和质量。

决策支持系统基本结构主要由四个部分组成,即数据库系统、推理库系统、模型库系统和用户接口系统。如图 2.2 所示。

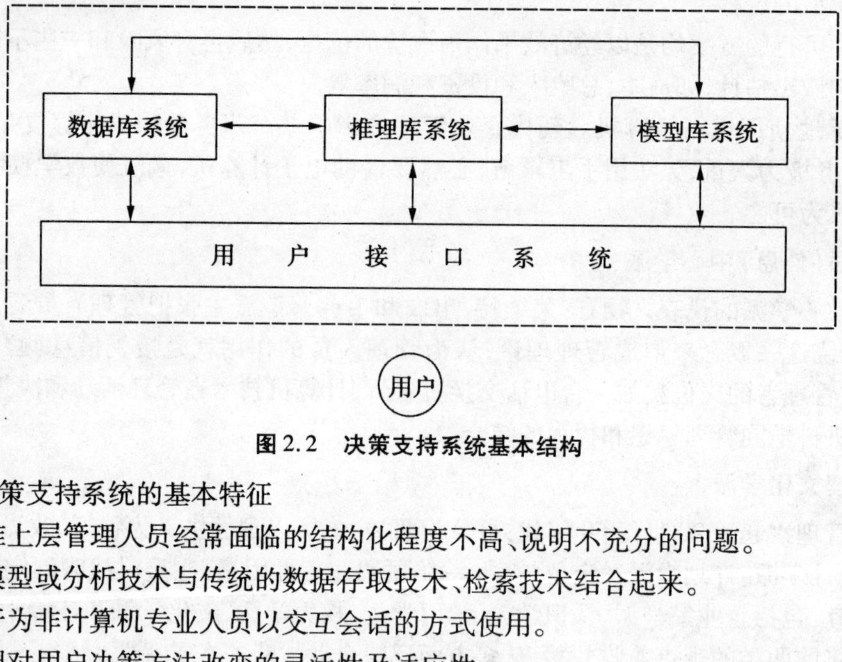

图 2.2 决策支持系统基本结构

(1)决策支持系统的基本特征

①对准上层管理人员经常面临的结构化程度不高、说明不充分的问题。

②把模型或分析技术与传统的数据存取技术、检索技术结合起来。

③易于为非计算机专业人员以交互会话的方式使用。

④强调对用户决策方法改变的灵活性及适应性。

⑤支持但不是代替高层决策者制定决策。

(2)决策支持系统的结构特征

①数据库及其管理系统。

②模型库及其管理系统。

③交互式计算机硬件及软件。

④图形及其他高级显示装置。

⑤对用户友好的建模语言。

(二)企业资源规划系统

企业资源规划是指建立在信息技术基础上,以系统化的管理思想,为企业决策层及员工提供决策运行手段的管理平台。ERP 系统集信息技术与先进的管理思想于一身,成为现代企业的运行模式,反映时代对企业合理调配资源、最大化地创造社会财富的要求,成为企业在信息时代生存、发展的基石。

ERP 的核心管理思想就是实现对整个供应链的有效管理,主要体现在以下三个方面。

1. 体现对整个供应链进行资源管理的思想

在知识经济时代仅靠自己企业的资源不可能有效地参与市场竞争,还必须把经营过程中的有关各方,如供应商、制造工厂、分销网络、客户等,纳入一个紧密的供应链中,才能有效地安排企业的产、供、销活动,满足企业利用全社会一切市场资源快速高效地进行生产经营的需求,以期进一步提高效率和在市场上获得竞争优势。换句话说,现代企业竞争不是单一企业之间的竞争,而是一个企业供应链与另一个企业供应链之间的竞争。ERP 系统实现了对整个企业供应链的管理,适应了企业在知识经济时代市场竞争的需要。

2. 体现精益生产、同步工程和敏捷制造的思想

ERP 系统支持对混合型生产方式的管理,其管理思想表现在以下两个方面。

(1)"精益生产"的思想

它是由美国麻省理工学院提出的一种企业经营战略体系,即企业按大批量生产方式组织生产时,把客户、销售代理商、供应商、协作单位纳入生产体系,企业同其销售代理、客户和供应商的关系,已不再简单地是业务往来关系,而是利益共享的合作伙伴关系,这种合作伙伴关系组成了一个企业的供应链,这就是"精益生产"的核心思想。

(2)"敏捷制造"的思想

当市场发生变化,企业遇有特定的市场和产品需求时,企业的基本合作伙伴不一定能满足新产品开发生产的要求,这时,企业会组织一个由特定的供应商和销售渠道组成的短期或一次性供应链,形成"虚拟工厂",把供应和协作单位看成企业的一个组成部分,运用"同步工程",组织生产,用最短的时间将新产品打入市场,时刻保持产品的高质量、多样化和灵活性,这就是"敏捷制造"的核心思想。

3. 体现事先计划与事中控制的思想

ERP 系统中的计划体系主要包括:主生产计划、物料需求计划、能力计划、采购计划、销售执行计划、利润计划、财务预算和人力资源计划等,而且这些计划功能与价值控制功能已完全集成到整个供应链系统中。

ERP 系统通过定义事务处理相关的会计核算科目与核算方式,以便在事务处理发生的同时自动生成会计核算分录，保证了资金流与物流的同步记录和数据的一致性，从而实现了根据财务资金现状，可以追溯资金的来龙去脉，并进一步追溯所发生的相关业务活动，改变了资金信息滞后于物料信息的状况，便于实现事中控制和实时做出决策。

此外，计划、事务处理、控制与决策功能都在整个供应链的业务处理流程中实现，要求在每个流程业务处理过程中最大限度地发挥每个人的工作潜能与责任心，流程与流程之间则强调人与人之间的合作精神，以便在有机组织中充分发挥每个人的主观能动性与潜能，实现企业管理从“高耸式”组织结构向“扁平式”组织机构的转变，提高企业对市场动态变化的响应速度。总之，借助 IT 技术的飞速发展与应用，ERP 系统得以将很多先进的管理思想变成现实中可实施应用的计算机软件系统。

（三）供应链管理系统

供应链管理系统是基于协同供应链管理的思想，配合供应链中各实体的业务需求，使操作流程和信息系统紧密配合，做到各环节无缝链接，形成物流、信息流、单证流、商流和资金流“五流”合一的领先模式。实现整体供应链可视化，管理信息化，整体利益最大化，管理成本最小化，从而提高总体水平。其适应对象是供应链中的供应商、制造商、代理分销商、物流服务商、零售商以及终端客户等实体。

（1）信息化供应链管理系统的主要功能

①供应链综合管理系统能连接企业全程供应链的各个环节，建立标准化的操作流程。

②各个管理模块可供相关业务对象独立操作，同时又通过第四方物流供应链平台整合连通各个管理模块和供应链环节。

③缩短订单处理时间，提高订单处理效率和订单满足率，降低库存水平，提高库存周转率，减少资金积压。

④实现协同化、一体化的供应链管理。

（2）供应链管理系统的使用价值

①数据传输安全，保证随时掌握情况。

②信息沟通及时，生产发货完美整合。

③缩短生产周期，降低企业运营成本。

④促进愉快合作，建立良好的供应商关系。

（四）客户关系管理系统

客户关系管理系统是利用信息科学技术，实现市场营销、销售、服务等活动自动化，使企业能更高效地为客户提供满意、周到的服务，以提高客户满意度、忠诚度为目的的一种管理经营方式。客户关系管理既是一种管理理念，又是一种软件技术。以客户为中心的管理理念是 CRM 实施的基础。

客户关系管理系统有如下特点。

①显见的投资回报。

②大幅改善销售流程。

③客户知识共享。

④提高企业营收。

二、21 世纪管理的趋势

(一)知识管理

人类关于知识的认识和探究几乎和人类文明历史一样久远,但知识管理作为一个重要的管理领域的兴起则只有不到 20 年的历史。所谓知识管理,就是为企业实现显性知识和隐性知识共享提供新的途径,通过改变员工的思维模式和行为方式,建立起知识共享与创新的企业内部环境,利用集体的智慧提高企业的应变和创新能力,最终达到目标。21 世纪企业的成功越来越依赖于企业所拥有知识的质量,利用企业所拥有的知识为企业创造竞争优势和持续竞争优势对企业来说始终是一个挑战。知识管理包括以下几个方面的工作。

①建立知识库。

②促进员工的知识交流。

③建立尊重知识的内部环境。

④把知识作为资产来管理。

企业实施知识管理的原因有以下几点。

(1)竞争

市场竞争越来越激烈,创新的速度加快,所以企业必须不断获得新知识,并利用知识为企业和社会创造价值。

(2)顾客导向

企业要为客户创造价值。

(3)工作流动性

雇员的流动性加快,雇员倾向于提前退休,如果企业不能很好地管理其所获得的知识,则有失去其知识基础的风险。

(4)环境不确定性

环境的不确定性表现在由于竞争而导致的不确定性和由于模糊性而带来的不确定性。在动态的不确定环境下,技术更新速度加快,学习已成为企业得以生存的根本保证,组织成员获取知识和使用知识的能力成为组织的核心技能。知识已成为企业获取竞争优势的基础,成为企业重要的稀缺资产。

(5)全球化的影响

全球化经营要求企业具有交流沟通的能力以及知识创造、知识获取与知识转换的能力。知识创造、知识获取和知识转换依赖于企业的学习能力,学习是企业加强竞争优势和核心竞争力的关键。

我们可以从以下几个方面评估知识管理的实施效果。

①人力资本培训费用、组织学习;员工忠诚度、管理经验。

②创新资本、研发费用、从事创新的员工比率、产品更新、知识产权。

③客户资本、满意度、服务质量、合作时间、重复购买、销售额。

④知识识别阶段、知识库中联系的数目、知识库中主题的数目、点击率、生产力。

⑤知识诱导阶段、来自于知识库的新需求、可达到的相关资源。

⑥知识分发阶段、推的方式分发、拉的方式分发。

⑦知识利用阶段、知识聚集活动中的系统利用率、用户满意度、知识利用过程中产生的商业机会。

(二)学习型组织

学习型组织是指就有持续不断学习、适应和变革能力的组织。美国管理学家罗宾斯在其所著的《组织行为学》中指出:“全面质量管理是 20 世纪 80 年代的潮流,企业再造是 90 年代初的潮流,学习型组织已成为跨世纪的最新潮流。”学习型组织不存在单一的模型,它是关于组织的概念和雇员作用的一种态度或理念,是用一种新的思维方式对组织的思考。在学习型组织中,每个人都要参与识别和解决问题,使组织能够进行不断的尝试,改善和提高它的能力。学习型组织的基本价值在于解决问题,与之相对的传统组织设计的着眼点是效率。在学习型组织内,雇员参加问题的识别,这意味着要懂得顾客的需要。雇员还要解决问题,这意味着要以一种独特的方式将一切综合起来考虑以满足顾客的需要。组织因此通过确定新的需要并满足这些需要来提高其价值。它常常是通过新的观念和信息而不是物质的产品来实现价值的提高。

1. 学习型组织的特点

(1)组织成员拥有一个共同的远景

组织的共同远景,来源于员工个人的远景而又高于个人的远景。它是组织中所有员工远景的景象,是他们的共同理想。它能使不同个性的人凝聚在一起,朝着组织共同的目标前进。

(2)组织由多个创造性个体组成

企业的工作有两类:一类是反映性的,另一类是创造性的。反映就是上级来检查下级反映一下,出了事故反映一下。反映有什么作用? 最多能维持现状,有些企业的大部分精力都用于反映,而没有用于创造。企业的发展是创造性的工作,没有创造的企业终将被淘汰。

(3)善于不断学习

这是学习型组织的特征。所谓“善于不断学习”,主要有以下四点含义。

一是强调终身学习,即组织中的成员均应养成终身学习的习惯,这样才能形成组织良好的学习气氛,促使其成员在工作中不断学习。

二是强调全员学习,即企业组织的决策层、管理层、操作层都要全心投入学习,尤其是经营管理决策层,他们是决定企业发展方向和命运的重要阶层,因而更需要学习。

三是强调全过程学习,即学习必须贯彻于组织系统运行的整个过程之中。约翰·瑞定提出了一种被称为"第四种模型"的学习型组织理论。他认为,任何企业的运行都包括准备、计划、推行三个阶段,而学习型企业不应该是先学习然后进行准备、计划、推行,不要把学习和工作分割开,应强调边学习边准备、边学习边计划、边学习边推行。

四是强调团队学习,即不但重视个人学习和个人智力的开发,更强调组织成员的合作学习和群体智力(组织智力)的开发。在学习型组织中,团队是最基本的学习单位,团队本身应理解为彼此需要他人配合的一群人。组织的所有目标都是直接或间接地通过团队的努力来达到的。

2. 学习型组织的要素

(1)建立共同远景

远景可以凝聚公司上下的意志力,通过组织共识,大家努力方向一致,为组织目标奋斗。

(2)团队学习

团队智慧应大于个人智慧的平均值,以做出正确的组织决策,透过集体思考和分析,找出个人弱点,强化团队向心力。

(3)改变心智模式

组织的障碍,多来自于个人的旧思维,例如固执己见、本位主义,唯有透过团队学习,以及标杆学习,才能改变心智模式,有所创新。

(4)自我超越

个人有意愿投入工作,并能精湛地掌握专业技能,个人与远景之间有种"创造性的张力",正是自我超越的来源。

(5)系统思考

应透过资讯搜集,掌握事件的全貌,以避免"见树不见林",培养纵观全局的思考能力,看清楚问题的本质,有助于清楚了解因果关系。

学习是心灵的正向转换,企业如果能够顺利导入学习型组织,不仅能够取得更高的组织绩效,更能够激发组织的生命力。

学习型组织理论认为,在新的经济背景下,企业要持续发展,必须增强企业的整体能力,提高整体素质。未来真正出色的企业将是能够设法使各阶层人员全新投入并有能力不断学习的组织——学习型企业。尽管学习型组织的前景十分迷人,但如果把它视为一贴万灵药则是危险的。事实上,学习型组织的缔造不应是最终目的,重要的是通过迈向学习型组织的种种努力,引导一种不断创新、不断进步的新观念,从而使组织日新月异,不断创造未来。

三、中国现代管理思想发展的新趋势

中国现代到底需要一种什么样的管理？它不能完全照搬中国传统的管理思想，也不能照抄西方管理的模板，而是应该吸收一切适应中国国情的管理方法，按照中国的实际情况管理，有中国的特点。中国现代管理思想发展有以下几方面的趋势。

（一）首长管理向人性化管理发展

管理理论和实践的发展，使人们逐渐认识到人在管理中的重要作用，同时也使官僚主义现象、权力过分集中现象、家长制现象、干部领导职务终身制现象和形形色色的特权现象的弊端越来越凸显。过度依靠高度集权，凭借严格的管理制度来约束员工，员工只能是被动接受完成任务，毫无创新感可言。由于管理活动中的一切工作都离不开人，要实现管理的高效益，就必须充分肯定人在管理中的主体作用，充分挖掘人的潜力，因此，尊重人性是现代管理的核心。组织中要实现有效管理，最好的途径是依靠科学管理，正确地认识每一位员工的能力，调动员工的创新能力，使员工积极参与企业管理，要让员工感到他们的利益与企业的利益已紧密结合，使企业全体员工为了共同的目标而自觉努力工作。

（二）国内管理向国际化管理发展

全球化既是一个事实，又是一个过程，我们生活在一个日益全球化的世界里，管理已成为企业在世界范围内的活动。随着交通、信息与通信技术的发展，当今的世界好似一个地球村，我国及世界越来越多的企业从事全球化经营，全球范围内的协调和交流正日渐变得极其正常，因此，哪怕是在当地经营的企业者，也必须从全球视角来考虑诸如环境评估、对手分析、人员招聘与配置、资源获取与配置等一系列管理问题，以此来适应当今的发展形势。

（三）科学化管理向信息化管理发展

20 世纪中后期以来，各种高新技术如雨后春笋般涌现，科学化管理已满足不了当今企业飞速的发展，其中最为突出的就是信息技术，目前已成为当代技术革命最活跃的领域。信息技术是由计算机技术、通信技术、信息处理技术和控制技术等构成的综合性高新技术，是人类开发和利用信息资源的所有手段的总和。企业信息化管理，通常是指将企业的生产过程、物料流动、事务处理、现金流动、客户交互等业务过程数字化，通过各种信息系统网络加工生成新的信息资源，提供给各层次的人们观察、了解各类动态业务中的一切信息，以做出有利于生产要素组合优化的决策，企业资源合理配置，以使企业能适应瞬息万变的市场经济竞争环境，获取最大的经济效益。

企业管理的信息化可以分为以下三个层面。

①以数据的信息化实现精确管理。

②以流程的信息化实现规范业务的处理。

③以决策的信息化改善企业经营。

目前,世界各国的企业都在致力于企业的信息化,中国企业的信息化已开始起步并逐渐走向成熟。

本章小结

本章首先较为系统地介绍了中西方管理思想和管理理论形成与发展的基本内容,不同时期的代表人物和基本思想理论以及现代管理理论发展的概况等相关内容。

其次,着重分析了西方古典管理思想、西方现代管理理论中的主要学派。

再次,简要概述了中国管理思想的形成与发展历程。

最后,介绍了管理学发展的趋势。

练习库

一、单项选择题

1. 道家学派的创始人是(　　)。

A. 老子　　B. 孔子　　C. 孙子　　D. 韩非子

2. “兼相爱,交相利”是(　　)学派的主张。

A. 儒家　　B. 道家　　C. 墨家　　D. 法家

3. 法约尔的研究是从“办公桌前的总经理”出发的,以(　　)作为研究对象。

A. 企业内部　　B. 企业环境　　C. 企业整体　　D. 企业资源

4. 马克思·韦伯是(　　)的社会学家、经济学家和管理学家。

A. 美国　　B. 法国　　C. 英国　　D. 德国

5. 系统管理学派的管理思想基础是(　　)。

A. 运筹学理论　　B. 经济学理论　　C. 一般系统理论　　D. 管理过程理论

6. 管理过程理论渊源于(　　)的管理理论。

A. 泰罗　　B. 奥福德　　C. 布朗　　D. 法约尔

7. 泰罗之所以被西方管理学界称为“科学管理之父”,是因为泰罗(　　)。

A. 认为人是“经济人”　　B. 将科学的方法引入管理领域

C. 实行“合理的日工作量”制度　　D. 推行差别计件工资制

8. 被誉为现代经营管理之父的是(　　)。

A. 法约尔　　B. 韦伯　　C. 梅奥　　D. 德鲁克

9. 泰罗根据工人的具体操作过程,进一步对分工进行细化,制定了(　　)。

A. 科学的工作方法　　B. 标准化的操作方法

C. 根据经验总结的工作方法　　D. 差别计件工资制

10.《理想国》是(　　)的代表作。

A. 苏格拉底　　B. 色诺芬　　C. 莫尔　　D. 柏拉图

二、多项选择题

1. 西方文化起源于(　　)等文明古国。

A. 希腊　　B. 罗马　　C. 埃及　　D. 巴比伦

2. 泰罗的科学管理思想概括起来可分为(　　)。

A. 作业管理　　B. 组织管理　　C. 计划管理　　D. 管理哲学

3. 以下(　　)不是法约尔十四条管理的原则。

A. 劳动分工　　B. 技术管理　　C. 合理的报酬　　D. 行政管理

4. 马克斯·韦伯认为人类社会存在为社会所接受的权力是(　　)。

A. 传统权力　　B. 超凡权力　　C. 道德权力　　D. 法定权力

5. 决策按其性质可分为(　　)。

A. 结构化决策　　B. 半结构化决策　　C. 非结构化决策　　D. 完全决策

三、判断题

1. 决策支持系统(Decision Support System, DSS)是辅助决策者通过数据、模型和知识,以人机交互方式进行半结构化或非结构化决策的计算机应用系统。(　　)

2. 泰罗的一般管理理论是西方古典管理思想的重要代表。(　　)

3. 法约尔把计划的职能和执行的职能分开,改变了凭经验工作的方法,代之以科学的工作方法,即找出标准,制定标准,然后按标准办事。(　　)

4. 泰罗认为科学管理的中心问题是提高劳动生产率。(　　)

5. 马基雅·维里最早提出了关于领导效能应注意提高领导者的素质,他在著作中论述了与管理有关的原则,即"管理四原则"。(　　)

四、简答题

1. 泰罗的科学管理理论主要包括哪些方面的内容?

2. 简述法约尔的主要贡献。

实　训

项目:现代管理思想在现实中的应用

1. 实训目标

(1)增强对现代管理思想的感性认识。

(2)培养对组织管理思想的分析能力。

2. 实训要求

(1)以五人为一组,在实际企业中,或网上、报纸杂志中,搜集一个或几个我国改革开放后的有关管理的案例或资料(最好是一事一议性的简短事例)。

(2)应用所学理论,分析其管理思想。

(3)在班级组织一次关于管理理论与管理思想的沙龙。每个成员都可以作介绍,谈体会,放开思路,自由畅想。

(4)各小组提供至少10个管理新名词。

3. 标准

(1)所搜集的资料一定要体现现代管理理论或思想。

(2)能同教材所研究的管理理论架构衔接。

4. 成果评估与检测要求

(1)每组写一篇简要的分析报告。

(2)可根据每组分析与在研讨会上的表现评定成绩。

第三章

Chapter 3

决　策

【引导案例】

“北上广”,居不易

高房价,高物价,人情冷漠……让漂在“北上广”的外地人思乡情浓,喊出了“逃离北上广”的口号,国内的媒体,大多轰轰烈烈地渲染过这股热潮。

可最近舆论似乎翻了个个儿,“逃回北上广”成了众人热议的话题。因为逃离的人,回到故乡二、三线城市工作,却发现自己并不适应:在一个熟人社会,做事更要讲关系、论人情,发展或许更难,价值观的冲突或许更大。

逃离又逃回,这样折腾为什么?其中有多少焦虑,多少酸甜苦辣?有哪些教训值得吸取?

让我们看一个真实的故事,笔者的同学,企业管理专业的张×明年硕士毕业。张×来自江苏某县城,家境一般,摆在他面前有三条路:留上海,回老家,或是去上海周边的二、三线城市。

留上海的大致方向是到外企,或是进国企,或是民企。上海的房价高,物价高,今后买房是个难题。

回老家的可能性最小。小城市是个“熟人世界”,那是一个小池塘,大鱼小虾都有自己的狭窄水域,更需要讲人脉。即使自己的专业能派上用场,还是有可能被人嘲笑:“一个名牌大学毕业的硕士,还不是跟咱初中毕业生一样,天天和水管子打交道!”

剩下的路就是去上海周边的二、三线城市。张×已经和江苏一家公司接触。对方很器重他,说他去的话,马上把一个大项目交给他,表现出“求贤若渴”的样子。

三条路中,张×倾向于第三条。此地正好处在老家和上海当中,房价不高,工资不低,可以活得比较滋润,更重要的是专业对口。

我碰到的人,基本上和张×相似:毕业时,在去留之间纠结;纠结完了,选择好了,就义无反顾地执行。不是逃离,也没有逃回。

对于媒体上沸沸扬扬的逃离、逃回,想问一句,有数据支撑吗?现有的数据,与逃离之说恰恰相反。

第六次人口普查数据显示，上海2 300万常住人口中，外省市来沪常住人口有897.7万人，占39%。10年间共增加551.21万人，增长159%；平均每年增加55.12万人，年平均增长率达9.99%。与2000年的第五次人口普查相比，2010年上海常住人口增量中，有87.75%是外省市来沪人员。全市在业人口中，本市户籍在业人口仅为47.4%，外来在业人口超过户籍在业人口，占全部在业人口的52.6%。

这哪里是逃离！上海分明像磁铁一样，吸引着外来人口嘛！

的确有些人是在"漂"，"漂"到"北上广"，发现"北上广是堵的，贵的，拥挤的，奢侈的，排斥人的，是人家的北上广"。回到小城市，又发现，"小城市是势利的，关系的，还是别人的"。于是逃离"北上广"，又逃回"北上广"。来来去去都迷茫。这样的人生像浮萍，不足取。

思考题：假设你是张明，你该如何做出决策？哪些因素会影响你的决策？

【本章主要内容】

1. 决策的概念、特点、原则及依据；
2. 决策的类型；
3. 决策的过程；
4. 决策理论及方法；
5. 决策的风格；
6. 决策中的常见误区；
7. 决策与文化因素。

第一节　决策概述

一、决策的概念及特点

（一）决策的含义

决策，就是组织或个人为了实现一定的目标，对所提出的若干决策方案进行分析评价，最终选择出满意方案的过程。这里包含三层含义：第一，决策是为实现一定的目标服务的，在对决策方案做出选择前，一定要有明确的目标，如果没有目标或目的性不明，决策就失去方向，容易导致决策无效或失误；第二，决策必须有两个以上的方案，仅有一个方案就无所谓决策；第三，决策在本质上是一个多阶段、多步骤的分析判断过程，不应将决策看成是选择和决断方案的瞬间行动，而应理解成为一个提出问题、分析问题和解决问题的连续过程。

决策本身还可以看成一个系统，一般来说，决策系统由决策主体、决策客体（决策对象）、决策工具、决策结果四大要素构成。决策主体即决策者，是决策系统中体现主观能动性的要素，它可以是个人，也可以是组织或群体。决策客体（决策对象）是人的行为可以对其施加影响且具有明显边界的事物,是决策的行动指向。决策工具包括决策系统所需的决策信息、决策方法和决策技术手段等。而一切决策活动最终都是为了得出决策的结果,不为得到决策结果的决策活动是不存在的。

(二)决策的特点

1. 目标性

任何组织决策必须首先确定组织目标。任何组织决策都必须首先确定组织的活动目标。目标是组织在未来特定时限内完成任务程度的标志。没有目标,人们就难以拟订未来的活动方案,评价和比较这些方案就没有了标准,对未来活动效果的检验也就失去了依据。

2. 可行性

决策的目的是指导组织未来的活动。组织的任何活动都需要利用一定的资源。缺乏必要的人力、物力和技术条件,理论上非常完善的方案也只能是空中楼阁。因此,决策方案的拟订和选择,不仅要考察采取某种行动的必要条件而且要注意实施条件的限制。

3. 选择性

决策的实质是选择。没有选择就没有决策,而要能有所选择,就必须提供可以替代的多种方案。事实上,为了实现相同的目标,组织总是可以从事多种不同的活动。这些活动在资源要求、可能结果以及风险程度等方面均有所不同。因此,不仅有选择的可能,而且有选择的必要。

4. 满意性

管理决策往往遵循满意原则,而不是过分追求最优原则。在制定决策中,需要必要的信息。适量的信息是决策的依据,信息量过大固然有助于决策水平的提高,但对组织而言可能是不经济的;而信息量过少则使管理者无法决策或导致决策收不到应有的效果。

5. 过程性

决策是一个过程,而非瞬间行动。决策是为达到一定的目标,从两个或多个可行方案中选择一个合理方案的分析判断和抉择的过程。组织中的决策并不是单项决策,而是一系列决策的综合。这是因为组织中的决策牵涉方方面面。在这一系列决策中,每个决策本身就是一个过程。为了理论分析的方便,我们把决策的过程划分为几个阶段。一般认为,决策过程可以划分为四个主要阶段,即找出制定决策的理由、找到可能的行动方案、对行动方案进行评价和抉择、对付诸实施的抉择进行评价。因此,决策实际上是一个“决策→实施→再决策→再实施”的连续不断的循环过程。但在实际工作中,这些阶段往往是相互联系、交错重叠的,难以截然分开。

6. 动态性

决策的动态性与过程性相联系。决策不仅是一个过程,而且是一个不断循环的过程。决策总是在一定的外部环境下实施的,而组织的外部环境处在不断变化中,任何可能对决策产生影响的要素的变化都要求在一定程度修正决策,甚至更新决策。决策活动的相互关联性也要求决策者必须根据对其决策结果产生重大影响的其他人的决策,灵活调整自己的决策方案。

二、决策的原则及依据

(一)决策遵循的是满意原则,而不是最优原则

对于决策者来说,要想使决策达到最优,必须做到以下几点:

①容易获得与决策有关的全部信息。

②真实了解全部信息的价值所在,并据此制定所有可能的方案。

③准确预测到每个方案在未来的执行结果。

但在现实中,上述条件往往得不到满足。这是因为:

①组织内外存在的一切对组织的现在和未来都会直接或间接地产生某种程度的影响,但决策者很难收集到反映一切情况的信息。

②对于收集到的有限信息,决策者的利用能力是有限的,从而决策者只能制定数量有限的方案。

③任何方案都要在未来实施,而人们对未来的认识是不全面的,对未来的影响也是有限的,从而决策时所预测的未来状况可能与实际的未来状况有所出入。任何一个具体的管理者或决策者的知识与能力是有限的,不可能完全设计出全部方案,了解全部后果并预见到所有可能发生的变化情况。所以,决策者能够做到的就是最大限度地克服这些有限性,使决策尽可能接近理性决策的标准。

(二)决策的依据是信息

①管理者在决策时离不开信息。信息的数量和质量直接影响决策水平。

②管理者在决策之前以及决策过程中尽可能地通过多种渠道收集信息,作为决策的依据。

③收集信息时要进行成本和收益分析。管理者在决定收集什么样的信息、收集多少信息以及从何处收集信息等问题时,要进行成本 - 收益分析。只有在收集的信息所带来的收益(因决策水平提高而给组织带来的利益)超过因此而付出的成本时,才应该收集信息。

三、决策的类型

(一)长期决策与短期决策

从决策影响的时间看,可把决策分为长期决策与短期决策。

长期决策是指有关组织今后发展方向的长远性、全局性的重大决策,又称长期战略决策,如投资方向的选择、人力资源的开发和组织规模的确定等。

短期决策是为实现长期战略目标而采取的短期策略手段,又称短期战术决策,如企业日常营销、物资储备以及生产中资源配置等问题的决策都属于短期决策。

(二)战略决策、战术决策与业务决策

从决策的重要性看,可把决策分为战略决策、战术决策与业务决策。

战略决策对组织最重要,通常包括组织目标、方针的确定,组织机构的调整,企业产品的更新换代,技术改造,企业上市、兼并等,这些决策牵涉组织的方方面面,具有长期性和全局性。

战术决策又称管理决策,是在组织内贯彻的决策,属于战略决策执行过程中的具体决策。战术决策旨在实现组织中各环节的高度协调和资源的合理使用,如企业生产计划和销售计划的制订、设备的更新、新产品的定价等。

业务决策又称执行性决策,是日常工作中为提高生产效率、工作效率而做出的决策,牵涉范围较窄,只对组织产生局部影响。属于业务决策范畴的主要有:工作任务的日常分配和检查、工作日程(生产进度)的安排和监督、库存的控制以及材料的采购等。

(三)集体决策与个人决策

从决策的主体看,可把决策分为集体决策与个人决策。

集体决策是指多个人一起做出的决策;个人决策则是指单个人做出的决策。

一提到科学决策,很多人便会想起集体决策(群体决策),但集体决策一定比个人决策好吗?

在当今世界上,越来越多的重要问题采用集体决策的方式,个人决策占的比重正在不断减少。但是在许多时间紧迫的关键时刻,集体决策无法取代个人决策,二者各有特点与优势,也各有不足。见表3.1。

表3.1 集体决策与个人决策比较

	集体决策	个人决策
果断性	差	佳
责任明确	差	佳
决策成本	高	低
决策质量	佳	一般
一贯性	佳	差
可实施性	佳	一般
开放性	佳	差

当决策的紧迫程度高,必须由个人决策,果断拍板。集体决策会造成责任分散,在决策过程中大家都愿意分析情况,提出方案,但又都不愿承担最后抉择的责任,有时会滥用表决的方式,将责任推给大家,造成无人对结果负责的情况。但是,集体决策耗费的时间与经费都很多。集体决策考虑更全面,质量高;个人决策容易片面。个人决策可能反复无常前后矛盾,集体决策一般采用合理的科学决策程序,比较理性。集体决策参与者有较好的了解所制定的政策,增加了对决策实施的认同感和责任感,满足了人们受尊重的需要,易接受。个人决策实施时阻力大。

面临一项决策，采用个人决策还是集体决策，需要在决策的果断性、决策成本、决策质量、决策执行的顺畅程度等方面找到一个合理的组合，从而提高决策水平。在这方面，美国匹兹堡大学的弗鲁姆和耶顿两位教授提出的弗鲁姆－耶顿模型，给管理者提供了一个选择决策方式的有效方法。弗鲁姆－耶顿模型认为在集体决策和个人决策两个极端之间有一个决策方式的连续体，从纯粹的个人决策到完全的集体决策之间有五种决策方式。

(1)完全权力主义方式

决策者根据自己知识、能力和资料单独决策。

(2)部分权力主义方式

决策者向下属收集必要的资料，决策者单独决策。

(3)部分协商方式

决策者以个别接触方式听取下属意见或建议，在此基础上决策者自行做出决策。

(4)完全协商方式

让下属集体了解问题，集体提出意见和建议，随后由决策者做出决策。

(5)团体式决策

决策者作为集体平等成员之一参加集体讨论，由集体进行决策。

(四)初始决策与追踪决策

从决策的起点看，可把决策分为初始决策与追踪决策。

初始决策是零起点决策，它是在有关活动尚未进行从而环境未受到影响的情况下进行的。

追踪决策是企业决策者在初始决策的基础上对已从事的活动的方向、目标、方针及方案的重新调整。

因此，追踪决策是非零起点决策。其特点有以下几点：

(1)回溯分析

从原有决策的起点开始，对当时决策的环境、程序逐步复查，寻找决策可能失误的机制，以便针对原因纠正，但不是扔掉原有决策的合理因素。

(2)非零起点

追踪决策是在原有决策已经实施了一段时间后进行的，环境已经变化了，必须慎而又慎，特别要注意可能的心理效应(改变原有决策，会在有关人员心中引起强烈的感情振动)，分析利害关系。

(3)双重优化

追踪决策的方案必须优于原有决策方法。追踪决策不是简单地改变原有决策，它只有比原有决策优化，才有意义。

(五)程序化决策与非程序化决策

按决策的重复程度，可把决策分为程序化决策与非程序化决策。

组织中的问题可被分为两类:一类是例行问题,另一类是例外问题。赫伯特·西蒙根据问题的性质把决策分为程序化决策与非程序化决策。程序化决策涉及的是例行问题,而非程序化决策涉及的是例外问题。

(1)程序化决策

程序化决策是按原来的程序、处理方法和标准去解决管理中经常出现的问题,又称常规决策、例行决策、重复性决策。这类决策问题比较明确,有一套固定的程序来处理,如订货日程、日常的生产技术管理等。由于程序化决策所涉及的变量比较稳定,可以通过制定程序、决策模型和选择方案等步骤,由计算机处理。在管理工作中,有80%的决策属于程序化决策(可以降低管理成本)。

(2)非程序化决策

非程序化决策又称非常规性决策、例外决策、一次性决策,是解决以往无先例可循的新问题,具有极大的偶然性和随机性,很少发生重复。其决策步骤和方法难以程序化、标准化,不能重复使用。战略性决策一般都是非程序化的,如新产品的开发等。由于非程序化决策要考虑内外条件变动及其他不可量化的因素,决策者个人的经验、知识、洞察力和直觉、价值观等主观因素对决策有重大影响。

(六)确定型决策、风险型决策与不确定型决策

从环境因素的可控程度看,可把决策分为确定型决策、风险型决策与不确定型决策。

(1)确定型决策

确定型决策是指在稳定(可控)条件下进行的决策。在确定型决策中,决策者确切知道自然状态的发生,每个方案只有一个确定的结果,最终选择哪个方案取决于对各个方案结果的直接比较。如某人有笔余款,他有几个备选方案:

①购买国库券,年利率7%。

②存一年期银行定期存款,年利率4.5%。

③存银行活期存款,年利率1.5%。

如果这个决策者的目标只是想多获利息,那么他的决策是一种稳定条件下的决策。根据收益率的高低排序,则选择购买国库券。确定型决策的各种可行方案的条件都是已知的,并且非常明确,只要比较各个不同方案的结果,就可以选择出最佳方案。

(2)风险型决策

风险型决策也称随机决策,在这类决策中,自然状态不止一种,决策者不能知道哪种自然状态会发生,但能知道有多少种自然状态以及每种自然状态发生的概率(可能性大小)。所以不管哪个决策方案都是有风险的。如企业开发一种新产品,在产品价格为10元的情况下,销路好的概率是50%,9元30%,11元20%。

(3)不确定型决策

不确定型决策是指在不稳定条件下进行的决策。在不确定型决策中,决策者可能不知道

有多少种自然状态,即便知道,也不能知道每种自然状态发生的概率。大多数企业决策属于这种。如某公司欲发展海外业务,想选择一种进入海外市场的方式:间接出口、直接出口或者直接投资。由于环境不确定,目标国可能存在政治风险(政变、法律条款改变等),汇率波动,文化习惯对产品的影响……使每个备选方案都可能成功也可能失败,可能性无法衡量。不确定型决策关键在于尽量掌握有关信息资料,根据决策者的直觉、经验和判断果断行事。

四、决策的过程

一般决策过程如图 3.1 所示。

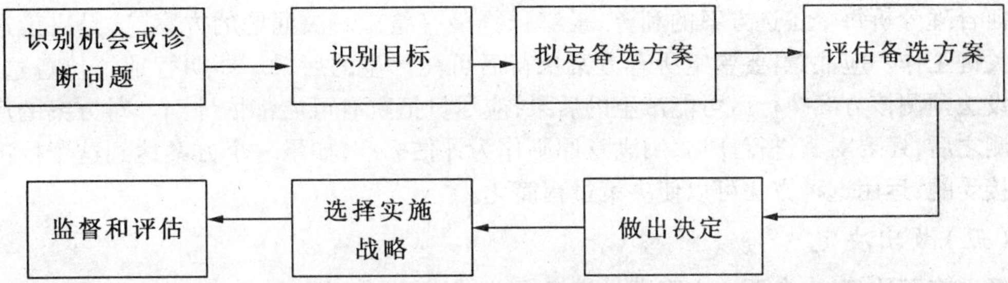

图 3.1 决策过程图

(一)识别机会或诊断问题

没有问题就无所谓决策,决策首先必须明确提出所要解决的问题。问题可以理解为在现有条件下,应该可以达到的理想状况和现实状态之间的差距(期望目标与实际情况间的差距)。只有正确地找出差距,才能进行有效的诊断并寻找原因。找到了差距,还要找到造成差距的原因。在决策过程中,如果根本原因不明确,为消除差距而设计的方案就不可能有效,或是仅仅为治表而付出巨大代价。

(二)识别目标

决策要求有明确而具体的决策目标。若决策的目标是模糊的,甚至是模棱两可的,则无法以目标为标准评价方案,更无从选择方案。失败的决策,往往是由于决策目标不明确或不正确。犹豫不决,通常也是由于目标很模糊或设立得不合理。

(三)拟定备选方案

决策也可以说对解决问题的种种行动方案进行选择的过程。决策要求有两个以上的备选方案,以便比较选择。要拟定尽可能多的备选方案来解决问题。人们总结出两条规则:一是在没有不同意见前,不要做出决策;二是"如果事情看来似乎只有一种方法去做,那么这种方法通常是错误的,也是危险的"。寻找方案的方法有两种:经验和创造。

(1)经验

经验可能是决策者或决策群体自己的,也可能是别的管理者或别的群体的实际做法。很多问题都是例行问题,例行决策。

(2)创造

在竞争激烈的现代社会,决策者应具有随机应变的创造力。企业的发展需要新颖的、独创的方案,它不是过去的再现,也不是别人的翻版,而是一种独到的、适应当前环境的新做法,只有这样才能走在别人的前面,确立竞争优势。在决策方案的设计活动中,创造具有十分重要的作用。后面会介绍一些激发人创造性的方法"头脑风暴法"等。

(四)评估备选方案

实际生活中发现有些备选方案从某个角度讲是合理的,但从另一个角度看却有缺陷,这时如何合理分析每个备选方案的利弊,最终选择最有希望解决问题的方案,这是决策过程中的最关键工作。应注意:要鉴定所有方案执行后可能产生的后果。要明智地评价备选方案,必须设法预测该方案执行后可能产生的后果,应尽量把所有可能都估计到。对方案的后果作了预测之后,还要对其进行评估,用满意原则作为评估标准,如果一个方案达到这个标准就是可以接受的,运用这种方法可以使决策过程简化。

(五)做出决定

经过前面的筛选,余下的方案满足满意标准,但可能在不同方面有着各自的优势,很难用统一的标准衡量,需依靠决策主体的价值观。决策者必须充分意识到未来可能出现的不确定情况。因此,在抉择过程中,不能只选择一个方案,而放弃其余方案,需在事情出乎意料时,有备选方案。

选择方案,首先必须能在较高程度上实现预定的决策目标,这是决策的合理标准;其次,必须考虑方案实施所需付出的代价与可能带来的效果的比值,这是方案选择的经济性标准;再次,合理的决策要妥善处理好正面效果与负面效果的关系,不能只看到正面效果而看不到负面效果,这是方案选择的全面性标准。任何决策都不可能100%实现目标,都不可能没有成本,都不可能没有负面效果,这时就要求决策者权衡利弊。

(六)选择实施战略

方案的实施是决策过程中至关重要的一步。在方案选定以后,管理者就要制订实施方案的具体措施和步骤。实施过程中通常要注意做好以下工作。

①制订相应的具体措施,保证方案的正确实施。

②确保与方案有关的各种指令能被所有相关人员充分接受和彻底了解。

③应用目标管理方法把决策目标层层分解,落实到每一个执行单位和个人。

④建立重要的工作报告制度,以便及时了解方案进展情况,及时进行调整。

(七)监督和评估

一个方案可能涉及较长的时间,在这段时间里,形势可能发生变化,而初步分析建立在对问题或机会的初步估计上,因此,管理者要不断对方案进行修改和完善,以适应变化的形势。

同时，连续性活动由于涉及多阶段控制而需要定期的分析。由于组织内部条件和外部环境的不断变化，管理者要不断修正方案来减少或消除不确定性，定义新的情况，建立新的分析程序。具体来说，职能部门应对各层次、各岗位履行职责情况进行检查和监督，及时掌握执行进度，检查有无偏高目标，及时将信息反馈给决策者。决策者则根据职能部门反馈的信息及时追踪方案实施情况，对与既定目标发生部分偏离的，则采取有效措施，以确保既定目标的顺利实现；对客观情况发生重大变化，原定目标确实无法实现的，则要重新寻找问题或机会，确定新的目标，重新拟订可行的方案，并进行评估、选择和实施。

第二节 决策理论及方法

一、决策理论

决策活动贯穿组织经营活动的全过程，是管理活动的重要组成部分。许多管理理论都试图从不同的角度阐释管理决策问题。其中，主要可以分为三个流派。

（一）古典决策理论

古典决策理论又称为规范决策理论，是基于“经济人”假设提出来的，主要盛行于20世纪50年代以前。该理论认为，应该从经济的角度来看待决策问题，即决策的目的在于使组织获得最大的经济利益。此外，古典决策理论在决策问题上还提出了其他一些观点，主要有以下几种。

①决策者必须全面掌握有关决策环境的信息情报。

②决策者要充分了解有关备选方案的情况。

③决策者应建立一个合理的、自上而下地执行命令的组织系统。

④决策者进行决策的目的始终都是使本组织获取最大的经济利益。

⑤所有的决策者都用相同的方式处理信息，并做出相同的决策。

古典决策理论假定，管理者是具备完全理性的决策者，决策的环境条件稳定与否是可以改变的，决策者在充分了解有关情报信息的情况下，是完全可以做出完成组织目标的最佳决策的。古典决策理论忽视了决策者作为普通人所具有的意志、感情、态度及价值观的主体性，不一定能实际指导人们的决策活动。因此，古典决策理论逐渐被更为全面的行为决策理论所代替。

（二）行为决策理论

行为决策理论的发展始于20世纪50年代。现代决策理论学派的创始人西蒙认为，合理的、经济的决策标准都无法确切地说明管理的决策过程；决策者在决策过程中的行为并非是完全理性的，只是部分理性的，或者是有限理性的。其他学者在对决策者行为的进一步研究

中也发现,影响决策者进行决策的不仅有经济因素,还有个人的行为表现,如态度、情感、经验和动机等。行为决策理论认为:

①人的理性是在完全理性与非理性之间的一种有限理性,这是由于人的知识、想象力、计算力都是有限的,其价值取向和多元目标常常相互抵触,而现实决策环境则是高度不确定和极为复杂的。

②决策者在识别和发现问题中容易受直觉上的偏差影响,而对未来作判断时,利用直觉往往多于应用逻辑分析的方法。

③由于决策时间和可利用资源的限制,决策者即使充分了解和掌握了有关决策环境的信息情报,也尽量了解了各种备选方案的情况,但仍不可能做到全部了解。因此,决策方案选择的合理性是相对的。

④在风险决策中,决策者对待风险的态度要比经济利益的考虑更为重要。决策者一般都厌恶风险,倾向于选择风险小的方案,尽管风险较大的方案可能带来较为可观的收益。

⑤决策者在决策中往往只求满意的结果,他们不愿意费力寻找"最佳"方案。

出现这一现象的原因,一方面,决策者不注意激发人的创造力,而只满足于在已有的可行方案中选择;另一方面,评价所有的方案并选择其中最好的方案,要花费大量金钱和时间,而决策收益有限。对大部分复杂问题而言,由于决策问题中各因素的相互关系复杂,最佳方案的选择在技术上是不可能的。行为决策理论还认为,把决策视为定量方法和固定的步骤是片面的,应该视决策为一种文化现象。不同的组织、地区、国家,由于其文化要求不同,决策者对决策的不确定性的认识和判断亦不相同。例如,威廉·大内提出的Z理论,实际上就是对美国企业与日本企业决策的差异所进行的组织理论方面的比较研究。在研究中威廉·大内又进一步发现,两者的差异还在于东西方文化要求的不同,从而开始了决策的跨文化比较研究。另外,除西蒙的"有限理性"模式对"完全理性"提出挑战外,另一位美国决策学家林德布洛姆还提出了"渐进决策"模式。他认为决策过程应是一个渐进的过程,而不能大起大落。当然,这种渐进过程积累到一定程度也会形成一次变革,否则会危及社会稳定,给组织带来困难,也使决策者无法有充足的时间、资源去了解和思考全部方案,并弄清楚各方案的结果。因此,"按部就班,修修补补的渐进主义决策者或安于现状的人,似乎不是一个'叱咤风云'的英雄人物,而实际上正是一个能清醒地认识到对他来说是与硕大无比的宇宙进行勇敢争斗的足智多谋的解决问题的决策者"。这就说明,决策不能只遵守一种固定的程序模式,而应根据组织内部、外部各种环境因素的变化做出适时的补充和调整。

(三)现代决策理论

继古典决策理论和行为决策理论之后,管理理论关于决策问题的进一步剖析,又产生了现代决策理论。现代决策理论认为,决策贯穿管理活动全过程,决策程序就是全部管理过程;组织则是由作为决策者的个人和其下属、同事所组成的系统;全部决策过程是从研究组织内部、外部环境因素开始,确定组织目标,设计可达到该目标的各种可行方案,比较并评价这些部、外部环境因素开始，确定组织目标，设计可达到该目标的各种可行方案，比较并评价这些方案，进行方案选择（即做出择优决策），然后实施决策方案，并进行追踪检查和控制，以保证预定目标的实现。这种决策理论对决策的过程、决策的准则、程序化决策和非程序化决策、组织机构的建立同决策过程的联系等作了分析。现代决策过程应广泛采用现代化的手段和规范化程序，以系统理论、运筹学和电子计算机为工具，并辅以行为科学的相关理论。这就是说，现代决策理论把古典决策理论和行为决策理论有机地结合起来，其所概括出的一套科学行为准则和工作程序，既重视科学的理论、方法和手段的应用，又重视人的积极作用。

二、决策的影响因素

（一）环境因素

1. 环境的特殊性影响着组织的活动选择

以企业为例，如果市场相对稳定，则今天的决策基本上是昨天决策的翻版与延续；如果市场急剧变化，则需要经常对经营方向和内容进行调整。处在垄断市场上的企业，通常将经营重点放在内部生产条件的改善、生产规模的扩大以及生产成本的降低上；处在竞争市场上的企业，需要密切关注竞争对手的动向，不断推出新产品，努力改善促销策略，建立健全的销售网络。

2. 对环境的习惯反应模式影响组织的活动选择

对于相同的环境，不同的组织可能做出不同的反应。而这种调整组织与环境关系的模式一旦形成，就会趋于稳固，限制着决策者对行动方案的选择。今天是昨天的继续，明天是今天的延伸。历史总会以这种或那种方式影响着未来。在大多数情况下，组织中的决策不是在一张白纸上进行的初始决策，而是对初始决策的完善、调整或改革。

（二）过去决策

1. 过去的决策是目前决策的起点

过去方案的实施，给组织内部条件和外部环境带来了某种程度的变化，给目前决策带来了影响。

2. 过去的决策对目前决策的影响程度取决于过去决策与现任决策者的关系情况

如果过去的决策是由现在的决策者做出的，决策者考虑到要对自己当初的选择负责，就不会愿意对组织活动作重大调整，而倾向于将大部分资源继续投入到过去方案的实施中，以证明自己的一贯正确。相反，如果现在的决策者与过去的决策没有什么关系，重大改变就可能会被其接受。人的理性是有限的。决策者对未来的认知不可能与实际发生的情况完全一样，方案实施后未必能产生期望的结果。也就是说，决策是有风险的（在现实世界中，确定型决策是少之又少的）。

（三）决策者对风险的态度

决策者对风险的态度会影响其对方案的选择。喜好风险的决策者通常会选取风险程度较高但收益也较高的行动方案，而厌恶风险的决策者则通常会选取较安全同时收益水平也较低的行动方案。

（四）伦理

决策者是否重视伦理以及采用何种伦理标准会影响其对待行为或事物的态度其决策。不同的伦理标准对决策产生的影响，可以从下面这个例子中看出来。不同的国家可能有不同的伦理标准。例如，在巴西，一个人可能认为，只要金额较小，贿赂海关官员伦理上就是可以接受的。因为他想的是“海关工作人员需要这笔钱，我国政府是根据他们可以捞一点外快来规定他们工资的”。可见，其伦理标准是以对社会最佳为出发点的，因此无可厚非。而在美国，人们却认为这样做不符合伦理，因为他们信奉的是“只有每个人都变得诚实，制度才会更加有效”。这种伦理标准也是以对社会最佳为出发点的，因此也是值得肯定的。在前一种伦理标准下，决策者会做出以较小的金额贿赂海关官员的决策，以加快货物的通关速度；而在后一种伦理标准下，决策者就会采取其他办法来达到同样的目的。

（五）组织文化

组织文化会影响到组织成员对待变化的态度，进而影响到一个组织对方案的选择与实施。在决策过程中，任何方案的选择都意味着对过去某种程度的否定，任何方案的实施都意味着组织要发生某种程度的变化。决策者个人及其他组织成员对待变化的态度会影响到方案的选择与实施。

1. 在偏向保守、怀旧的组织中，人们总是根据过去的标准来判断现在的决策选择在变化中会失去什么，从而对将要发生的变化产生怀疑、害怕、抵触的心理与行为。

2. 在具有开拓、创新精神的组织中，人们总是以发展的眼光来分析决策的合理性，希望在可能发生的变化中得到什么，因此渴望变化、欢迎变化、支持变化。很明显，欢迎变化的组织文化有利于新方案的通过与实施，而抵御变化的组织文化不利于那些对过去作重大改变的方案的通过，即使决策者费尽周折让方案勉强通过，也要在正式实施前，设法创建一种有利于变化的组织文化，这无疑增加了方案的成本。

（六）时间

时间敏感型决策是指那些必须迅速做出的决策。战争中军事指挥官的决策多属于此类。这类决策对速度的要求甚于一切。例如，一个站在马路边的人突然看到一辆疾驰的汽车向他冲来时，需要做的就是迅速跑开，至于跑向马路的哪一边更近对此时的他来说并不重要。

知识敏感型决策是指那些对时间要求不高，而对质量要求较高的决策。在作这类决策时，决策者通常有宽裕的时间来充分利用各种信息。组织中的战略决策大多属于知识敏感型决策。

三、决策方法

(一)集体决策方法

1. 头脑风暴法

头脑风暴法也叫思维共振法,即通过有关专家之间的信息交流,引起思维共振组合效应,从而导致创造性思维。

头脑风暴法一般分为三个阶段:第一阶段是对已提出的每一种设想进行质疑,并在质疑中产生新设想,同时着重研究有碍于实现设想的问题。第二阶段是对每一种设想编制一个评价意见一览表,同时编制一个可行性设想一览表。第三阶段是对质疑过程中所提意见进行总结,以便形成一组对解决所论及问题的最终设想。实践证明,头脑风暴法可以排除折中方案,通过客观分析对所决策的问题找到一组切实可行的方案。

用该法进行决策或预测必须遵循以下原则:

①严格限制预测对象范围,明确具体要求。

②不能对别人的意见提出怀疑和批评,要认真研究任何方案。

③鼓励专家对已提出的方案进行补充、修正或综合。

④解除与会者顾虑,创造自由发表意见而不受约束的气氛。

⑤提倡简短精练的发言,尽量减少详述。

⑥与会专家不能宣读事先准备好的发言稿。

⑦与会专家人数一般为 11 ~25 人,会议时间一般为 20 ~60 分钟。

2. 名义小组技术

在集体决策中,如对问题的性质不完全了解而意见分歧严重,则可采用名义小组法。具体说来,名义小组法的步骤如下:

①组织者先召集有关人员,把要解决的问题的关键内容告诉他们,并请闭门独立思考,要求每个人尽可能地把自己的备选方案和意见写出来。

②再按次序让他们一个接一个地陈述自己的方案和意见,以便把每个想法都搞清楚。

③在此基础上,由小组成员对提出的全部备选方案进行投票和排序,赞成人数最多的方案即为所选方案。当然,管理者最后仍有权决定是接受还是拒绝这一方案。

这种方法的主要优点在于,使群体成员正式开会性小限制每个人的独立思考,以有效地激发个人的创造力和想象力。而传统的会议方式往往做不到这一点。在这种方法下,小组的成员互不通气,也不在一起讨论、协商,从而小组只是名义上的。

3. 德尔菲技术

德尔菲法又称专家意见法,是依据系统的程序,采用匿名发表意见的方式,即团队成员之间不得互相讨论,不发生横向联系,只能与调查人员发生关系,反复地填写问卷,以集结问卷填写人的共识及搜集各方意见，可用来构造团队沟通流程，应对复杂任务难题的管理技术。

德尔菲法是美国兰德公司提出的，它着眼于克服人们互动中的心理和行为问题，同时又保留了群体沟通能集思广益的优点。德尔菲这一名称起源于古希腊有关太阳神阿波罗的神话。传说中阿波罗具有预见未来的能力。因此，这种预测和决策方法被命名为德尔菲法。1946年，兰德公司首次用这种方法进行预测，被广泛运用在重大复杂问题的预测和决策中。以预测为例，德尔菲法的具体实施步骤如下：

①组成专家小组。按照课题所需要的知识范围，确定专家。专家人数的多少，可根据预测课题的大小和涉及面的宽窄而定，一般不超过20人。

②向所有专家提出所要预测的问题及有关要求，并附上有关这个问题的所有背景材料，同时请专家提出还需要什么材料，然后由专家做书面答复。

③各个专家根据他们所收到的材料，提出自己的预测意见，并说明自己是怎样利用这些材料并提出预测值的。

④将各位专家的第一次判断意见汇总，列成图表，进行对比，再分发给各位专家，让专家比较自己同他人的不同意见，修改自己的意见和判断。也可以把各位专家的意见加以整理，或请身份更高的其他专家加以评论，然后把这些意见再分送给各伙专家，以便他们参考后修改自己的意见。

⑤将所有专家的修改意见收集起来汇总，再次分发给各位专家，以便做第二次修改。逐轮收集意见并为专家反馈信息是德尔菲法的主要环节。收集意见和信息反馈一般要经过三、四轮。在向专家进行反馈的时候，只给出各种意见，但并不说明发表各种意见的专家的具体姓名。这一过程重复进行，直到每一个专家不再改变自己的意见为止。

⑥对专家的意见进行综合处理。德尔菲法同常见的召集专家开会、通过集体讨论、得出一致预测意见的专家会议法既有联系又有区别。德尔菲法能发挥专家会议法的优点，能充分发挥各位专家的作用，集思广益，准确性高；能把各位专家意见的分歧点表达出来，取各家之长，避各家之短；同时，德尔菲法又能避免专家会议法的缺点：权威人士的意见影响他人的意见；有些专家碍于情面，不愿意发表与其他人不同的意见；出于自尊心而不愿意修改自己原来不全面的意见。德尔菲法的主要缺点是过程比较复杂，花费时间较长。

需要注意的是，并不是所有被预测的事件都要经过四步。可能有的事件在第二步就达到统一，而不必在第三步中出现。在第四步结束后，专家对各事件的预测也不一定都达到统一。不统一也可以用中位数和上下四分点来作结论。事实上，总会有许多事件的预测结果都是不统一的。

（二）有关活动方向的决策方法

1. 经营单位组合分析法（波士顿法）

这是由美国波士顿咨询公司为大企业确定和平衡其各项经营业务发展方向以及资源分配而提出的战略决策方法。其前提假设是：大部分企业都经营着两项以上的业务，这些业务是扩展、维持还是收缩,应该立足于企业全局的角度来加以确定,以便使各项经营业务能在现金需要和来源方面形成相互补充、相互促进的良性循环局面。

这种决策方法主张,在确定各经营业务发展方向的时候,企业应综合考虑到该项经营业务的市场增长情况以及企业在该市场上的相对竞争地位。相对竞争地位是通过企业在该项业务经营中所拥有的市场占有率与该市场上最大的竞争对手的市场占有率的比值(即相对市场份额)来表示的,它决定了企业在该项业务经营中获得现金回笼的能力及速度。较高的市场占有率可以带来较大的销售量和销售利润额,从而能使企业得到较多的现金流量。而该项业务的市场增长情况则反映该项业务所属市场的吸引力,它主要用该市场领域最近两年平均的业务增长率来表示,并且将业务增长率在10%以上的划定为高增长业务,10%以下的则为低增长业务。业务增长率对活动方向的选择有两方面的影响:

①它有利于市场占有率的扩大,因为在稳定的行业中,企业产品销售量的增加往往来自于竞争对手市场份额的下降。

②它决定着投资机会的大小,因为业务增长迅速,可以使企业迅速收回投资,并取得可观的投资报酬。

根据上述两个标准——相对竞争地位和业务增长率,可把企业的经营单位分成四大类(如图3.2所示)。企业应根据各类经营单位的特征,选择合适的活动方向。

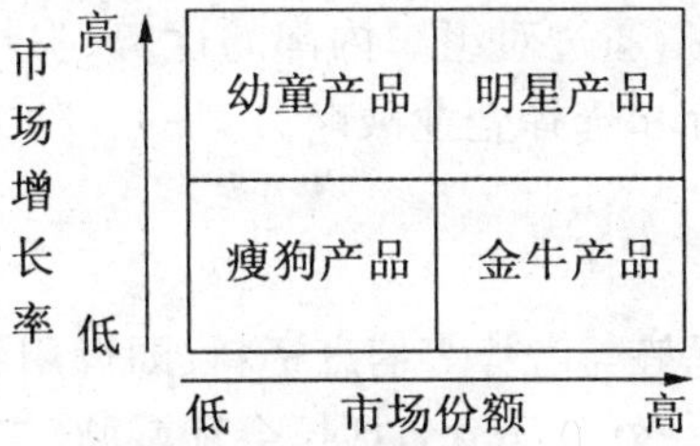

图3.2 经营单位组合图

"金牛"经营单位的特征是市场占有率较高,而业务增长率较低。较高的市场占有率为企业带来较多的利润和现金,而较低的业务增长率只需要较少的投资。"金牛"经营单位所产生的大量现金可以满足企业的经营需要。

"明星"经营单位的市场占有率和业务增长率都较高,因而所需要的和所产生的现金都很多。"明星"经营单位代表着最高利润增长率和最佳投资机会,因此企业就需要投入必要的资金,增加它的生产规模。

"幼童"经营单位的业务增长率较高,而目前市场占有率较低,这可能是企业刚刚开发的很有前途的领域。由于高增长速度需要大量的投资,而较低的市场占有率只能提供少量的现金,所以企业面临着选择:是投入必要的资金,以提高市场份额,扩大销售量,使其转变为"明星",还是认为刚刚开发的领域不能转变成"明星",应及时放弃该领域。

"瘦狗"经营单位的特征是市场份额和业务增长率都较低。由于市场份额和销售量都较低,甚至出现负增长,“瘦狗”经营单位只能带来较少的现金和利润,而维持生产能力和竞争地位所需的资金甚至可能超过其所提供的现金,从而可能成为资金的陷阱。因此,对这种不景气的经营单位,企业应采取收缩或放弃的战略。

经营单位组合分析法的步骤通常如下:

①把企业分成不同的经营单位。

②计算各个经营单位的市场占有率和业务增长率。

③根据其在企业中占有资产的比例来衡量各个经营单位的相对规模。

④绘制企业的经营单位组合图。

⑤根据每个经营单位在图中的位置,确定应选择的活动方向。

经营单位组合分析法以“企业的目标是追求增长和利润”这一假设为前提。对拥有多个经营单位的企业来说,它可以将获利较多而潜在的增长率不高的经营单位所产生的利润投向那些增长率和潜在获利能力都较高的经营单位,从而使资金在企业内部得到有效的利用。

2. SWOT 分析法

SWOT 分析法是旧金山大学的管理学教授海因茨·韦里克于 20 世纪 80 年代初提出来的,SWOT 四个英文字母分别代表优势、劣势、机会、威胁。外部环境的影响,可以归结为机会和威胁,内部条件分析,在于明确组织拥有的优势和劣势。

因此,所谓 SWOT 分析法,是指通过对组织内部的优势、劣势和外部环境带来的机会、威胁,进行综合分析,据此构思、评价和选择企业战略方案的一种方法。进行分析,通常可按以下步骤进行。

(1)分析环境因素,获取信息

经过调查获取机会与威胁、优势与劣势等信息资料,即运用各种调查研究方法,分析公司所处的各种外部环境和内部条件。外部环境包括机会和威胁,它们是外部环境对公司的发展直接有影响的有利和不利因素,属于客观因素;内部条件包括优势和劣势,它们是公司在其发展中自身存在的积极和消极因素,属主动因素。在调查分析这些因素时,不仅要考虑到历史与现状,而且要考虑未来发展问题。

①优势是组织的内部因素,具体概括有利的竞争态势、充足的财政来源、良好的企业形象、技术强、规模经济、产品质量、市场份额、成本优势、广告攻势等。

②劣势也是组织的内部因素,具体包括设备老化、管理混乱、缺少关键技术。

③机会是组织的外部因素,具体包括新产品、新市场、新需求、外国市场壁垒解除、竞争对手失误等。

④威胁也是组织的外部因素,具体包括新的竞争对手、替代产品增多、市场紧缩、行业政策变化、经济衰退、客户偏好改变、突发事件等。

(2)整理信息,构造 SWOT 分析表

将外部环境与内部条件归类列表,按重要程度将各因素罗列出来。将调查得出的各种因素根据轻重缓急或影响程度等排序方式，构造SWOT分析表。在此过程中，将那些对组织发展有直接的、重要的、大量的、迫切的、久远的影响因素优先排列出来，而将那些间接的、次要的、少许的、不急的、短暂的影响因素排列在后面。

(3)分析信息，制订行动计划

通过对表格进行SW、OT、SO、WO、ST、WT分析，制定出适合组织发展的战略方案。在完成环境因素分析和SWOT分析表的构造后，便可以将表内列举的各种环境因素相互匹配起来加以组合，进行SW、OT、SO、WO、ST、WT分析，从而构思出一系列公司未来发展的战略方案。

(三)有关活动方案的决策方法

由于方案是在未来实施的，所以管理者在计算方案的经济效果时，要考虑到未来的情况。根据未来情况的可控程度，可把有关活动方案的决策方法分为三大类：确定型决策方法、风险型决策方法和不确定型决策方法。

1. 确定型决策

确定型决策指决策者确切地知道环境因素的未来状况，只有一种自然状态需要加以考虑，每一个方案对应一个特定的结果。常用的方法有线性规划法和盈亏平衡分析法。

(1)线性规划法

线性规划法是解决多变量、最优决策的方法，是在相互关联的多变量的约束条件下，求解一个对象的目标函数的最大值或最小值的方法。目标函数是指决策者要达到的目标的数学描述，用极大值或极小值表示。约束条件是指实现目标的能力资源和内部条件的限制因素，用一组等式或不等式表示。线性规划法产生于20世纪40年代，广泛应用于产品制造、原料分配、人员配置计划、运输计划和投资决策等方面。这种方法的本质在于寻求如何使用有限的资源获得最大的效果，或用最小的代价完成一项给定的任务。运用线性规划法建立数学模型的步骤是：首先确定影响目标要决策的变量；然后列出目标函数方程；最后找出实现目标的约束条件，列出约束方程组，并求出使目标函数达到最优的可行解，即为该线性规划的最优解。

［例1］ 某公司制造甲、乙、丙三种产品，它们都要经过A、B、C三道工序，其有关资料见表3.3。

表3.3 资料数值表

产品 / 工时消耗 / 工序	甲	乙	丙	可利用工序时间/小时
A	11	21	31	300
B	21	11	16	270
C	16	21	11	260
单位产品利润	40	31	35	

首先建立线性规划模型。设 X_1、X_2、X_3 分别为甲、乙、丙三种产品的生产件数，则此问题的目标函数为：$MAXZ = 40X_1 + 31X_2 + 35X_3$

制造三种产品所花的时间不能超过各道工序可利用的工时，则约束函数为

$$
\begin{aligned}
ST: & 11X_1 + 21X_2 + 31X_3 \leqslant 300 \\
& 21X_1 + 11X_2 + 16X_3 \leqslant 270 \\
& 16X_1 + 21X_2 + 11X_3 \leqslant 260 \\
& X_1 \geqslant 0 \\
& X_2 \geqslant 0 \\
& X_3 \geqslant 0
\end{aligned}
$$

(2)盈亏平衡分析法

盈亏平衡分析法也叫量本利分析法，是在生产总成本划分为固定成本和可变成本的基础上，分析产量、成本、利润三者关系的计量方法。盈亏分析的关键是找出盈亏平衡点。在竞争的市场上，产品的价格不能由一个企业来决定，企业只能根据市场价格来销售产品，由此产生一个问题，即当企业产量很低时，该企业单位产品的成本就很高，因为单位产品分担的固定成本高，过高的单位产品成本就可能高于市场售价，从而使企业亏损；只有当产量达到一定的水平，才能收支平衡；超过这个水平，企业才能赢利。这个产量水平就是盈亏平衡点的产量。

2. 风险型决策方法

风险型决策又称随机型决策，指未来自然状态及其发生的概率均为已知条件下的决策，这种决策中，每一个行动方案因对应有各种不同的自然状态，所以无论选定哪一个行动方案，其结果亦是不确定的，有一定的风险性。因此，决策步骤为：确定决策目标；分析企业所处的环境，预测自然状态，并预测每种自然状态发生的概率；根据自然状态和企业的资源状况，拟定可行方案；列决策收益表；计算表中各自然状态下的损益值；计算各可行方案的期望值；比较各方案的期望值，选择最优可行方案。

计算使用的方法主要是决策树法。所谓决策树，是指由决策点、方案枝、状态结点、概率枝构成的决策图形。通过在这一图形上进行分析计算，选择决策方案的方法就是决策树分析法。决策树的基本图形，如图 3.3 所示，左端的方框“□”表示决策点；从决策点引出的直线“——”为方案枝，有几个方案就引出几条直线，在方案枝上注明行动方案；每个方案都达到一个状态结点，状态结点用圆圈“○”表示，在圈内或圈上注明所计算出的每个方案的期望值；从状态结点引出的直线“——”为概率枝，有几种自然状态就引出几条直线，在概率枝上注明自然状态的内容及其出现的概率，进而计算出该方案在该自然状态下的期望值。

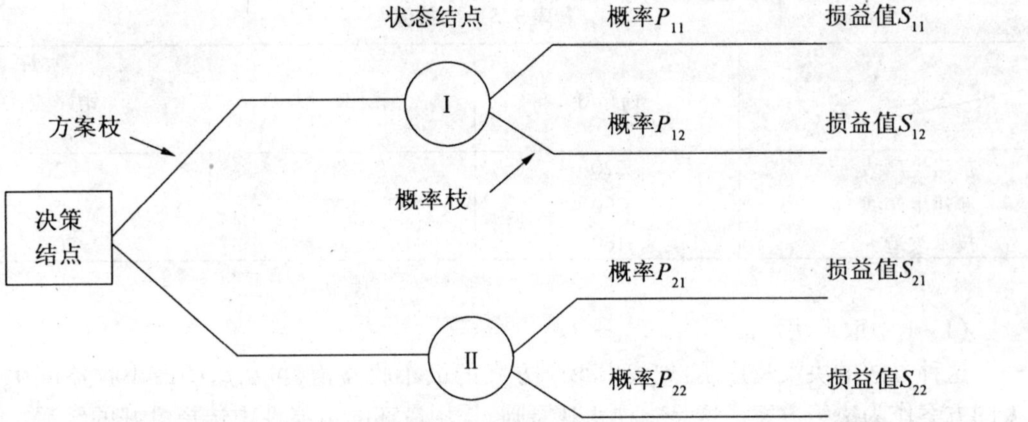

图 3.3 决策树

[例 2] A_1、A_2 两方案投资分别为 450 万和 240 万，经营年限为 5 年，销路好的概率为 0.7，销路差的概率为 0.3，A_1 方案销路好、差的年损益值分别为 300 万和 -60 万；A_2 方案销路好、差的年损益值分别为 120 万和 30 万。具体数据见表 3.4。

表 3.4 损益表

	销路好(0.7)	销路差(0.3)
A_1	300	-60
A_2	120	30

A_1 的净收益值 $=[300\times0.7+(-60)\times0.3]\times5-450=510$ 万元

A_2 的净收益值 $=(120\times0.7+30\times0.3)\times5-240=225$ 万元

选择：因为 A_1 大于 A_2，所以选择 A_1 方案。

决策树图略。

3. 不确定型决策方法

不确定型决策是在行动方案的自然状态及发生的概率都未知情况下所做的决策。由于自然状态的概率不知，这种决策的实质是根据决策者对风险的不同态度，主观给出不同自然状态发生的概率，因此产生了不同的决策方法。下面举例说明。

[例 3] 某企业准备生产一种新产品，未来的销售情况只能预测出现畅销、销路一般、销路差三种自然状态，企业拟定了三种方案供选择：扩建生产线、新建生产线和技术改造。三个方案在不同自然状态下的损益值见表 3.5。

表 3.5　损益值

状态 收益 方案	销路好	销路一般	销路差
扩建生产线	220	180	-20
新建生产线	290	170	-50
技术改造	160	110	20

(1)小中取大法

这种方法的决策程序是:先找出每个方案的最小收益值,再从这些最小收益值中找出最大的方案作为决策方案。这是一种悲观原则,是从最坏的可能性中选择最好的结果。对未来持悲观态度、比较谨慎的决策者在进行不确定型决策时,一般采用这种方法。见表 3.6。

表 3.6　决策方案

状态 收益 方案	销路好	销路一般	销路差	最大收益值
扩建生产线	220	180	-20	-20
新建生产线	290	170	-50	-50
技术改造	160	110	20	20

通过比较三个方案在自然状态:销路差时的收益情况 -20, -50,20,选择技术改造。

(2)大中取大法

这种方法的决策程序是:先找出每个方案的最大收益值,再从这些最大收益值中找出最大的方案作为决策方案。这是一种乐观原则,是从最好的可能性中选择最好的结果。对未来持乐观态度、富有冒险精神的决策者在进行不确定型决策时,一般采用这种方法。见表 3.7。

表 3.7　决策方案

状态 收益 方案	销路好	销路一般	销路差	最大收益值
扩建生产线	220	180	-20	220
新建生产线	290	170	-50	290
技术改造	160	110	20	160

通过比较三个方案在自然状态:销路好时的收益情况 220,290,160,选择新建生产线。

(3)最小后悔值法

所谓后悔值,是指决策者所选择的方案在某种自然状态下的期望收益与在这种自然状态下效益最好的方案的收益值之间的差额。也就是说,当某一种自然状态出现后,如果选择了期望收益最高的方案,就不会后悔,即后悔值为0。否则,如果选择了其他方案,就要后悔,其后悔值就是所选方案的期望收益与最高期望收益之差。最小后悔值法的决策程序是:先计算每一种自然状态下各方案的后悔值,再找出每个方案的最大后悔值,最后从中选出最小者为决策方案。见表3.8。

表3.8 决策方案

状态 / 收益 / 方案	销路好	销路一般	销路差	最大收益值
扩建生产线	70	0	40	70
新建生产线	0	10	70	70
技术改造	130	70	0	130

由表中计算可知,选择扩建或新建。

(4)折中法

持有这种观点的决策者认为,要在乐观和悲观两种极端中求得平衡,也就是决策时,既不把未来想象得非常光明,也不将未来看得过于黑暗,而认为最好和最差的自然状态都有可能出现。因此,可以根据决策者本人的估计,给最好的自然状态定一个乐观系数(a),给最差的自然状态定一个悲观系数(b),使两者之和等于1(即$a+b=1$);然后,将各方案在最好的自然状态下的收益值和乐观系数的乘积相加,与各方案在最差自然状态下的收益值和悲观系数的乘积相加,由此求得各方案的期望收益值,经过该值的比较后,从中选出期望收益值最大的方案。

第三节 管理实践中的决策

一、决策风格

决策风格是指决策者比较稳定的那些决策态度、习惯、方式、方法等的综合反映。

(一)决策风格对决策效果具有重大的影响

不同决策风格的人对决策制定的方式与步骤有不同的偏好。深思熟虑或喜欢逻辑分析的决策者,往往热衷于搜集大量的信息,对决策所面临的问题做出明确的表述,在此基础上再作严密的推理分析。所以对问题考虑得比较细密周详。但是若时间紧迫,效率较低,贻误决策时机。那些思维敏捷、眼光远大的决策者,他们能够总揽全局,抓住关键环节,果断决策,其效率比较高,但会疏于细节。

不同决策风格的人对行动的迫切性有不同的反应。一部分决策者宁可花许多时间从容不迫地制定决策,他们认为只要决策做得好,执行起来就会有好的成效,这些人不急于实际行动。但另外的则崇尚“先干起来再说”的信条,认为只有行动才能出效果,他们不能忍受那种漫长的讨论和研究过程。

不同决策风格的人对待风险的态度和处理办法互有差异。重视理性分析的决策者总是采取回避风险的态度,他们以稳妥为重,相反,急于行动的决策者则敢于冒险,对新的机会也特别敏感。

所以决策风格与决策效果之间有着重要的因果联系。因此,作为一个管理者,明了自己的决策风格,了解组织内其他决策者的决策风格,都会有利于增强科学决策的自觉性和主动性。

(二)决策风格的形成

(1)个性决策论

这类理论的主张是,决策风格取决于决策者的个性(包括气质、性格等心理特征)。

(2)情势决策论

持这类主张的学者认为,决策任务与决策环境适合于不同决策风格的人。

(3)相互作用决定论

坚持这一倾向的理论认为,决策风格既受个性影响,又受决策任务与环境的影响,因此,在研究决策风格的形成原因时,需要同时考虑上述两类因素的相互作用。

(三)决策风格的类型

1. 直接的

具有命令型风格的人往往具有较低的模糊承受力,思考问题的方式是理性的,讲究效率和逻辑性。决策制定简洁快速,关注短期的结果。

2. 分析的

具有分析型风格的决策者比具有命令型风格的人具有更大的模糊承受力,分析型风格的决策者是以谨慎为特征的,具有适应和符合某种特殊情况的能力。

3. 概念的

具有概念型风格的人趋向于具有广泛的看法和愿意考察更多的选择,关注决策的长期结果,非常愿意寻求解决问题的创造性方案。

4. 行动的

具有行为型风格的决策者同其他人相处得很好,他们关注下级的成就,愿意接受来自下级的建议,为其他人所接受对这种决策风格来说是非常重要的。

二、决策中的常见误区

(一)以为决策就是“决定政策”

有不少人把决策理解为“决定政策”。按照这种理解,决策似乎只是高层领导的事甚至认为仅仅是中央领导的事而与企业没有关系。这种狭隘的理解,否定了决策在企业管理中的作用,实际上,决策是人类的基本活动之一。

(二)没有把决策作为一个过程来看待,以为决策就是拍板

有的人把决策理解为行动方案的最后确定,即所谓“拍板”。这种理解是不够全面的。决策是一个过程。人们对行动方案的确定不是一下子做出的,而是通过一系列活动,从提出问题、收集信息、确定目标、拟订方案、方案评价,而方案实施过程中遇到的问题还会返回到前面的过程加以修正。而“拍板”只是决策过程中的一个环节。

(三)忽视决策活动中社会因素和心理因素的作用

有的人片面地、盲目地迷信数学方法和电子计算机,以为所有的决策都可以用数学模型来描述和解决,而不考虑决策的组织行为方面的问题。决策中见物不见人,不注意调动员工的积极性,为了减少费用尽量压低员工工资,甚至不惜以降低产品质量为代价。

(四)缺乏可选择方案

决策是在若干方案中选择代价最小、效益最高、可操作性最强的方案的活动。有的企业在决策时只有一个方案可选,实际上这不是决策而是统一思想的会议。

(五)缺乏合理的决策组织

一个企业往往要做很多决策,还得要进行决策权的分工,如哪个决策由哪个层次、哪些人做等。而现实中许多企业的决策没有一个决策组织,大事小事仅仅是老板一人说了算。

(六)决策目标不确定

有的人认为在做决策时目标已经知道了,确定决策目标这一步骤好像无事可做,其实不然,他们很可能对目标只有一个很笼统、很模糊的认识,不具体、不明确;也可能他们想到的目标并不全面,漏掉了应该加以考虑的某些目标;还有可能自觉或不自觉地添加上某些不应有的目标等。

三、决策与文化因素

文化是对个人的价值观和行为偏好具有很大影响力的因素,不同的民族、不同的国家有着很不相同的文化底蕴,这种差异必然会体现于其管理者的决策行为之中。在决策时往往有不同的特点,产生不同的决策结果。根据地域划分,分成东方人和西方人两类。

（一）东方人决策的特点

由于“和为贵”思想的影响，中国的管理者通常群众观念较强，形成了群体决策、民主集中的决策风格，这也是在访谈中为美方管理者批评的一种行为特征。他们认为中方管理者往往以一致同意作决策，而往往不愿意说，“这是我做的决定，我来负责”。事实上，群体决策确有其不足之处，即权力相对分散，责任不易明确，行动比较迟缓，有时候效率较低。但是这种群体决策又有其无可替代的优点，即能够集思广益，使领导集团在知识、能力结构互补的基础上，充分发挥领导的整体功能和决策能力。正如在访谈中中方管理者对自己的决策系统的评价，他们认为在中方管理者眼中，决策是一件大事，不仅要听到各级管理人员的声音，还要听到广大员工的声音，以及客户和消费者的声音。随着现代企业的发展，企业的经营管理目标已不再仅仅是实现利润最大化，而是要达到股东满意、员工满意、顾客满意、社会满意的“四满意”目标。在这一复杂的决策过程中，个人决策日益体现出其局限性和弊端，而群体决策则充分体现出了其在复杂情况下有助于提高决策质量，有效防止个人或单方专断的作用，有利于保证和维护合资企业的整体利益。

（二）西方人决策的特点

由于美国文化当中强调个体、重视个体的特点，加之美国企业当中的管理者通常拥有管理方面的理论和实践经验，所以他们在决策中比较注意自己个人的意志，因此主观性比较强。这也是在访谈中为中方管理者所批评的一种行为特征，他们认为美方的管理人员我行我素，通常滥用权力，认为“我是大老板，照我说的做”，而不是采取积极配合的决策方式。根据现代管理理论，这种个人决策制有其长处，即权力集中，责任明确，指挥灵敏，行动迅速，工作效率较高，也易于考核领导业绩。但相应也有其不足之处，即受个人能力、知识、精力限制较大，如果监督机制不完备或不得力，容易产生个人专断。如我们上面所述，在企业规模日益增大，市场情况飞速变化的现代经济当中，这种个人决策正在日益显示出其局限性和弊端。很多美国管理学家也已经发现了美国企业这种个人决策方式的局限性，哈佛大学管理学家洛奇曾经指出，历来指导美国经济的个人主义价值观已无法适应新的环境，需要向日本的集团主义学习，提出治“美国病”需要“东方药”。管理大师德鲁克也认为，日本企业“一致同意”的决策方式是值得美国企业学习、借鉴的重要内容。

【案例分析】

摩托罗拉被收购决策案例分析

收购事件回顾

北京时间2011年8月15日晚间，谷歌突然宣布已经与摩托罗拉移动公司签署收购协议。根据双方的协议，谷歌将以每股40美元的价格收购摩托罗拉移动，总价约为125亿美元，谷歌将全部以现金形式支付。

目前，双方董事会均已全票通过此项交易。不过，该交易仍需得到美国、欧洲及其他地区监管部门的批准，预计将于2011年底至2012年初完成。

对于这项突如其来的收购案，人们不禁要问：谷歌为什么选择了摩托罗拉？这项收购，对于借助Android智能手机重振市场的摩托罗拉意味着什么？谷歌是否会失去HTC、三星等合作伙伴？这项收购对产业链会产生怎样的影响？

双方反映

1. 谷歌为什么选择摩托罗拉?

对于此项收购的动因，谷歌CEO Larry Page解释称，谷歌一直在寻求“以新的方式”为Android生态系统提供支持。而之所以相中摩托罗拉，是因为后者在押宝于Android操作系统之后，其移动业务快速进入了上升轨道，并将获得爆发性增长。

另一方面，也是更为关键的一个方面，即摩托罗拉庞大的移动专利技术。Larry Page称，谷歌收购摩托罗拉移动之后，双方专利的组合将提高竞争力，并将有助于应对来自微软、苹果及其他公司的威胁。

据摩托罗拉移动首席执行官SanjayJha介绍，目前摩托罗拉移动有1.7万项专利，另外还有7 500项专利申请正处于审批程序。业内人士普遍认为，谷歌以125亿美元的价格收购摩托罗拉移动并不算贵，对于此前饱受专利诉讼困扰的Android而言，摩托罗拉的这些专利将大幅增加谷歌在专利之争中的筹码。

2. 这项收购对摩托罗拉意味着什么?

对于一度陷入低谷的全球老牌手机生产厂商摩托罗拉来说，押宝Android也许是其此重振市场的必然之路。实际上，借助Android智能手机，摩托罗拉已经走出了公司发展最困难的时期，其手机业务也已逐步进入上升期。

摩托罗拉移动技术公司资深副总裁兼大中华区总裁孟樸认为，谷歌的收购，说明在采用Android系统的手机厂商中，摩托罗拉移动较其他厂商具备相对明显的优势。

需要注意的是，在此次资本层面的收购完成之后，摩托罗拉移动将作为一个独立的业务部门运行。这意味着，至少在短期内，摩托罗拉的手机品牌名称将不会有变化。

另一方面，谷歌在平台、地图、应用等方面的雄厚积累，将为摩托罗拉手机的研发、生产甚至渠道产生较大促进作用。电信业专家项立刚分析认为，在这样的整合之下，“形成一个新的生态链是顺理成章的事”。

思考题：“百年老店”摩托罗拉为什么做出被谷歌收编的决定呢?

【点评】

1. 决策问题因素分析

①借助Android重振雄风。

②提高摩托罗拉的市场占有率

2. 组织自身因素分析

①对技术趋势、产品需求把握上的错误、产品更新换代周期太长、对单一明星产品过度依赖,摩托罗拉的换壳等变化已无法形成竞争力。

②陶醉于已有成绩,只重视硬件而忽略售后服务、只重视销售而忽略系统维护的行为,以及忽视消费者体验。

③摩托罗拉的企业文化是“工程师文化”,强调技术,很少会去听客户和消费者的声音,因此跟市场需求有一定的脱节。

3. 社会环境分析

①智能手机的强势崛起,改变了世界手机行业的格局,以及手机市场阵营对抗处于白炽化的状态。

②当今世界手机品牌众多,竞争激烈,打破了摩托罗拉控制市场的格局,市场走向了多元化竞争局面,而且摩托罗拉的市场份额下滑。

③手机市场不再是只以技术为核心,而是以消费者的不同消费需求为中心开发相应的手机系列,迎合购买者的消费心理。

④谷歌在平台、地图、应用等方面的雄厚积累,将为摩托罗拉手机的研发、生产甚至渠道产生较大的促进作用。

⑤手机消费者追求个性化,不仅仅将手机作为沟通的工具,更把手机看作传达自己个性和情感的媒介。

4. 决策主体因素的分析

①高管认识到 Android 占据全球智能手机操作系统市场的重要性,搭 Android 的顺风车,为其找到了支撑力,有利于塑造全新形象。

②高管无法处理目前摩托罗拉的瓶颈,只能采取此策。

③之前高层一直致力于一款系列型手机——RAZR 研发,错失占领智能手机市场的良机。

5. 案例分析带来的启示

①注意把握市场发展趋势,根据市场需求做出不断调整产品研发的正确决策。同时,开发新产品时要避免同质化。

摩托罗拉忽略消费者的需求,以及长周期的产品周期,因此做出了失误决策,导致产品脱离市场,面临品牌老化的后果。

②不断创新,提升品牌的竞争力。摩托罗拉生产了风靡全球的经典 V3 手机,但之后推出的数款手机,都没能跳出 V3 的影子,导致销售额一直低迷。

③注重提高用户体验,依据用户的体验及时更新升级产品。摩托罗拉在推出一款产品后,更关注下一部手机的开发,而不是相应的售后服务。因此,“界面及软件不友好、功能和易用性差”等抱怨声不断。

本章小结

本章较为系统地介绍了决策的基本内容。

首先,决策是指组织或个人为了实现某种目标而对未来一定时期内有关活动的方向、内容及方式的选择或调整过程。从不同的角度,将决策问题分为各种不同的类型。决策具有目标性、可行性、选择性、满意性、过程性、动态性等特点。典型的决策模式有三种,分别为古典决策模式、行政决策模式和政治决策模式。

其次,决策过程是一个对众多可行方案进行选择的分析判断过程,包括发现或定义问题,明确决策目标,拟定可行方案,方案的比较和选择,执行方案以及检查与评价等阶段的工作内容。在从事这些工作的过程中,决策者要受到组织文化、时间、环境、过去决策以及决策者的个性特点等多重因素的影响。

再次,决策方法分为定性和定量两种。定性决策法又分为群体决策法和确定活动方向的决策方法。其中群体决策法包括头脑风暴法、德尔菲法、名义群体法及电子会议等;确定活动方向的决策方法包括经营单位组合分析法和政策指导矩阵。定量决策方法针对确定型、风险型和不确定型等决策环境采用不同的方法。

最后,决策风格是指决策者比较稳定的决策态度、习惯、方式、方法等的综合反映;决策中的常见误区;决策与文化因素。

练习库

一、单项选择题

1. 企业面临的境况日益复杂多变,企业的决策越来越难以靠个人的智慧与经验来确定,因此现代决策应该更多地依靠(　　)。
   A. 多目标协调　　B. 集体智慧　　C. 动态规划　　D. 下级意见
2. 决策者在做出决策时,要确定一套标准,要求这些标准是(　　)的。
   A. 绝对理性　　B. 最优　　C. 完全合理　　D. 令人满意
3. 对于一个完整的决策过程来说,第一步是(　　)。
   A. 确定目标　　B. 发现问题　　C. 拟定可行方案　　D. 组织有关人员
4. 针对欧美国家对我国纺织品的配额限制,某公司决定在北非投资设立子公司,这种决策属于(　　)。
   A. 管理决策　　B. 战略决策　　C. 业务决策　　D. 程序化决策
5. 在决策过程中,根据决策目标的要求寻找实现目标的途径是(　　)。
   A. 发现问题　　B. 设计方案　　C. 选择方案　　D. 实施决策

二、多项选择题

1. 按照决策的重要性程度和作用范围分类,决策可分为(　　)。

A. 战略决策　　B. 业务决策　　C. 管理决策　　D. 程序化决策

2. 按决策的重复程度或决策问题的性质分类,决策可分为(　　)。

A. 生产决策　　B. 程序化决策　　C. 非程序化决策　　D. 以上都不是

3. 按照管理的职能划分,决策可分为(　　)。

A. 生产决策　　B. 营销决策

C. 研究与开发决策　　D. 人事决策

E. 财务决策

4. 按决策问题所处的条件和状态不同,可分为(　　)决策。

A. 确定型决策　　B. 不确定型决策　　C. 非程序化决策　　D. 风险型决策

5. 从决策主体来看,分为(　　)决策。

A. 初始决策　　B. 个体决策　　C. 追踪决策　　D. 集体决策

三、计算题

1. 中威公司计划生产某种新产品,据市场预测,产品销路有三种情况:销路好、销路一般和销路差。生产该产品有三种方案:新建生产线、改进生产线和与其他单位合作。根据估计,各方案在不同情况下的收益见下表。企业应选择哪种方案?请用乐观法则、悲观法则和最小最大后悔值法求解。

状态 方案	销路好	销路一般	销路差
A 新建生产线	700	420	-210
B 改进生产线	360	190	-140
C 与其他单位合作	220	160	100

2. 华润公司拟生产新产品,根据市场预测,产品销路好的概率为 0.3,销路一般的概率为 0.5,销路差的概率为 0.2。有以下三种方案可供企业选择:

方案 1:大批量生产,据初步估计,销路好时,每年可获利 40 万元,销路一般时每年可获利 30 万元,滞销时每年亏损 10 万元。

方案 2:中批量生产,据初步估计,销路好时,每年可获利 30 万元,销路一般时每年可获利 20 万元,滞销时每年亏损 8 万元。

方案 3:小批量生产,据初步估计,销路好时,每年可获利 20 万元,销路一般时每年可获利 18 万元,滞销时每年亏损 14 万元。

以上生产期限为 2 年。

请用决策树法进行决策。

四、案例分析题

[案例1] **诺基亚手机一连串决策严重失误**

2012年6月20日，微软公司发布了最新版WindowsPhone8操作系统。由于WP7机型无法升级至WP8，押宝WP系统的诺基亚因此遭遇重创，股价大跌。诺基亚的状况在短期内变得更加糟糕。

“如果可以重来，诺基亚也许会改变此前做出的一些决定。”诺基亚CEO史蒂芬·埃洛普近期在接受国外媒体采访时，对公司的部分决策表达了悔意。其实，没有什么能比公司掌门人对过往决策表达悔意更令外界感到失望。诺基亚高管对该公司现行战略的表态，几乎让这个衰落中的公司信心全无。诺基亚的衰落，令人感慨，更令人深思，给IT产业的发展带来诸多启示。

走向衰落的诺基亚

路透社的一项调查数据显示，2012年第一季度，三星售出8 800万部手机，诺基亚手机在高低端市场均遇挑战，仅售出8 300万部；三星全球手机销量首次超过诺基亚，从而结束了诺基亚长达14年的全球领先地位。1998年诺基亚超越摩托罗拉成为世界最大的手机制造商时，三星才刚刚进入手机领域；而14年后的今天，风水轮流转，三星取代诺基亚，发展成为手机领域的大佬。

伴随诺基亚塞班系统受Android和iOS挤压，市场份额日益减少，4年来诺基亚裁员行动从未停止过：2008年裁减约2 300人，2009年3月裁员1 700人，2011年关闭了罗马尼亚工厂，裁掉3 500人。今年6月，埃洛普宣布，为了实现在2013年底前节省30亿欧元开支的目标，公司将会再裁掉1万名员工；随后，诺基亚关闭了位于芬兰萨罗的欧洲最后一家工厂。在诺基亚席卷全球的裁员潮中，中国区也难以幸免，原本4个大区将合并成2个。今年8月和9月期间，诺基亚东莞工厂已集体解聘近百人。

截至目前，诺基亚的市值不足150亿欧元，相比其2007年底达到的1 100亿欧元的峰值，缩水已超过900亿欧元。今年4月，国际三大评级机构之一的穆迪投资者服务公司表示，鉴于诺基亚公司今年一季度手机销量大幅下滑，以及公司遭到更多手机制造商的“夹击”，穆迪已经将诺基亚公司的债务评级下调至垃圾级附近。

从2011年第二季度开始，诺基亚出现了历史性亏损。2011年第二、三、四财季度净亏损分别达到3.68亿、0.68亿、10.7亿欧元，今年第一财季度净亏损9.29亿欧元。自2011年以来，诺基亚已经出现连续4个财季的亏损。今年6月，诺基亚已将旗下优良资产奢侈品牌Vertu出售给欧洲私募股权集团EQTVI。巴黎银行在一份研究报告中表示，诺基亚虽然正在依托微软WindowsPhone应用软件重塑智能手机业务，但诺基亚可能被收购，微软和三星都是其潜在的买家。

近5年来战略决策失误重重

一是收购塞班公司，破坏了塞班操作系统已形成的强大生态系统平衡。2008年12月，诺基亚把由众多手机厂商持有股份的塞班公司全资买下，想组建以诺基亚为核心的塞班联合组织，打造一个史上最强的智能手机操作平台。然而，自 2009 年底开始，包括摩托罗拉、三星电子、LG、索尼爱立信等各大厂商担心自己手机生产会被诺基亚所左右，纷纷宣布终止塞班平台研发，转而投向安卓领域。

二是过早宣布放弃塞班操作系统，使得塞班操作系统生态系统顿然瓦解。2011 年 8 月 24 日，诺基亚宣布将放弃塞班名称，下一版本操作系统更名为诺基亚 Belle。在没有充分预测微软 WindowPhone 是否能够成气候之前，诺基亚就贸然放弃了自己苦心经营多年的塞班系统。而自从传出诺基亚要放弃塞班系统开始，塞班系统的生态系统便加速了瓦解步伐。

三是把谷歌作为其向互联网转型期的主要竞争对手，错过了利用安卓操作系统崛起的机会。三星却选择了另一条路：一方面与英特尔联合搞自己的手机操作系统 Tizen 开发以防不测，另一方面果断选择安卓平台，成为安卓平台的最大受益者，从而一举抢占了诺基亚稳坐了 14 年的全球手机销量冠军宝座。

四是未认识到谷歌与苹果操作系统崛起的真正原因，将抢回市场寄望于生产一款精致手机上。众所周知，当下智能手机的争夺不在于手机质量的比拼，更多的较量体现在操作平台和应用方面，而埃洛普却把诺基亚的翻身机会始终寄托在生产一款搭载 WindowsPhone 的精美手机上。

五是忽视了移动互联网时代的到来，把手机主要功能依旧定格在通话上。诺基亚在 2G 时代稳固的地位，使其在智能手机开发上犹豫不决。它一直认为，手机主要用途就是通话，却没有意识到，用户已开始逐渐利用手机查看电子邮件、寻找餐馆并更新 Twitter 信息等。

六是放弃对 MeeGo 系统的投入，把命运全都交给了前途未卜的 WindowsPhone。如果押宝 WindowsPhone 一旦失败，诺基亚似乎已没有了紧急备份战略。

思考题：诺基亚决策失误的原因是什么？

[案例 2]　　三星手机的成功决策

风水轮流转。在如今庞大的 Android 智能手机市场中，似乎只有三星，能够以其惊人的手机出货量连续创造高额利润。

为什么终结了诺基亚长达十四年第一大手机厂商地位的是三星？为什么能与苹果公司抗衡的是三星？为什么能在智能手机红海中连续赚取高额利润的是三星？

先来看看距离消费者最近的三星电子旗下口碑甚佳的 Galaxy 系列产品：Galaxy S 系列的第三代产品 Galaxy S Ⅲ，上市五个月的全球销量突破 3 000 万部，是其上一代“机皇”Galaxy S Ⅱ销售速度的三倍；Galaxy Note 系列的第二代产品 Galaxy Note Ⅱ，上市仅一个月就卖出 300 万部，相比去年有着出色销售成绩的上一代 Note 表现更为惊人。

Galaxy 系列旗舰产品的热销，对三星稳固在全球智能手机市场中的地位功不可没。据 IDC 公布的 2012 年第三季度全球智能手机市场数据显示，三星在当季的智能手机出货量高达 5 630 万部，全球市场份额达到 31.3%；而排名第二的苹果公司在同期的手机销量为 2 690 万部，市场份额为 15%，不足三星的一半。

更令其他手机厂商艳羡的,是旗舰产品为三星手机业务带来的高额利润。数据显示,全球手机产业99%的利润被三星、苹果瓜分;尤其是在高端智能手机市场,三星和苹果公司的市场份额已经超过90%。

这些都直接推高了三星的业绩,尽管它正身处专利战漩涡。三星2012年第三季度财报显示,三星在当季实现营收52.18万亿韩元,同比增长26%,营业利润8.12万亿韩元,同比增长91%。其中,智能手机仍然是推动三星高速增长的最大功臣——三星手机部门在当季的净利润增长逾一倍至5.63万亿韩元,占该公司净利润的69%。

在整个Android智能手机市场,为什么只有三星能够保持高收入、高利润?电信业资深人士分析认为,消费者对三星品牌的信赖帮助了三星。

这是一个正向的循环:三星连续多年推出的高质量产品,以及持续不断的高额营销推广,抬高了它的品牌形象;也正是借助这一品牌形象,三星各档手机的销售都因此受惠。更重要的是,市场上除了苹果公司之外,还没有任何一家手机厂商能够建立消费者对其品牌的持续信赖,而这也在很大程度上帮助了三星。

多年积累的品牌形象,使三星能够在高端手机市场保持溢价能力;这种品牌溢价能力,也成为三星拓展利润丰厚的高端智能手机市场的利器。而与之相对应,其他大多数手机厂商只能在中低端市场打价格战,或者在高端市场强调所谓的"物美价廉",进而造成高增长、低利润的结果。

在高端智能手机市场以高定价攫取高额利润的同时,三星还借助其品牌影响力在中低端细分市场得到了不小的份额。正是在高、中、低各档手机市场的全线布局,三星毫无悬念地终结了诺基亚长达十四年的全球第一大手机厂商的地位。

思考题:三星手机的决策成功依靠哪些因素?

[**案例3**]

中广网北京2012年11月12日消息 据经济之声《央广财经评论》报道,刚刚过去的这个光棍节,也就是11月11日,淘宝网、淘宝商城天猫一手缔造的"双十一购物狂欢节"创造出惊人的销售神话。淘宝和天猫隶属的阿里巴巴集团11月12日凌晨确认,双十一这天,天猫和淘宝的支付宝总销售额达到191亿元。如果用常见的点钞机来清点,需要耗费133天。

如果不是淘宝的成功营销,可能很多消费者并没有在光棍节这天疯狂购物的习惯。从2010年淘宝商城开始"双十一"大促销开始,网民对这个购物节日的热衷程度直线上升。2010年11月11日,淘宝网单日交易额9.36亿元;到2011年,零点上线,8分钟交易额就突破1亿元,全网共计52亿元。到今年,交易额增长了两倍多,达到191亿元。

看到这样一个增长的曲线,人们不禁会问,是中国的消费者越来越有钱了,还是淘宝唤醒了很多消费潜力?这样的促销模式对于电商来说能否持续?中国经济拉动内需,淘宝是否提供了经验?

从2010年到现在,淘宝一手创造出的"光棍节"购物促销,从一开始的不被人们所熟悉,到如今受到疯狂追捧,这确实是一个奇迹。很多人好奇的是,淘宝怎么就成功地把这个既不是春节又不是圣诞节的冷僻节日,创造成了一个购物狂欢节呢?

思考题:是哪些因素让淘宝取得了决策成功?

实　训

一、购买决策操作训练

1. 实训目的

理解消费者购买动机和购买决策过程,并据此提出一条促销建议。

2. 实训内容

(1)结合一次购物经历,谈谈你的购买行为主要受到了哪些因素的影响。

(2)这样的经历使你对产品形成了怎样的看法?

(3)对于以后的购买又会产生怎样的影响?

3. 实训要求

(1)完成此实训的前提是要有一定的购物经历。

(2)注意你的购买行为过程的阶段的划分。

(3)注意商家营销手段的运用。

二、如何决策分配时间

1. 实训目的

决策分配时间,并节约时间,产生最大效益。

2. 实训内容

(1)通过 SWOT 分析,分析出自身目前的状况,写出自己要实现的目标。

(2)将能够实现目标的事情按轻重缓急进行排序。

(3)将最近一周里每天的时间利用状况写出,找出必须支出时间和其他支出时间。

(4)比较每天占用时间份额与所做事情的重要程度是否一一对应。

(5)根据事情的轻重缓急对时间进行重新分配。

3. 实训要求

(1)完成实训必须以自身时间分配决策的实际情况为准。

(2)注意每天时间分配决策的阶段性划分。

(3)注意时间占用和所做事情之间的对应关系。

第四章

Chapter 4

管理道德与社会责任

【引导案例】

2012 年度全球最具商业道德规范企业榜单发布

什么企业是道德的？位于美国纽约的国际智库道德界协会给出了答案。最近，该机构发布了本年度全球最具商业道德企业名单，145 家企业脱颖而出，这些公司大部分来自美国，只有不到三分之一的公司来自美国以外。微软、ebay、百事可乐、欧莱雅、星巴克等纷纷上榜。日本丰田公司和餐饮业老大麦当劳均在 2010 年黯然消失，苹果公司则从未出现。

这已是国际智库道德界协会连续六年发布这一榜单。今年参评的企业数目为历年最多，包括了近 50 个行业约 5 000 家企业。

“这表明企业渴望受到高道德标准的认可。”《福布斯》曾这样解释参评企业年年增多的现象。

“我们从全球最道德企业名单的认可中获得了多种益处，其中包括因为获得第三方的认可而维持了客户关系，并且提高了员工的士气。”多位企业 CEO 的如是表态也从另一方面解释了他们为何会认可企业道德榜。

道德与利润不矛盾

有研究表明，技能最熟练的员工通常倾向于为有道德的企业工作，而入选最道德企业的公司不仅是各行各业遵守道德的典范，而且它们的利润通常比普通的公司高，这显示了坚守道德标准与企业赚取利润并不矛盾。

上榜的企业中，有 23 家公司已是连续六年登上这个榜单，如美国运通、通用电气、星巴克等。

道德界协会出版的季刊 *Ethisphere* 总编辑斯蒂凡 · 林森表示，这些公司的共性在于对供货商行为有严格的监管；公司上下在遵守约定和道德方面有着明确的目标；公司内部在强调道德方面态度明确而一致；对于自身在履行企业社会责任方面的行动和努力的披露方面很透明；对于企业道德在推动整个公司的进步上所扮演的角色有着清晰的理解。

有新来的，也有落榜者

自 2007 年道德界协会推出这一年度奖项以来，获奖企业数量呈逐年递增趋势，从六年前的不足 100 家企业发展到今年的 145 家。

记者发现,软件业巨头微软直至2011 年才得以登上该榜单。针对这一变化,林森解释说,在他们最初编制榜单时,微软正深陷于有关不信任的法律纠纷中,因此它没能登上榜单。

连续多年登上道德榜单的汽车业巨头日本丰田公司和餐饮业老大麦当劳均在2010 年黯然消失。2009 年底,丰田汽车因脚垫滑动卡住油门踏板缺陷,陷入"召回门",这让丰田苦心经营的品牌形象遭受到严峻考验,至今仍未能重回"全球最具道德企业"榜单。

而麦当劳也同样受到负面事件困扰。美国营养师布鲁索把她从麦当劳餐厅买回来的儿童餐打开,放在家里的架子上,一年之后拍摄的照片显示,除了汉堡牛排萎缩和面包坯干裂外,外形上看薯条和汉堡竟然没有明显变化。这一事件使麦当劳被指责其食品含有过多的防腐剂。而麦当劳公司的名字也从"全球最具道德企业"榜单中应声滑落,至今仍与"道德"无缘。

未上榜代表:苹果和华尔街投行

值得关注的是,最近几年备受关注的明星品牌苹果,从未出现在"最具商业道德企业"的名单中。有媒体评价说,这可能与苹果的经营理念有关。

乔布斯回归苹果之后,做了很多惊人改变,其中重要一项就是终止所有慈善项目以"增加利润",因此被称为"美国最不慈善公司"。他说:"等到我们盈利以后再说吧。"现在苹果盈利了,但对慈善事业仍不积极。此外,苹果公司海外代工厂的劳动环境也备受美国媒体和消费者的谴责和抗议。

或许由于企业文化是专注于监管要求和交易规则,并寻找规则的漏洞从而获利,华尔街的各大投行机构从未出现在榜单中。

(资料来源:大洋网 - 广州日报)

苹果虽然已成为当今全球最具影响力的品牌,但入选"全球最具商业道德企业"的 145 家企业名单中,却没有苹果公司,而且它六年内从未上过榜。通过阅读以上内容,你认为企业的管理道德包括什么?企业除了追求最大经济利益还应不应该承担社会责任呢?社会责任又有哪些具体内容呢?

第一节　管理道德

一、道德的含义

道德是一种社会意识形态,是人们共同生活及其行为的准则与规范,具有认识、调节、教育、评价、平衡五个功能。道德往往代表着社会的正面价值取向,起判断行为正当与否的作用。然而,不同时代与不同阶级,其道德观念都会有所变化。从目前所承认的人性来说,道德即对事物负责,不伤害他人的一种准则。

道德一词,在汉语中可追溯到先秦思想家老子所著的《道德经》一书。老子说:“道生之,德畜之,物形之,势成之。是以万物莫不尊道而贵德。道之尊,德之贵,夫莫之命而常自然。”其中“道”是指事物运动变化必须遵循的普遍规律、法规;“德”是指道德、美德、品德。但“德”的本意实为遵循“道”的规律来自身发展变化的事物。在当时道与德是两个概念,并无道德一词。“道德”二字连用始于荀子《劝学》篇:“故学至乎礼而止矣,夫是之谓道德之极。”荀子认为人们学了“礼”,并按“礼”的要求去处理人与人的关系,也就达到了最高的道德境界。

中国道德从上古发展而来,传说中尧、舜、禹、周公等都是道德的楷模。孔子整理《六经》,到汉朝传为《五经》,其中便包含了大量的道德思想。孔子发展的学说,被称为儒家学说,以后儒家又将《五经》发展为《十三经》,这些儒家经典学说,成为中国道德的主要思想来源。尽管各个时代中国社会的道德观并不完全符合孔子的儒家思想,但儒家学说是历代中国社会道德观的依据。

在西方古代文化中,“道德”一词起源于拉丁语的 Mores,意为风俗和习惯。后来古罗马思想家西塞罗根据 Mores 一词创造了一个形容词 Moralis,指社会的道德风俗和人们的道德个性。后来英文的道德 Morality 一词则沿袭了这一含义。

可见,不管是中方还是西方,道德一词包含了社会道德原则和个人道德品质两方面内容。道德原则是指道德领域并非完全是地区性、个别的和特殊的,而是具有某些一般性的特征。道德品质一般指行为、作风上所表现的思想、认识、品格等的本质,即个人的道德行为、道德作风反映出来的道德思想、道德意识和道德品性等的本质。一般情况下,人们常把道德品质看作是对一个人的道德思想行为的总的看法。

二、管理道德的含义及影响因素

(一)管理道德的含义

道德一般可分为社会公德、家庭美德、职业道德三类。其中,职业道德是同人们的职业活动紧密联系的符合职业特点所要求的道德准则、道德情操与道德品质的总和,是从事一定职业的人在职业劳动和工作过程中应遵守的与其职业活动相适应的行为准则与规范。

管理道德(Management Ethics)作为一种特殊的职业道德,是从事管理工作的管理者的行为准则与规范的总和,是特殊的职业道德规范,是对管理者提出的道德要求,对管理者自身而言,可以说是管理者的立身之本、行为之基、发展之源;对企业而言,是对企业进行管理的价值导向,是企业健康持续发展所需的一种重要资源,是企业提高经济效益、提升综合竞争力的源泉。可以说,管理道德是管理者与企业的精神财富。

(二)管理道德的类型

关于管理道德,有以下五种不同的观点。

1. 道德的功利观

管理道德作为一个历史范畴，不是一成不变的，它必须适应生产力标准。因此，在我国的改革实践中，管理道德也实现了从传统的重“义”轻“利”的义务观向追求平等、效率的功利观的转变。

在传统的社会主义计划经济体制下，衡量企业优劣的标准不是企业利润，而是所创产量、产值的高低。这就必然使企业通过增加投入去实现计划任务而不考虑效率，因此难以符合市场的需求，常常人为地造成无效生产。这种道德的义务观和它支配下的计划经济体制的弊端，严重地阻碍了社会生产力的进一步发展。

道德的功利观，是与原有观念相对立的，即完全按照成果或结果制定决策的一种道德观点，其目标是为绝大多数人提供最大的利益。同道德的功利观相适应的经济运行机制是市场经济机制，它可以向生产者传递消费者所需要的信息，符合市场的需求，促使企业采用新技术，开发新产品，优化产业结构，从而大大提高整个社会的劳动生产率，使社会以最小的投入带来最大化的有效产出。

虽然，功利观提倡效率和生产力的提高，认为这符合组织利润最大化的目标，但另一方面，功利观关心的是幸福的总和，而不考虑幸福怎么分配，尤其是对残疾人、贫困地区、边远地区那些先天处于弱势的群体来说，可能会在追求利润最大化的市场竞争中被淘汰。

2. 道德的权利观

道德的权利观认为，决策要在尊重和保护个人基本权利的前提下做出。个人的基本权力包括隐私权、言论自由和游行自由等。例如，当雇主安排雇员参与管理团队时，雇员有揭发雇主违反法律的权力，也就是雇主应当保护雇员言论自由的权力。

权利观积极的一面是保护了个人的自由和隐私，消极的一面是管理者把对个人权利的保护看得比完成工作、获取利润还重要，虽使员工的合法权益受到保障，但可能造成不利于提高生产率和效率的工作氛围。

3. 道德的公正观

道德的公正观要求管理者公平和公正地实施规则，并在此过程中遵守所有的法律法规。接受公平观的管理者可能会应用公正观理论来决定给那些在技能、绩效或职责处于相似水平的员工支付同等级别的薪水，其决策的基础并不是种族、肤色、性别、个性、个人爱好、国籍、户籍等似是而非的差异。他们还可能会向新来的员工支付比最低工资高一些的工资，因为在他看来，最低工资不足以维持该员工的基本生活，也不利于平衡新老员工之间的关系。但按公平原则行事，有利也有弊。利的方面是保护了弱势群体的利益；弊的方面是可能不利于培养员工的风险意识和创新精神，降低组织的风险承诺、创新性和生产率的意识。

4. 综合社会契约的道德观

综合社会契约的道德观是从实证(是什么)和规范(应该是什么)两方面看待管理道德的，即要求决策人在决策时综合考虑实证和规范两方面因素。这种道德观综合了两种“契约”：一种是允许企业处理并确定可接受的基本规则的社会一般契约，它规定了商业活动的程序；另一种是处理社区成员之间可接受的行为方式的一种更为具体的契约。例如,在决定黑龙江省哈尔滨市哈南工业新城一家新建工厂的工人工资时,遵循该观点的管理者可能根据该地区当前的工资水平制定工资政策。这种道德观实质上是在说明契约的道德前提,它认为只要按照企业所在地区政府和员工都能接受的社会契约所进行的管理行为就是善的,它提倡管理者观察当前各行各业以及各个公司的道德准则,从而决定是什么构成了正确或错误的决策和行动。

5. 推己及人的道德观

推己及人,从字面上可以解释为用自己的心意去推想别人的心意,指设身处地替别人着想。推己及人是从中国儒家思想中演变出来的。推己及人的道德观一度被中外管理学者讥笑为"书生气"和"竞争不力"。这种道德观以儒家思想的核心"仁"为基础,提出了一系列类似"己所不欲,勿施于人","忠者以诚待人,恕者推己及人"的观点。其所追求的结果不是经济利益,而是"无怨"和"和为贵",也就是我们现在社会提倡的"合作"、"和谐"、"双赢"。不以追求经济利益为目标,这句话看起来似乎十分可笑,但细想一下,这不正是许多成功企业家所追寻的经济与经营活动的终极意义吗?弗里曼和吉尔伯特认为,"在许多情况下,顾客服务和质量本身就是目标,利润只是副产品,尽管是非常重要的副产品"。美国著名企业默克(Merck)公司创始人的儿子、企业家乔治默克曾说过:"我们努力记住药品是为人的,而不是为利润。如果我们记住了这一点,利润也就来了,而且总会来。我们记得越牢,利润就越大。"由此可见,一个真正优秀的企业必须懂得一种"仁"或者说是"双赢"的价值观和伦理观,懂得如何把它融合到公司战略中去。只有公司不把利润看得高于一切,才有可能采取具有远见卓识的行动。

大多数管理者会采用哪种道德方式呢?研究表明,选择功利观的可能性很大。因为这一观点与效率、生产力和利润等目标是一致的。但是,由于管理者所在的环境正在发生变化,这一观点也需要改变。如何以效率优先、兼顾公平的功利观为主来指导正常的经济活动,同时又能兼顾社会中的弱势群体,这两方面的有机结合对当今管理者来说无疑是个严峻的挑战。

(三)管理道德的影响因素

一个管理者的行为合乎道德与否,是管理者道德发展阶段、个人特征、结构变量、组织文化和问题强度等变量之间复杂的相互作用的结果。结合图 4.1,具体分析影响管理道德的各种因素。

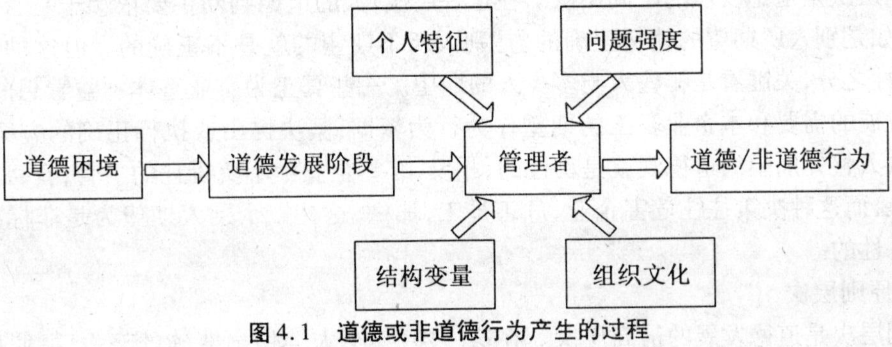

图 4.1　道德或非道德行为产生的过程

1. 道德发展阶段

研究表明，人类的道德发展要经历三个层次，每个层次又分为两个阶段。随着阶段的上升，个人的道德判断越来越不受外部因素的制约。道德发展所经历的三个层次和六个阶段见表4.1。

表4.1 道德发展阶段

层次	阶段	适用人群
原则层次： 受个人用来明辨是非的道德准则的影响，这个准则可与社会规则或法律原则不一致	(6)遵守自己选择的道德准则，即使这些准则违背了法律	上层管理者
	(5)可能对其认为是错误的公司惯例提出挑战	
惯例层次： 受他人期望的影响，包括对法律的遵守，对重要任务期望的反应以及对他人期望的一种感觉	(4)制定尊重组织规则和程序的决策	中层管理者
	(3)制定将得到周围人支持的决策	
前惯例层次： 只受个人利益的影响，其决策的依据是本人利益，这种利益是由不同行为方式带来的奖赏和惩罚决定的	(2)只有符合直接利益时才遵守规则	中下层管理者
	(1)遵守规则以避免受到物质惩罚	

(1)前惯例层次

前惯例层次是道德发展的最低层次。在这一层次，一个人的是非选择建立在物质惩罚、报酬或互相帮助等个人利益的基础上。凡是对自己有利的行为就认为是道德的；对自己不利的行为就认为是不道德的。“人不为己，天诛地灭”就是典型的个人利益至上道德观。国有企业中的“穷庙富方丈”问题则是这类道德观在我国现阶段的突出表现。

(2)惯例层次

惯例层次是道德发展的中间层次。在这一层次，人的道德判断主要依赖于是否符合他人的期望，如是别人所期望的就是正确的，是别人所不期望的就是不正确的。但这种道德观有良性、恶性之分，关键看是哪些人与多少人的期望。一些真正为企业整体利益着想的管理者，把企业发展的需要和本企业职工的期望作为行为依据，坚决提出或执行正确的方案，这种信奉大多数人整体期望的道德观就是良性的；相反，有些企业中不负责任的主管，盲目服从一把手的决策，而这种决策往往危害企业、危害员工，那么，这种以个别人期望为是非标准的道德观就是恶性的。

(3)原则层次

原则层次是道德发展的最高层次。在这一层次，个人会做出明确的努力，摆脱所依赖的团体或一般社会的道德准则,确定自己道德判断的原则,个人认为是正确的就道德,反之就不道德,强调个性和个人英雄主义。这种道德观在美国较盛行,原因之一是美国人崇尚冒险和个人英雄主义,认为这种道德观适合于其个人力量与个人素质较高的人。用一个案例来说明:康尼在美国费尔曼公司受到重用,成为一名销售经理,只因不满老板的傲慢就预谋单独办一家新的数据处理公司。这在中国,很多人会认为是不道德的。但由于是在美国,故他办一新公司的想法和行为不存在道德问题。相反,如果压抑自己,不充分施展和发展自我,违背自己内心的是非观,那才是不道德的。

在我国,道德观的第二层次是主流,但一、三层次也并存。例如原"小霸王"老总段永平,因原集团公司不同意他搞股份制,而决然另创一步步高公司,并且把原来公司骨干一同带走。"步步高"蒸蒸日上,"小霸王"日落西山。其道德观就属于道德观的第三层次,这适合于上层管理者,中下层管理者若处处以个人是非观为行为准则,就会导致整个企业政令受阻和混乱。

通过对道德发展阶段的研究,我们可以得出四个结论。

①依次通过,不能跨越。人们以前后衔接的方式通过三个层次六个阶段,他们逐渐顺着阶梯向上移动,而不是跳跃式前进。

②可能中断,停留任一阶段。不是所有人都会经历道德发展的三个层次,而是有可能停止在任何一个阶段上。

③多数成年人在第四阶段。就大多数成年人而言,其道德层次处于第四阶段的可能性最大,他们局限于遵守社会准则和法律,其行为往往是符合道德规范的。

④一个管理者达到的阶段越高,他就越倾向于采取符合道德的行为。

2. 个人特征

个人在进入组织前通常会有一套相对稳定的价值观。这些价值观是在个人成长与发展的历程中逐渐培养起来的,其渠道可能来自父母、老师、朋友或其他有影响力的人。因此,个人应掌握大量的关于什么是正确或错误的基本准则和信条。由于个人成长经历不同,故同一组织中的管理者常常有着明显不同的个人价值观。

研究发现,有两种个性变量影响着人们的行为,这些行为的依据是个人的是非观念。这两种个性变量是自我强度和控制中心。

(1)自我强度(Ego Strength)

自我强度是衡量个人自信心强度的一种个性尺度。自我强度得分高的人往往能够克制不道德行为的冲动,并遵循自己的信条。换言之,自我强度高的人更可能做他们认为是正确的事。我们可以预料自我强度高的管理者比自我强度低的管理者将在其道德判断和道德行为之间表现出更强的一致性。

(2)控制中心(Locus of Control)

控制中心是衡量人们相信自己掌握自己命运程度的个性特征,罗宾斯把控制中心分为内控和外控。内控的人认为他们控制着自己的命运;而外控的人则认为他们一生中会发生什么事全凭运气、机遇和社会等外部因素。从道德的观点来看,外控的人不大可能对他们行为的后果负个人责任,而更可能依赖外部力量。相反,内控的人更可能对其行为后果承担责任,并依据自己内在的是非标准来指导行为,从而在道德判断和道德行为之间表现出更强的一致性。

3. 结构变量

结构变量是指一个企业的组织结构设计模式与相关制度。组织的结构设计有助于形成管理者的道德行为。有些结构提供了强有力的指导,而另一些结构却只是给管理者制造困惑。合理的组织结构可以对组织中的个体道德行为起到明确的指导、评价、奖惩作用,因而也就对管理者的道德行为有约束作用,从而有助于形成管理者的道德行为,管理者可以尝试通过以下几种途径进行组织结构设计。

(1)减少组织结构设计中的模糊性

模糊性最小的设计有助于促进管理者的道德行为,而减少模糊性的最重要的方法,就是制定严格的、正式的规则和制度。

(2)适时调整自身的组织结构

组织要根据内外环境和条件变化适时调整自身的组织结构。其管理层次设计要有助于各级、各部门管理者的分工与协作,这样才能在组织管理层形成和谐、有效的人际关系,也才能够协调、激励管理者的道德行为和道德信念,进而为成员确定出可接受的和期望的行为标准。

(3)制定合理的绩效评估系统

绩效评估系统的合理性表现在,要用科学的方法制定出切实可行的评估指标和评估程序。要从客观、全面的角度评价每一位员工。如果仅以成果作为唯一的评价标准,则会使人们在指标的压力面前“不择手段”,从而加大违反道德的可能性。

(4)重视激励的强度和频率

报酬的分配方式、赏罚的标准是否合理,也是影响管理道德行为的重要方面。因为它直接与道德的一个重要标准——公正相联系,组织收入分配中的公正程度关系着人们的道德选择,也关系着人们对道德的信念和坚持。

(5)减小时间、竞争、成本等方面的压力

在不同的结构中,管理者在时间、竞争、成本等方面的压力也不同。压力越大,管理者就越有可能降低甚至放弃他们的道德标准。

4. 组织文化

组织的文化建设对管理者道德行为的影响主要表现为两个方面:一是组织文化的内容和性质;二是组织文化的力度。

(1)组织文化的内容和性质

最有可能形成高道德标准的组织文化,是一种高风险承受力、高度控制并对冲突高度宽容的文化。一个组织若拥有健康的、较高的道德标准文化,这种文化的向心力和凝聚力必然对其中每个人的行为具有很强的控制能力。处在这种文化中的员工,将被鼓励进取和创新,将意识到不道德的行为会被揭露,并对他们认为不现实的或不理想的期望自由地提出公开挑战。

(2)组织文化的力度

强文化比弱文化对管理者的影响更大。如果组织文化的力量很强并且支持高道德标准,那么,它会对管理者的道德行为产生强烈的和积极的影响;相反,在一个较弱的组织文化中,即使人们具有正确的道德标准,在遇到矛盾和冲突时也难以坚持原有的道德标准,从而导致管理者的非道德行为。现代组织中的承诺制之所以难以得到长期和始终的坚持,组织文化的强度不够应该是一个重要的原因。缺乏强烈道德感的人,如果他受到规则、政策或组织文化理念的约束和熏陶,他做错事的可能性就会很小;相反,非常有道德的人,如果长期在一个允许或鼓励非道德行为的文化环境中也可能会被腐蚀。

5. 问题强度

决定道德问题对个人重要程度的因素主要有以下六个。

(1)危害的严重性

该行为使受到伤害(得到利益)的人越多,问题强度越大。

例如, 使500 人失业的决策要比使5 人失业的决策伤害更大。

(2)对不道德的舆论

该行为是不可取的舆论越强,问题强度越大。

例如,较多的美国人认为对得克萨斯州的海关官员行贿是错误的,而较少的美国人认为对墨西哥的海关官员行贿是错误的。

(3)危害的可能性

该行为将要造成危害的可能性越大,问题强度越大。

例如,把枪卖给武装起来的强盗,比卖给守法的公民更有可能带来危害。

(4)后果的直接性

人们越是能够直接地感到行为后果,问题强度越大。

例如,减少即将退休人员的退休金,比减少年龄在30~40 岁雇员的退休金带来的直接后果更加严重。

(5)与受害者的接近程度

观察者感觉与受害者(在社会上、心理上或身体上)越接近,问题强度越大。

例如,自己工作单位的人被解雇比其他单位的人被解雇伤害更深。

(6)影响的集中性

该行为对受害者的影响越集中,问题强度越大。

例如,改变担保政策有两种方案,前者是拒绝给10 个人提供每人1 万元的赔偿金,后者是拒绝给1 万个人提供每人10 元的赔偿金,前者要比后者对当事人的影响更为集中。

综上所述,行为使受到伤害(得到利益)的人越多,认为行为是不可取的舆论越强,行为将要造成危害的可能性越大,从行为到后果的间隔时间越短,观察者感觉与受害者越接近,行为对受害者的影响越集中,问题强度就越大。当一个道德问题对管理者很重要时,也就是说问题的强度越大,管理者越有可能采取道德的行为。

三、改善企业管理道德的途径

高层管理者如果想减少企业中的不道德行为,可以通过以下几种途径来改善企业的管理道德。孤立地看,这些行动也可能不会产生多大的影响,但将它们全部或绝大部分作为综合计划的一部分来实施时,便具有明显改善一个组织道德气候的潜力。

(一)建立高标准的道德准则

在一些企业中,员工对“道德是什么”认识不清,这显然对组织不利。确立道德准则可以缓解这一问题。

道德准则是表明一个企业基本价值观和它希望员工遵守的道德规则的正式文件。一方面,道德准则应尽量具体,以向员工表明他们应以什么样的精神从事工作、以什么样的态度对待工作;另一方面,道德准则也要相当宽泛以便让员工有判断的自由。大多数道德准则包括三个方面的内容。

①做一个可靠的组织公民。

②不做任何损害组织的不合法或不恰当的事情。

③为顾客着想。

麦道公司的道德准则就符合这样的要求,具体内容如下:为了使诚实和道德成为麦道公司的特征,作为公司的成员,我们必须努力做到以下几点。

①在我们的所有交往中都要诚实和守信用。

②可靠地执行公司分派的任务和责任。

③我们所说的和所写的一切要真实和准确。

④在所从事的所有工作中要协作和富于建设性。

⑤对待同事、顾客和其他所有人都要公平和体贴。

⑥在所有活动中要遵守法律。

⑦始终以最好的方式完成全部任务。

⑧节约使用公司资源。

⑨为公司服务并尽力提高我们所生活的世界的生活质量。

正直和道德有时可能会使我们放弃某些商业机会,但是,从长远看,我们做正确的事比做不正确、不道德的事能获得更好的结果。

管理者对道德准则的态度(是支持还是反对)以及对违反者的处理办法,对道德准则的效果有重要影响。如果管理者认为这些准则很重要,经常宣讲其内容,并当众谴责违反者,那么道德准则就能为一个有效的道德计划提供坚实的基础。

（二）甄选高道德素质的员工

要改善管理道德，首先要提高管理人员素质。一方面，由于担任管理职务具有相当大的职权，而组织对权力的运用往往难于进行严密、细致、及时、有效的监督，所以权力能否正确运用，在很大程度上只能取决于管理人员的良知。另一方面，企业的道德水准高低在很大程度上取决于其主要负责人的个人修养。管理者素质低下极有可能转向腐败或极易造成决策失误，导致公司破产。法约尔认为，一个人在组织阶梯上的位置越高，明确其责任范围就越难。避免滥用权力的最好办法乃是提高个人素质，尤其是要提高其道德方面的素质。同时，要甄选高道德素质的员工。人在道德发展阶段、个人价值体系和个性上的差异等因素都是影响企业道德的重要因素。甄选高道德素质的员工可以通过审查申请材料、组织笔试和面试以及试用等阶段，把既有专业知识又有较高道德素质的人录用进来。甄选过程的另一个作用是有助于管理者了解求职者的个人道德发展阶段、个人价值观、自我强度和控制中心。

（三）高层管理者的有效领导

道德准则要求管理者尤其是高层管理者应以身作则。高层管理者通过他们的言行和奖惩建立了某种文化基调，这种文化基调向员工传递和暗示了某些信息。例如，如果高层管理者公车私用，无度挥霍，这等于向员工暗示，这些行为是被允许的；再如，如果领导选择关系户作为提升或奖赏的对象，则表明靠拉关系这种不正当的方法获得好处不仅是可能的，而且是有效的，于是“关系文化”就可能盛行，人们的注意力就可能不集中在工作业绩的创造上，而是转向人际方面的钻营；而如果领导当众惩罚投机者，员工就会得出这样的结论，投机是不受欢迎的，是要付出代价的。因此，企业管理者必须严于律己，以身作则，否则势必会在企业内部形成管理松弛、制度涣散、风气败坏、上行下效的局面。

（四）设定科学的工作目标

对一个人来说，工作是一回事，但如何对待工作又是另一回事，前者是一种需要，后者则是一种道德。同样，工作要有目标，但应该确定什么样的目标才不至于影响到员工的道德选择？员工应该有明确和现实的目标。如果目标对员工的要求不切实际，即使目标是明确的，也会产生道德问题。在不现实的目标的压力下，即使道德素质较高的员工也会感到困惑，很难在道德和目标之间做出选择，甚至有时为了达到目标不得不牺牲道德。比如，有的企业规定，不论个人销售额是多少，每年要淘汰后几名的市场促销员，一些促销员为了不被淘汰，使用虚假宣传、行贿等不道德手段。可见，明确和现实的目标是非常重要的，它可以减少员工的困惑，并能使员工受到激励而不是误导。

（五）对员工进行道德培训

越来越多的企业开始意识到对员工进行适当的道德教育的重要性，并积极采取各种方式（如组织研讨会、专题讨论会和类似的培训项目等）来提高员工的道德素质。例如，希特公司将教授道德作为公司的综合性道德培训项目的一部分，管理者参加了理解公司道德标准的一场比赛。当参赛者正确回答了卡片上的多选题后，他们将结果传给比赛委员会。随着比赛的进展，参赛者的道德水平从新来的员工提升到监督者，最后达到中层管理者的水平。

（六）建立优秀的企业文化

企业文化是指企业中的成员共有的价值体系。企业文化的内容和力量对员工行为的影响绝对不可小觑。道德与企业文化具有互动作用：加强道德建设可以促进和稳定企业文化的形成；而在建立优秀的组织文化的过程中，可以潜移默化地对职工进行职业道德教育，可以分辨、控制、支持及影响个体的道德行为。所以，要提高管理道德，必须加强企业文化的建设。

（七）综合绩效评价

如果仅以经济成果来衡量绩效，人们为了取得好的结果，就会不择手段，从而可能产生不道德行为。一个企业想让其管理者坚持高的道德标准，在绩效评价过程中就必须把道德方面的要求考虑进去。例如，一位经理的年度评价除了包括他在多大程度上达到了传统的经济指标的评估，还应包括他的决策在多大程度上符合组织的道德准则的评估。如果这位经理在经济指标方面看起来不错，但在道德行为方面得分不高，就应当受到适当的处罚。

（八）独立的社会审计

一种重要的制止非道德行为的因素是害怕被抓的心理。按照组织的道德评价决策和管理的独立审计，可以提高发现非道德行为的可能性。英美等国家靠发挥注册会计师的"警察"作用，来保证管理者披露的财务会计信息的真实可靠。西方发达国家普遍设有企业道德顾问。因此，加强社会的各项各类型的检查和监督，进行独立的社会审计与社会监察，是改善和提高管理道德的重要手段。

（九）建立正式的保护机制

正式的保护机制可以使那些面临道德困境的员工及时得到指导，在不用担心受斥责的情况下自主行事。例如，企业可以任命道德顾问，当员工面临道德困境时，可以从道德顾问那里得到指导。道德顾问首先要成为那些遇到道德问题的人的倾诉对象，倾听他们陈述道德问题、产生这一问题的原因以及自己的解决方法。在各种解决方法变得清晰之后，道德顾问应该积极引导员工选择正确的方法。另外，企业也可以建立专门的申诉渠道，使员工能放心地举报道德问题或告发践踏道德准则的人。

综上所述，高层管理人员可以采取多种措施来提高员工的道德素质，单个措施的作用可能是有限的，但若把它们综合起来，就很可能收到预期的效果。

四、企业管理道德的意义

管理道德是指导管理人员工作行为的标准，是一个企业在处理内部问题及与外部环境相关问题时所采取的道德标准和准则，是企业调节与内部利益相关者和外部利益相关者关系的行为规范的总和。它是伴随企业的产生和发展而自然形成的一种深刻影响企业的管理力量,它比纯粹的经济手段、行政手段乃至法律手段的作用更广泛、更深刻、更持久。历史和现实告诉我们,以纯经济的眼光来经营、管理企业,很难达到理想的经济目标,即使达到了,也是暂时的。因此,在政策的制定和方案的实施中,都必须体现某种价值观念和道德原则。这不仅表明管理道德是企业生存、发展的内在需求,而且对发展国民经济,建立社会主义市场经济体系,促进我国社会主义精神文明建设和社会主义现代化建设都有着十分现实的意义,具体表现在以下几方面。

(一)有利于提高企业控制的有效性

企业作为市场主体和社会经济实体,必须以生产经营为中心任务,即要追求经济和利润的最大化。为了实现企业目标,需要对员工在生产经营活动中的行为进行约束。企业制度以其强制性、严格性对人的心理产生震慑作用,影响员工的行为。但如果仅以制度进行约束,势必造成生产经营和资源配置的扭曲、僵化,使企业走上畸形的发展道路。而企业管理道德具有柔性,能在企业制度触及不到的地方发挥作用,调节不同成员在企业活动中的非正式关系,影响员工的行为。所以,管理道德能弥补制度控制的不足,提高控制的有效性。事实上,道德建设也是一种事前控制的手段。由于环境的变化,企业的层级之间、工作团队之间的关系要发生相应的变化,企业已不可能对每个工作单元每一时刻进行全面控制。在这种情况下,员工的行为在一定程度上取决于个人道德素质的高低,管理道德有利于提高员工的个人道德素质,可以起到事前控制的作用。

(二)唤起和激励全体员工的职业热情,达到提高经济效益的最佳目的

追求经济效益是企业生产经营活动的重要目标,只有取得最佳经济效益,才能切实保障企业的生存和发展。管理道德能够反映并发挥自身的各种功能,积极辅佐企业的经营发展,因为企业经济效益的提高,无疑会增加社会财富,促进社会发展,而这正是管理道德的最高目标之一。一方面,企业可以通过协调各种利益关系,强化企业道德自身的教育功能,使热爱本职工作、忠于职守、遵纪守法、诚实劳动、公平竞争、通力协作、敢于创新等价值观念,变成全体职工的信念和自觉行为,从而激发职工强烈的集体荣誉感和对企业的责任心,以满腔的热忱,积极地投入到企业活动中,创造更多更好的产品。另一方面,企业通过人性化的管理,譬如保持人员的稳定,保持工资变化机制的正常运行,使得员工的生活水平、办公条件提高,从而提高了他们的积极性,促进企业生产率的提高。在这里,管理道德释放出来的是凝聚力和推动力,借以把全体员工与企业目标紧密联结起来,形成巨大的动力。

(三)阻止和抑制企业的负面效应,保证企业向正确的方向发展

管理道德可以为企业提供正确的价值导向,能较好地防止企业行为的负向投射,把企业纳入持续发展的健康轨道。比如,在经济效益与社会效益的关系上,管理道德在重视经济效益的同时,还强调必须对人的生命价值、社会活动、消费者利益、社会精神面貌及自然生态平衡负有高度的责任。在竞争与协作的关系上,管理道德主张通过提高技术水平、改善经营管

理、提高产品质量、降低商品成本等手段来加强竞争能力，反对采取不正当手法去损害他人利益。在企业与国家、个人利益关系上，管理道德强调兼顾三者利益，保证国家利益的权威性，保证企业职工的个人利益及企业的再生产需求。只有这样按照道德法则去行事，才能保证企业的正确方向和持久发展。

（四）有利于提高企业层次

管理道德蕴涵着企业是各种权利和义务的道德实体。企业的行为必须是负责任的，即企业的行为要顾及到消费者和其他社会成员的权利。随着消费水平和消费观念的变化，人们对企业的要求越来越高，不仅仅满足于企业提供优良的产品和服务，而且希望企业能承担一定的社会责任，如环境保护，对员工、竞争对手、所在社区负责等。这些都要求企业要具有管理道德，提高自身层次，才能适应环境变化，把握市场竞争的主动权。在世界500强企业中，除了先进的技术、严格的管理、旺盛的创新意识、崭新的人才观念外，无一例外，都拥有企业自身的道德行为规范，而且都对企业道德建设和实施非常重视。这些成功的企业都向我们展示了道德建设是企业发展的重要组成部分。加强道德建设不仅是企业环境变化的要求，也是现代企业制度的内在要求。

（五）有利于提高企业的竞争力

对于企业竞争力，我们经常提到的是企业核心技术、内部管理、营销能力、企业文化等，这些都是企业的外在竞争力。支撑这些外在竞争力的是企业的管理道德。企业规模越发展，道德对外在竞争力的影响越大。一个没有管理道德的企业，它的外在竞争力也不会持久。这是因为：一方面，企业竞争最终是对消费者的竞争。消费者不仅对产品质量、适用性很注重，而且会更愿意购买那些诚实经营、有社会责任感的企业生产的产品和服务，管理道德可以为企业赢得更多的消费者。另一方面，企业员工在充满信任、责任感和抱负的环境中能够取得最富创造性的成果，而这样的环境只有在诚实、信赖、公平、尊重价值观的基础上才能建成，管理道德有利于开发企业的潜能，增强企业对社会的供给能力。所以，从某种程度上说，企业的竞争就是管理道德的竞争。

（六）关乎整个社会的道德风向问题

当代我国的发展战略是以经济建设为中心，社会的方方面面或多或少都带有那么一点商业的色彩。而企业是经济发展中的重要角色，它的一言一行都深刻影响着社会的变化。举一个最简单的例子来说，商业广告作为企业宣传其产品的重要途径之一，具有很强大的社会影响力，然而，由于虚假宣传、非法代言的问题，广告这一平台的信誉大打折扣。因此，企业是否有道德，绝不仅仅是企业自身的问题，也不仅仅是消费者权益的问题，而是一个具有社会影响的问题。只有培养好企业的道德，才能真正在全社会形成诚信的良好风尚，从而为提升我国软实力做出贡献。加强企业道德建设，是全面建设社会主义精神文明不可忽视的途径。这不仅因为企业在国民经济发展中是最基本的经济单元，而且因为在企业中集聚了千百万职工，他们是我国的社会中坚。因此企业作为“小社会”,其道德状况如何,会深刻影响着整个社会面貌。从一定意义上说,企业道德建设也是社会主义精神文明建设的关键。

第二节 社会责任

一、社会责任的含义

为了更好地理解社会责任的概念,需要弄清楚它与社会义务和社会响应的区别。

(1)社会义务(Social Obligation)

如果一个企业仅仅履行了法律义务(企业要遵守有关法律)和经济义务(企业要追求经济利益),达到了法律上的最低要求,我们就说该企业履行了它的社会义务。

(2)社会响应(Social Responsiveness)

社会响应指一个企业适应不断变化的社会环境的能力。

(3)社会责任(Social Responsibility)

如果一个企业不仅承担了法律义务和经济义务,还承担了“追求对社会有利的长期目标”的义务,我们就说该企业是有社会责任的。简单地说,企业的社会责任就是企业认真考虑企业行为对社会的影响。

可见,与社会义务相比,社会责任和社会响应超出了基本的经济和法律标准。而社会责任和社会响应的区别可以举例说明:假设一家公司的社会责任之一是生产安全的产品。同样,这家公司随时对其生产的每件不安全产品做出反应。它一旦发现产品不安全,就立刻从市场上撤回。那么,在收回了10次后,公司只能被认为具有社会响应能力,而不能被认为具有社会责任。社会责任与社会响应的区别也可参考表4.2。

表4.2 社会责任与社会响应的区别

	社会责任	社会响应
主要考虑	道德的	实际的
焦点	结果	手段
强调	义务	反应
决策框架	长期	中、短期

二、两种社会责任观

20世纪60年代,随着西方社会运动的广泛开展,社会责任问题日益引起学者们的兴趣。

从一开始,学者们在企业的社会责任问题上就存在着较为严重的分歧,逐渐形成两个观点。

一个观点主张企业只应对股东负责,企业只要使股东的利益得到满足,就是具有社会责任的表现,至于其他人的利益,则不是企业所要管的和所能管的,这种观点称为"古典观"或"纯经济观"。

另一个观点则主张企业要对包括股东在内的所有利益相关者(如员工、顾客、竞争者、供应商、债权人、环境、社会等)负责,这种观点称为"社会经济观"。

通过表 4.3 可比较出这两种社会责任观存在的差异。

表 4.3　两种社会责任观对企业承担社会责任的观点比较

	古典观	社会经济观
利润	一些社会活动白白消耗企业的资源;目标的多元化会冲淡企业的基本目标——提高生产率因而减少利润	企业参与社会活动会使自身的社会形象得到提升;与社区、政府的关系更加融洽因而增加利润,特别是增加长期利润
股东利益	企业参与社会活动实际上是管理者拿股东的钱为自己捞取名声等方面的好处因而不符合股东利益	承担社会责任的企业通常被认为其风险低且透明度高,其股票因符合股东利益而受到广大投资者的欢迎
权力	企业承担社会责任会使其本已十分强大的权力更加强大	企业在社会中的地位与所拥有的权力均是有限的,企业必须遵守法律、接受社会舆论的监督
责任	从事社会活动是政治家的责任,企业家不能"越俎代庖"	企业在社会上有一定的权力,根据权责对等的原则,它应承担相应的社会责任
社会基础	企业在社会责任问题上意见不统一,企业承担社会责任缺乏一定的社会基础	企业承担社会责任并不缺乏社会基础,近年来舆论对企业追求社会目标的呼声很高
资源	企业不具备拥有承担社会责任所需的资源,如企业领导人的视角和能力基本上是经济方面的,不适合处理社会问题	企业拥有承担社会责任所需的资源,如企业拥有财力资源、技术专家的管理才能,可以为那些需要援助的公共工程和慈善事业提供支持

(一)古典观

古典观的代表人物首推诺贝尔经济学奖获得者米尔顿·弗里德曼(Milton Friedman)。他认为当今大多数管理者是职业管理者,这意味着他们并不拥有他们所经营的企业。他们是员工,仅向股东负责,从而他们的主要责任就是最大限度地满足股东的利益。那么,股东的利益是什么呢?弗里德曼认为股东只关心一件事,那就是财务收益。

在弗里德曼看来,当管理者自行决定将公司的资源用于社会目的时,他们是在削弱市场机制的作用。有人必然为此付出代价,具体来说,如果社会责任行动使企业利润和股利下降,则它损害了股东的利益;如果社会行动使工资和福利下降,则它损害了员工的利益;如果社会行动使价格上升，则它损害了顾客的利益；如果顾客不愿支付或支付不起较高的价格，销售额就会下降，从而企业很难维持下去。在这种情况下，企业所有的利益相关者都会遭受或多或少的损失。此外，弗里德曼还认为，当职业管理者追求利润以外的其他目标时，他们其实是在扮演非选举产生的政策制定者的角色。他怀疑企业管理者是否具备决定“社会应该怎样”的专长。至于“社会应该怎样”，弗里德曼说，应该由我们选举出来的政治代表来决定。

在持古典观的人看来，如果一个企业最大限度地满足了股东的利益，那它就尽了最大的社会责任；相反，如果一个企业从事一些社会活动，或为社会利益着想而把资源从企业中转移出去，则它不仅损害了股东的利益（管理者这样做是在“慷他人之慨”），而且更为严重的是，损害了其他社会群体的利益。所以，在古典观那里，企业的社会责任指的就是利润取向，企业的唯一目标是追逐利润，使股东的利益达到最大，在这样做的过程中就自然给社会带来最大的福利。这是亚当·斯密“看不见的手”原理：每个经济主体在追逐或实现自身利益的过程中就在增进着社会的利益，并且这种增进的效果要好于他们刻意去增进的效果。由此我们可以把古典观看作“看不见的手”原理在企业的社会责任问题上的表现形式。

（二）社会经济观

持社会经济观的人认为，时代发生了变化，社会对企业的期望也发生了变化。公司的法律形式可以很好地说明这一点。公司的设立和经营要经过政府的许可，政府也可以撤销许可。因此，公司不是仅对股东负责的独立实体，它同时要对产生和支持它的社会负责。

在社会经济观的支持者们看来，古典观的主要缺陷在于其时间框架。社会经济观的支持者们认为，管理者应该关心长期财务收益的最大化。为此，他们必须从事一些必要的社会行动并承担相应的成本。他们必须以不污染、不歧视、不发布欺骗性广告等方式来维护社会利益，必须融入自己所在的社区及资助慈善组织，从而在改善社会中扮演积极的角色。

在多数情况下，企业从事社会责任活动要付出代价，并且很难使成本及时得到补偿，这意味着企业要支付额外成本，这直接给当期利润造成不利影响。就是说，对非股东的利益相关者负责通常给股东的利益带来不利的影响。但若换一个角度看，情况未必如此。事实上，企业在力所能及的范围内进行一些社会责任活动相当于投资。虽然短期内这种投资或许牺牲了企业的经营业绩，但从长期看，这种投资由于改善了企业的社会形象和生存环境，吸引了大量优秀人才和减少了政府的管制等，可以使企业的利益增加，并且所增加的收益足以抵补企业当初所额外支付的成本。

虽然社会经济观支持企业承担社会责任，但这种社会责任的承担是有范围限制的，即企业在日常的经营过程中，应关注那些对企业长期发展有利的活动并给予适当支持，切不可把一切本不该由企业来做的事都包揽下来，从而走到改革前的“企业办社会”的老路上去。

三、组织的社会责任

在管理大师彼得·德鲁克看来，“每一个组织必须承担所有与其有关的员工、环境、顾客和其他与组织有关联的人和事的全部责任”，这就是组织的社会责任。社会组织可分为政府、企业和非营利组织，以下只从企业和非营利组织两方面阐述其应承担的社会责任。

（一）企业承担的社会责任

企业由于其规模和实力的不断增强而成为推动社会发展和影响生活质量的主导力量。一个企业在社会中存在和发展，就不可避免地要承担其相应的社会责任。企业的发展是各方面均衡的发展，如果仅仅是一味地追求自身利益最大化而忽略了制约其利益最大化的各种因素，那么这个企业注定要被淘汰的。我们看到国内外一些企业忽视雇员、顾客、竞争者、环境和社会等利益相关者的利益，导致了诸如拖欠工资、忽视安全、坑害顾客、行业垄断、过度开发、环境污染、财务欺诈、逃避税收等不良社会现象，这些已经成为影响社会经济发展和企业健康成长的不利因素，更为我国和谐社会的构建设置了重重障碍。

2008 年 1 月我国国资委发布了《关于中央企业履行社会责任的指导意见》，提出“坚持依法经营诚实守信，不断提高持续盈利能力，切实提高产品质量和服务水平，加强资源节约和环境保护，推进自主创新和技术进步，保障生产安全，维护职工合法权益，参与社会公益事业”等八个方面企业应承担的社会责任。由此可见，企业应以诚信为本，在创造经济利益的同时，将企业管理道德作为体制改革的一个重要部分，在组织内建立一套行之有效的管理道德监督机制，肩负起应尽的社会责任，实现企业的可持续发展。

企业承担的社会责任的具体内容十分广泛，可以概括为以下六个方面，其所承担的社会责任也是由小到大的，如图 4.2 所示。

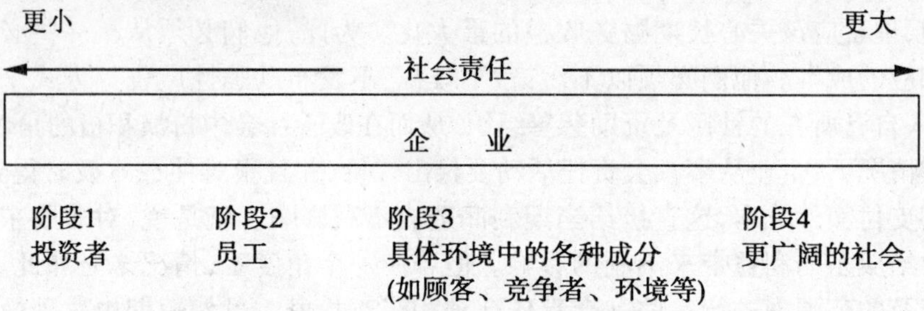

图 4.2　企业承担的社会责任

1. 企业对投资者承担的社会责任

投资者是公司的出资人，也是企业的拥有者，没有投资者就没有企业，企业利益应与股东的利益是一致的。现代企业要求所有权与经营权相分离，所有者将企业的经营管理权委托给以总经理为代表的管理层。企业管理者必须考虑股东的利益，寻求更新、更好的管理方式，最大限度上实现公司资产的增值保值。企业的目标应当是双重的，即一方面要实现投资者利益，另一方面要为社会做出贡献。把“投资者利益最大化”融入社会利益之中，就是实现企业双重目标的最佳方式，也是企业近期利益和长期利益兼顾的最佳方式。这样同样导致众多的小股东们由于收不回成本而破产。

所以企业所做的每一件事都要为投资者、股东的眼前利益和长期利益着想。企业首先要为投资者带来具有吸引力的投资回报，其次还要将其财务状况及时、准确地报告给投资者，与投资者之间达成良好的互动。

2. 企业对员工承担的社会责任

一个对社会负责任的企业首先是对他的员工负责任。富士康公司员工的跳楼引发的是企业对员工责任的思考。现代企业的竞争归根结底为人力资源的竞争，拥有知识和技能的雇员是企业竞争制胜的决定性因素。离开了雇员的辛勤劳动，企业不可能在激烈的竞争中取胜。其次，雇员的知识和技能只是一种潜在的生产力，要将这种潜力发挥出来，必须给以一定的激励创造适宜的环境和条件，否则会影响公司的正常运营。再次，企业雇员作为一种人力资本，具有一定的专用性。这种专用性将雇员与企业紧紧地联结在一起，只有保护好雇员工作的积极性，才能使企业充满活力。最后，随着现代公司治理方式的不断发展，在这些公司中，雇员不仅成为人力资本的所有者，而且成为非人力资本的所有者，从而成为企业的所有者。因此，为了保障公司雇员的利益，而且也为了促进企业的永续发展，各国无一例外地将企业对雇员的责任列为企业社会责任的一项主要内容，可以概括为以下几个方面：

①重视劳动者权益的保障。企业应该提供员工安全计划和均等的就业机会，保证雇员实现其劳动报酬索取权、休息权、劳动安全卫生保障权、社会保障取得权等权力。

②营造良好的工作环境。创建一个能使各种人才都可以发挥才能的工作场所。合理安排工作岗位，做到人尽其才，才尽其用。

③定期或不定期培训员工，不断地提高员工的工作技能，为他们提供具有挑战性的工作机会，提高他们的参与感和责任感，帮助他们实现人生的价值。

④善待员工的其他措施。如反对歧视，推行民主管理、薪酬公平，提高员工的物质待遇等。

3. 企业对顾客承担的社会责任

企业对顾客的社会责任是企业社会责任的一个重要组成部分。顾客不仅仅是企业最重要的利益相关者之一，也是一个企业得以生存和发展的重要支持者和促进者。

从顾客满意到顾客忠诚，已经成为很多企业营销的根本目标。将一个消费者发展成为自己企业的顾客和企业品牌的忠实者，不能仅仅只从经济效益的角度来处理企业和顾客的关系，企业更应该站在顾客的角度为顾客着想，承担起更多的社会责任，主要体现在：

(1)提供安全的产品

安全的权利是顾客的一项基本权利，企业不仅要让顾客得到所需的产品，还要让他们得到安全的产品。

(2)提供正确的产品信息

企业要想赢得顾客的信赖，在提供产品信息方面不能弄虚作假，欺骗顾客。

(3)提供售后服务

要把售后服务看作对顾客的承诺和责任。要建立与顾客沟通的有效渠道,如设立意见箱、热线电话等。及时解决顾客在使用本企业产品时遇到的问题和困难。

(4)提供必要的指导

企业要尽可能为顾客提供培训或指导,帮助他们正确使用本企业的产品。

(5)赋予顾客自主选择的权利

企业不能限制竞争,以防止垄断或限制的出现给顾客带来的不利影响。

4. 企业对竞争者承担的社会责任

竞争者之间应体现何种社会责任可以从以下三个层面思考:

首先,最基本的一点是反不正当竞争。尽管各企业之间资源占有、经营能力等多种因素不尽相同,但应尽可能在相同的游戏规则下体现公平竞争。而有关对不正当竞争的约束,各个国家都有以《反不正当竞争法》为主要表现形式的法律法规。集中的焦点涉及知识产权保护、地方性的垄断、通过行贿等方式获取某些特权等。这是保证行业正常发展,行使社会责任的底线。

其次是有效维护行业大局。这包括两种情况:在平常状况下,应努力促进行业发展。从多方面提高行业整体技术水平,如实行技术创新、科研革新、产品换代等;从提倡公平竞争方面净化行业生态环境。而对于中国企业而言,还可表现在如何更好地与国际接轨,提高中国企业的综合实力。同时还要尽量规避一些对行业发展产生破坏作用的行为。比如实行"自杀式"的价格战,特别是针对国外用户进行的竞相杀价,以致造成对整个行业良性发展的冲击。还有希冀一家独大,将对手赶尽杀绝的做法等等。有些行为看似短期维护行业大局,而从长远看则是"饮鸩止渴"。如形成所谓的垄断性的行业联盟(事实证明无一长久),对价格的行业垄断(比如方便面的集体涨价)等等。这既是对自身、行业的戕害,也是没有践行社会责任的所为。

而在危机状态下,依然要保有行业使命感,勇于承担个体责任。这既是维护行业大局的基本原则,也是正确处理危机的非常重要的公关方法。在面对社会对啤酒行业某些品牌含有"甲醛"的不实指责后,身为龙头企业的青岛啤酒并没有落井下石——借机将紧随其后的竞争对手推向绝境,而是公开表示在业内的知名国内品牌都是安全、合格的,不仅帮助整个行业渡过危机,也获得了业内的一致好评。而刚刚重回市场的老字号——冠生园却在几年前发生的危机中为自己错误的行为冠以"行规"的名头,企图拉同业下水,但最终仍难逃灭顶之灾。

再次,最高境界是促进社会的可持续发展。以三鹿集团的最终破产,以及整个奶制品行业的持续低迷为代价,"毒牛奶"事件成为2008年呼唤企业社会责任的代表性事件。事实证明,在脱离了社会普世价值理念的前提下畸形地进行行业发展同样也是一条"江湖不归路"。行业的发展必须与社会形成可持续的、共生的关系。从这个意义上,竞争者之间的关系的确就是合作者。

5. 企业对环境承担的社会责任

企业应当承担社会责任，这是现代企业管理理论的一个重要内容。其中保护环境免受企业经营的冲击更是企业的核心责任之一。企业既受环境的影响又影响着环境。从自身的生存和发展角度看，企业有承担保护环境的责任，主要体现在：企业要在保护环境方面发挥主导作用，特别要在推动环保技术的应用方面发挥示范作用；企业要以“绿色产品”为研究和开发的主要对象，并设法达成产品与服务的完整生命周期；企业要使用清洁能源，维护环境质量，参与治理环境；企业必须努力保证生态效益，共同应对气候变化和保护生物多样性等等。

6. 企业对社会承担的社会责任

企业作为我国社会主义市场经济体制的重要主体，不仅有经济属性，还要有社会属性。其社会属性就要求企业承担相应的社会责任，主要包括以下几方面：

①认真纳税，安置就业。遵守法律、商业规则以及国际标准，防范腐败贿赂，遵守道德行为准则以及商业原则。

②在企业内部成立督导部门，监督企业的社会政策，注重企业在履行社会责任时相关信息的披露。

③建立创新意识的企业文化，提高企业的社会地位和形象，以赢得社会的广泛支持和认同。

④与环境相融，加强环境的保护和治理，走可持续发展道路，为社会的建设和环保贡献人力、财力和物力。

企业有权力也有责任为社会发展做出自己的贡献，这主要指广义的社会和经济福利的贡献，如传播国际标准，积极参与社会慈善事业、公益事业，向贫困地区提供要素产品和服务，如水、能源、医药、教育和信息技术等。这些贡献在某些行业可能成为企业核心战略的一部分。

企业是国家的“公民”之一，一个企业“公民”应该懂得企业的成功与社会的健康和福利密切相关。企业承担其对社会的社会责任，这对企业自身的发展和社会长期的和谐发展都是必须的，也是我国完善社会主义市场经济体制的客观要求。

（二）非营利组织承担的社会责任

这里所指的非营利组织（No-Government Organization，NGO），亦称为民间组织、非政府组织、社会中介组织或“第三部门”等，它是与政府、营利组织（企业）相对应的社会组织，是社会成员之间基于共同志趣或爱好的社会组织；是联系组织各自的成员以及广大的社会成员，参与和支持社会公益事业的社会团体。主要致力于社会公益服务，其基本宗旨是满足社会民众的需要，致力于解决各种社会性问题。

管理大师彼得·德鲁克指出，作为社会服务机构的政府部门，其服务对象是一些有不同利益和需要的特定社会群体。在对特定群体的服务方面，政府部门的服务质量和工作效率与其他社会组织相比并没有优势，因此无法承担越来越复杂的社会责任；而企业在承担了为员工提供工作、养老金和失业保险以及其他福利后，已无力承担再多的社会责任。于是，这项重任就落到了非营利组织身上。公益与慈善的特性决定了非营利组织社会责任内涵的丰富性，可以概括为以下几个方面：环保责任、慈善救助责任、市场监督责任、文教责任、民主监督责任。国际经验表明，一个健康、持续发展的社会，必然拥有充满活力、能够开展社会服务、承担社会责任的非营利组织。

1. 非营利组织的环保责任

伴随人类文明的不断进步产生的一系列环境问题，使人类不得不开始思考和关注与自己的生存息息相关的自然环境。实现人与自然的和谐发展，是人类社会发展的必然要求，环保非营利组织致力于环境保护，在推动人与自然和谐发展中能发挥的重要作用主要体现在以下几个方面：

一是宣传环境保护，提高公民环保意识。环保非营利组织和环保志愿者采用各种渠道、各种方式向社会和公众宣传、传播环保理念，在提高保护环境的责任意识、增强保护环境的自觉性等方面做出了突出贡献，50%以上的环保非营利组织还通过自己的网站向公众宣传环保知识。

二是维护公众的环境权益。环保非营利组织能够在维护公众的环境权益方面发挥积极的作用，维护公民应享有的知情权、参与权和监督权。

三是参与政府公共决策。随着环保非营利组织的日益成熟，非营利组织从单纯开展活动发展到积极参与政府关于环境方面的公共政策的制定。

2. 非营利组织的慈善救助责任

慈善救助事业，是非营利组织最早涉足的领域之一，国外大多数非营利组织起源于慈善机构，都以服务社会、发展社会公益事业为宗旨。中国青少年发展基金会于1989年10月发起实施的希望工程，是我国社会参与最广泛、最富影响的民间公益事业。截至2011年，希望工程累计募集捐款78.5亿元人民币，资助农村家庭经济困难学生（包括小学、中学、大学生）逾420万名，建设希望小学17 574所，培训农村小学教师64 000余名。希望工程不仅推动了贫困地区教育事业的发展，也激发了社会对贫困地区基础教育的关注。

现代慈善，不仅是一种事业或组织结构，同时也是新的社会价值观，社会公众在面对他人的困难时，不再仅仅是发善心捐赠款项和实物，而是致力于增加自己和他人持续解决这些问题的能力，这种能力的培养要依靠全社会公众的广泛参与和共同努力，通过引导受助群体努力改变自己现状，增强他们自力更生的意识，不仅使他们脱离物质贫困，也使他们脱离心理贫困。非营利组织的慈善救助行为，不仅有利于协助政府缓和社会矛盾，同时也为公众参与提供了平台，有利于营造一个更加宽容、更加友爱的和谐社会。

3. 非营利组织的市场监督责任

非营利组织并不是经济组织，但是在市场经济体制中，它是重要的组成部分，对于非营利组织的市场监督责任，可以从以下三个角度来阐述：

(1)监督市场主体的经济行为

在市场经济运行的过程中,不可避免地会出现一些弊病,比如不正当竞争、诚信等问题,这些行为扰乱了经济秩序,同时也对消费者的权益造成了侵害。除了政府的行为以及法律法规的保障以外,对此进行有效的监督,还需要社会力量的参与。中国消费者协会就是其中一个成功的例子。

(2)行业组织的作用

20 世纪 90 年代以来,行业协会、商会等行业组织取得了迅速的发展。行业组织一方面在权利维护、技术培训、举办展销会、获取信息等方面为成员提供服务,另一方面行业组织还通过制定本行业的标准并监督执行,加强行业内的自律机制,为经济发展创造了良好的环境,避免了恶性竞争,并在维护本行业国际竞争中的地位上发挥了积极作用。

(3)工人权益的维护

工人,尤其是农民工,在市场上处于劣势地位,缺乏保护自己合法权益的手段和组织,这就为非营利组织提供了发展空间,促生了一批致力于维护农民工权益、监督企业行为的非营利组织,包括学术机构的专家维权组织、民间草根性的维权组织等。

4. 非营利组织的文教责任

文化艺术、教育是非营利组织涉足的主要领域。随着我国经济政治体制改革的深化,社会也在不断地转变,社会结构的分化不断加深,很多人游离于“组织”之外,缺乏归属感。在这种情况下,各种非营利组织的活动有利于社会的再次整合。一些非营利组织积极推动学术交流,促进知识的创造与传播;一些非营利组织,特别是立足于社区的非营利组织,如戏剧社、秧歌队、书画协会等等,促进了人与人之间的交流;还有一些非营利组织致力于发展教育事业,尤其是针对弱势群体的教育工作,如农民工子女的教育。这些非营利组织,按照人们不同的兴趣、爱好、特点或者不同的社区、阶层而构建起来,他们将思想观念、理想信仰、社会风尚、行为规范、制度体制的树立或建立融于一体,建设以和谐为思想内核和价值取向的文化,促进了整个社会的文化和谐。

5. 非营利组织的民主监督责任

在中国,非营利组织的兴起,在相当程度上改变了社会的治理结构,有力地促进了社会的善治,尤其是对公民的政治参与、政治公开化、公民自治、政府的廉洁与效率、政府决策的民主化和科学化都有重要的意义。非营利组织是公民参与社会活动的主要组织方式之一,是现代社会构成民主政治的基本因素之一。

非营利组织主要通过提供公民参与的平台来使公民监督国家权力,影响公共政策,限制权力的滥用,非营利组织一般不谋求政府权力,但是它们关心政府的决策,努力保护其所代表的那部分公众的权益。非营利组织通过积极介入来推动公共政策的形成,监督公共政策的执行,如政策研究提案、游说、动员媒体和舆论等,将公民的需要和意愿及时反映给政府。

综上所述，非营利组织是以社会公益为使命的民间组织，在扶老、助残、济困、救灾、助学等方面都发挥着不可替代的作用。非营利组织的性质决定了其在社会主义和谐社会的建设过程中的重要作用，因此，大力发展非营利组织和充分履行非营利组织的社会责任成为和谐社会建设的一种必然的要求。

【案例分析】

拷问互联网企业：社会责任如何践行？

十多年来，不少互联网企业从中国高速发展的互联网产业中获益，成长为各个领域的“新星”、“巨头”，仿佛每个细胞中都释放着繁荣与活力的气息。然而，当危机骤然降临，当产业面临升级，这些年轻的企业不仅需要计算自己的投入和产出，还应当将社会责任作为企业和行业发展的关键化为己任，在理念和实践层面予以实施。

但是，目前不少互联网企业并没有正确和深刻认识其社会责任，违法经营、盗版、涉黄、暴力等现象充斥着网络的各个环节，互联网企业的这些做法不仅伤害了网民和用户的利益，也阻碍了互联网企业的可持续发展，并对互联网产业环境造成了消极的影响，不利于整个产业的发展。

“失控”的互联网

信息安全是互联网的第一屏障，也是互联网企业责任的起点。如果不能很好地应对安全问题，互联网这辆高速运转的信息列车随时都有失控的危险。

央视3.15晚会曝光的多起个人信息泄露案，向我们揭示出一个可怕的事实：地下木马产业正通过灰鸽子、上兴远控、Ghost木马等各种“肉鸡”控制工具，疯狂侵蚀着网民的个人财富和隐私。据悉，央视所揭露的只是木马产业的冰山一角：整个地下木马产业从业人员已接近百万的规模，光是2008年一年就制造了各种旨在盗号、盗隐私、抓“肉鸡”的木马9 743 122种。与此同时，黑客产业的灰色收入已经达到每年10亿元，木马制作者等产业链中层次比较高的人士赚到千万级别的已经有很多。

还有因网络安全问题引发的个人信息泄露。在互联网上，有一些网站通过不法手段搜集全国各地车主信息、各大银行用户数据以及股民信息等，以出售用户隐私资料等方式获利。

电子支付同样是黑客们“青睐”的对象之一。特别是在如今第三方支付向多个传统消费领域渗透的驱使下，其信用风险、网络黑客风险、信用卡非法套现风险、发生洗钱等犯罪行为风险以及法律风险，将是第三方支付平台与消费行业合作时首先需要评估的风险。

很黄很暴力

互联网企业在进行合法经营时，应当承担起维护社会公德、保护良好的网络环境的责任。但是当前行业中，不少互联网企业利用网络传播色情、暴力信息以谋取利益，严重污染了网络环境，让普通网民的利益受到损害。

网游行业在其高速发展的同时就存在着自身的问题，譬如高度追求玩家在游戏中的消费值，高度追求网游所创造的利润率，使网游行业成为不择手段获取金钱的代表，大大影响了网游行业的社会形象。游戏行业必须思考自己的过去和未来，是先顾眼前利益还是要兼顾行业健康发展？这之间必须做一个选择。

巨人、金山等网游公司就曾表示：让玩家少花钱，加大力度关注非付费玩家的体验。金山董事长求伯君甚至以自己当年沉迷游戏为例建议玩家"少冲点卡，少玩点"，这和通常的商业准则几乎背道而驰。而类似的论调也让人感觉网游行业在尝试做着狂热淘金潮后的某种选择。巨人在关闭博彩功能后，还专门推出了《绿色征途》，以招揽非付费玩家，并宣称践行其社会责任。

互联网的暴力不仅体现在服务功能的设置上，还表现在其对网民力气的合理导向之上，人肉搜索可谓其中的典型。2007 年 12 月 27 日，中央电视台《新闻联播》播出了一条《净化网络视听环境迫在眉睫》的新闻。一名 13 岁在校女生张××接受采访时说，她在一次上网查资料时，突然弹出来一个窗口。"很黄很暴力，我赶紧把它给关了。"随后，猫扑网上出现了题为《召唤人肉搜索——张××——很黄很暴力》的热门帖子。关于张××的视频、图片、恶搞漫画、帖子开始在互联网上泛滥，有人甚至制作了色情漫画来影射张××……"很黄很暴力"以其强悍的火爆程度和迅猛的传播速度，几天内闹得满"网"风雨。作为未成年人的张××，其隐私权受到了严重的侵害。

互联网传播速度的快捷性、传播范围的广泛性、传播形式的多样性及其交互性、渗透性，乃至其隐蔽性等需要由互联网企业做第一个"把关人"，当然前提是，互联网企业必须遵守不主动制造和传播不良互联网内容，甚至以危害社会的商业模式作为盈利途径的道德底线。

逐利的误区

网络音乐和网络视频一直被认为是网络盗版的代名词。不少视听网站在没有正版许可之下，为用户提供视听和下载服务。虽然，在某种程度上为网民提供了便利，但盗版作品的低质量也损害了用户的利益。并且，其严重损害了版权商的利益，给唱片公司和娱乐版权公司造成了利润损失。

同时，我们也欣喜地看到有些企业正在为推动国内视频行业版权保护行动的普及和促进行业健康发展做出自己的贡献。2009 年 4 月，谷歌在中国首次推出了完全正版的音乐搜索，为中国网民提供合法的音乐搜索服务。酷六联合搜狐宣布共同出资 1 000 万美元建立"国际影视版权联合采购基金"。

作为国内最大的电子商务企业，阿里巴巴在企业社会责任上走到了前列，已经发布了三次企业社会责任报告，将企业社会责任与商业模式联系在一起，公司专设了社会责任部门，推进汶川地震灾后重建，探索建设社会责任平台机制和模式等等，并开始思考客户、员工、股东、合作伙伴、社会经济环境、自然环境等关系，并做出实质性的转变。这也就不难理解为什么阿里集团会捐出如此巨大的一笔款项，来支持玉树救灾和灾后重建。

"今天企业从市场中寻找机会，应该转变成为社会解决问题。假如我们还停留在寻找更多的机会，而不是从整个社会寻找问题解决的时候，会是一个很大的灾难。"阿里巴巴集团董事局主席马云如是说。

“网”聚公益力量

尽管有着许许多多的问题，但我们不能否认的是，互联网已经成为了一个全民公益的平台。与线下公益活动所不同，将互联网与公益慈善事业结合起来，可以利用互联网领域的技术、传播优势，让公益和民众互动，让广大网民成为公益主角。

例如“5·12”大地震期间，包括新浪、搜狐、腾讯、网易、阿里巴巴、百度、谷歌等都将首页和新闻页面变成了黑白两色，甚至拿下了广告，变成了纯公益的平台，并掀起了互联网上公益捐款热潮；而互联网上关于南方雪灾的及时报道以及各类媒体平台的应用，在帮助广大网民了解灾区情况、建立公益平台上发挥了独特的作用。

现在越来越多的互联网企业开始建立在常态下，即没有重大灾难的情况下，如何运用网络的影响力来让广大网友为代表的民众参与到公益慈善中来。

利用搜索引擎，百度曾把日访问量高达数亿的搜索引擎百度首页更换了以“512”地震重灾区绵竹特产年画为主要元素的LOGO，并在百度“有啊”开启灾区特产销售专区，以此来推广绵竹包括年画在内的各种土特产品。在由百度主办的“情系e乡——全国大学生乡村信息化创新大赛”中，获奖团队不但得到了价值100万元的营销资源，还得到了资深搜索营销专家和顶级商学院创业专家组的助训。此外，百度还为优秀选手提供上百个工作机会。

面对日益恶劣的生存环境，互联网也发挥出其独特的公益作用。2009年4月22日，由中文百科网站互动百科、气候组织、壹基金共同发起的“互联网森林”活动正式上线。这一活动以互联网为平台，通过倡导“低碳生活”理念，引导用户减少二氧化碳排放，改善全球气候，保护全球生态环境。

（本文转载自中国电子商务研究中心：http://www.100ec.cn/detail——4944915.html.）

思考：通过阅读以上资料，你认为互联网企业是否应该承担社会责任，承担哪些社会责任，为什么？如何理解互联网企业的社会责任与商业模式之间的关系？

【点评】

互联网企业应该承担社会责任。互联网企业的社会责任并不是企业利润锦上添花的附属品，而是贯穿其中，形成企业发展的推动力；不是企业的负担，而是义务，是长期竞争力的来源；不是外部的迫使，而内在于企业与社会之间的深切契约。互联网企业在营造发展环境、促进就业等社会责任方面的努力，将引领整个行业经济的可持续发展。通过阅读以上资料，我们可以从以下几方面概括互联网企业的社会责任。

第一，承担信息安全管理责任，保障广大用户的数据和信息安全。

第二，推进自主知识产权创新，为广大用户提供优良的产品与人性化的服务。

第三，推动互联网健康发展，推动网络社会的诚信建设和倡导开展网络自律活动，打造健康、绿色的互联网服务。这尤其对于青少年群体的健康成长，是至关重要的。

第四，参与公益活动，创造社会价值。互联网企业自身参加公益活动的同时，还可以运用网络的影响力来让广大网友参与到公益慈善中来，从而搭建出一个“人人可公益，民众齐参与”的新模式。

目前，我国经济正处于后危机时代，互联网经济作为一个新兴并且具有活力的领域，承担着为其他产业提供平台和动力的角色，同时自身也需要应对后危机时代的种种不确定的变化。所以，在这个时刻，各个互联网企业不是在孤身奋战，还要负责将与之价值链上下游共生的各种商业主体组织起来，维持好整个商业的生态环境和秩序。这就要求互联网企业将社会责任融入自己的商业模式之中，站在行业和整个国民经济发展的大局上考虑问题，并努力为自己寻找发展的动力。

本章小结

管理道德是从事管理工作的管理者的行为准则与规范的总和，是特殊的职业道德规范，是对管理者提出的道德要求。对管理道德的认识主要有五种观点：道德的功利观、道德的权利观、道德的公正观、综合社会契约的道德观、推己及人的道德观。一个管理者的行为是否合乎道德，取决于管理者的道德发展阶段、个人特质、结构变量、组织文化、问题强度等诸多因素。

改善管理道德的途径主要有：建立高标准的道德准则；甄选高道德素质的员工；高层管理者的有效领导；设定科学的工作目标；对员工进行道德培训；建立优秀的组织文化；综合绩效评价；独立的社会审计；建立正式的保护机制。

如果一个企业不仅承担了法律义务和经济义务，还承担了“追求对社会有利的长期目标”的义务，我们就说该企业是有社会责任的。简单地说，企业的社会责任就是企业认真考虑企业行为对社会的影响。

社会责任观包括两种观点：古典观和社会经济观。

社会组织可分为政府、企业和非营利组织，社会组织应该积极地承担社会责任。其中，企业需要承担的社会责任可以从企业的利益相关者的角度加以分析，分别为投资者、员工、顾客、竞争者、环境和社会六个方面。非营利组织需要承担的社会责任可以概括为非营利组织的环保责任、慈善救助责任、市场监督责任、文教责任、民主监督责任。

练习库

一、单项选择题

1. 市场经济中要提倡“以义治商”和“以义取利”，这里的“义”指的是（　　）。

A. 义气　　B. 法律　　C. 和气　　D. 管理道德

2. 下列理论观中，要求管理者考察各行业和各公司中现有的伦理规则的是（　　）。

A. 功利观　　B. 权力观　　C. 公正观　　D. 契约的道德观

3. 如果一个人坚定地遵守自己所选择的伦理准则，即使这些准则违背了法律，他应该是处于道德发展的(　　)阶段。

A. 前惯例层次　　B. 惯例层次　　C. 原则层次　　D. 强化

4. 克制冲动并遵守内心信念的可能性最大的人是(　　)的人。

A. 自我强度高　　B. 自我强度低

C. 具有内在控制中心　　D. 具有外在控制中心

5. 下列概念中用于衡量人们在多大程度上是自己命运主宰的是(　　)。

A. 自我强度　　B. 控制中心　　C. 强化中心　　D. 目标价值

6. 关于影响管理道德的结构变量，下列说法中正确的是(　　)。

A. 正式的规章制度会减少道德行为的产生

B. 在仅根据手段来评估绩效的地方，道德标准会降低

C. 管理者的行为是个人的事情，对企业的管理道德没有影响

D. 压力越大，越可能降低道德标准

7. 对企业的社会责任存在两种截然相反的观点，古典观的代表人物首推(　　)。

A. 弗里德曼　　B. 凯恩斯　　C. 德姆塞茨　　D. 冯·哈耶克

8. 组织的社会责任是指组织在遵守、维护和改善社会秩序、保护增加社会福利等方面所承担的责任，是企业追求有利于社会(　　)的义务。

A. 长远目标　　B. 短期目标　　C. 近期目标　　D. 阶段目标

9. 一个造纸厂的企业精神是：团结、守纪、高效、创新，严格管理和团队协作是该厂两大特色。该厂规定：迟到一次罚款20元。一天，全市普降历史上少有的大雪，公交车像牛车一样爬行，结果当天全厂有85%的职工迟到。遇到这种情况，你认为下列四种方案中哪一种对企业最有利？(　　)

A. 一律扣罚20元，以维持厂纪的严肃性

B. 一律免罚20元，以体现工厂对职工的关心

C. 一律免罚20元，并宣布当天早下班2小时，以方便职工

D. 考虑情况特殊，每人少扣10元，即迟到者每人扣罚10元

10. 一民办企业，主要产品是吹风机、电动剃须刀等小家电，职工300人，技术人员80人。由于该公司产品无新意，效益不好，职工工资偏低，技术人员情绪低落，人员流失严重，在岗技术人员也不主动开展新产品研究。为解决此问题，人事部门提出四种解决办法，如果你是厂长，你选择哪个方案？(　　)

A. 规定每个技术人员2年内必须开发出至少一个新产品，做不到者降一级工资

B. 设立新产品开发奖，从新产品上市第一年的利润中提取2%作为奖金，发给有关人员

C. 全面提高技术人员工资，根据过去开发新产品的业绩，工资增幅10%～30%不等

D. 每个技术人员每月预发70%工资，其余30%在年终视每人开发新产品的业绩如何而决定发不发、发多少

二、多项选择题

1. 自我强度和控制中心是影响管理者个人行为的两个个性变量，个人特征影响着管理者的道德素质。下列说法正确的有(　　)。

A. 自我强度高的管理者的道德判断和道德行为会更加一致

B. 有外在控制中心的管理者更可能对后果负责并依赖自己内在的是非标准来指导其行为

C. 具有内在控制中心的管理者不大可能对其行为后果负责，更可能依赖外部力量

D. 具有内在控制中心的管理者的道德判断和道德行为可能更加一致

2. 道德问题越重要，管理者越有可能采取道德行为。下列问题对于管理者而言道德问题强度较大的有(　　)。

A. 行为发生并造成实际伤害的可能性较大

B. 行为的后果出现得较晚

C. 行为的受害者与自己离得较远

D. 受害的人数较多

3. 企业对顾客应承担的社会责任主要由(　　)构成。

A. 提供安全的产品　　B. 提供正确的产品信息

C. 提供售后服务　　D. 提供必要的指导

E. 赋予顾客自主选择的权利

4. 下列属于赞成企业承担社会责任的理由的是(　　)。

A. 满足公众期望　　B. 增加长期利润

C. 承担道德义务　　D. 创造良好环境

5. 下列属于反对企业承担社会责任的理由的是(　　)。

A. 违反利润最大化原则　　B. 责任过大

C. 冲淡目标　　D. 权力过大

三、判断题

1. 认为“决策要完全依据其后果或结果做出”是道德功利观的主张。(　　)

2. 接受道德公正观的管理者可能会决定向新来的员工支付比最低工资高的工资，因为他认为最低工资不足于维持他们的生活。(　　)

3. 人们可以一步一步地依次通过道德的六个阶段，也可以跨越通过。(　　)

4. 最有可能产生高道德标准的组织文化是那种有较强的控制能力以及风险和冲突承受能力的组织文化。(　　)

5. 对员工的培训不是企业对员工负责的行为，而是企业为了提高生产率的客观要求。(　　)

6. 员工的挑选能够把道德有问题的人完全挡在公司门外。 （ ）
7. 即使组织的道德标准与社会的道德标准不兼容，这个组织也是能为社会所容纳的。（ ）
8. 对生命中发生的事认为多数由运气和机会决定的人是具有内在控制中心的人。 （ ）
9. 现代社会经济观认为公司不是一个仅对股东负责的独立实体，同时要对产生和支持它的社会负责。 （ ）
10. 有社会责任的企业通过适当的方式把利润中的一部分回报给所在社区是其应尽的义务。 （ ）

四、简答题

1. 简述管理道德的影响因素。
2. 改善企业管理道德的途径有哪些？

五、案例分析

2012年4月15日，央视《每周质量报告》本期节目《胶囊里的秘密》，曝光河北一些企业，用生石灰处理皮革废料，熬制成工业明胶，卖给绍兴新昌一些企业制成药用胶囊，最终流入药品企业，进入患者腹中。由于皮革在工业加工时，要使用含铬的鞣制剂，因此这样制成的胶囊，往往重金属铬超标。经检测，修正药业等9家药厂13个批次药品，所用胶囊重金属铬含量超标。针对此事件，2012年4月21日，卫生部要求毒胶囊企业所有胶囊药停用，药用胶囊接受批批检验。2012年4月22日，公安部通报，经调查，公安机关已立案7起，依法逮捕犯罪嫌疑人9名，刑事拘留45人。

分析讨论：请从社会责任角度分析“毒胶囊事件”。

实　训

将班级分成若干小组，每小组人数为5～7人最佳。各小组通过网络或实地调查，查找资料，找到履行社会责任的企业案例，并分析其对企业的影响。最后各小组以文档形式作为实训作业上交。

第五章

Chapter 5

计　　划

【引导案例】

计划部经理李建的烦恼

李建是一家民营企业的计划部经理,他主要负责工作计划的编制和监督执行。每年的年底是李建最痛苦的时候,这时他不仅要准备向老板汇报当年的计划完成情况,还要牵头组织下一年度工作计划的编制工作。为此,他几乎每天都要向各部门要数据、催进度,对于实在拖拉的部门,他还不惜动用罚款等措施。最后好不容易各部门的工作计划上报完毕,可等到李建汇总时,结果却往往会使他变得很沮丧:有些部门的计划纯粹是在不切实际地喊口号、唱高调,有些部门则是想通过工作计划来争资源,有些部门的工作计划则根本没有给出任何约束性指标……

然而李建还是得依据这些来自各部门的"原始资料"完成他下一年度的计划编制工作。从前些年公司的业绩看,这样编制出来的计划可以说是一纸空文,计划数据与实际数据相差太大了。李建常常会听到这样的抱怨:我们连公司下一步要往哪里走都搞不清,让我们怎么定计划啊!李建作为部门经理,觉得自己很有责任把这些意见反馈给老板,但当他每次看到老板忙碌的身影时,都是话刚到嘴边又咽了下去。又该编制下一年度的工作计划了,李建再次感到了一股无形的压力。但这次他不想再走老路子了,为公司的前途着想,他决定要和老板沟通一下,谈谈公司的未来。

【本章主要内容】

1. 计划概述;

2. 目标管理;

3. 战略管理。

计划工作是管理职能中最基本的一个职能,它与其他职能有着密切的联系,因为计划工作既包括选定组织和部门的目标,又包括确定实现这些目标的途径。主管人员围绕着计划规定的目标,去从事组织工作、领导以及控制工作等活动,以达到预定的目标。为使组织中的各种活动能够有节奏地进行,必须有严密的、统一的计划。从提高组织的经济效益来说,计划工作十分重要。

第一节 计划概述

一、计划的概念及特征

(一)计划的概念

“计划”一词是人所共知、司空见惯的。但当我们谈论或引用“计划”这个词时,往往会有以下两种不同的含义。

一是把“计划”视为动词或动名词(Planning),即动态的计划概念,反映一种思考行为或程序、一项工作。这是计划作为管理职能之一的原本之意,即计划工作。计划工作有广义和狭义之分。

广义的计划是制订计划、执行计划和检查计划执行情况三个紧密衔接的工作过程,就是把管理活动纳入一个全面计划的过程中。

狭义的计划工作就是制订计划,即通过科学的预测,权衡客观的需要和主观的可能,提出组织在未来一定时期内要达到的目标以及实现目标的途径和方法。它主要包括三个方面的内容,即预测、确定目标、决策。

本书在此主要是指狭义的计划工作(如不做特殊说明,管理学中讲计划工作或计划职能通常都是指狭义的计划工作)。

二是把“计划”单纯视为名词(Plan),即静态“计划”的概念。此时,“计划”将不再是指上述过程或工作的本身,而是指上述过程的最终结果,即指最后选择的方案,也就是通常所说的计划书。其内容常用5W1H来表示。

①做什么(What)。即预先明确所要进行的活动的具体内容和要求。

②为什么要做(Why)。即明确所计划工作的原因、宗旨和目标,并对可行性进行论证,对宗旨认识得越清楚,就越有助于他们在计划中发挥主动性和创造性。

③谁去做(Who)。即明确所要进行的活动由哪个主管部门负责,由哪些人员去实施。

④什么时候做(When)。规定计划中各项工作的开始时间和完成进度,以便进行有效的控制和对各种资源进行协调和平衡。

⑤在什么地方做(Where)。规定计划实施的地点和场所,了解计划实施的环境条件和限制,以便合理安排计划实施的空间、组织和布局。

⑥怎么做(How)。制定实现计划所要采取的措施、方式、方法以及相应的政策和规则。

不难看出,动态的计划是一个过程,一个由一系列工作构成的活动过程,而静态的计划则是这一过程的结果,前者是产生后者的原因,后者是前者的结果。

计划就是根据组织内外部的实际情况,权衡客观需要和主观可能,通过科学的预测,提出在一定未来时期内,组织所要达到的目标以及实现目标的方法。计划就是预先决定要做什么、为何要做、如何去做、何时何地去做以及由谁去做。计划活动是连接可能与现实、今天与明天、现在与未来的桥梁。通过计划活动,那些本来不一定能够实现的事情变得有可能实现,有可能变糟的事情得以向好的方向转化。尽管计划不是万能的,周密的计划也会受到各种环境因素的干扰,但如果没有了计划,许多事情的发展就只有听之任之。常言道,人无远虑,必有近忧,说的就是计划的重要性。

(二)计划的基本特征

管理是一项复杂的系统工程,各种管理职能在管理过程中既相互独立又相互交叉。但是,计划职能在管理活动中具有特殊的地位与作用,这主要是由它的特性决定的。

1. 统领性

计划是决策的细化过程,是组织未来发展的行动纲领。计划是降低组织未来发展风险、掌握组织未来发展主动权的一种重要手段。计划方案一经确定,就意味着组织运行有了明确的方向和基本步骤,成为未来组织活动的指南和依据,统管与引领着组织内部的各个部门及每个组织成员朝着实现组织目标的方向行动。

2. 前瞻性

计划是一项旨在面向组织未来发展的管理职能,在这一职能活动作用下,科学地预测组织未来发展可能面临的新变化、新问题,对未来可能产生的各种变数做出客观的分析与估计,从而形成具有预见性的组织行动方案,使组织在千变万化的环境中不断地适应新情况,不断地展现出创造性和主动性。

3. 可操作性

计划的可操作性主要表现在两方面:

①计划是在对组织内部与外部环境全面分析及论证基础上形成的,因此,计划对于指导有关组织部门和组织成员的行为具有一定的客观性、针对性和可行性。

②将计划与有关组织部门的具体工作内容有机结合起来,按照计划的要求对相关的具体工作细节进行相应的分配、调整与运作,将产生有利于实现组织目标的可行性效应。

4. 稳定性

任何一项计划的执行过程都不是在瞬间完成的,都具有一定的作用期限。凡是经过实践考验或验证的计划,在有效期内都具有严肃性和权威性,需要借助必要的监督措施保障计划在实践中不折不扣地贯彻落实。此外,计划不宜在短时间内频繁修改,否则,容易给执行与实施计划的组织部门及组织成员造成损失,也容易使有关组织部门及组织成员丧失对计划的信心。因此,计划需要在一定时期内具有稳定性。

5. 灵活性

计划具有稳定性并不意味着计划是一劳永逸不用修改的。计划具有灵活性，主要表现在两个方面：

①随着组织自身及环境的变化，原有的计划必须随之做出相应的修订或调整，使其仍然适合引领组织未来发展。

②计划只是对组织发展的一般情况做出概括和预测，当组织发生突变事件时，计划将产生一定程度的失效现象，这就需要打破计划的常规性，根据客观情况做出灵活的、恰当的处理与安排。

二、计划的类型

（一）按计划范围的广度分类

1. 战略计划

战略计划主要包括组织在未来一段时间内总的战略目标、战略重点、战略措施及其实施途径等。它由高层管理者负责制定，具有长远性、全局性、稳定性等特点，对战术计划和作业计划具有指导作用。

2. 战术计划

战术计划是一种以时间为中心的，局部性的、阶段性的计划，一般由中层管理者制定。一般情况下，战术计划按年度分别拟订，将战略计划中具有广泛性的目标和政策，转变为确定的目标和政策。

3. 作业计划

作业计划由基层管理者负责制定，是将战术计划所确定的内容具体化。作业计划通常具有个体性、可重复性和较大的刚性，一般情况下是必须执行的命令性计划。

（二）按计划内容分类

1. 专项计划

专项计划是指为完成某一特定任务而拟定的计划，如新产品开发计划等。

2. 综合计划

综合计划是指具有多个目标和多方面内容的计划，是对组织活动所做出的整体安排，具有从整体出发、强调综合性的特点。综合计划与专项计划之间是整体与局部的关系，专项计划是综合计划和某些重要项目的特殊安排。

(三)按计划的期限分类

1. **长期计划**

长期计划亦称远景规划,是组织在相当长时期内(通常是五年以上)整体活动的指导性文件,指出了组织的长远目标和发展方向是什么,以及怎样去实现组织的长远目标,具有战略性、纲领性、指导性、综合性等特点。

2. **中期计划**

中期计划是根据长期计划提出的战略目标和要求,对长期计划进行的一种具体化,同时为短期计划指明了方向。长期计划以问题为中心,中期计划以时间为中心,一般期限为一年以上、五年以内。

3. **短期计划**

短期计划比中期计划更为详细具体,是最接近于实施的行动计划,是为实现组织短期目标服务的。短期计划的期限一般为一年以内,它对中期计划起着反馈作用,其执行情况是修订中期计划的依据。

在管理实践中,长期、中期和短期计划必须有机地衔接起来,长期计划对中、短期计划具有指导作用,中、短期计划的实施要有助于长期计划的实现。在编制计划时,对近期计划制定得尽量具体,以便于计划的实施;对远期计划只规定出大概的要求,使员工明确奋斗的方向。

(四)按计划明确性分类

1. **指令性计划**

指令性计划一般是由上级主管部门向下级下达的具有严格约束力的计划,主要依靠行政手段来实现,具有强制性。指令性计划一经下达,计划的执行者就必须遵照计划开展活动,并且要尽一切努力去完成计划。

2. **指导性计划**

指导性计划可以是上级主管部门下达的,也可以是同级部门编制的,执行单位不一定完全遵照执行,是一种参考性的计划。上级为了促使下级按指导性计划工作,通常采用价格、税收、信贷等方面的优惠政策进行调节。

三、计划的作用

【管理小故事5.1】

有一位父亲带着三个孩子,到沙漠去猎杀骆驼。他们到达了目的地。父亲问老大:“你看到了什么呢?”老大回答:“我看到了猎枪、骆驼,还有一望无际的沙漠。”父亲摇摇头说:“不对。”父亲以相同的问题问老二。老二回答:“我看到了爸爸、大哥、弟弟、猎枪、骆驼,还有一望无际的沙漠。”父亲又摇摇头说:“不对。”父亲又以相同的问题问老三。老三回答:“我只看到了骆驼。”父亲高兴地点点头说:“答对了。”

(一)为组织成员指明方向,协调组织活动

良好的计划可以通过明确组织目标和开发组织各个层次的计划体系,将组织内成员的力量凝聚成一股朝着同一目标方向的合力,从而减少内耗、降低成本、提高效率。

(二)为组织的未来预测变化,减少冲击

计划是面向未来的,而在未来,无论是组织生存的环境还是组织自身都具有一定的不确定性和变化性,而计划工作可以让组织通过周密细致的预测,从而尽可能地变“意料之外的变化”为“意料之内的变化”,用对变化的深思熟虑的决策来代替草率的判断,从而面对变化时也能变被动为主动,变不利为有利,减少变化带来的冲击。

(三)减少重叠和浪费性的活动

组织在实现目标的过程中,各种活动会出现前后协调不一、联系脱节等现象,同样在多项活动并行的过程当中也往往会出现不协调现象。良好的计划能通过设计好的协调一致、有条不紊的工作流程来避免上述现象的发生,从而减少重复和浪费性的活动。

(四)有利于进行控制

组织在实现目标的过程中离不开控制,而计划则是控制的基础。如果没有既定的目标和规划作为衡量的尺度,管理人员就无法检查组织目标的实现情况,也就无法实施控制。控制中几乎所有的标准都来自于计划。

此外,计划还可通过对各种方案详细的技术分析来选择最佳的活动方案,从而大大减少由于仓促决策而造成的损失。计划工作还有助于在最短的时间内完成工作,减少迟滞和等待,促使各项工作能够均衡稳定地进行。

四、计划的层次体系

哈罗德·孔茨和海因茨·韦里克(Heinz Weihrich)从抽象到具体,把计划分为一种层次体系:目的或使命、目标、战略、政策、程序、规则、方案以及预算,如图 5.1 所示。孔茨和韦里克的分类对于我们理解计划及其计划工作是有裨益的。下面简要分析各种形式的计划。

(一)目的或使命

任何组织的存在都有其目的或使命。如一所大学的目的或使命是为了培养人才和研究学问,医院的目的或使命是为了救死扶伤,而一个工商企业的目的或使命则是向社会提供有经济价值的商品或服务。任何一个组织或企业只有搞清楚了自己存在的目的或使命,才能够确立其奋斗的目标。要正确解答这个目的或使命问题,首先必须明确谁是本组织的顾客,这些顾客所期望的是什么。应当说,社会上的每一个组织都应当知道自己的顾客是谁,自己是为谁生产,唯有如此才不负使命。

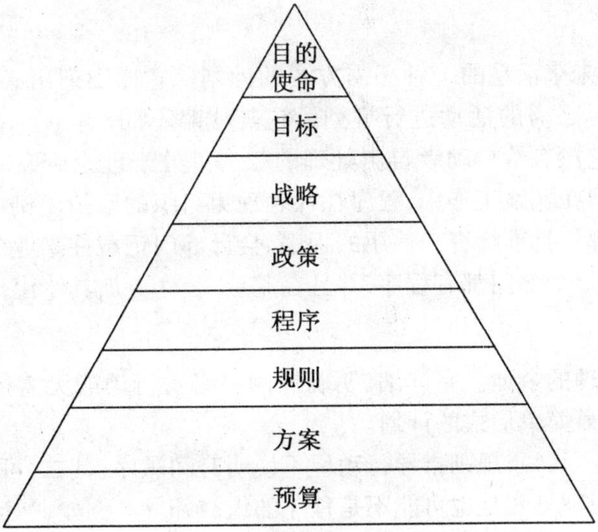

图5.1 计划的层次体系

(二)目标

目标是企业生产经营活动所要达到的结果。它既是计划的终点,也是组织工作、领导工作以及控制工作的结果。企业的总目标是最基本的计划,企业的各个部门也各有其目标。目标的性质以及目标与计划工作的关系将在后面讨论,在这里所要强调的是,无论是企业的总目标,还是各种具体目标,它们都是计划的形式之一。确定目标的方法和进行其他形式的计划所采用的工作方法基本上是一致的。例如,企业在一定时期内的销售目标不能单靠主观愿望和猜测来确定,而必须根据企业的总目标和企业所面临的内外部环境来决定。

(三)战略

军事上的策略常常取决于敌人的行动,因此,策略这个词始终含有对抗的意思。在管理上,策略或战略通常是表示一种总的行动方案,指为实现总目标而做的重点部署和资源安排。策略为企业的经营活动指明了方向,尽管它并不是确切地说明企业应当如何去实现其目标,而是对企业的经营思想和行动起到指导的作用。策略实际上是一种复合性的计划形式,一项策略往往是目标、政策和各种方案的综合。

(四)政策

政策是决策的指南,它规定了行动的方向和界限。政策是组织活动中必不可少的,它使各级主管人员在决策时有一个明确的思考范围,同时也有利于统一和协调组织成员之间的思想和行动。政策允许管理人员有斟酌裁量的自由,它是一种鼓励自由处置问题和进取精神的手段,尽管其自由处置的权限也有一定的限度。企业为了确保其目标实现,应当尽量保证其政策具有一贯性和完整性。

（五）程序

程序是制定处理未来活动的一种必需方法的计划。它详细列出必须完成某类活动的方式，并按照时间顺序对必需的活动进行排列。它与战略不同，它是行动的指南，而非思想指南。它与政策不同，它没有给行动者自由处理的权力。处于理论研究的考虑，我们可以把政策与程序区分开来，但在实践工作中，程序往往表现为组织的政策。例如，一家制造业企业的处理订单程序，财务部门批准给客户信用的程序，会计部门记载往来业务的程序等，都表现为企业的政策。组织中每个部门都有程序，并且在基层，程序更加具体化，数量更多。

（六）规则

规则没有酌情处理的余地。它详细、明确地阐明必需行动或无需行动，其本质是一种管理决策。规则通常是最简单形式的计划。

规则不同于程序。其一，规则指导行动但不说明时间顺序；其二，可以把程序看作是一系列的规则，但是一条规则可能是也可能不是程序的组成部分。例如，"禁止吸烟"是一条规则，但和程序没有任何联系；而一个规定为顾客服务的程序可能表现为一些规则，如在接到顾客需要服务的信息后30分钟内必须给予答复。

规则也不同于政策。政策的目的是指导行动，并给执行人员留有酌情处理的余地；而规则虽然也起指导的作用，但是在运用规则时，执行人员没有自行处理之权。

必须注意的是，就其性质而言，规则和程序旨在约束思想，因此，只有在不需要组织成员使用自行处理权时，才使用规则和程序。

（七）方案

方案是一种综合性的计划，它包括了为实施既定方针所必需的目标、政策、程序、规则、任务委派、资源安排以及其他要素。方案也有多种多样，在实践中既有像航空公司开辟新航线那样的大型规划方案，也存在着诸如某小企业的车间主任为了提高工人士气而编制的一般方案。

一个主要方案的实施可能要有许多的派生计划来支持。各种计划之间必须相互配合、彼此协调，否则会因为任何一部分的差错而导致主要规划或项目方案的延误和挫折，造成时间和金钱上的损失。

（八）预算

预算是用数字来表示预期结果的一种计划。它既可以用货币来表示，也可以用诸如工时、机时、产品单位或任何用数字表示的其他指标来表示。虽说预算也是一种控制手段，但预算的制订显然属于计划工作的内容。预算可以迫使企业事先对预期的现金周转量、费用和收入、工时或机时的利用等进行数字上的整理。预算工作的主要优点就是：它促使人们去作计划，同时，由于预算必须要用数字来表示，所以它又有利于促使计划工作做得很仔细和有效。

五、计划的工作原理和方法

(一)计划的工作原理

1. 木桶原理

木桶原理的含义是木桶盛水的多少取决于桶壁上最短的那块木板条,通常又叫限定因素原理。限定因素是指妨碍组织目标实现的因素,即在其他因素不变的情况下,仅仅改变这些因素,就可以影响组织目标的实现程度。限定因素原理可以表述为:主管人员越是能够了解对达到目标起主要限制作用的因素,就越能够有针对性地、有效地拟定各种行动方案。

2. 许诺原理

许诺原理可以表述为:任何一项计划都是对完成各项工作所做出的许诺,许诺越大,实现许诺的时间就越长,实现许诺的可能性就越小。

合理的计划期限的确定问题体现在"许诺原理"上,即合理计划工作要确定一个未来的时期,这个时期的长短取决于实现决策中所许诺的任务所必需的时间。应该注意的是:必须合理地确定计划期限,并且不应随意缩短计划期限;每项计划的许诺不能太多,因为许诺(任务)越多,计划时间越长。

3. 灵活性原理

灵活性原理可以表述为:计划中体现的灵活性越大,因未来意外事件引起损失的危险性就越小。必须指出,灵活性是指制订计划时要留有余地,至于执行计划,则一般不应有灵活性。

对于主管人员来说,灵活性原理是计划工作中最重要的原理。灵活性是有一定限度的,它的限制条件是:不能总是以推迟决策的时间来确保计划的灵活性;使计划具有灵活性是要付出代价的,甚至由此而得到的好处可能补偿不了它的费用支出;有些情况往往根本无法使计划具有灵活性。

为了确保计划本身具有灵活性,在制订计划时应量力而行,不留缺口,但要留有余地。本身具有灵活性的计划又称为"弹性计划",即能适应变化的计划。

4. 改变航道原理

改变航道原理可以表述为:计划的总目标不变,但实现目标的进程(即航道)可以因情况的变化随时改变。因此,计划工作者就必须经常地检查计划,重新调整、修正计划,以达到预期的目标。

(二)计划的方法

1. 滚动计划法

对于中长期计划而言,由于环境的不断变化,以及制订计划时存在着的众多的不确定因素。计划在实施一段时间之后,就可能出现与实际不符的情况。这时,如果仍然按照原计划实施下去,就可能导致错误和损失。滚动计划法就是综合考虑了计划的执行情况、外界环境的改变以及组织的方针政策的变化，采用近细远粗的方式对实施中的计划进行定期修订，并逐期向前推移，从而使短期计划、中期计划和长期计划有机地结合起来，不断地随时间的推稳而更新。

滚动计划法是一种定期修正未来计划的方法，它的基本思想是：根据计划执行的情况和环境变化的情况定期调整未来的计划，并不断逐期向前推移，使短期计划和中期计划有机地结合起来。如图 5.2 所示，假设计划的周期为 5 年，按照近细远粗的原则分别定出年度计划。计划执行一年后，认真分析实际完成情况与计划之间的差异，找出其影响原因。根据新的情况和因素，按照近细远粗的原则修正各年度计划，并向后延续一年，以此类推。该方法虽然使得编制计划的工作量加大，但随着计算机技术的发展，计划的制订或修改变得简便容易，大大提高了滚动计划法的推广应用。

图 5.2　滚动计划法示意图

滚动计划法有以下优点：

①适合于任何类型的计划。

②缩短了计划的预计时间，提高了计划的准确性。编制这种计划时对 3 年后的目标无须做出十分精确的规定，从而使计划在编制时有更多的时间对未来 1 ~ 2 年的目标做出更加准确的规定。

③使短期计划和中期计划很好地结合在一起。

④使计划更富有弹性，实现了组织和环境的动态协调。

2. 网络计划技术

网络计划技术，即计划评审技术（Program Evaluation and Review Technique，通常称为PERT或PERT网络分析技术），起源于20世纪50年代的美国。1958年，美国海军武器计划处采用了计划评审技术，协调3000多个承包商和研究机构以及几万种复杂的活动，使北极星潜艇系统开发工程的工期由原计划的10年缩短为8年。1961年，美国国防部和国家航空署规定，凡承制军用品必须使用计划评审技术制订计划。从那时起，网络计划技术就开始在组织管理活动中被广泛地应用。

简单地说，PERT是利用网络分析制订计划以及对计划予以评价的技术。它能协调整个计划的各道工序，合理安排人力、物力、时间、资金，加速计划的完成。在现代计划的编制和分析手段上，PERT被广泛的使用，是现代化管理的重要手段和方法。

(1)网络计划技术的基本原理与程序

网络计划技术的基本原理，是把一项工作或项目分解为各种作业活动，然后根据作业顺序进行排列，通过网络图对整个工作或项目进行统筹规划和控制，以便用最少的人力、财力、物力资源，用最快的速度完成工作。

网络计划技术的基本程序主要包括如下：

①确定达到目标所需进行的活动。

②将整个工程项目分解为各种独立的作业活动，形成网络事件。

③确定这些作业活动的先后顺序以及各自消耗的时间，据此编制网络图。

④估计完成每道作业活动所需时间，并标在箭线下方。

(2)网络图

网络图是网络计划技术的基础。任何一项任务都可以分解成许多步骤的工作，根据这些工作在时间上的衔接关系，可以用箭线表示它们的先后顺序，画出一个由各项工作相互联系、并注明所需时间的箭线图，这个箭线图就称为网络图（图5.3是根据表5.1绘制的一个网络图实例），它由以下部分构成：

①活动（"→"）。表示的是一项工作的过程，它需要人力、物力、财力等资源参加，经过一段时间才能完成。箭尾表示活动开始，箭头表示活动结束；箭线的长短与作业时间的长短无关。

②事件（"○"）。事件是两个活动间的连接点。事件既不消耗资源，也不占用时间，只表示前一活动结束、后一活动开始的瞬间。

③线路。指网络图中由始点事件开始，顺着箭头方向一直到终点事件为止，中间由一系列首尾相连的结点和箭线组成的通道。一个网络图中往往存在多条线路。

比较各线路的路长，可以找出一条或几条线路最长的线路。这种线路称为"关键线路"，即从始点到终点花费时间最长的线路。

关键线路上的活动称为关键活动。关键线路的路长决定了整个计划任务所需的时间。

关键活动完工时间提前或推迟都直接影响着整个计划任务能否按时完工。

确定关键线路和关键活动,据此合理地安排各种资源,对各种活动进行进度控制,是利用网络计划技术的主要目的。因此,网络计划技术的突出特点在于使管理工作条理分明,容易抓住重点,进行管理控制。这是一种适用于组织活动的进度管理,特别适用于大型工程项目的生产进度安排,以达到合理安排一切可以动用的人力、财力和物力的一种计划编制、评价和审核的方法。

(3)网络图的绘制

网络图的绘制,要遵循以下主要原则:

①网络图中,每一项活动只能用一条箭线表示。一般,将作业活动的名称或代号标注在箭线的上方,将该项活动的作业时间(用数字表示)标注在箭线下方。

②箭线的首尾都必须有结点。结点一般要编号,以便于识别与计算。

③网络图中不允许出现循环线路。

④网络图中,只应有一个始点事件和一个终点事件。

表5.1为某印刷品印装过程。

表5.1 某印刷品印装过程明细表

作业代号	作业名称	作业时间/天	紧后作业
A	正文印刷	4	C
B	封面、插图印刷	5	DE
C	折页、压页	5	FH
D	封面、插图干燥裁切	8	FH
E	制精装封面	5	I
F	套贴	5	G
G	配、订、包切	5	—
H	精装书芯加工	7	I
I	上精装封面、压书	4	—

根据网络图绘制原则,对表5.1所示的某印刷品印装计划项目绘制网络图,如图5.3所示。

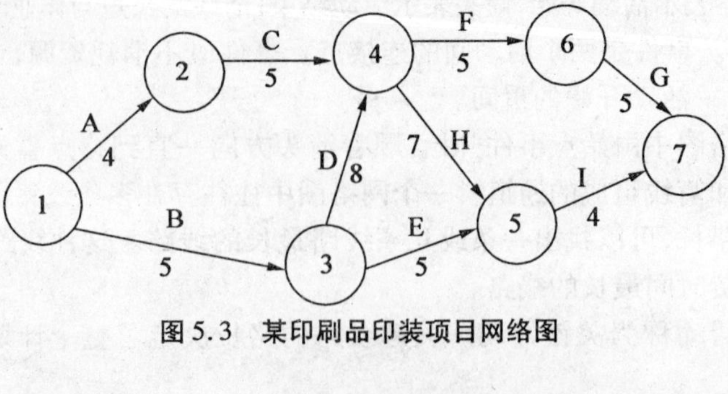

图5.3 某印刷品印装项目网络图

在该网络图中，①为始点事件结点，⑦为终点事件结点；从始点①连续不断走到终点⑦的线路有 5 条，即：

线路一：①→②→④→⑥→⑦；

线路二：①→②→④→⑤→⑦

线路三：①→③→④→⑥→⑦

线路四：①→③→④→⑤→⑦

线路五：①→③→⑤→⑦

比较各线路的路长，五条线路中，可以确定线路四即"①→③→④→⑤→⑦"为关键线路，总工期为 24 天。

(4) PERT 网络分析法的评价

①时间网络分析法的优点。

第一，它是一种有效的事前控制方法。

第二，通过对进行时间网络分析可以使各级主管人员熟悉整个工作过程并明确自己负责的项目在整个工作过程中的位置和作用，增强全局观念和对计划的接受程度。

第三，通过时间网络分析使主管人员更加明确其工作重点，将注意力集中在可能需要采取纠正措施的关键问题上，使控制工作更加富有有效。

第四，是一种计划优化方法。

②时间网络分析法的局限性。

时间网络分析法并不适用于所有的计划和控制项目，其应用领域具有较严格的限制。适用 PERT 法的项目必须同时具备以下条件：

第一，事前能够对项目的工作过程进行较准确的描述。

第二，整个工作过程有条件划分为相对独立的各个活动。

第三，能够在事前较准确地估计各个活动所需时间、资源。

六、计划的编制过程

计划职能是管理的最基本职能。为使集体因努力而有成效，人们就必须知道在一定时期内自己该做什么，怎么做等，这就是计划工作的职能。由于管理的环境是动态的，管理活动是个发展变化的过程，计划作为行动之前的安排，必须是一种连续不断的循环。灵活的计划必须有充分的弹性，计划→再计划；不断循环，不断提高。管理者在编制任何完整的计划时，实质上都遵循相同的逻辑和步骤，依次包括：估量机会、确定目标、考虑计划工作的前提、确定可供选择的方案、比较各种方案、制订派生计划以及通过预算使计划数字化等。计划工作的程序可用流程图方式如图 5.4 所示。

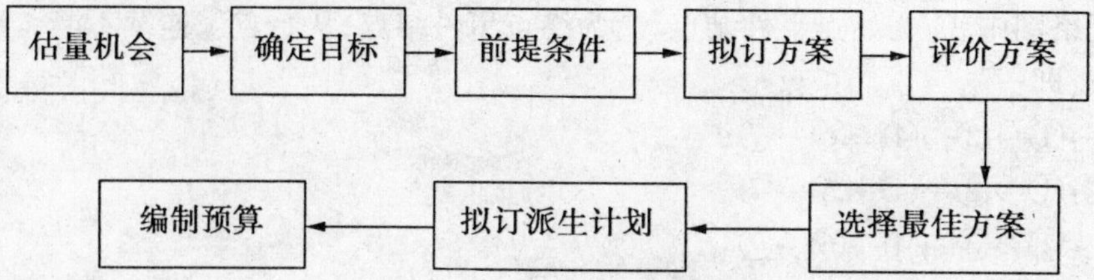

图5.4　计划工作流程图

(一)估量机会

对计划进行估量是在实际的计划工作开始之前就着手进行的,是对将来可能出现的机会的估计,并全面清楚地了解这些机会。根据自己的长处和短处,搞清楚自己所处的地位,做到心中有数,知己知彼。同时还应该弄清楚面临的不确定性因素有哪些,并对可能取得的成果进行机会成本分析。总之,编制计划之前首先需要实事求是地对机会的各种情况进行判断。严格地说,它不是计划编制过程的一个组成部分,但它却是计划工作的真正起点。在估量机会的基础上,确定可行性目标。

(二)确定目标

制订重大计划的第二个步骤就是确定整个组织的目标,然后确定每个下属工作单位的目标,以及长期的和短期的目标。计划工作的目标是指组织在一定时期内所要达到的效果。它指明所要做的工作有哪些,重点放在哪里,以及通过策略、政策、程序、预算和规划等这个网络所要完成的任务。一个组织往往有许多目标,有的可能是关于经济方面的,有的可能涉及社会、环境、政治方面。作为一个组织,应在哪些重要方面制定出自己的目标呢?管理学家们在这方面进行了许多研究,并提出了不少的建议。其中,彼得·德鲁克提出的建议最具代表性。德鲁克认为,凡是经营管理成功的企业都在市场、生产力、发明创造、物质和金融资源、人力资源、利润、管理人员的行为表现及培养发展、工人的表现及社会责任等方面有自己的目标。具体说来,包括以下内容:

(1)市场方面

应表明本公司希望达到的市场占有率或在竞争中占据的地位。

(2)技术改进与发展方面

对改进和发展新产品,提供新型服务内容的认识及措施。

(3)提高生产率方面

有效地利用各种资源,最大限度地提高产品的数量和质量。

(4)物质和金融资源方面

获得物质和金融资源的渠道及其有效利用。

(5)利润方面

用一个或几个经济指标表明希望达到的利润率。

(6)人力资源方面

人力资源的获得、培训和发展,管理人员的培养及个人才能的发挥。

(7)员工积极性发挥方面

发挥员工在工作中的积极作用,激励和报酬的支付等措施。

(8)社会责任方面

注意本公司对社会产生的影响。

(三)确定计划的前提条件

确定计划的前提条件就是研究、分析和确定计划工作的环境。或者说就是预测执行计划时的环境。比如,对一个工商企业来说,将有什么样的市场?销售量有多大?什么价格?什么产品?将有哪些技术开发?成本多少?什么样的工资率?政治和社会环境如何?将如何筹集资金扩大业务?长期趋势将怎样?总之,计划前提的预测内容要比通常的基本预测内容复杂一些。由于计划的未来情况比较复杂,要想对每个细节都做出预测是不可能的。因此,应选择那些对计划具有关键性的、有战略意义的、对执行计划最有影响的因素进行预测。

(四)拟订可供选择的方案

一个计划往往有几个可供选择的方案。选择方案,不是找可供选择的方案,而是减少可供选择方案的数量,以便对最有希望的方案进行分析。管理界有个说法:"若某一事物只有一个方法,则此方法大半会是错误的方法。"在管理实践中,管理者发掘方案与正确选择方案,具有同等的重要性。

(五)评价各种方案

找出了各种可供选择的方案并明确了它们的优缺点后,下一步就是根据前提和目标,权衡它们的轻重,对方案进行评估。备选方案可能有几种情况:有的方案最有利可图,但需要投入的资金多且回收慢;有的方案看起来可能获利较少,但风险也小;还有的方案对长远规划有益等等。在若干种方案并存的情况下,就要根据组织的目标来选择一个最合适的方案。

(六)选择最优方案

选择方案是决策的关键。应当指出的是,有时会发现两个可取的方案。在这种情况下,必须确定出首先采用哪个方案,将另一个方案也进行细化和完善,并作为后备方案。

(七)拟订派生计划

拟订派生计划是指在总计划下制订各个部门的计划。做出决策之后,就要制订派生计划。基本计划要靠派生计划来扶持。如服装公司的总计划完成后,就要制订生产计划、原材料采购计划、库存计划、人力资源计划和财务计划等等。这些分计划是完成总计划的保证。

(八)编制预算

在完成上述各个步骤之后,最后一项便是把计划转化为预算,使之数字化,以大体反映整个计划。预算实质上是资源的分配。它既是汇总各种计划的工具,又是衡量计划进度的重要标准。

第二节　目标管理

一、目标管理概述

(一)目标及目标管理

目标管理是一种系统管理方法,它与计划和控制工作有很大的关系。目标管理是具有活力的管理方法,下级人员通过设置目标来承担自己的义务,目标管理实际上是一种允诺管理。

1. 目标的定义及其作用

(1)定义

目标是根据组织宗旨(社会对组织的要求)而提出的组织在一定时期内通过努力要达到的理想状态或希望获得的成果。

简言之,目标就是关于组织未来的理想状态。其宗旨规定了组织生存的目的和使命,反映了社会对该组织的要求。

(2)目标的作用

①方向作用。

第一,目标指出和规定了组织的发展方向,指导着组织的行动。

第二,管理的起点是制定和选择目标;管理的终点是实现目标。没有明确的目标,管理就是杂乱的、随意的。

②激励作用。

一是对集体的激励作用。组织可以充分调动各种资源和全部力量,用最少的投入实现组织目标。

二是对成员的激励作用。组织的总目标通过层层分解,使组织内每个成员都了具体目标,并将自己的期望目标与组织目标相联系,达成一致时,就会成为成员努力实现组织目标的巨大动力。

③凝聚作用。

当组织目标符合组织的现时特点,同时又和组织成员个人目标和谐一致、充分体现组织成员的共同利益时,目标就能够起到凝聚作用,激发成员的工作热情、献身精神和创造力,极大地提高劳动生产率。

④考核作用。

目标是评价组织成员工作好坏的标准,是组织奖勤罚懒,鼓励先进,促进落后,你追我赶地完成组织目标的手段。

【管理小故事 5.2】

有一个小和尚担任撞钟一职,半年下来,觉得无聊之极,“做一天和尚撞一天钟”而已。有一天,主持宣布调他到后院劈柴挑水,原因是他不能胜任撞钟一职。小和尚很不服气地问:“我撞的钟难道不准时、不响亮?”老主持耐心地告诉他:“你撞的钟虽然很准时、也很响亮,但钟声空泛、疲软,没有感召力。钟声是要唤醒沉迷的众生,因此,撞出的钟声不仅要洪亮,而且要圆润、浑厚、深沉、悠远。”

是否达到目标是考核管理人员和员工绩效的客观标准,这样就能避免以往下级投上级所好或者说管理者主观用事的管理误区。只有数量化也就是标准化的目标才便于理解、便于执行、便于检查、便于考核,从而便于管理。

2. 目标管理

目标管理在国外被称为现代企业之导航。这种管理方法特别适合于对各级管理人员进行管理,所以被称为“管理中的管理”。

目标管理的创始人是美国的管理心理学家彼得·德鲁克,经其他一些人的发展,目标管理逐步成为许多国家所普遍采用的一种系统地制定目标并进行管理的有效方法。

德鲁克生于1909年,奥地利人,第二次世界大战前在法兰克福一家杂志社当编辑,1937年迁居美国纽约。起初,他给一个英国报业联合组织当记者,后在多家银行和保险公司担任经济顾问,后又成为美国一些大企业的经营改革与管理方面的顾问。

德鲁克的主要著作为《管理的实践》(1954)、《管理效果》(1964)、《有效的管理者》(1996)。这些著作都是以他以往30年里从事各种顾问工作的实际经验为基础而写成的。其中,《管理实践》一书至今成为目标管理著作的先驱。

(1)目标管理的定义

目标管理也称目标管理法(Management By Objectives,MBO),是具有现代化意义的管理技术。

目标管理的概念可详细地表述为:组织的最高领导层根据组织所面临的形势和社会需要,制定出一定时期内组织经营活动所要达到的总目标,然后层层落实,要求下属各部门管理者以至每个员工根据上级制定的目标制定出自己工作目标和相应的保证措施,形成一个目标体系,并把目标完成的情况作为各部门或个人工作绩效评定的依据。

目标管理其实质是一种管理上的激励技术,也是职工参与企业管理,实行“自我管理,自我控制”的形式之一。国外许多公司、企业已相继应用。

(2)目标管理的特点

与传统管理的目标设定和目标实施过程不同,目标管理具有以下特点。

①员工参与管理。目标管理是员工参与管理的一种形式,由上下级共同商定,依次确定各种目标。

②以自我管理为中心。目标管理的基本精神是以自我管理为中心。目标的实施，由目标责任者自我进行，通过自身监督与衡量，不断修正自己的行为，以达到目标的实现。

③强调自我评价。目标管理强调自我对工作中的成绩、不足、错误进行对照总结，经常自检自查，不断提高效益。

④重视成果。目标管理将评价重点放在工作成效上，按员工的实际贡献大小如实地评价一个人，使评价更具有建设性。

（三）目标管理的步骤

1. 建立一套完整的目标体系

实行目标管理，首先要建立一套完整的目标体系。这项工作总是从企业的最高主管部门开始的，然后由上而下地逐级确定目标。上下级的目标之间通常是一种“目的－手段”的关系；某一级的目标，需要用一定的手段来实现，这些手段就成为下一级的次目标，按级顺推下去，直到作业层的作业目标，从而构成一种锁链式的目标体系。

制定目标的工作如同所有其他计划工作一样，非常需要事先拟定和宣传前提条件。这是一些指导方针，如果指导方针不明确，就不可能希望下级主管人员会制定出合理的目标来。此外，制定目标应当采取协商的方式，应当鼓励下级主管人员根据基本方针拟定自己的目标，然后由上级批准。

目标体系应与组织结构相吻合，从而使每个部门都有明确的目标，每个目标都有人明确负责。然而，组织结构往往不是按组织在一定时期的目标而建立的，因此，在按逻辑展开目标和按组织结构展开目标之间，时常会存在差异。其表现是，有时从逻辑上看，一个重要的分目标却找不到对此负全面责任的管理部门，而组织中的有些部门却很难为其确定重要的目标。这种情况的反复出现，可能最终导致对组织结构的调整。从这个意义上说，目标管理还有助于搞清组织机构的作用。

2. 组织实施

目标既定，主管人员就应放手把权力交给下级成员，而自己去抓重点的综合性管理。完成目标主要靠执行者的自我控制。如果在明确了目标之后，作为上级主管人员还像从前那样事必躬亲，便违背了目标管理的主旨，不能获得目标管理的效果。当然，这并不是说，上级在确定目标后就可以撒手不管了。上级的管理应主要表现在指导、协助、提出问题，提供情报以及创造良好的工作环境方面。

3. 评价成果并实行奖惩

对各级目标的完成情况，要事先规定出期限，定期进行检查。检查的方法可灵活地采用自检、互检和责成专门的部门进行检查。检查的依据就是事先确定的目标。对于最终结果，应当根据目标进行评价，并根据评价结果进行奖罚。经过评价，使得目标管理进入下一轮循环过程。

二、目标管理的优缺点

（一）目标管理的优点

1. 有利于提高管理水平

目标管理促使主管人员考虑更多的问题：用什么方法来实现它，为此需要什么样的人员，需要什么样的资源和给予什么样的帮助；同时，还需要有一套明确的、具体的分目标。

2. 有利于提高组织的协同效应

明确的、一致的、系统化的目标体系有利于动态地把组织中的各种力量集中在总目标的实现上。

3. 有助于暴露组织机构中的缺陷

目标管理可以使主管人员把组织的作用和结构搞清楚，从而尽可能地把主要目标所要取得的成果落实到对实现目标负有责任的岗位上。

4. 有利于提高组织的应变能力

各级管理人员有了自主权限，能够对它所面临的各种意料不到的变化灵活地采取各种措施，从而增强组织在基层的应变能力。

5. 有利于发挥组织成员的主动性和创造性

目标管理的最大优点在于它使得组织成员能够控制自己的成就。通过参与制定目标、承诺目标，会激发起组织成员想方设法地克服各种困难以实现目标的热情，激发他们的成就感、价值感和责任感。

6. 有利于更有效的控制

控制就是测定工作，就是采取措施以纠正计划在实施中出现的偏差，以保证任务的完成。管理控制的主要问题之一就是懂得如何监督，一套可考核的目标就是管理人员了解如何进行监督的最好指导。

（二）目标管理的缺点

尽管目标管理方法有很多优点，但它也有若干弱点和缺点。有的缺点是方法本身存在的，另外一些则是在运用中引起的。

1. 目标难以确定

一方面可考核的目标是难以确定的；另一方面使同一级主管人员的目标都具有正常的“紧张”和“费力”程度更是困难的，而这两个问题恰是使目标管理取得成效的关键。

2. 目标一般是短期的

几乎在所有实行目标管理的组织中，所确定的目标一般都是短期的，很少超过一年，常常是一季度或更短些。强调短期目标的弊病是显而易见的，因此，为防止短期目标所导致的短期行为，上级主管人员必须从长期目标的角度提出总目标和制定目标的指导方针。

3. 不灵活的危险

目标管理要取得成效，就必须保持其明确性和肯定性，如果目标经常改变，就难以说明它是经过深思熟虑和周密计划的结果，这样的目标是没有意义的。但是，计划是面向未来的，而未来存在许多不肯定因素，这又使得必须根据已经变化了的计划工作前提对目标进行修正。然而修订一个目标体系与制定一个目标体系所花费的精力相差无几，结果可能迫使主管人员不得不中途停止目标管理的过程。

了解目标管理的局限性，对于有效地实施目标管理是很重要的。目标管理在我国的管理发展中还是一种新的趋势，各类组织的主管人员还需不断探索，使之不断完善。

第三节　战略管理

一、战略管理的含义

(一)战略的含义

“战略”一词来源于希腊字“strategos”，其本来含义是“敌对状态下将军指挥军队克敌制胜的艺术和方法”。《简明不列颠百科全书》称战略是“在战争中运用军事手段达到战争目的的科学与艺术”。德国著名军事战略家克劳塞维茨(Clausewitz)在其理论巨著《战争论》中指出，“战略是为了达到战争目的而对战斗的运用。战略必须为整个军事行动规定适应战争目的的目标”。

“战略”一词与企业经营联系在一起并得到广泛应用的时间并不长，最初出现在西方管理学名著《经理的职能》一书中。企业战略一词得到广泛应用是自 1965 年美国经济学家安索夫著《企业战略论》一书问世后，而且从那时起，“战略”一词才广泛应用于社会、经济、文化、教育和科技等领域。

卓越的管理在本质上需要卓越的战略思维和卓越的战略管理。当今的管理者必须从战略的角度思考公司的状况，思考变化的环境对公司的影响。简而言之，战略管理的基本要义是从一个整体的长远的角度来管理一家公司。与此相反的是：随意即时的行动，凭感觉，碰运气。

综上所述，所谓战略是为实现组织的长远目标所选择的发展方向，所确定的行动方针以及资源分配方针和资源分配方案的一个总纲。

(二)战略管理的含义

企业确定其使命，根据组织外部环境和内部条件设定企业的战略目标，为保证目标的正确落实和实现进行谋划,并依靠企业内部能力将这种谋划和决策付诸实施,以及在实施过程中进行控制的一个动态管理过程。

需要说明的是:第一,战略管理不仅涉及战略的制定和规划,而且也包含着将制定出的战略付诸实施的管理,因此是一个全过程的管理;第二,战略管理不是静态的、一次性的管理,而是一种循环的、往复性的动态管理过程。它是需要根据外部环境的变化、企业内部条件的改变,以及战略执行结果的反馈信息等,而重复进行新一轮战略管理的过程,是不间断的管理。

二、战略管理的特点

1. 战略管理具有全局性

企业的战略管理是以企业的全局为对象,根据企业总体发展的需要而制定的。它所管理的是企业的总体活动,所追求的是企业的总体效果。虽然这种管理也包括企业的局部活动,但是这些局部活动是作为总体活动的有机组成在战略管理中出现的。具体来说,战略管理不是强调企业某一事业部或某一职能部门的重要性,而是通过制定企业的使命、目标和战略来协调企业各部门自身的表现,而是它们对实现企业使命、目标、战略的贡献大小。这样也就使战略管理具有综合性和系统性的特点。

2. 战略管理的主体

是企业的高层管理人员。由于战略决策涉及一个企业活动的各个方面,虽然它也需要企业上、下层管理者和全体员工的参与和支持,但企业的最高层管理人员介入战略决策是非常重要的。这不仅是由于他们能够统观企业全局,了解企业的全面情况,而且更重要的是他们具有对战略实施所需资源进行分配的权力。

3. 战略管理涉及企业大量资源的配置问题

企业的资源,包括人力资源、实体财产和资金,或者在企业内部进行调整,或者从企业外部来筹集。在任何一种情况下,战略决策都需要在相当长的一段时间内致力于一系列的活动,而实施这些活动需要有大量的资源作为保证。因此,这就需要为保证战略目标的实现,对企业的资源进行统筹规划,合理配置。

4. 战略管理从时间上来说具有长远性

战略管理中的战略决策是对企业未来较长时期(5 年以上)内,就企业如何生存和发展等进行统筹规划。虽然这种决策以企业外部环境和内部条件的当前情况为出发点,并且对企业当前的生产经营活动有指导、限制作用,但是这一切是为了更长远的发展,是长期发展的起步。从这一点上来说,战略管理也是面向未来的管理,战略决策要以经理人员所期望或预测将要发生的情况为基础。在迅速变化和竞争性的环境中,企业要取得成功必须对未来的变化采取预应性的态势,这就需要企业做出长期性的战略计划。

5. 战略管理需要考虑企业外部环境中的诸多因素

现今的企业都存在于一个开放的系统中，它们影响着这些因素，但更通常地是受这些不能由企业自身控制的因素所影响。因此在未来竞争的环境中，企业要使自己占据有利地位并取得竞争优势，就必须考虑与其相关的因素，这包括竞争者、顾客、资金供给者、政府等外部因素，以使企业的行为适应不断变化中的外部力量，企业能够继续生存下去。

三、战略管理的作用

战略管理具有以下几个方面的作用。

1. 重视对经营环境的研究

由于战略管理将企业的成长和发展纳入了变化的环境之中，管理工作要以未来的环境变化趋势作为决策的基础，这就使企业管理者们重视对经营环境的研究，正确地确定公司的发展方向，选择公司合适的经营领域或产品—市场领域，从而能更好地把握外部环境所提供的机会，增强企业经营活动对外部环境的适应性，从而使二者达成最佳的结合。

2. 重视战略的实施

由于战略管理不只是停留在战略分析及战略制定上，而是将战略的实施作为其管理的一部分，这就使企业的战略在日常生产经营活动中，根据环境的变化对战略不断地评价和修改，使企业战略得到不断完善，也使战略管理本身得到不断的完善。这种循环往复的过程，更加突出了战略在管理实践中的指导作用。

3. 日常的经营与计划控制

由于战略管理把规划出的战略付诸实施，而战略的实施又同日常的经营计划控制结合了在一起，这就把近期目标（或作业性目标）与长远目标（战略性目标）结合了起来，把总体战略目标同局部的战术目标统一了起来，从而可以调动各级管理人员参与战略管理的积极性，有利于充分利用企业的各种资源并提高协同效果。

4. 重视战略的评价与更新

由于战略管理不只是计划“我们正走向何处”，而且也计划如何淘汰陈旧过时的东西，以“计划是否继续有效”为指导重视战略的评价与更新，这就使企业管理者能不断地在新的起点上对外界环境和企业战略进行连续性探索，增强创新意识。

四、战略管理的过程

战略管理过程包括九个步骤，它们是一个战略计划实施和评估的过程。在这一节中，我们将仔细地考察战略管理过程的各个步骤。

（一）确定组织当前的宗旨、目标和战略

每个组织都有一个宗旨（Mission），它规定了组织的目的和回答了下述问题：我们到底从

事的是什么事业？定义企业的宗旨促使管理者仔细确定企业的产品和服务范围。例如，有的学者指出，铁路公司之所以不景气是由于它们错误地规定了它们所从事的事业。在20世纪30～40年代那段时期，如果铁路公司认识到它们从事的是运输事业而不仅仅是铁路事业，它们的命运也许会完全不同。

如果你认为多米诺比萨饼公司（Domino'S Pizza）的宗旨是做比萨饼生意，你恐怕就错了。按照公司的创始人和首席执行官汤姆·莫纳汉（Tom Monaghan）的观点，多米诺公司从事的是送货事业。公司的专长是能够在30分钟以内，向上百万的家庭递送比萨饼。说来也巧，对于比萨饼的快捷送货居然有如此巨大的需求。虽然看起来规定多米诺公司的宗旨也许是件小事，而实则不然，它为管理工作提供了指导方针。比如说，如果多米诺公司打算扩展它的产品品种，有了这样的宗旨，管理者恐怕更愿意考虑为卧床不起的病人提供快捷的药品送货上门服务，而不是提供更丰富的意大利食品。

决定组织从事的事业的性质，对于非营利性组织如同工商企业一样重要。医院、政府机构和学校也必须确立自己的宗旨。比如，学院的宗旨究竟是训练学生从事某项职业；还是训练学生从事特定的工作；抑或是通过周密计划的丰富的文科教育培养学生的基本素质？再比如，学院究竟是招收分数最高5%的高中毕业生；还是招收那些学习成绩较差但才能测试分数很高的学生；抑或是从大量的处于中间状态的学生中招生？要回答这些问题必须搞清楚组织当前的目的。

（二）分析环境

我们将环境作为管理行动的主要制约因素，环境分析是战略过程的关键要素。为什么？这是因为组织的环境在很大程度上规定了管理者可能的选择。成功的战略大多是那些与环境相适应的战略。松下电气工业公司是家庭娱乐系统的主要生产商，Panasonic商标家喻户晓。从20世纪80年代中期开始，在微型化方面出现了技术突破，同时，家庭小型化的社会趋势使得对大功率的、高度紧凑的音响系统的需求剧增。Panasonic家庭音响系统战略的成功，就是因为及早地认识到环境中正在发生的技术和社会变化。每个组织的管理者都需要分析它所处的环境，需要了解市场竞争的焦点是什么，拟议中的法规会对组织有什么影响，以及组织所在地的劳动供给状况等等。重要的是准确把握环境的变化和发展趋势及其对组织的重要影响。

（三）发现机会和威胁

分析了环境之后，管理者需要评估有哪些机会可以发掘，以及组织可能面临哪些威胁。记住，即使处于同样的环境中，由于组织控制的资源不同，可能对某个组织来说是机会，而对另一些组织却是威胁。1992年，长期的萧条使美国经济不景气，企业破产数量达到第二次世界大战后的最高峰，家具零售业便是受到严重损害的行业之一。但是，几家大型的、管理得很好的家具零售连锁店公司却把这种情况看作机会。他们以极其便宜的价格大量购买竞争对手的存货，并有选择地收购竞争对手有利的经营场所。结果是，更大的家具零售商通过收购和兼并进一步扩展了自己的规模。可见，环境变化对一个组织来说，究竟是机会还是威胁，取决于该组织所控制的资源。

(四)分析组织的资源

现在我们的视角从组织外部转向组织内部。组织的雇员拥有什么样的技巧和能力?组织的现金状况怎么样?在开发新产品方面一贯很成功吗?公众对组织及其产品或服务的质量怎么看?进一步的分析促使管理者认识到:无论多么强大的组织,都在资源和技能方面受到某些限制。一家较小的汽车制造商,像阿尔法-罗米欧公司(AlfaRomeo),不能仅仅因为管理者看到了微型客车市场的机会就贸然制造微型客车,因为阿尔法一罗米欧公司没有足够的资源成功地进入微型客车市场,去和像克莱斯勒、福特、丰田和尼桑这样的大汽车公司竞争。

(五)识别优势和劣势

第四步的分析应当引出对组织的优势和劣势的明确的评价,从而,管理者能够识别出什么是组织的与众不同的能力(Distinctive Competence),即决定作为组织的竞争武器的独特技能和资源。例如,布莱克一德克尔公司(Black&Decker)买下了通用电气公司的小型家电事业部,该事业部主要制造咖啡器、烤面包机、电熨斗等等。然后,布莱克一德克尔公司更换了商标,投资于这些产品使之达到公司的质量和耐用性标准,从而使这些产品的盈利远远超过在通用电气公司的时候。

理解组织的文化和力量及它们赋予管理者的责任,是第五步分析的关键部分,这些只是最近才得到应有的重视。特别是管理者应该认识到,文化的强弱对战略起着不同的作用,而文化的内容对战略的内容也有很大的影响。

在强文化中,几乎所有的雇员都能够清楚地理解组织的宗旨,这使得管理者很容易把组织的与众不同的能力传达给新雇员。像诺德斯托姆(Nord-strom)百货连锁店就具有强文化,这种文化包含着服务意识和使顾客满意的价值观,因此,比起那些只有弱文化的竞争对手来,能够在更短的时间里将公司文化的价值观灌输给新雇员。当然,强文化的消极面是更难于改变的,一种强文化可能成为组织接受转变的重大障碍。事实上,王安公司(Wang Labs)的强文化无疑妨碍了公司最高管理层对顾客需求的觉察,致使在20世纪80年代未能采取新的公司战略适应计算机产业的变化。具有强文化的成功组织,可能成为它们过去成功的囚徒。文化在鼓励冒风险、开拓创新和奖赏绩效的程度上存在很大差异。由于战略选择包含这些因素,因此对于某些战略,文化的价值观影响管理者的倾向性。比如,对于厌恶风险的文化,管理者更愿意采取那些防御性的和财务风险最小的战略,更倾向于对环境的变化做出反应,而不是试图预测变化事先采取行动。凡是在回避风险的公司中,你不必对管理者一味强调消减成本和改进现有产品感到奇怪。相反,在创新受到高度重视的公司中,管理当局更倾向于开发新技术和新产品,而不是开辟更多的服务场所或加强销售力量。

(六)重新评价组织的宗旨和目标

将步骤三和步骤五合并在一起,导致对组织的机会的再评价,通常称为SWOT分析

(SWOT analysis),它把对组织的优势(Strengths)、劣势(Weak-nesses)、机会(Opportunities)和威胁(Threats)的分析结合在一起,以便发现组织可能发掘的细分市场。

按照SWOT分析和识别组织的机会的要求,管理者需要重新评价公司的宗旨和目标,它们是实事求是的吗?它们需要修正吗?如果需要改变组织的整体方向,则战略管理过程可能要从头开始。如果不需要改变组织的大方向,管理者则应着手制定战略。

(七)制定战略

战略需要分别在公司层、事业层和职能层设立。制定这些战略应遵循管理决策程序。特别是管理者需要开发和评价不同的战略选择,然后选定一组符合三个层次要求的战略,这些战略能够最佳地利用组织的资源和充分利用环境的机会。

在这一步上,管理者将寻求组织的恰当定位,以利获得领先于竞争对手的相对优势。正如你将在本章后面的部分中看到的,这要求仔细评价控制产业竞争规则的各种竞争力量。成功的管理者所选择的战略将使组织获得最有利的竞争优势,并使这种优势能够长期地保持下去。

(八)实施战略

战略实施指把企业的战略方案转化为具体的行动,通过战略变革达到战略方案所要求的各项目标,进而达到全局制胜的动态过程。战略管理理论中讲的战略实施,主要是指战略付诸行动以前的各种准备。

一是组织动员。目的是把公司的战略意图渗透给每个员工,常用的手段包括:宣传口号、象征性行动、典型任务的示范。

二是结构调整。在战略付诸行动以前,应该对组织进行必要的调整:确保新的活动、新的职能;消除组织惯性的不良影响;制定内部政策。内部政策主要表现为公司内部的管理制度和工作方针。内部政策是战略方案的展开,也可以说是战略方案的制度化表现。

三是管理重心调整。每个组织在一定时期内都有自己的管理重心,企业应该对管理重心进行不断的调整。高层管理者的管理内容和时间分配是管理重心的具体体现。

(九)战略控制

战略控制即在战略实施的过程中实施过程控制。如将经过信息反馈回来的实际成效与预定的战略目标进行比较,当二者有显著的偏差时,就应采取有效的措施进行纠正。如果原来分析不周、判断有误,或是环境发生了预想不到的变化而引起偏差时,要重新审视环境,制定新的战略方案,进行新一轮的战略管理过程。这个阶段的主要工作包括制定效益标准、衡量实际效益、评价实际效益、制定纠正措施和权变计划。

【案例分析】

某机床厂推行目标管理

为了充分发挥各职能部门的作用,充分调动一千多名职能部门人员的积极性,某机床厂首先对厂部和科室实施了目标管理。经过一段时间的试点后,逐步推广到全厂各车间、工段和班组。多年的实践表明,目标管理改善了企业经营管理,挖掘了企业内部潜力,增强了企业的应变能力,提高了企业素质,取得了较好的经济效益。

按照目标管理的原则,该厂把目标管理分为三个阶段进行。

第一阶段:目标制订阶段

①总目标的制订该厂通过对国内外市场机床需求的调查,结合长远规划的要求,并根据企业的具体生产能力,提出了200×年"三提高"、"三突破"的总方针。"三提高"是指提高经济效益、提高管理水平和提高竞争能力;"三突破"是指在新产品数目、创汇和增收节支方面要有较大的突破。在此基础上,该厂把总方针具体化、数量化,初步制订出总目标方案,并发动全厂员工反复讨论、不断补充,送职工代表大会研究通过,正式制订出全厂200×年的总目标。

②部门目标的制订企业总目标由厂长向全厂宣布后,要对总目标进行层层分解,层层落实。各部门的分目标由各部门和厂企业管理委员会共同商定,先确定项目,再制订各项目的指标标准,其制订依据是厂总目标和有关部门负责拟定、经厂部批准下达的各项计划任务,原则是各部门的工作目标值只能高于总目标中的定量目标值。同时,为了集中精力抓好目标的完成,目标的数量不可太多。为此,各部门的目标分为必考目标和参考目标两种。必考目标包括厂部明确下达的目标和部门主要的经济技术指标;参考目标包括部门的日常工作目标或主要协作项目。其中必考目标一般控制在2~4项,参考目标项目可以多一些。目标完成标准由各部门以目标卡片的形式填报厂部,通过协调和讨论最后由厂部批准。

③目标的进一步分解和落实部门的目标确定了以后,要将目标进一步分解和层层落实到每个人。

a.部门内部小组(个人)目标管理,其形式和要求与部门目标制订相类似,拟定目标也采用目标卡片,由部门自行负责实施和考核。要求各个小组(个人)努力完成各自目标,保证部门目标的如期完成。

b.该厂部门目标的分解是采用流程图方式进行的。具体方法是:先把部门目标分解落实到职能组,再分解落实到工段,工段再下达给个人。通过层层分解,全厂的总目标就落实到了每一个人身上。

第二阶段:目标实施阶段该厂在目标实施过程中

主要抓了以下三项工作:

①自我检查、自我控制和自我管理。目标卡片经主管副厂长批准后,一份存企业管理委员会,一份由制订单位自存。由于每一个部门、每一个人都有了具体的、定量的明确目标,所以在目标实施过程中,人们会自觉地、努力地实现这些目标,并对照目标进行自我检查、自我控制和自我管理。这种"自我管理",能充分调动各部门及每一个人的主观能动性和工作热情,充分挖掘自己的潜力,因此,完全改变了过去那种上级只管下达任务、下级只管汇报完成情况,并由上级不断检查、监督的传统管理办法。

②加强经济考核虽然该厂目标管理的循环周期为一年,但为了进一步落实经济责任制,

即时纠正目标实施过程中与原目标之间的偏差，该厂打破了目标管理的一个循环周期只能考核一次、评定一次的束缚，坚持每一季度考核一次和年终总评定。这种加强经济考核的做法，进一步调动了广大职工的积极性，有力地促进了经济责任制的落实。

③重视信息反馈为了随时了解目标实施过程中的动态情况，以便采取措施、及时协调，使目标能顺利实现，该厂十分重视目标实施过程中的信息反馈工作，并采用了两种信息反馈方法。

a. 通过建立“工作质量联系单”来及时反映工作质量和服务协作方面的情况尤其当两个部门发生工作纠纷时，厂管理部门就能从“工作质量联系单”中及时了解情况，经过深入调查，尽快加以解决，这样就大大提高了工作效率、减少了部门之间不协调现象。

b. 通过“修正目标方案”来调整目标内容包括目标项目、原定目标、修正目标以及修正原因等，并规定在工作条件发生重大变化需修改目标时，责任部门必须填写“拟修正目标方案”提交企业管理委员会，由该委员会提出意见交主管副厂长批准后方能修正目标。

该厂在实施过程中由于狠抓了以上三项工作，不仅大大加强了对目标实施动态了解，更重要的是加强了各部门的责任心和主动性，从而使全厂各部门从过去等待问题找上门的被动局面，转变为积极寻找和解决问题的主动局面。

第三阶段：目标成果评定阶段

目标管理实际上就是根据目标成果来进行管理的，使目标成果评定阶段显得十分重要。该厂采用了“自我评价”和上级主管评价相结合的做法，即在下一个季度第一个月的10日之前，每一部门必须把一份季度工作目标完成情况表报送企业管理委员会（在这份报表上，要求每一部门自己对上一阶段的工作做一恰如其分的评价）。企业管理委员会核实后，也给予恰当的评分：如必考目标为30分，参考目标为15分。每一项目标超过指标3%加1分，以后每增加3%再加1分。参考目标有一项未完成而不影响其他部门目标完成的，扣一般项目中的3分，影响其他部门目标完成的则扣分增加到5分。加1分相当于增加该部门基本奖金的1%，减1分则扣该部门奖金的1%。如果有一项必考目标未完成则扣至少10%的奖金。

该厂在目标成果评定工作中深深体会到，目标管理的基础是经济责任制，目标管理只有同明确的责任划分结合起来，才能深入持久，才能具有生命力，达到最终的成功。

讨论题：

从案例中反映的目标管理详细过程分析，目标管理有哪些优点和缺点？在目标管理过程中，应注意哪些问题？

【点评】

目标管理能够促进各级管理者和员工朝着实现总目标的方向努力，有利于明确企业内部各部门之间以及员工之间的分工与责任，从而为实现企业总目标提供保障。同时有助于引导员工进行自我管理，从而提高企业整体管理效率与效果。但是，客观地制订目标、合理地分解目标难度较大，过多地进行目标管理，将可能使企业运作缺乏弹性，难以通过权变来适应企业外部环境。目标管理主要为实现短期目标服务，过分地强调目标管理，容易忽视企业发展的长期目标。因此，在目标管理中，应注意将分工与协作、短期目标与长期目标有机结合起来，防止责任与分工、短期目标与长期目标之间相互脱节。适当掌握目标管理的灵活性，将有利于增大企业运作的弹性，提高企业的环境适应性。

本章小结

本章较系统地对计划职能进行阐述。首先介绍了计划的概念、特点、作用和分类及其编制过程等进行详细阐述；其次对目标管理的相关概念进行界定；最后对战略管理的含义及过程进行详细分解。

练习库

一、单项选择题

1. (　　)职能是管理活动的起点。

   A. 领导　　B. 组织

   C. 控制　　D. 计划

2. 下列不属于计划特征的是(　　)。

   A. 统领性和前瞻性　　B. 可操作性和稳定性

   C. 灵活性　　D. 主动性

3. 目标管理实际上是一种(　　)。

   A. 智慧管理　　B. 压力管理

   C. 允诺管理　　D. 精细管理

4. (　　)是根据组织宗旨而提出的组织在一定时期内通过努力要达到的理想状态或希望获得的成果。

   A. 计划　　B. 战略

   C. 战术　　D. 目标

二、多项选择题

1. 按计划内容分类主要包括(　　)。

   A. 专项计划　　B. 具体计划

   C. 综合计划　　D. 指导性计划

2. 按计划范围的广度分类主要包括(　　)。

   A. 战略计划　　B. 战术计划

   C. 作业计划　　D. 综合性计划

3. 按计划的期限分类主要包括(　　)。

A. 长期计划　　B. 中期计划

C. 短期计划　　D. 及时计划

4. 按计划明确性分类主要包括(　　)。

A. 指令性计划　　B. 专项计划

C. 指导性计划　　D. 综合计划

三、名词解释

1. 目标管理

2. 战略管理

四、简答题

1. 试简述计划编制的过程。

2. 简述目标管理的步骤。

3. 战略管理的过程主要包括哪几个步骤?

4. 试论述目标管理的优缺点。

五、案例分析

北斗公司刘总经理在一次职业培训中学到很多目标管理的内容。他对于这种理论逻辑上的简单清晰及预期的收益印象非常深刻,因此,他决定在公司内部实施这种管理方法。首先,他需要为公司的各部门制定工作目标。刘总经理认为:由于各部门的目标决定了整个公司的业绩,因此应该由他本人为他们确定较高的目标。确定了目标之后,他就把目标下发给各个部门的负责人,要求他们如期完成,并口头说明在计划完成后要按照目标的要求进行考核和奖惩,但是他没有想到的是中层经理在收到任务书的第二天,就集体上书表示无法接受这些目标,致使目标管理方案无法顺利实施。刘总经理感到很困惑。

问题:

(1)目标管理的基本思想是什么?

(2)刘总经理的做法存在哪些问题?

(3)刘总经理应该如何更好地实施目标管理?

实　训

1. 实训项目

研究和分析企业计划。

2. 实训目标

(1)在分析计划的过程中,理解计划的分类,领会计划制定的方法。

(2)培养编制企业计划书的能力。

3. 实训内容与要求

(1)选择一家企业进行调研,与管理人员沟通,获得一份近期计划书。

(2)了解此计划书制定的相关背景及实施情况。

(3)应用所学知识,分析其制订计划的原则、方法,计划所属的类别以及制定此计划所要实现的目标。

4. 实训成果与检测

(1)写出讨论记录和简要的书面分析报告,考核每个小组取得资料的典型性。

(2)在班级组织一次交流与讨论。

第六章

Chapter 6

组　　织

【引导案例】

中国通信三大运营商集体重组

时值岁末，三大运营商不约而同地对各自的组织架构进行了调整。有的是大刀阔斧一步到位，有的则是循序渐进水到渠成，有的是未雨绸缪早作打算。

大刀阔斧之中国联通：网络、经营相分离

2010年1月8日，中国联通在集团公司层面对组织机构进行了大规模调整，主要将涉及五个方面，涵盖了市场前端、后台支撑、职能部门、研发机构和新国信公司。其中需要特别指出的是，09年年初成立的移动网络公司正式并入母体。同时，在市场前端，整合市场部、个人客户部和家庭客户部，成立市场部和销售部。在后台支撑方面，合并固网建设部门、固网运行维护部门和移动网络公司，组建中国联通网络分公司。同时，合并管理信息系统部和业务支撑系统部，成立信息化部。时隔一年后的重组，也从侧面反映出了联通一年来的成果：企业文化融合渐入佳境、网络主体建设接近尾声、融合性市场竞争能力呼之欲出。

水到渠成之中国电信：前端市场成重点

中国电信集团公司在北京召开2010年度工作会议上透露，为更好地适应全业务发展新要求，以差异化产品和行业应用为抓手，加大政企客户、公众客户、农村、海外和北方市场拓展力度，加快实业发展，中国电信将调整前端组织架构。

为此，中国电信将成立公众客户部、海外拓展事业部、客户服务部和产品中心等四个部门。目前，中国电信个人客户部和家庭客户部已经合并成公众客户部，由张新任总经理；新成立客户服务部，由张明天任总经理，行使客户服务管理、质量监督、客户维系等职责。同时，撤销国际部，成立海外协同拓展委员会，成立海外拓展事业部，作为海外业务拓展跨职能的管理和运营支撑部门，实行公司化管理，统筹规划、组织、协调海外业务拓展。还将成立产品中心，统筹产品开发和管理工作。各省公司也会参照集团架构做相应调整。

未雨绸缪之中国移动：破解TD发展瓶颈

2010年元旦假期刚刚结束，中国移动即正式下文公布了“终端部”的成立。据中国通信网了解，新成立的“终端部”并不挂靠在任何部门之下，而是一个独立的二级部门。

此前，中国移动的终端管理分布在两个部门，市场经营部有终端营销中心，数据部设有终端管理处，而新成立的“终端部”将把分散的职能集中于统一独立的部门中。对于中国移动此番设立终端部门的做法，一位不愿具名的业内分析人士表示：“首先，这说明中国移动对终端产品非常重视；其次，独立的二级部门更加有利于终端工作的统筹管理；第三，终端部门的成立也让 TD－SCDMA 产业链上的企业增强了与中国移动一起将 TD 做强的信心。”

（资料来源：中国通信网 http://www.c114.net/topic/1869/a475200.html.）

【本章主要内容】

1. 组织的概念及分类；
2. 组织设计，部门化设计，层级化设计；
3. 组织结构；
4. 组织变革；
5. 组织文化。

本章将在计划职能的基础上，对如何构建合理的组织、组织如何变革能够适应周围环境的变化等问题进行阐述。

第一节　组织设计概述

组织既是一个协作系统，又是一个资源配置过程。它是在一定的环境中，为实现某种共同的目标，按照一定的结构形式、活动规律结合起来的具有特定功能的开放系统。

组织的高效运行，首先要求所设计的组织结构合理有效。组织机构与组织的实际情况的匹配程度，决定了组织的兴衰成败。组织结构包括横向的部门结构和纵向的层级机构。横纵交织构成组织的立体框架。组织设计不是一成不变的，随着组织的不断发展，组织结构必须随之发生变革，组织设计的过程也将伴随组织的发展而进行。

一、组织概述

任何管理活动都是在一定组织中进行的，每项管理活动都存在于一定的组织范围内，组织是人类社会普遍存在的现象，管理学中的管理就是研究对组织的管理。

（一）组织的含义

组织这个词汇在应用中比较普遍，它可以分为名词与动词来理解。

组织作为名词，是一种静态的表现形式，是指一个有效的工作集体。如古典组织理论的研究者詹姆斯. D. 穆尼认为，组织是每一种人群联合起来为达到某种共同的目标形式。美国管理学家切斯特·巴纳德认为，组织就是有意识地协调两个或者两个以上的人的活动力量的协作系统,该定义强调了组织是由个体或者群体集合而成的系统。从现代的意义上来看,广义上说,组织是指由诸多要素按照一定方式相互联系起来的系统。狭义上说,组织就是指人们为着实现一定的目标,互相协作结合而成的集体或团体,如党团组织、工会组织、军事组织等。在现代社会生活中,组织是人们按照一定的目的、任务和形式编制起来的社会集团,组织不仅是社会的细胞、社会的基本单元,而且可以说是社会的基础。

组织作为动词,是一种动态的表现形式,是指将众多的人组织起来,协调其行为,以实现某个共同目标。如布朗认为,组织就是规定其成员的职务和职务间的相互关系,目的是为了更有效地管理经营。组织就是为实现共同目标所必需的各项业务活动加以分类组合,并根据管理宽度原理,划分出不同的管理层级和部门,将监督各类活动所必需的职权授予各层级、各部门的主管人员,并规定这些层级和部门间的相互配合关系的一个过程。

无论是静态形式还是动态形式的组织,为了实现共同的目标,组织成员开展一系列活动,以有效地配置组织内部的各种资源。组织既是一个合作的系统,又是一个配置资源的过程。其内涵均包含以下特点:

第一,组织是由两个或两个以上的成员组成的社会实体。组织内部为了完成目标,组织内的成员进行分工与合作,没有分工与合作的群体不是组织。组织根据需要设立不同的部门科室,这是分工的体现;每个部门科室从事一种特定的工作,在工作中每个部门之间又要配合,这是合作的表现。只有既分工又合作,才能实现组织总效率高于各部门效率的简单相加,否则就不能体现组织存在的意义。

第二,组织是有目标的。为了保证分工与合作的顺利进行,组织必须在分工环节中建立相应的权责结构,以保证组织目标的实现。组织之所以能够存在,就是因为它是按照一定的特定目标而设定的,组织目标是一个目标体系,组织所有的活动都会围绕这个目标而展开,并且承担一定的社会功能,大家在这个共同目标的感召下,人们聚集在一起共同实现目标。

第三,组织是有边界的。任何组织都存在于特定的环境中,组织成员的精神、行为和作风都有一定的个性特征,使自己的组织有别于其他的组织。

第四,组织是一个相互协作的体系。组织协调关系体现在三个层面:人际关系、人群关系、群体关系。一个群体如果需要产生出更大的效用,更高的效率,就要分工明确,用组织的制度来规范每个组织成员,形成一个有机的组织,使整个组织协调运转,最终达到组织目标。

综合以上分析,我们可以得出一般意义上的组织含义:组织是指在一定的组织环境下,为了实现一定的共同目标,两个或两个以上成员互相协作的有机整体。

(二)组织的类型

从不同的角度对组织进行分类,常见的分类方法主要有以下两种:

1. 按组织的社会职能分类

组织可以分为政治性组织、经济性组织和文化性组织。

(1)政治性组织

政治性组织是伴随着国家、阶级的出现而产生的一种组织,是为了维护某个阶级的政治利益而服务的社会组织。例如国家的立法机关、司法机关、行政机关、政党、监狱以及军队等。

(2)经济性组织

经济性组织存在于生产、交换、分配和消费等领域,以经济利益为导向,从事各种生产和经营等活动的组织。例如工厂、银行、酒店等。

(3)文化性组织

文化性组织是以满足人们文化需求为目标,传递知识和文化的社会团体。例如学校、图书馆、研究机构、艺术团、博物馆等。

2. 按组织的规模分类

组织可以分为小型组织、中型组织和大型组织。

各行各业在这个分类标准上的表现是不同的。例如医院分为个人诊所、小型医院和大型医院;餐饮业分为小吃铺、饭店和酒店。

3. 按组织内部是否正式分工分类

组织可分为正式组织和非正式组织。

(1)正式组织

正式组织是一种内部存在着正式的任务分工和正式的组织编制的组织。正式组织是社会中主要的组织方式,是大家关注和研究的重点。如政府机关、学校、工厂、银行等等。

(2)非正式组织

非正式组织是"正式组织"的对称。内部没有确定的机构分工和任务分工,也没有固定的成员和正式的组织制度。它是存在于正式组织中的小群体,即在共同的工作过程中自然形成了以感情、喜好等情绪为基础的松散的、没有正式规定的群体。在正式组织的管理活动中,应特别注意非正式组织的影响作用。

(三)组织的功能

1. 分配功能

在人、财、物等基本要素具备以后,组织的运行首选必须解决两个问题。

第一,任务分配。将组织任务分解为相互联系的若干个工作单元,并将这些工作单元排序,使整个组织任务顺利进行。

第二,人员分配。选择合适的人配置到相应的工作岗位,各有其职,各尽其能,以保证组织任务

2. 目标功能

各项组织活动都是围绕组织的目标进行开展的,换句话说,组织时刻体现着目标功能。

组织职能执行活动中的每个岗位要求,实际上是对组织成员行为目标的指示,这种目标是切实的、明确的、有序的,通过对组织成员行为目标的界定,才能促使各个岗位的组织成员完成本岗位的工作,进而保证整个组织的健康发展。

3. 制约功能

组织内部各个部门和每一名成员时刻受到组织的制约,否则组织无法顺利进行。组织的制约途径表现为界定权力应用范围和明确职责承担对象。超越权限用权导致组织不安稳,职责分配不清导致工作秩序混乱。因此,组织的制约功能贯穿于整个工作过程,任何环节都离不开组织的制约作用。

4. 协调功能

组织是一个复杂的整体,其内部的部门之间、个人之间存在密不可分的各种关系,只有进行有效的协调,组织才能成为一个完整的、和谐的、有机的统一体。组织内部的信息共享是对组织内部协调要求的有效满足,它通过组织内部信息沟通渠道的建立,为组织内部各方面的协调一致提供了切实的保障。

【管理小故事6.1】

划船比赛

A队和B队两个划船队要进行划船比赛。两队经过长时间的训练后,进行了正式比赛,结果B队落后A队1公里,输给了A队。B队领导很不服气,决心总结教训,在第二年比赛时,一定要把第一名夺回来。通过反复讨论分析,发现A队是八个人划桨,一个人掌舵;而B队是八个人掌舵,一个人划桨。不过,B队领导并没有看重这点区别,而是认为,他们的主要教训是八个人掌舵,没有中心,缺少层级,这是失败的主要原因。

于是,B队重新组建了船队的领导班子。新班子结构如下四个掌舵经理,三个区域掌舵经理,一个划船员,还专设一个勤务员,为船队领导班子指挥工作服务,并具体观察、督促划船员的工作。这一年比赛的结果是A队领先2公里。B队领导班子感到脸上无光,讨论决定划船员表现太差,予以辞退;勤务员监督工作不力,应予处分,但考虑到他为领导班子指挥工作的服务做得较好,将功补过,其错误不予追究;领导班子成员每人发给一个红包,以奖励他们共同发现了划船员工作不力的问题。

仔细分析起来,故事说明了三个密切相关的问题:

①凡做一件事,比如参加划船比赛,必须有一个组织。

②这些组织的内部成员应有不同的分工,比如上面的两个划船队里的成员都有不同的分工,由此形成其内部的一定结构,即组织结构。

③作为一个组织,其内部结构不同,其行为效果也会不同,例如,上面例子中的B队两次都输给了A队。

一个有效的组织,该如何进行组织设计呢?

二、组织设计

(一)组织设计的含义

组织结构是指组织的基本框架,是组织中各部门、各层级之间的一种相对稳定的关系形态,是组织在职、责、权方面的动态结构体系,其本质是为实现组织战略目标而采取的一种分工协作体系,组织结构必须随着组织的重大战略调整而调整。

所谓组织设计,是对组织的结构和活动进行创构、变革和再设计。它是以组织结构为核心的组织系统的整体设计工作,其实质是对管理人员的管理劳动进行横向和纵向的分工。

组织设计是一个动态的工作过程。科学地进行组织设计,要根据组织设计的内在规律性有步骤地进行,才能取得良好的效果。

(二)组织设计的原则

为了有效地达到组织管理效果,在组织设计过程中,一般应遵循以下原则:

1. 目标实现原则

组织设计工作必须在组织的战略目标下进行,组织设计的结果是为组织的战略目标服务的。组织根据发展战略制定组织目标,通过开展一系列工作流程来达到目标。把流程中工作性质相近、相似以及承担共同目标的环节组合在一起成为部门,制定不同部门间的衔接规则、方法,构成组织架构。合理的组织结构为实现组织目标提供有力的保证。

2. 统一指挥原则

统一指挥是任何组织达到共同目标的必要条件。首先,组织内部要有一条贯穿于整个组织系统的等级链,以保证信息指令传递通畅;其次,每一个下级有且只有一个上级指挥官,不能出现多头领导的现象,即杜绝发生越级指挥的情况。行船要有人掌舵,演奏要有人指挥,组织管理更需要统一指挥。如果缺乏统一指挥,必然没有统一的步调,就不能充分体现管理的作用。

3. 有效控制幅度原则

管理幅度是指上级直接管辖的下级人数。对于不同的部门来说,由于工作特性等差异,每位管理者理想的控制幅度也不同。组织管理过程中,必须有效地控制管理幅度,有利于组织的正常运行。如果管理幅度过大,对管理人员的素质能力要求越高,若超出了管理者的能力范围,可能使管理者对下属的指导和监督的时间相对减少,容易导致管理失控,出现各自为政的状况;如果管理幅度过小,会造成资源的浪费,必然会影响组织的工作效率。

4. 分工协作原则

分工协作原则是指组织内部既要分工明确,又要互相沟通、协作,以达成共同的目标。分工协作是提高劳动效率的基本手段。在知识型组织中,人才个体具有异质但又相关或相近的人力资本,分工可以使每个人专注于自己领域内的工作,有利于提高工作和创新效率,同时也有助于人才个体经验的积累和知识的完善，人才群体的协作又可以达成个体之间的优势互补，产生一种集群生产力和创造力，这是人才个体单独、离散的能力无法比拟的。

5. 权责平衡原则

权责平衡原则即权责一致原则，也叫做权责对等原则，是指在一个组织中的管理者所拥有的权力应当与其所承担的责任相适应的准则。若出现权力大而责任小，管理者有可能不负责任地滥用权力；若出现权力小而责任大，管理者会缺乏主动性和积极性，最后导致无法履行责任，甚至由于权力过小，无法完成被安排的任务，这些都无法使当事人正常执行其职责。

（三）组织设计的影响因素

由于市场竞争的日益激烈和外部环境的不断变化，任何组织都要面对不同程度的挑战。为了使组织顺利运行，需将权变的组织设计观点引入到组织设计的思想中。所谓权变的组织设计是指以系统、动态的观点来思考和设计组织，它要求把组织看成是一个与外部环境有着密切联系的开放式组织系统。因此，基于权变理论的组织设计必须考虑外部环境、组织战略、规模、组织所处生命周期、技术、组织文化等一系列因素，针对不同的组织特点，设计不同的组织结构。

1. 外部环境因素

影响组织设计的外部环境因素主要包括间接因素和直接因素。间接因素包括政治、经济、法律、社会文化等。直接因素包括竞争者、供应商、资本市场、顾客等，这些因素对组织设计具有相互影响的效果。从环境的确定性程度来讲，组织设计的思想也是不同的。若组织所处环境的确定性程度较强，组织应采用较为稳定，且复杂性、正规化和集权化程度较高的机械式组织结构；若组织处于不确定性强的环境中，组织应采用较为灵活、适应性的有机式组织结构。

2. 组织战略因素

组织设计必须服从组织的战略。组织为了生存和发展，不同的组织会采取不同的组织战略来争取竞争优势。组织战略决定了组织的发展方向和业务范围，而组织的发展方向和业务范围又决定了组织的组织形式。战略重点的改变，会引起组织的工作重点转变，从而各部门与职务在组织中重要程度的改变，因此要求对各管理职务以及部门之间的关系作相应的调整。例如，若组织选择成本领先战略，这就需要一个高度分化、制度化程度较高且中央集权的结构去配合，以达到控制组织正常运营的目的；若选择差异化战略，组织需要提高组织的灵活性和应变能力，这就需将组织结构降低形式化程度和集权程度。

3. 技术因素

任何组织都需要通过技术将投入转换为产出，于是组织设计需要因技术的变化而变化。组织运用的技术发生改变，进而引起从投入到产出过程中所使用的工具、技术知识和操作流程的改变。技术水平的复杂性和先进性越高，组织结构的标准化、集权化、专业化就越高。

4. 组织规模因素

组织规模对组织设计具有显著的影响。一般而言,组织规模是以组织内的人数多少来反映的。规模小的组织,经常出现一人承担多个职位的情况,组织内部有一定的分工,但分工不细,且层级不多、管理幅度较大;规模大的组织,人数众多,内部分工较细,为了将各项工作高效率地落实到位,组织设计更多的层级和部门,大大提高了分工协作的程度。总之,组织规模越大,组织内部的工作越专业化,规章制度越条理化,组织的复杂性和正规化程度越高,从而组织设计的组织结构越呈现机械化。

5. 组织所处生命周期因素

组织的发展呈现明显的生命周期特征,不同生命周期的组织对组织设计的要求也不同。

(1)创业初始期

组织规模较小,组织结构简单、不规范,基本上属于集权式结构,决策效率高。组织的大部分精力均放在生存和单一产品的生产和服务上。随着组织的成长,组织需要及时调整产品的结构,这就必然会产生调整组织结构和调换更具能力的高层管理者的压力。

(2)组织成长期

组织规模在不断扩大,产品种类增加,职能专业化增强,此时的组织结构建立在职能专业化基础上。关键性的职能部门,如财务会计等部门往往需要相对地集权,而有些业务部门,如研发、市场营销等部门,却需要相对地分权。随着组织业务量的增加,迅速成长的组织带给员工更大的效益。员工受到不断激励之后也开始与组织的使命保持一致,尽管某些职能部门已经建立或调整,可能也已开始程序化工作,但组织结构可能仍然欠规范合理。值得注意的是,此时高层管理者往往居功自傲,迟迟不愿放权,组织面临的任务是如何选拔基层管理者,如何调动基层管理者的积极性,如何在放权之后协调和控制好各部门的工作。

(3)组织成熟期

组织进入成熟期之后,组织管理逐渐趋于正规化,随着组织规模的进一步发展,组织的层级继续增加。此时的组织管理从“硬管理”转为“软管理”,重视人才的作用。组织结构多以产品或地区事业部为基础建立,管理的复杂性逐渐增强,组织分权的压力也就比较大,管理者对权力的偏好就会减弱。在组织职权的分配上,组织更加注重谋求集权和分权的均衡,在更大范围内组建项目小组,以加强组织的灵活反应能力。

(4)组织衰退期

在辉煌的成熟期期间,各项财务指标预示着组织的美好未来。但此时组织存在潜在的危险,可能出现以下情况:未及时调整业务匹配或增加新产品,使原有核心业务受到同行业竞争对手的打击;盲目投资以寻求新的增长点,导致组织资金链断裂,濒临破产等。所以,处于衰退期阶段的组织,其结构创新的重点是重视组织内的核心员工,实行高度的集权统一指挥,选择决策效率高的分级直线制,帮助组织走出危机,力图从那些难以获利、竞争激烈的行业或产品中退出,根据市场变化寻找新的投资方向,获得新的突破点,使组织进入新一轮的发展时期。

6. 组织文化因素

组织文化是组织及其成员的价值观念、组织精神、组织行为规范及组织形象的体现。随着组织处于不同的发展阶段，它对组织结构的影响也发生着变化。在组织的创业初始阶段，组织文化对组织政策制定、机构的确定和调整具有先导性影响；在成长发展阶段，组织文化具有调适性影响，即将组织结构调整以适应组织面临的新环境；在组织的成熟时期，组织文化对整个组织的结构具有决定性影响。

（四）部门化设计与层级化设计

组织结构设计包括横向设计与纵向设计。组织横向设计主要解决管理与业务部门的划分问题，即部门化设计过程，反映了组织中的分工合作关系；组织纵向结构设计主要解决管理层级的划分与职权分配问题，即层级化设计过程，反映了组织中的领导隶属关系。

1. 部门化设计

组织的部门化是依据一定的标准将若干个岗位组合在一起的过程。部门化设计是将组织中的活动按照一定的逻辑安排，划分为若干个管理单位。部门划分的目的是：确定组织中各项任务的分配以及责任的归属，以求分工合理、职责分明，以达到组织的目标。

组织部门化可以依据不同的标准进行选择安排，常见的有职能部门化、产品部门化、流程部门化、顾客部门化和地区部门化。

（1）职能部门化

职能部门化就是根据组织目标，以组织的职能为基础进行部门划分，设立专门的管理部门。任何一个企事业组织的存在目的都是创造某种为他人所需要的产品或服务，因此生产（创造和增加产品或服务）、销售（寻找愿意以一定价格购买商品或接受服务的顾客）和财务（组织运营的资金筹措、保管和利用分配）等活动是所有组织的基本职能。这样，以这些基本职能为依据便将组织划分为生产部门、销售部门、财务部门等等。由于各项职能在不同组织内的重要程度不同，因此各个组织设置的职能部门也会有所不同。典型的职能部门化的组织结构如图 6.1 所示。

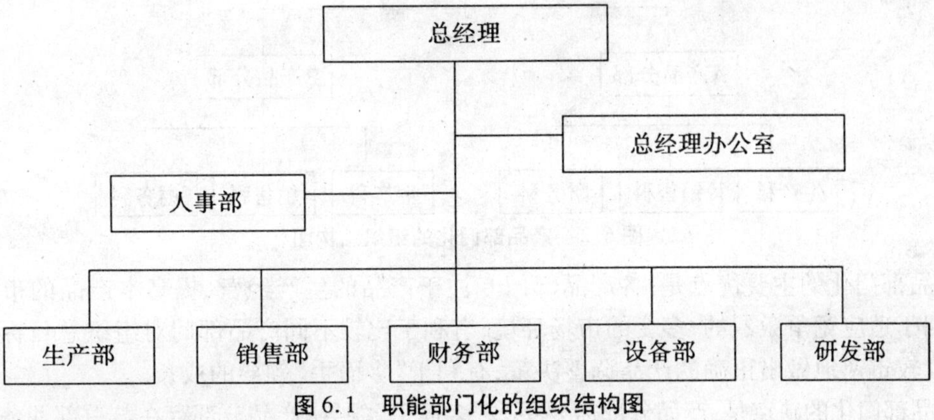

图 6.1　职能部门化的组织结构图

职能部门化的主要优点是:能够突出业务活动的重点,使得高层管理者有效地管理整个组织;遵循职业专业化的原则,充分发挥组织成员的才能,调动其学习和工作的积极性,简化对员工的培训工作;在人力资源的利用上,能够显示出更高的管理效率。

职能部门化的缺点是:组织成员由于存在对自己部门的忠诚态度和行为方式,往往会强调自己部门的重要性,可能会破坏公司的整体性,进而影响与其他职能部门之间的协调;部门利益大于组织的整体利益,可能影响到组织总目标的实现;各职能部门主管的权限和责任主要集中在本部门,虽然容易得到本部门管理工作的锻炼,但不利于培养综合全面的管理人才,即不利于"多面手"领导的成长。

(2)产品部门化

在产品种类单一、经营规模较小的组织,按职能划分部门是理想的部门化形式。但是随着组织的不断发展,组织会通过增加生产线或产品种类等方式以获取规模效益,进而面临更为复杂、更具压力的管理工作。

产品部门化是指根据不同产品来设立管理部门、划分管理单位,把同一产品的生产或销售工作集中在相同的部门组织进行。拥有不同产品系列的公司常常根据产品建立管理单位,按产品划分部门的做法,正在广泛地被应用,而且也越来越受到重视。在大型、复杂、多品种经营的公司里,按产品划分部门往往成为一种通常的准则。典型的产品部门化的组织结构如图 6.2 所示。

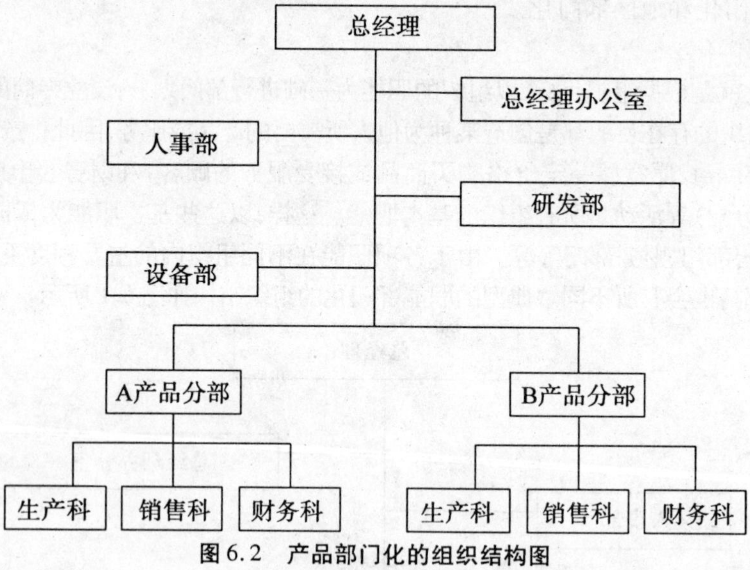

图 6.2　产品部门化的组织结构图

产品部门化的主要优点是:各产品部门专注于产品的生产经营,提高本产品的市场竞争力,有利于适应竞争激烈的、多变的市场环境;有利于比较不同产品部门对组织总目标贡献的大小,以较迅速地做出正确的产品调整决策;有利于"多面手"领导的成长。

产品部门化的缺点是:产品分部需要更多"多面手"领导;产品分部存在与总部业务的重复

而增加的管理成本,同时增加了总部对分部的监督成本;分部拥有较大的权力,增加了公司总部的控制问题,由于分权及控制的不当,很可能使得公司的整体性受到破坏,严重时导致瓦解。

(3)流程部门化

流程部门化又称过程部门化,是指组织(如加工单位)按生产过程、工艺流程或设备来划分部门。如机械制造企业的生产科下设铸工车间、锻工车间、机加工车间、装配车间等部门,其流程部门化的组织结构如图 6.3 所示。

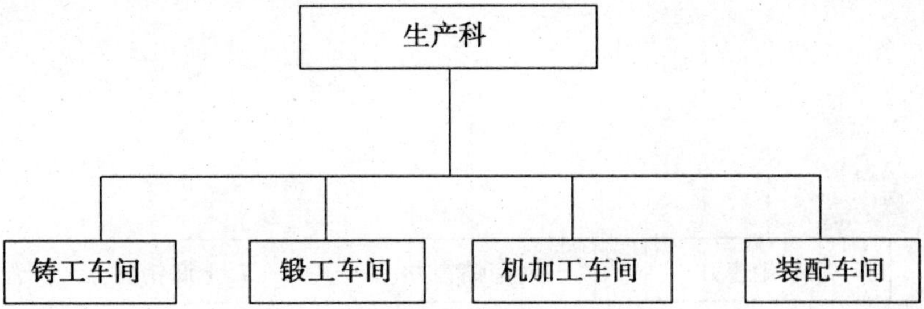

图 6.3　流程部门化的组织结构图

流程部门化的主要优点是:充分发挥人员集中的技术优势,易于协调管理;充分利用专业技术和技能,简化了培训,容易形成学习氛围。

流程部门化的缺点是:各加工单位间的协作较困难;只有最高层对组织获利负责;不利于培养综合的高级管理人员。

(4)顾客部门化

顾客部门化,就是根据目标顾客的不同利益需求来划分组织的业务活动。在激烈的市场竞争中,顾客的需求导向越来越明显,组织应当在满足市场顾客需求的同时,努力创造顾客的未来需求,顾客部门化顺应了需求发展的这一趋势。典型的顾客部门化的组织结构如图 6.4 所示。

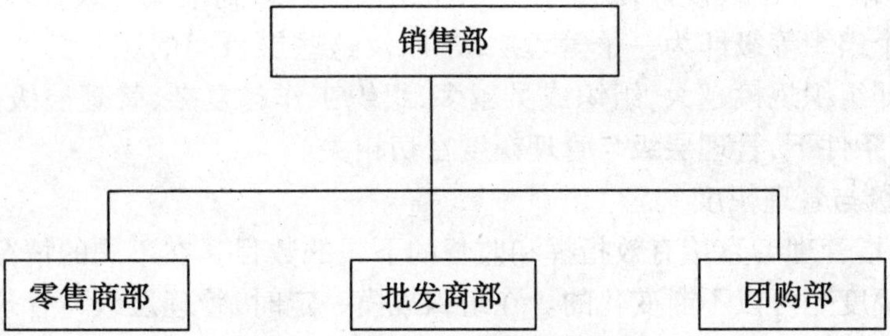

图 6.4　顾客部门化的组织结构图

顾客部门化的主要优点是:能满足目标顾客各种特殊而广泛的需求,获得用户真诚的意见反馈; 可有针对性地按需生产、按需促销; 发挥自己的核心专长,创新顾客需求,建立持久性竞争优势。

顾客部门化的缺点是:可能会增加与顾客需求不匹配而引发的矛盾和冲突;需要更多能

妥善处理和协调顾客关系问题的管理人员;造成产品或服务结构的不合理,影响对顾客需求的满足。

(5)地区部门化

地区部门化又称地域部门化、区域部门化,就是根据地理因素来设立管理部门经营业务和职责划分给不同部门的经理。这种方法较多用于一些地理位置比较分散的组织,特别适用于规模大的公司,尤其是跨国公司。典型的地区部门化的组织结构如图 6.5 所示。

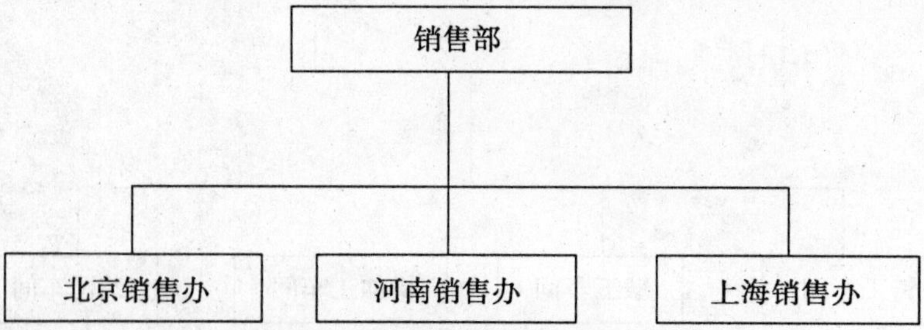

图 6.5　地区部门化的组织结构图

地区部门化的主要优点是:责任到区域,每一个区域都是一个利润中心,每一区域部门的主管都要负责该地区的业务盈亏; 放权到区域,每一个区域有其特殊的市场需求与问题,总部放手让区域人员处理,会比较妥善、实际;有利于地区内部协调;对区域内顾客比较了解,有利于服务与沟通;每一个区域主管,都要担负一切管理职能的活动,这对培养通才管理人员大有好处。

地区部门化的缺点是:随着地区的增加,需要更多的"多面手"领导,而这类管理人员稀缺;每一个区域都是一个相对独立的单位,加上时间、空间上的限制,总部难以控制。

2. 层级化设计

层级化设计即管理层级设计,就是确定从组织最高一级到最低一级管理组织之间应设置多少等级,每一个组织等级即为一个管理层级,以及这些层级间的相互关系。管理层级与组织规模成正比,即组织规模越大,组织成员越多,组织工作越复杂,管理层级也就越多。但在组织规模一定的条件下,管理层级与管理幅度密切相关。

(1)管理层级与管理幅度

管理幅度是指管理者直接有效指挥和监督的下属的数目。在不同的情况下,为了达到有效地管理,管理幅度是可以不断变化的。在组织规模一定时,管理层级与管理幅度成反比,即管理幅度加大,组织的管理层级会减少;管理幅度缩小,则管理层级就相应增加。

管理层级与管理幅度的相互关系,决定了两种基本的组织结构形态:一种是扁平式的组织结构形态;另一种是锥形式的组织结构形态。其影响如图 6.6 所示。

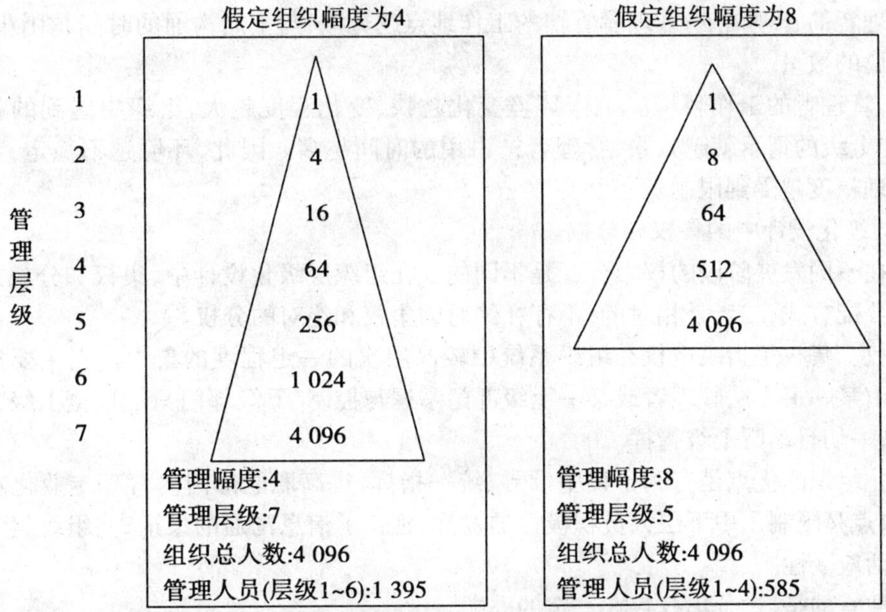

图 6.6　管理幅度与管理层级对组织结构的影响

扁平式组织结构的优点是:由于管理的层级比较少,信息的沟通和传递速度比较快,因而信息的失真度比较低;同时,上级主管对下属的控制也不会太呆板,有利于发挥下属人员的积极性和创造性。其缺点是:加大管理幅度,使得主管对下属的监督和协调控制难度增加,并且下属也缺少了更多的提升机会。

锥形式组织结构的优点是:由于管理的层级比较多,管理幅度比较小,每一个管理层级上的主管都能对其下属进行及时的指导和控制;另外,层级之间的关系也比较紧密,有利于工作任务的衔接,同时也为下属提供了更多的提升机会。其缺点是:过多的管理层级可能会影响信息的传递速度,因而信息的失真度可能增加,进而增加高层主管与基层之间的沟通和协调成本、增加管理工作的复杂性。

对于不同的组织来说,管理幅度并不是固定的,换句话说,没有一个管理幅度是适合于任何组织的。正确选择管理幅度,直接关系到组织的管理效率,影响管理幅度的因素主要有:

第一,管理工作的内容和性质。管理者的职位越高,其决策的事务越多,职能越重要,那么管理幅度就越小;管理者所处的组织规模越大,管理幅度越大;直接下属的工作内容越相似,管理者能够管辖的人数越多,即管理幅度越大;管理工作计划越完善,管理者的指导下属的时间越少,进而管理幅度越大。

第二,管理者的工作能力。管理者的业务能力、沟通能力越强,为下属解决问题提出恰当的建议越快,从而缩短与每一位下属在沟通中占用的时间。这样,管理幅度便可适当宽些。

第三,管理者的办公条件。办公信息化越先进,管理者获取、处理信息的效率越高,有利于扩大管理者的管理幅度;管理者管辖的工作地点越分散,与下属沟通的时间越困难,从而影响直接下属的数量。

第四,管理者的工作环境。工作环境变化越快,变化程度越大,组织中遇到的新问题越多,下属向上级的请示就越频繁,管理者被占用的时间越多。因此,环境越不稳定,各层主管人员的管理幅度越受到限制。

(2)层级化设计中的集权和分权

组织在不同发展阶段的权力分配是不同的。在组织层级化设计中,集权和分权是两种相反的权力分配方式,二者是相对的,不存在绝对的集权和绝对的分权。

①集权。集权是指决策权在组织系统中较高层次的一定程度的集中。它主要指的是一切权力都由某一最高层管理者或某一上级部门掌握与控制,下级部门只能依据上级的决定和指示执行,一切行动听上级指挥。

集权化组织的优点是有利于集中领导、统一指挥,提高职能部门的管理专业化水平和工作效率;缺点是限制了中下层人员积极性的发挥,延长了信息沟通的渠道,使组织组织缺乏对环境的灵活应变性。

值得注意的是,过分集权存在一定的弊端。

第一,降低决策的质量。在高度集权的组织中,随着组织规模的扩大,组织的最高管理者远离基层,基层发生的问题经过层层请示汇报后再作决策,不仅影响了决策的正确性,而且影响了决策的及时性。

第二,降低组织的适应能力。过度集权的组织,面对瞬息多变的组织环境,各个部门的自我适应能力和自我调整能力较差,从而削弱组织整体的应变能力。

第三,不利于调动下属积极性。由于实行高度集权,几乎所有的决策权都集中在最高管理层,结果使中下层管理者变成了纯粹的执行者,他们没有任何的决策权、发言权和自主权。长此以往,他们的积极性、创造性和主动性会被磨灭,工作热情消失,并且会减弱其对组织关心的程度。

第四,阻碍信息交流。在高度集权的组织里,由于最高管理层与中下层的执行单位之间存在多个管理层级,信息传输路线长,沟通传递的信息流失量大,因而信息的交流比较困难。

②分权。分权是指决策权在组织系统中较低层次的一定程度的分散。组织分权的目的是充分发挥低层组织的主动性和创造性,而把生产管理决策权分给下属组织,最高领导层只集中少数关系全局利益和重大问题的决策权。

分权化组织的优点是可以使下级因地制宜贯彻上级指示,充分发挥自己的智慧和才干,从实际情况出发,依据不同的特点去处理问题,充分发挥本地的长处和优势。分权制的缺点是:如果发挥不好,容易自立门户,各行其是,各方常会发生矛盾和冲突,也容易发生本位主义、分散主义,不顾整体利益的倾向。

(五)组织设计步骤

组织设计是一个动态的工作过程,包含了众多的工作内容。科学地进行组织设计,要根据组织设计的内在规律性有步骤地进行,才能取得良好效果。组织设计可能有三种情况:新建的组织需要进行组织结构设计;原有组织结构出现较大的问题或组织的目标发生变化,原有组织结构需要进行重新评价和设计;组织结构需要进行局部的调整和完善。

1. 确立组织目标

组织目标是指一个组织未来一段时间内要实现的目的。通过收集及分析资料,进行设计前的评估,以确定组织目标。任何管理活动都必须把确定目标作为首要任务。组织目标的确定应该遵循 SMART 原则,如图 6.7 所示。

(1)具体性 S(Specific)

组织所订立的目标必须是清晰明了的,应该是详细的,要让员工清楚的知道他们共同奋斗的目标是什么。

(2)可计量性 M(Measurable)

组织所订立的目标必须能有一个具体的标准去衡量它的完成情况。比如说营业额,资金的流向,客户的反馈等等。

(3)可完成性 A(Attainable)

组织订立的目标必须是一个能够通过努力达到的目标。目标太简单,员工的工作没有激情,目标太难实现,会让员工对组织产生失望,甚至是绝望。

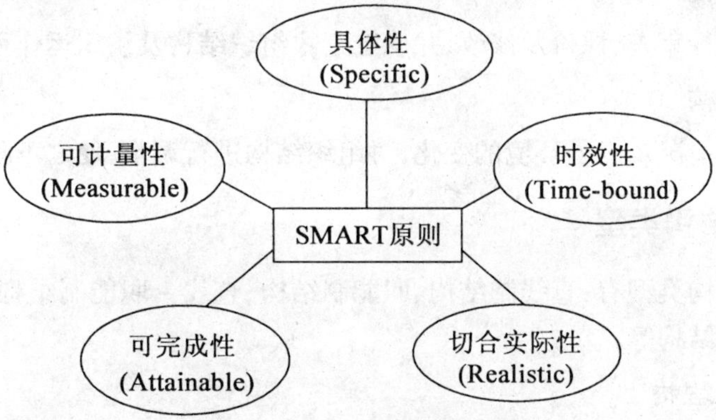

图 6.7　SMART 原则构成图

(4)切合实际性 R(Realistic)

组织必须根据员工的实际能力和当时的实际情况制定目标,不能让人感觉目标是虚无缥缈的。

(5)时效性 T(Time-bound)

组织的目标必须具有时效性,必须能够根据周围情况的变化而进行调整。

2. 划分业务工作

一个组织是由若干部门组成的,根据组织确定的目标、工作内容和性质,以及工作之间的联系,将组织活动组合成具体的业务单位,并确定其业务范围和工作量,进行部门的工作划分。

3. 提出组织结构的基本框架

按组织设计要求,决定组织的层级及部门结构,形成层级化的组织管理系统。根据组织的实际情况,确定合理的层级数量和各层级的管理幅度。

4. 确定职责和权限

明确规定各层级、各部门以及每一职位的权限、责任。一般采用职位说明书或岗位职责等文件形式表达。

5. 设计组织的运作方式

此设计包括各部门之间的联系方式的设计、管理规范的设计和各类运行制度的设计。联系方式的设计,即设计各部门之间的协调方式和控制手段;管理规范的设计指的是确定各项管理业务的工作程序、工作标准和管理人员应采用的管理方法等;设计合理的运行制度是保障各项管理工作顺利实施的重要环节。

6. 人员配备

按职务、岗位及技能要求,选择配备恰当的管理人员和员工,尽可能做到人岗匹配,各尽其能。

7. 构建组织结构

对组织设计进行审查、评价及修改,并确定正式组织结构及组织运作程序,颁布实施。

8. 调整组织结构

根据组织运行情况及内外环境的变化,对组织结构进行调整,使之不断完善。

三、常见的组织结构类型

常见的组织结构类型有:直线制结构、职能制结构、直线－职能制结构、事业部制结构、矩阵制结构和网络型结构等。

(一)直线制结构

直线制是各类组织中最早出现的、最简单的集权组织结构形式。其主要特点是:组织从决策到执行构成一个单线系统,组织最高领导人是组织的决策者,最低一级是执行者,从上至下执行着单一的命令。其结构如图 6.8 所示。

(1)直线制结构的优点

管理机构简单,管理费用低;指挥命令系统单纯,命令统一;决策迅速,责任明确,指挥灵活;直接上级和下级关系十分清楚,维护纪律和秩序比较容易。

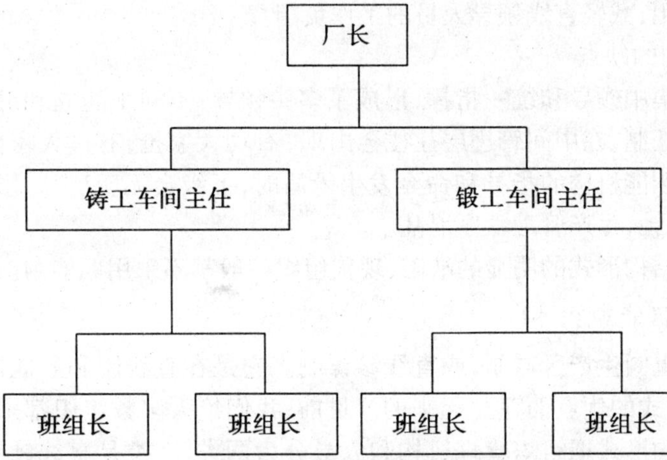

图 6.8　直线制组织结构图

(2)直线制结构的缺点

管理者的精力有限,管理工作简单粗放;成员之间和组织之间横向联系差;难以找到继任者。

直线制只适用于规模较小、生产技术比较简单的组织,对生产技术和经营管理比较复杂的组织并不适宜。

(二)职能制结构

职能制结构是按职能来组织部门分工,即从组织高层到基层,均把承担相同职能的管理业务及其人员组合在一起,设置相应的职能管理部门和管理职务。其主要特点是:要求组织管理者把相应的管理职责和权力交给相关的职能部门,各职能部门有权在自己业务范围内向下级行政单位发号施令。因此,下属除了接受上级主管指挥外,还必须接受上级各职能机构人员的领导。其结构如图 6.9 所示。

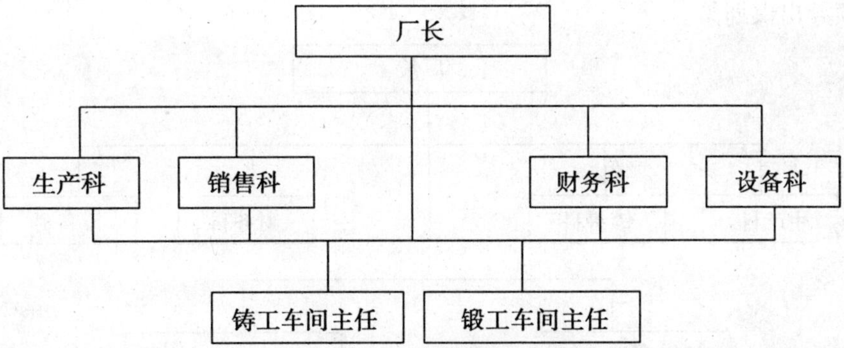

图 6.9　职能制组织结构图

(1)职能制结构的优点

能适应现代化工业组织生产技术比较复杂,管理工作比较精细的特点;能充分发挥职能机构的专业管理作用，减轻直线领导人员的工作负担。

(2)职能制结构的缺点

妨碍了必要的集中领导和统一指挥，形成了多头领导；不利于建立和健全各层级直接主管和职能科室的责任制，在中间管理层往往会出现“有功大家抢，有过大家推”的现象；另外，在上级直接主管和职能机构的指导和命令发生矛盾时，下级会无所适从，影响工作的正常进行，容易造成纪律松弛，生产管理秩序混乱。

由于这种组织结构形式的明显的缺陷，现代组织一般都不采用职能制。

(三)直线－职能制结构

直线－职能制也叫生产区域制，或直线参谋制。它是在直线制和职能制的基础上，取长补短，吸取这两种形式的优点而建立起来的。目前，我们绝大多数组织都采用这种组织结构形式。这种组织结构形式把组织管理机构和人员分为两类，一类是直线领导机构和人员，按命令统一原则对各级组织行使指挥权；另一类是职能机构和人员，按专业化原则，从事组织的各项职能管理工作。直线领导机构和人员在自己的职责范围内有一定的决定权和对所属下级的指挥权，并对自己部门的工作负全部责任。而职能机构和人员，则是直线指挥人员的参谋，不能对直接部门发号施令，只能进行业务指导。其结构如图 6.10 所示。

(1)直线－职能制的优点

既保证了组织管理体系的集中统一，又可以在各级行政负责人的领导下，充分发挥各专业管理机构的作用。

(2)直线－职能制的缺点

职能部门之间的协作和配合性较差，职能部门的许多工作要直接向上层领导报告请示才能处理，这一方面加重了上层领导的工作负担；另一方面也造成办事效率低。为了克服这些缺点，可以设立各种综合委员会，或建立各种会议制度，以协调各方面的工作，起到沟通作用，帮助高层领导出谋划策。

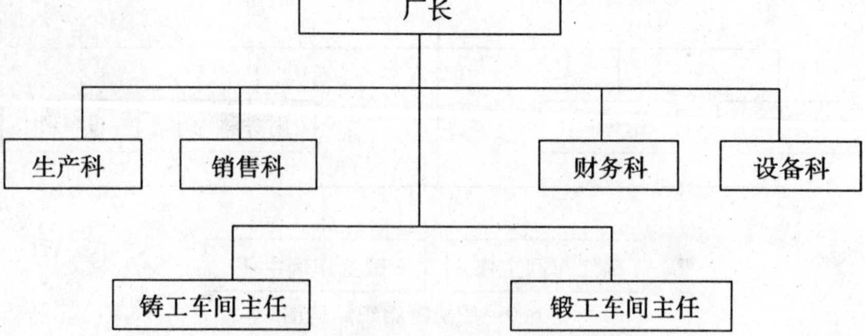

图 6.10　直线－职能制组织结构图

直线－职能制结构主要适合于劳动密集、重复劳动的大中型企业。

(四)事业部制结构

事业部制是指以某个产品、地区或顾客等为依据,将相关的采购、生产、销售等部门结合成一个相对独立单位的组织结构形式。它表现为:在总公司领导下设立多个事业部,各事业部有各自独立的产品或市场,在经营管理上有很强的自主性,实行独立核算,是一种分权式管理结构。其结构如图6.11所示。

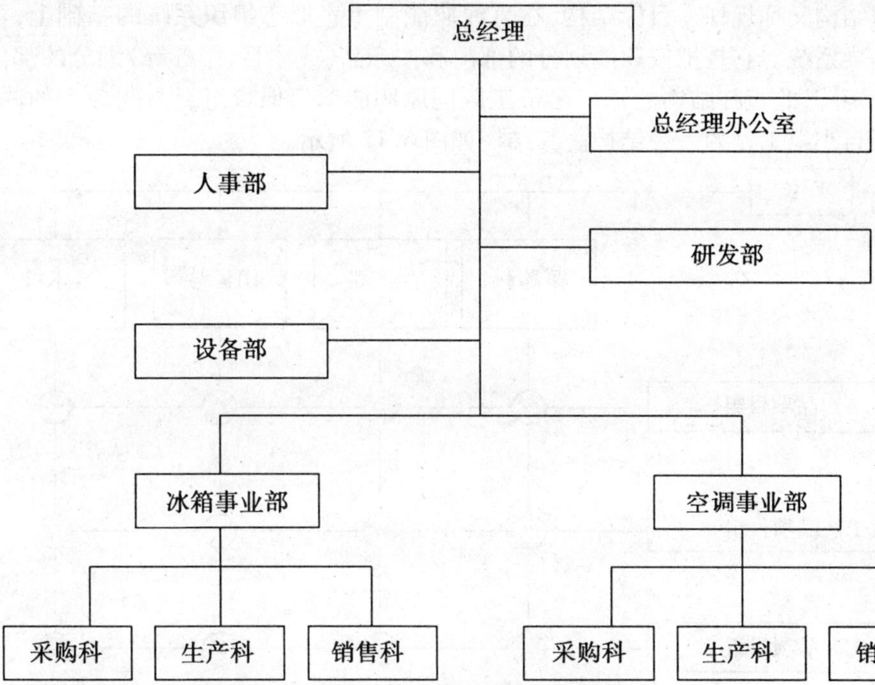

图6.11　事业部制组织结构图

(1)事业部制结构的优点

各事业部在组织的整体目标下,充分发挥主观能动性,自主管理日常的生产经营活动,对市场的变化反应灵敏、决策迅速;它使总公司的最高决策层摆脱了日常事务,集中精力决策和规划企业的战略发展问题;事业部制以利润责任为核心,既能保证组织获得稳定的收益,也有利于调动中层管理人员的积极性;通过管理各个事业部的实践锻炼,为企业储备优秀的高级管理人才;有利于组织开展多元化经营,从而提高企业的竞争力。

(2)事业部制结构的缺点

对事业部经理的素质要求高,管理人才必须对特定经营领域或地域比较熟悉才能胜任此岗位;各事业部设立的职能部门相似,容易造成职能重复,管理费用上升;各事业部拥有各自独立的经济利益,容易产生本位主义忽略企业的总体利益,易产生对公司资源和共享市场的不良竞争;事业部之间的相互交流和支援困难,由此可能引发不必要的内耗,使总公司协调的任务加重;总公司与事业部之间的集分权关系处理起来难度较大,容易出现两种状况:分权过度,削弱公司的整体领导力;分权不足,影响事业部门的经营自主性。

事业部制结构主要适合于产业多元化、品种多样化、各有独立的市场,而且市场环境变化较快的大型企业、跨国公司等。

(五)矩阵制结构

矩阵组织结构又称规划-目标结构,在直线职能制垂直形态组织系统的基础上,再增加一种横向的领导系统。它是把按职能划分的部门和按产品(或项目、服务等)划分的部门结合起来组成一个矩阵,此矩阵结构的每一名员工既同原职能部门保持组织与业务上的联系,又参加本产品项目小组工作的一种结构。其结构如图 6.12 所示。

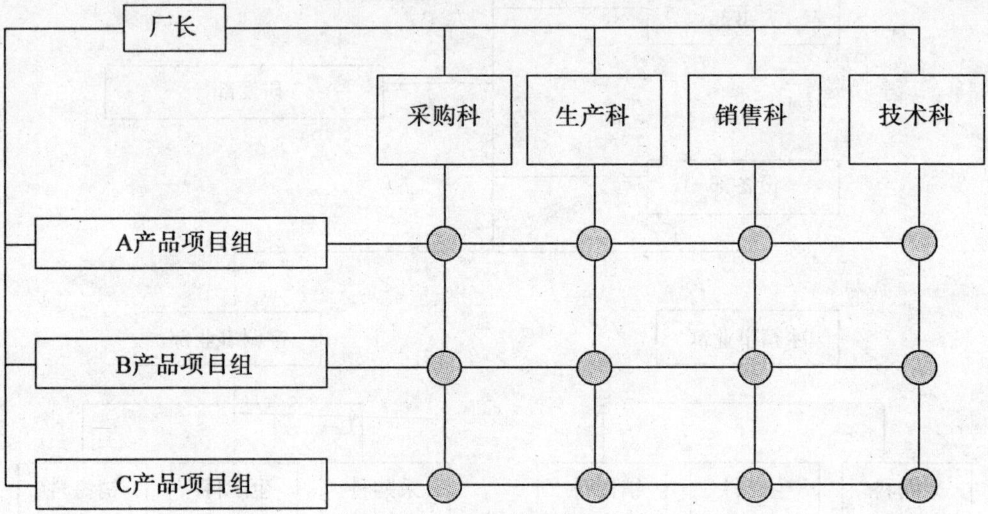

图 6.12 矩阵制组织结构图

(1)矩阵制结构的优点

集中优势解决问题,资源共享,有利于加强各职能部门之间的协作和配合,交流畅通;灵活性和适应性较强,并且有利于开发新技术、新产品,激发组织成员的创造性。

(2)矩阵制结构的缺点

由于参加项目的人员都来自不同部门,隶属关系仍在原单位,项目结束后仍回原单位,所以可能出现两种问题:项目负责人的责任大于权力,项目负责人对项目组成员管理困难,没有足够的激励手段与惩治手段;项目组成员容易产生临时观念,对工作有一定影响。

矩阵制结构主要适合于重大工程与项目、单项重大事务的临时性组织。

(六)网络型结构

网络型结构,也称虚拟组织结构,是目前流行的一种新形式的组织机构。它是以项目为中心,以契约关系为基础,通过与其他组织建立研发、生产制造、营销等业务合同网,有效发挥业务专长的协作型组织形式。其结构如图 6.13 所示。

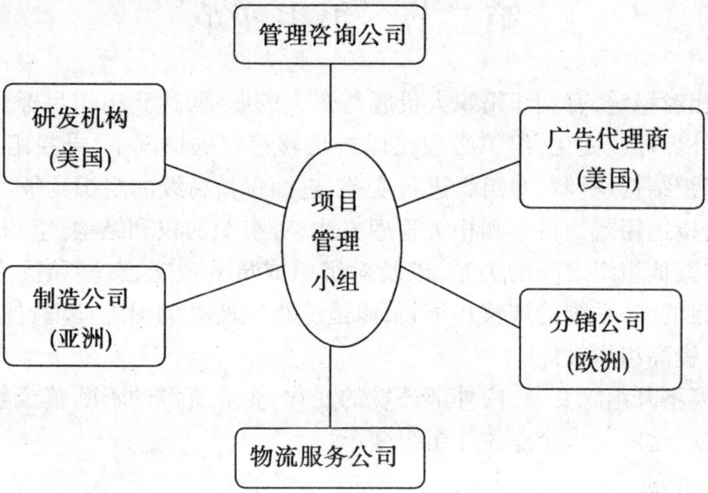

图 6.13 网络型组织结构图

(1)网络型结构的优点

组织结构有更大的灵活性和柔性;组织结构简单、精炼,大多数工作外包,组织结构扁平化,效率更高。

(2)网络型结构的缺点

项目管理者不控制全部操作,必须依靠合同、合作、谈判和电子信息来运转一切,因此可控性差,组织风险性大;另外,员工的组织忠诚度低。

耐克公司等一些大型企业,仅配备几百名员工,每年就可以售出几百万美元的产品,赚取富有竞争力的收益。网络型组织与相联结的多个外部机构之间并没有资本所有关系和行政隶属关系,但却通过相对松散的契约纽带,通过一种互惠互利、相互协作、相互信任和支持的机制来进行密切的合作。

网络型组织吸纳、聚集全球最具有竞争力的外部机构在各个环节上,而核心机构自身仅仅保留了真正创造最大价值的最关键的功能。世界驰名的体育用品制造商耐克公司,它的美国总部实际上什么都不生产,他们早已将做鞋的业务,以合同承包的方式转向一些低工资的亚洲国家,核心机构只控制产品的设计、研究耐克鞋的最关键的部分——气垫系统和市场营销管理。耐克公司这么做的科学之处就在于:合理地区分并识别出制鞋行业获得成功的关键业务,即高档球鞋行业的战略环节是真正创造最大价值的产品开发设计和营销组织管理,而不是制造环节。这不仅保证了组织最大效率地集中有限的资源从事最擅长的、最具增值潜力的环节,减少了投资,降低了成本,实现效益最大化、风险最低化;而且灵活地优选全球最具竞争力的外部机构,借助全球竞争力,实现优势互补,使组织保持最强的核心竞争力。

第二节　组织变革

组织结构的相对稳定,有利于组织人员履行个人的职责,达到组织目标。但是,完全稳定的组织不能适应外界环境变化,组织必须在保持足够稳定的情况下,寻找组织存在的缺陷和不足,不断改进组织结构、机制,对组织进行变革,进而保持持续的组织竞争力。

组织变革,是指运用行为科学和相关管理方法,对组织的权利结构、组织规模、沟通渠道、角色设定、组织与其他组织之间的关系,以及对组织成员的观念、态度和行为,成员之间的合作精神等进行有目的的、系统的调整和革新,以适应组织所处的内外环境、技术特征和组织任务等方面的变化,提高组织效能。

企业的发展离不开组织变革,内外部环境的变化,企业资源的不断整合与变动,都给企业带来了机遇与挑战,这就要求企业关注组织变革。

一、组织变革的动因

组织变革的动因主要分为外部动因和内部动因。

(一)外部动因

引起组织变革的外部动因,主要包括政府经济政策的调整、产业结构的调整、国民经济增长速度的变化、科学技术的发展引起产品和工艺的变革等。企业组织结构是实现企业战略目标的手段,企业外部环境的变化必然要求企业组织结构做出适应性的调整。

(二)内部动因

除了外部动因引起组织变革之外,组织还存在很多内部动因,主要有以下几个方面:

1. 组织性质和任务的变化

对于组织性质和任务发生明显变化的组织来说,组织变革必然发生。例如一些事业单位转为企业化经营,高校与科研院所将知识转化为生产力实践,国有企业股份制改造等,这些变化对组织提出新的要求,组织必须进行调整。

2. 组织目标变化

每个组织都有自己的运行目标,在组织发展的不同时期,组织的运行目标时刻发生着变化。组织结构是为组织战略目标服务的,单一化的战略目标和多元化的战略目标对组织结构的要求是不同的,组织目标发生调整,组织结构也要随之进行变革。

3. 组织规模变动

随着组织的业务不断增加,组织规模不断变大,原有的组织结构和模式不再能满足组织的要求。在组织规模较小时,组织往往构建集权型的直线职能制组织结构,但随着组织规模继续扩大,产品种类不断增多,组织结构就要调整为分权型的事业部制结构。对于组织规模正在产生明显变化的企业来说,如果不及时进行组织变革,很可能危及整个组织的发展,甚至使组织瘫痪。

4. 技术改进

组织在生产运营中,为了提高组织的生产效率和产品质量,引进先进的技术,或在原有技术基础上进行改进,技术的变革,可以促进组织的技术条件与制造方法的改进,从而引起组织人员和组织结构的调整。例如,组织引进新设备,需要安排相应的技术人员进行工作,并建立培训部门培养更多的技术人才;当组织专业化水平达到更高水平时,组织结构将会变得更复杂。

5. 组织管理效率下降

组织通过长时期的运行,各个环节均已顺畅,但极可能出现职能重叠、权责不清、人浮于事等问题,进而引起组织管理效率的下降。此时组织必须尽快调整,做出相应的变革,制止管理效率的下降。

(三)组织变革的征兆

一般来说,企业中的组织变革是一项"软任务",即有时组织结构不改变,企业仿佛也能运转下去,但如果要等到企业无法运转时再进行组织结构的变革就为时已晚了。因此,企业管理者必须抓住组织变革的征兆,及时进行组织变革。组织结构需要变革的征兆有:

①企业经营成绩的下降,如市场占有率下降,产品质量下降,消耗和浪费严重,企业资金周转不灵等。

②企业生产经营缺乏创新,如企业缺乏新的战略和适应性措施,缺乏新的产品和技术更新,没有新的管理办法或新的管理办法推行起来困难等。

③组织机构本身病症的显露,如决策迟缓,指挥不灵,信息交流不畅,机构臃肿,职责重叠,管理幅度过大,扯皮增多,人事纠纷增多,管理效率下降等。

④职工士气低落,不满情绪增加,如管理人员离职率增加,员工旷工率及病、事假率增加等。

当一个企业出现以上征兆时,应及时进行组织诊断,用以判定企业组织结构是否有加以变革的必要。

二、组织变革的内容

对于一个组织来说,组织变革的过程具有互动性和系统性。组织中任何一个因素的改变,都会带来其他因素的变化。组织变革的动因不同,引起变革的内容也不同。综合而言,组织变革的主要内容有结构变革、人事变革和技术变革。

(一)结构变革

结构变革是指职权关系、集权程度、职务设计和协调机制等结构要素的改变。随着企业的发展和环境的变化,组织结构不断地进行调整。原因是当初创办组织的时候所设计的组织结构,在若干年之后经历了不同的发展时期,如果不进行调整,组织就不可能具备环境适应性和组织现状的适应性。根据组织所处的生命阶段和环境不同,结构变革主要分为局部调整和重新设计两种情况。

1. 局部调整

在保持原有组织结构类型基本不变的情况下,对组织结构的部分职权关系进行调整,以增强组织的灵活性和有效性。例如,为了提高组织的分权化程度,采取适当的授权方式,将权力下放;为了减少组织信息的传递失真率,减少部分层级;为了提高组织的正规化程度,根据组织实际情况,制定更多的规章制度。

2. 重新设计

当组织的生产规模不断扩大,运营环境面临重大变化时,原有的组织结构已不能适应组织面临的环境,组织的管理者需要对组织结构进行重新设计。例如,一个生产豆腐的小作坊,随着业务量的不断增加,豆腐的需求量不断增加,并且在单一的豆腐产品基础上,增加其他品种的豆制品的生产业务,由豆腐车间扩大到更多新的生产车间,组织结构由直线制结构,变为直线职能制,甚至变为事业部制结构,这一转变正是生产规模扩大引起的结构变革。

【管理小故事6.2】

通用公司的组织结构调整

美国通用电气(GE)是美国也是世界上最大的电气及电子设备制造公司,它的年产值占到了美国电工行业全部产值的四分之一。它的技术成熟、产品繁多,约有25万多个品种的产品。

通用电气于1892年成立,它的一个技术部门的无线电技术占据了统治地位,实现了技术领域的垄断。

到了20世纪50年代,公司开始对组织结构进行调整,采取了分权的事业部制,每一个事业部都是独立经营、单独核算,都是一个项目部门。

1963年,公司的董事长重新设计,又把通用电气回归为5个集团组,25个分部,110多个部门。当时这样调整的原因是其销售停滞,5年才实现50个亿的收入。

1967年以后,几乎每个集团组的销售额都达到了16亿美元,于是5个集团又扩大到10个,公司有了更多的综合性集团,分部也扩大到了50个,110个部门扩大到170个公司,又聘请了新的经理、总经理、分部经理和部门经理,又回到了原来的那种组织结构当中。

1971年,面临着强烈竞争,公司又采取了新的举措,在其事业部内又成立了战略事业单位。战略事业单位是相对独立的一个组织部门,在事业部内有选择的对某一些产品进行单独的管理,即在原有的职能结构当中,又增加了一部分相对独立的、类似于事业部制功能的部门。这样,就能够对人和物进行有机的分配和规划。

到了1978年,公司新上任的董事长又进行了变革,采取了“执行部”制,即超事业部制,建立了执行局,设立了执行部。现在大家所谈的执行,都是从GE看到的。

(二)人事变革

人事变革是指组织必须通过对组织成员的培训、教育等引导,使他们能够在观念、态度和行为等方面与组织保持一致。

组织成员是组织中最活跃的要素,对成员的有效管理是组织管理的核心。人事变革就是组织对这些成员的变革,他们既可能是推动组织变革的力量,也可能是妨碍组织变革的阻力发出者。组织既要激发成员的主观能动性配合组织的变革,也要通过对他们的引导,减少影响组织变革的反对力量。人事变革的主要任务就是在组织结构变革的基础上,重新分配组织成员之间在权利和利益等资源,进而达到组织成员与组织共同发展。

【管理小故事6.3】

和尚挑水

南山和北山中间有一条溪流,南山的和尚和北山的和尚每天早晨都到山下挑水,天天都可以见面,他们隔着一条河,互相打一个招呼,十年如一日,成为朋友。

但是最近,南山的和尚连续好几天都没有看到北山的和尚,开始的时候,他想可能北山的和尚生病了,可是很多天过去了,北山的和尚还是没有出现;他又想是不是北山的和尚来得早啊?于是他也每天早一点来挑水,可是还是没有碰到北山的和尚。于是他又想北山的和尚是不是来得晚了,想来想去很纳闷,他想“毕竟十年了,我们也是好朋友,应该去看看他吧”,于是有一天,他挑完水以后,就过了河去了北山。

一进北山的寺院,他发现水缸是满满的,他感到很奇怪。过了一会儿他发现,原来庙里面有一口井。北山的和尚对南山的和尚讲,过去十年,他每天早上挑水上来后就在这儿挖,虽然他不知道能挖出来什么,也不知道要挖多久,但他还是一直挖下去,十年如一日,最后水出来了,井挖成了。

很多的管理者往往自己都不知道怎么就把企业发展得越来越大,这样是不对的,而应该深入地去思考这个问题。

(三)技术变革

技术变革指的是组织的工作程序、工作方法、机器设备的变革。传统的科学管理是基于动作研究和时间研究来推进技术变革的,现代的技术变革则是通过引进新设备、新工具和新方法,实现自动化、计算机化。这种技术变革从根本上改变了组织的生产方式,大大提高了组织的生产效率。近年来最典型的技术变革体现为互联网、计算机等先进技术普及程度的不断上升。例如,工业领域,生产企业采用自动装配线,以机械取代人力,实现了生产的自动化;在商业零售领域,大型超级市场已将人工收款台改造为输入终端,通过计算机网络技术,提供实时的库存数据。

三、组织变革的程序

(一)组织诊断,发现变革征兆

1. 组织结构调查

通过调查了解和掌握组织结构的现状和存在的问题。主要调查资料有:工作岗位说明书、组织体系图和管理业务流程图等。

2. 组织结构分析

通过分析明确现行组织结构存在的问题,并为提出改进方案打下基础。

3. 组织决策分析

其要考虑的因素有:决策影响的时间、决策对各职能的影响、决策者所具备的能力和决策的性质等。

4. 组织关系分析

它主要是指组织内部之间及其与外部环境的关系分析。

通过上述分析诊断,根据组织出现的变革征兆,找到组织变革要解决的问题。

(二)分析变革因素,制订变革方案

通过分析引起变革的各方面因素,制定符合组织发展的变革方案。在确定变革要解决的问题之后,为了使组织变革获得成功,组织必须认真分析变革的限制因素,即组织变革存在哪些制约环节、变革需要哪些条件等等。这些限制因素具体包括:首先,确定上级是否支持此次变革,如果未得到上级支持,变革很难成功;其次,组织是否承担起变革带来的成本和代价,甚至变革引起的暂时不稳定而出现的损失等;再次,选择适合实施组织变革的时机,合适的时机可以减少组织变革带来的损失。

(三)制订并实施变革计划

实施组织变革计划的过程需要经历三个阶段:解冻、变革和再冻结。解冻是引发变革的动机,创造变革的需要,做好变革的准备工作;变革是将新的工作态度、行为模式等传输给组织成员,为他们所接受;再冻结是指在变革工作告一段落之后,利用一定的措施将组织成员已经形成的新态度及新的行为方式固定下来,使之得以巩固和发展。

(四)评价变革效果,及时反馈

评价变革的效果就是检查计划实施后是否达到了变革的目的,是否解决了组织中存在的问题,是否提高了组织的效能。其实,这个评价的过程,也是信息反馈的过程,此次变革的效果好坏,直接影响了实施下一轮组织变革的过程。

四、组织变革的阻力

组织变革中的阻力,是指组织成员反对变革、阻挠变革甚至对抗变革的制约力。变革阻力的存在,意味着组织变革并不是一帆风顺的,进而给变革的管理者提出了更严峻的变革管理任务。

(一)阻力的来源

1. 个人对变革的阻力

(1)固有的工作和行为习惯

组织成员进入工作环境中工作之后,随着工作经验的增加,他的工作和行为习惯慢慢地固定下来。组织变革可能会改变组织成员原有的工作习惯,包括对工作环境的适应性、形成的工作方法、使用的职用语等。这些习惯被组织变革改变之后,组织成员必然会产生心理上的不适应,甚至产生不快或抵触的情绪。

(2)就业安全的需要

组织变革的过程中,势必会进行组织结构变革和人事变革,组织成员会因组织变革产生担心下岗或调换岗位的心理,某些成员甚至为组织变革引起的权力转移而受到威胁。对于安全需要较高的人,变革可能带给他们的不安全感更大,尤其是在既得利益和控制资源受到威胁的成员更可能抵制变革。

(3)经济收入变化

当变革的结果未完全显示时,组织成员无法亲身体会到变革带来的利益,组织成员对其经济收入的变化还存在疑惑。尤其是变革的过程中,完全有可能产生某些不利的因素,使得在短时期内组织成员的经济利益受到了损害,这种损害成为成员抵制变革的一个原因。

(4)对未知状态的恐惧

组织变革可能会对一些组织成员的工作岗位进行调整。被调整的组织成员不愿意接受新的工作,原因是他熟知以前的工作程序,而对新岗位的工作是否能胜任等问题还存在疑惑,对未知的状态也无法猜测。成员对未来发展轨迹的恐惧,也是抵制变革的一个原因。

(5)对变革的认识存有偏差

部分组织成员不了解组织变革对整个组织、部门及对自身的作用,对组织变革的价值认识不清,使得不重视组织变革,甚至不配合变革的相关工作,进而形成阻力,影响了组织变革的进程。

2. 群体对变革的阻力

(1)群体凝聚力

群体凝聚力越强,对组织变革的影响更大。尤其是在已经形成良好的工作协作关系时,他们更加抵制组织变革的发生,以维护他们原有的群体凝聚力。

(2)群体参与决策的程度

群体参与到组织决策的程度越高,越容易理解并支持组织变革,但参与决策程度低的群体,由于他们对组织变革的认识程度不高,认同度较低,自然对变革产生较大的抵触力量。

【管理小故事6.4】

螃蟹文化

捉螃蟹的人都会有一个体会,就是把捉到的螃蟹放进篓子里后,人们都不用给这个篓子盖盖子,也不用担心螃蟹会爬出来,为什么呢?因为当一个螃蟹试图往外爬的时候,其他的螃蟹都来了,一个挨一个,最终会把那个螃蟹拉下来。

在很多的企业里也会有"螃蟹文化",就是当有一个人希望去变革,希望去打破一种习惯的时候,更多的人会给他巨大的压力。所以,在组织变革当中,重要的不是去树立更多新的观念,而是如何摒弃那些已经陈旧的、不适应环境、不适应组织现状的观念。

3. 组织对变革的阻力

(1)组织结构的束缚

组织结构在运行的过程中,对各项工作做出了相关的规定,对权责范围也做出了明确的界定。当组织变革损害了某一层级人员的利益,那么与之相关的职位人员由于也处在不利位置,那么就形成了妨碍组织变革的阻力。

(2)组织运行的惯性

组织变革前,组织具有一定的任务结构、权责分布,每个成员都有自己的角色,通过工作程序、规章制度等因素,使组织正常的运转。当组织发生变革后,原有组织的运行方式、原有的规章制度存在着惯性,这个惯性就会对变革产生一定的阻力。

(3)组织资源的限制

任何变革的成功都要付出一定的人力、物力等资源,那么由于组织资源不足,可能使得一些变革将被放弃或延迟。另外,组织变革可能引起组织资源结构的变化,使得部分资源被闲置,甚至浪费,尤其是对于固定资产投资高、现有资源机制很高且无法轻易改变或技术相关性较强的组织来说,组织变革带来的损失会更大。这样,组织资源对组织变革具有一定的阻力。

(4)保守型组织文化

追求稳定、安逸和确定性的保守型组织文化,不易接受组织变革带来的风险,势必对变革持反对态度,造成了阻力的另一来源。

(二)克服阻力的管理对策

1. 强有力的高层管理者,并得到其支持

变革是必须自上而下的,所以要求有一个坚强、团结、有力的领导班子,尤其是一把手必须不惧风险、不惧压力,才能坚定变革的信念,毫不动摇,只有这样,才能克服来自各方面的阻力和困难,坚定地按照既定目标实施推动。

管理者对变革阻力的克服十分关键。组织应大胆启用具有变革思想、开拓精神的管理者,充实关键岗位,帮助一些观念落后的管理者尽快转变思想,避免成为阻力的来源。

2. 通过各种形式宣传变革的必要性、紧迫感

要通过对外部宏观社会经济环境的分析，让每一个组织成员了解目前在激烈竞争形势下，面对科技进步，不通过变革来适应竞争环境、增强活力、提高竞争力，就会落后于时代的发展，被飞速发展的形势所淘汰；对于组织内部的问题，可以聘请外部管理咨询机构进行调研诊断，以第三方的角色客观真实地披露问题及根源所在，揭示变革的紧迫感。

3. 客观设置变革的目标，并反映汇报阶段性成果

在变革前认真分析内外环境，分析有利和不利的条件，建立一个客观、合理的变革目标，并对变革过程中可能出现的影响因素进行预测。通过这些认真的分析和预测，将增强人员的信心，增强对未来变革成果的正面预期，消除不安全感。

在变革的每一个阶段性工作完成后，应将成果进行反映和汇报，让组织成员了解变革进展情况及其对组织所带来的益处。

4. 广泛发动员工参与变革的过程

每个人都容易接受自己参与制定的计划、方案和决定，因此在变革过程中，尽可能将具体的内容让相关人员参与，在不同的方案中进行最优化选择，与最后提出变革方案相比，这样的阻力会大大降低。

5. 以奖励为主要的激励手段

由于适应需要一个过程，所以在实施阶段初期，应该采用以奖励为主的激励手段，树立有示范效应的员工榜样，促进更多的人支持变革，理解变革；在正面引导后，可以采用惩罚手段，撤除阻碍变革的干部，让反对变革的人离开团队，为变革清除障碍。

6. 妥善安排撤并精简人员

对于撤并精简人员乃至辞退的员工，必须按照劳动法规，进行妥善安排，并给予经济上的补偿，避免产生劳动争议和团队动荡，维持一个安定的变革环境。

第三节　组织文化

“三年繁荣靠营销，十年优势靠技术，百年生存靠文化。”一句话道破组织文化的重要性。

一、组织文化的概念

关于组织文化的概念，有许多不同的认识和表达。

①美国学者约翰·科特和詹姆斯·赫斯克特认为，组织文化是指一个组织中各个部门，至少是组织高层管理者们所共同拥有的那些组织价值观念和经营实践。组织文化是指企业

中一个分部的各个职能部门或地处不同地理环境的部门所拥有的那种共同的文化现象。

②特雷斯·迪尔和阿伦·肯尼迪认为，组织文化是价值观、英雄人物、习俗仪式、文化网络、组织环境。

③威廉·大内认为，组织文化是“进取、守势、灵活性”，即确定活动、意见和行为模式的价值观。

我国的多数学者认为，组织文化有广义和狭义的理解。广义的组织文化是指组织所创造的具有自身特点的物质文化和精神文化；狭义的组织文化是组织所形成的具有自身个性的经营宗旨、价值观念和道德行为准则的综合。

组织都是为完成一定的目标而建构起来的社会集合体，为了达到设定的目标，组织成员之间必须具有共同的理想、追求及行为准则。但对于每一个组织来说，由于其存在的环境条件和历史背景不同，故每个组织形成了各自独特的意识形态、价值观念和行为方式等，这些独特的组织特征正是每个组织的组织文化的体现。组织文化的任务就是通过创造组织成员共同遵守的价值观念和行为准则。

在此分析的基础上，本书提出组织文化的含义：组织文化是指组织在长期的工作实践中所形成的，并且被组织成员普遍认可和遵循的体现本组织特色的价值观念、道德准则、群体意识和行为规范等的总称。

二、组织文化的层次

组织文化建设的内容主要包括物质文化层、行为文化层、制度文化层和精神文化层等四个层次的文化。学习型组织的塑造是组织文化建设的宗旨和追求的目标，从而构成组织文化建设的重要内容。

1. 物质文化层

物质文化层是指产品和各种物质设施等构成的器物文化，是一种以物质形态加以表现的表层文化。例如，企业生产的产品和提供的服务是企业生产经营的成果，是物质文化的首要内容。其次，企业的生产环境、企业容貌、企业建筑、企业广告、产品包装与设计等也构成企业物质文化的重要内容。

2. 行为文化层

行为文化层是指组织成员在生产经营及学习娱乐活动中产生的活动文化。例如，在企业，指的是企业经营、教育宣传、人际关系活动、文娱体育活动中产生的文化现象，包括企业行为的规范、企业人际关系的规范和公共关系的规范。企业行为包括企业与企业之间、企业与顾客之间、企业与政府之间、企业与社会之间的行为。

3. 制度文化层

制度文化层主要包括组织领导体制、组织机构和组织管理制度三个方面。组织制度文化是组织为实现自身目标对组织成员的行为给予一定限制的文化，它具有共性和强有力的行为规范的要求。它规范着组织的每一个人。例如，企业的工艺操作流程、厂纪厂规、经济责任制、考核奖惩等都是企业制度文化的内容。

4. 精神文化层

精神文化层是指组织生产经营过程中，受一定的社会文化背景、意识形态影响而长期形成的一种精神成果和文化观念。例如，企业精神、企业经营哲学、企业道德、企业价值观念、企业风貌等内容，是企业意识形态的总和。

三、组织文化的核心内容

（一）价值观念

组织的价值观，是指组织成员对组织存在的意义、经营目的、经营宗旨的价值评价和为之追求的整体化、个异化的群体意识，是组织所有成员共同的价值准则。只有在共同的价值准则基础上才能产生企业正确的价值目标。有了正确的价值目标才会有奋力追求价值目标的行为。因此，组织价值观决定着其成员行为的取向，关系组织的生死存亡。

（二）组织精神

组织精神是指组织基于自身特定的性质、任务、宗旨、时代要求和发展方向，并经过精心培养而形成的组织成员群体的精神风貌。组织精神是组织文化的核心，是组织的灵魂，在整个组织文化中起着支配的地位。组织精神以价值观念为基础，以价值目标为动力，对组织经营哲学、管理制度、道德风尚、团体意识和组织形象起着决定性的作用。

组织精神通常用一些既富于哲理，又简洁明快的语言予以表达，便于职工铭记在心，时刻用于激励自己；也便于对外宣传，容易在人们脑海里形成印象，从而在社会上形成个性鲜明的组织形象。如王府井百货大楼的“一团火”精神，就是用大楼人的光和热去照亮、温暖每一颗心，其实质就是奉献服务；西单商场的“求实、奋进”精神，体现了以求实为核心的价值观念和真诚守信、开拓奋进的经营作风。

（三）组织道德

组织道德是指调整该组织与其他组织之间、组织与顾客之间、组织内部职工之间关系的行为规范的总和。它是从伦理关系的角度，以善与恶、公与私、荣与辱、诚实与虚伪等道德范畴为标准来评价和规范组织。

四、组织文化的功能

（一）导向功能

组织文化是一种氛围，引导组织成员迈向前进的方向。时刻在组织内播种一种观念，培育一种行为,从而收获一种结果;解决人们的观念、感情、情绪、态度方面的问题,要靠组织文化。

【管理小故事6.5】

科学家将四只猴子关在一个密闭房间里,每天喂食很少食物,让猴子饿得吱吱叫。几天后,实验者在房间上面的小洞放下一串香蕉,一只饿得头昏眼花的大猴子一个箭步冲向前,可是当它还没拿到香蕉时,就被预设机关所泼出的滚烫热水烫得全身是伤,当后面三只猴子依次爬上去拿香蕉时,一样被热水烫伤。于是众猴只好望"蕉"兴叹。

几天后,实验者换进一只新猴子进入房内,当新猴子肚子饿得也想尝试爬上去吃香蕉时,立刻被其他三只老猴子制止,并告知有危险,千万不可尝试。实验者再换一只猴子进入,当这只新猴子想吃香蕉时,有趣的事情发生了,这次不仅剩下的两只老猴子制止它,连没被烫过的半新猴子也极力阻止它。实验继续,当所有猴子都已换新之后,没有一只猴子曾经被烫过,上头的热水机关也取消了,香蕉唾手可得,却没有一只猴子敢前去享用。

所谓一朝被蛇咬,十年怕井绳,这种惧怕在组织里是传染的。在一个组织里,前人的警醒很容易变成组织的经验,因为每个人都害怕重复犯错。这本来是一件好事,但在组织环境发生变化之后,这种警醒立刻变成杞人忧天。世界是变化的,组织也应顺着潮流而变化,一成不变的组织只能被淘汰,经验是累积的,也需要不断改良,经验不是过去式,而应将其看作进行时。

可见,组织文化的导向功能如此之大。

(二)凝聚功能

组织文化以人为本,尊重人的感情,从而在组织中造成了一种团结友爱、相互信任的和睦气氛,强化了团体意识,使组织成员之间形成强大的凝聚力和向心力。共同的价值观念形成了共同的目标和理想,组织成员把组织看成是一个命运共同体,把本职工作看成是实现共同目标的重要组成部分,整个组织步调一致,形成统一的整体。例如,"厂兴我荣,厂衰我耻"成为职工发自内心的真挚感情,"爱厂如家"就会变成企业员工的实际行动。

(三)激励功能

共同的价值观念使每个职工都感到自己存在和行为的价值,自我价值的实现是人的最高精神需求的一种满足,这种满足必将形成强大的激励。在以人为本的组织文化氛围中,领导与职工、职工与职工之间互相关心,互相支持。特别是领导对职工的关心,职工会感到受人尊重,自然会振奋精神,努力工作。另外,组织精神和组织形象对组织成员有着极大的鼓舞作用,特别是组织文化建设取得成功,在社会上产生影响时,组织成员会产生强烈的荣誉感和自豪感,他们会加倍努力,用自己的实际行动去维护组织的荣誉和形象。

(四)约束功能

组织文化的约束功能主要是通过完善管理制度和道德规范来实现。

1.有效规章制度的约束

企业制度是企业文化的内容之一。企业制度是企业内部的法规,企业的领导者和企业职工必须遵守和执行,从而形成约束力。

2. 道德规范的约束

道德规范是从伦理关系的角度来约束企业领导者和职工的行为。如果人们违背了道德规范的要求,就会受到舆论的谴责,心理上会感到内疚。例如,同仁堂药店"济世养生、精益求精、童叟无欺、一视同仁"的道德规范约束着全体员工必须严格按工艺规程操作,严格质量管理,严格执行纪律。

(五)辐射功能

组织文化关系到组织的公众形象、公众态度、公众舆论和品牌美誉度。组织文化不仅在组织内部发挥作用,对组织员工产生影响,它也能通过传播媒体,公共关系活动等各种渠道对社会产生影响,向社会辐射。组织文化的传播对树立组织在公众中的形象有很大帮助,优秀的组织文化对社会文化的发展有很大的影响。

五、组织文化的塑造过程

组织文化的塑造不是一蹴而就的,而是一个长期的系统过程。在组织文化塑造的进程中,既需要管理者的倡导和支持,又需要组织成员的配合和接受。

(一)选择合适的组织价值观念标准

组织价值观念是构成组织文化的重要部分,选择合适的组织价值观念标准,对塑造组织文化的过程起到极其重要的作用。组织价值观念是由组织内部的绝大多数人共同认可的价值观念。具体来说,组织价值观是组织在追求经营成功的过程中,所推崇和信奉的基本行为准则。这就要求组织要充分调动员工的积极性和创造精神,不断听取组织成员的不同意见,经过多次筛选,最后形成体现本组织特点和反映组织成员意识的组织价值观念。这种价值观念的主要作用在于,它能够引导所有的组织成员达到一种共识。

(二)强化员工的认同感

在选择了合适的组织价值观念标准之后,组织应通过多种强化方法将这一价值观念植入到每一个组织成员的内心深处。这些强化方法表现为:

1. 宣传组织文化

利用组织的宣传机构,通过广播、组织内刊、组织活动等宣传媒体,将组织文化的内涵广而告之,营造良好的环境氛围。

2. 树立典型代表

在组织运营过程中,树立榜样和英雄人物等典型代表,通过他们的感召力和影响力,带动周围其他成员共同进步。

3. 加强培训教育

对组织成员进行针对性的培训与教育，使他们系统地接受组织的价值观念，并强化员工的认同感。

（三）组织文化的初步形成

经过组织成员对组织价值观念的实践认知，分析他们对价值观念的评价意见，找出差距，组织对差距进行再分析、整理、归纳，最后得到科学论证和实践检验的组织精神、组织伦理等，对其进行条理化、完善化、格式化，经过必要的理论加工和文字处理，最终以精炼的语言形成初步的组织文化。

（四）组织文化固化

初步形成的组织文化需要巩固落实，主要做法有以下两种：

1. 建立规范的规章制度

在组织文化演变为组织成员的习惯性行为之前，组织需要建立相应的规章制度，来规范每个成员的行为，使其按照组织文化的准则和要求做事；即使具备成熟组织文化的组织内部，不乏存在个别成员背离组织宗旨的行为，也需要规范的制度来管理。

2. 管理者的思想倡导和行为示范

管理者在塑造组织文化的过程中起到决定性的作用，其倡导的思想和规范的行为，对组织成员的影响是巨大的。

（五）组织文化的完善

任何一种组织文化都是受限于历史条件的，随着组织内外部环境的改变，组织文化必须适时地进行完善。在摒弃旧文化的同时，塑造新文化，组织文化在不断的完善中达到更高的层次。

【案例分析】

美国银行企业的组织结构调整

从19世纪80年代初开始，由于联邦政府放松了对银行业产品和地理区域的管制，美国各银行企业的经营环境都发生了很大的变化。银行和金融服务中不断增强的竞争，以及迅猛发展的技术进步，都迫使各家银行改变经营战略，以实现利润和增长的双重目标。由于激烈竞争的缘故，存款与贷款之间的价值差缩小了，银行不能再通过简单地增加一笔存款或贷款而提高其利润水平。发放更多的新贷款也许只是为了维持存贷平衡，因为低质的贷款正变成坏账，使贷款损失猛增。一些银行并没有及时地意识到，为赢利性地展开竞争、避免破产，它们将不得不在金融服务行业的经营领域中寻得一席之地。他们必须着眼于总利润，而不能简单地看贷款额的增长幅度。

这些变化迫使许多银行从经营战略的角度得出结论：组织需要变得更少集权，更加关注顾客需要,而且应与市场保持更紧密的联系;必须确定出能获利的产品市场领域,并在企业内组织专门的队伍,为那些能带来高利润的顾客提供营销服务。

结果,从80年代以来,许多商业银行便开始重组,从职能型结构转变成按顾客类型和需要进行组织的事业部型体制。这些银行中很大一部分都由总经理(即与职能经理相对应的"总经理")来领导各个事业部,事业部经理是直接为某一特定顾客群体提供服务的销售和营业人员。这些经理现在要为事业部的盈利和资产回报负责,而这也将在他们的个人收入上得到反映。确定了向事业部型和顾客驱动型结构转变的目标以后,各银行的领导者们便着手考虑如何变革组织结构,以便将可能发生的混乱减少到最低限度,同时又能获得各类群体员工的大力支持。因为所拟定的组织变革方案正使企业中的大多数员工感到某种精神上的不适应和利益上的受损害,所以,成功的组织变革就必须考虑采取一些对策和办法来克服阻力,使企业的员工了解自己应该为变革做些什么,并置身于这一变革行列中,推动变革的顺利实施。

银行业的许多领导者都认为,他们所涉及的组织变革问题需要自己投入尽可能多的时间。问题是如此重要,使得银行业的领导者们必须采取一种教育的策略,促进高层管理人员和一般员工都充分认识干扰企业运营的问题的严重性和紧迫性,只有这样,组织变革才会有成功的可能。而这种教育和认识自然地会引导企业采取参与的变革策略。

有些银行还聘请了外部顾问担任他们的变革推动人。这些顾问人员在仔细审查变革计划时,常会问及高层管理人员一些平时难得考虑到的问题。顾问人员的"局外者"身份,使得他们能脱身于对企业持续运行看来似乎相当紧要的日常琐碎事务之外,看清企业所面临问题的本质。另外,顾问人员可以从高层领导者的合法权力中,以及他们自身在该领域的专家权力中,取得某种权威来推动变革的进程。

在许多银行企业中,高层管理人员通常要花费两年时间与顾问人员和内部委员会仔细商讨诸如银行要在哪些领域开展经营,如何照此要求设立组织结构,以及如何在企业中尽快、尽可能有效地推进所需要的组织变革等等问题。

两年以后,各组织层次的管理人员对企业重新确定的经营方针、经营领域、经营成功的关键因素以及将来需要采取的行动方案等都获得了较为全面的了解。这样,每个人都做好了变革的准备,并在激励之下去推行组织结构、管理系统和管理风格等方面所需的变革。

采取教育和鼓励参与策略的银行领导者们发现,这些变革发动方式不仅有利于产生更好的决策,同时也有利于顺利地执行这些决策。因为投身其中的人们都对竞争对手、市场顾客、银行自身的文化和运营能力等有了更好的了解。企业一旦做出了变革的决策,实际负责执行变革决策的管理人员乃至一般员工,他们已经是变革队伍中的一员,已经得到良好的激励去做所需要做的事情。

尽管如此,当高层和中层管理人员开始将已达成共识的变革付诸实践的时候,他们中的许多人才发现,要让守旧的管理人员和一般员工改变其态度和行为并不容易。为使预想的变革得到理解、信任和执行,密切沟通、仔细调整作业流程及建立起有效的激励机制,这些手段就变得日益重要了。

文化是许多银行变革中的一个最大阻碍力量。这些银行的员工们已习惯地认为，他们工作的目的是为了更好地生活，他们工作的时间只能严格地从早上9点到下午5点。辞退对他们来说是件新鲜而不受欢迎的事。

【点评】

组织变革的成功不仅依赖于正确的组织设计方案的选定，更取决于他们对组织变革过程的一种卓有成效的管理和领导能力。该组织的组织变革是极为重要而且是非常必要的，但它绝对不是轻而易举的事情。

本章小结

本章较为系统地介绍了组织、组织设计、组织变革及组织文化的相关内容；着重介绍了组织的定义及分类；阐述了组织设计的过程、组织的横向部门化设计与纵向层级化设计、常见的组织结构及相关图形；分析了组织变革的动因、过程，可能存在的阻力及消除阻力的对策；最后介绍了组织文化的含义、层次、功能及塑造过程。

练习库

一、单项选择题

1. 在共同的工作过程中自然形成了以感情、喜好等情绪为基础的松散的、没有正式规定的群体叫做(　　)。

   A. 团队　　B. 非正式组织

   C. 联盟　　D. 正式组织

2. (　　)是根据组织目标，按组织职能为基础进行部门划分，设立专门的管理部门的过程。

   A. 组织部门化　　B. 组织层级化

   C. 职能部门化　　D. 组织设计

3. 在组织规模一定时，管理层级与管理幅度成(　　)。

   A. 正比　　B. 反比

   C. 不成比例　　D. 无法判断

4. (　　)是各类组织中最早出现的、最简单的集权组织结构形式。

   A. 直线制　　B. 职能制

   C. 事业部制　　D. 网络制

5. (　　)结构适合于产业多元化、品种多样化、各有独立的市场的跨国公司。

   A. 直线制　　B. 职能制

C. 事业部制　　D. 网络制

6. (　　)结构主要适合于重大工程与项目、单项重大事务的临时性组织。

A. 直线制　　B. 职能制

C. 事业部制　　D. 矩阵制

二、多项选择题

1. 按组织的社会职能分,组织可以分为(　　)。

A. 政治性组织　　B. 经济性组织

C. 文化性组织　　D. 正式组织

E. 非正式组织

2. 部门化设计包括(　　)。

A. 职能部门化　　B. 地区部门化

C. 产品部门化　　D. 顾客部门化

E. 流程部门化

3. 扁平式的组织结构形态的特点有(　　)。

A. 层级比较少　　B. 信息沟通速度快

C. 失真度低　　D. 层级之间的关系紧密

E. 为下属提供了更多的提升机会

4. 组织变革的征兆有(　　)。

A. 市场占有率下降,产品质量下降

B. 消耗和浪费严重,组织资金周转不灵

C. 组织新的管理办法推行起来困难

D. 决策迟缓,指挥不灵,信息交流不畅

E. 组织领导无法控制现有的组织结构

5. 组织文化建设的内容主要包括(　　)。

A. 领导文化层　　B. 物质文化层

C. 行为文化层　　D. 制度文化层

E. 精神文化层

三、简答题

1. 简述组织设计遵循的原则。

2. 简述组织设计的影响因素。

3. 简述管理幅度的影响因素。

4. 简述组织设计的步骤。

5. 简述事业部制的优缺点。

四、案例题

1992年,赵刚开办了硕果公司,这是一家种植和销售苹果和山楂两大类水果的家庭式农场企业。公司的销售市场是全国各地市场。经过18年的发展,公司已初具规模,现有8名农业科学家,15名管理人员,120名生产人员,40名销售人员。2008年,赵刚感到自己体衰,将公司的管理大权交给儿子赵子承。2010年,孙子赵兴凯毕业于沈阳一所农业大学,回到农场担任了父亲的助手。

硕果公司现有三种业务活动:第一,生产活动。生产工人和部分管理人员在田间劳动,负责种植和收获。第二,研发活动。公司高薪聘请农业科学家,负责开发新产品和提高产量。第三,销售活动。公司具备一批经验丰富的销售人员,负责走访各地的水果批发商和零售商。

赵子承和儿子赵兴凯对硕果公司的管理一直没有制定出什么正式的政策和规则,对工作程序和职务说明的规定也很有限。但是,硕果公司目前规模已经发展强大。赵子承和儿子赵兴凯都感到有必要为公司建立起一种比较正规的组织结构。他们请来知名管理咨询师王小龙来帮助他们。王小龙指出,他们可以有两种选择:一种是采取直线职能结构形式;另一种是按产品来设立事业部制组织结构。那么,该选取哪种组织设计呢?

1. 硕果公司选哪个组织结构更合适?并分析选择的原因。
2. 若硕果公司的规模进一步扩大,那么在目前选择的组织形式基础上如何调整其结构设计呢?你认为可以增加什么样的管理层次?

五、论述题

1. 试论述过分集权存在的弊端。
2. 论述组织文化的塑造过程。

实　训

1. 项目名称

创建公司。

2. 实训目标

表明被迫改变会让人感到不自在并因此产生抵触情绪或行为。

3. 实训内容

(1)将班级同学分组,每组由5~7名组员构成最佳。

(2)设定公司名称、业务活动(生产产品或提供服务)、公司口号、公司标识等基本情况。

(3)根据公司的基本情况,构建公司结构。

4. 实训成果

各组将讨论的结果以PPT的形式汇报。

第七章

Chapter 7

人力资源管理

【引导案例】

有一天，猎人带着一只猎狗，到森林中打猎，猎狗将一只兔子赶出了窝，追了很久也没有追到。后来兔子一拐弯，不知道跑到哪去了。

牧羊犬见了，讥笑猎狗说："你真没用，竟跑不过一只小小的兔子。"猎狗解释说："你有所不知，不是我无能，只因为我们两个跑的目标完全不同，我仅仅是为了一顿饭而跑，而它却是为了性命啊。"这话传到了猎人的耳朵里，猎人想，猎狗说得对呀，我要想得到更多的兔子，就得想个办法，消灭"大锅饭"，让猎狗也为自己的生存而奔跑。猎人思前想后，决定对猎狗实行论功行赏。于是猎人召开猎狗大会，宣布：在打猎中每抓到一只兔子，就可以得到一根骨头的奖励，抓不到兔子的就没有。这一招果然有用，猎狗们抓兔子的积极性大大提高了，每天捉到兔子的数量大大增加，因为谁也不愿看见别人吃骨头，自己却干看。

可是，一段时间过后，一个新的问题出现了：猎人发现猎狗们虽然每天都能捉到很多兔子，但兔子的个头却越来越小。猎人疑惑不解，于是，他便去问猎狗："最近你们抓的兔子怎么越来越小了？"猎狗们说："大的兔子跑得快，小的兔子跑得慢，所以小兔子比大兔子好抓得多了。反正，按你的规定，大的小的奖励都一样，我们又何必要费那么大的力气，去抓大兔子呢？"猎人终于明白了，原来是奖励的办法不科学啊！于是，他宣布，从此以后，奖励骨头的多少不再与捉到兔子的只数挂钩，而是与捉到兔子的重量挂钩。此招一出，猎狗们的积极性再一次高涨，捉到兔子的数量和重量，都远远超过了以往，猎人很开心。遗憾的是，好景不长。

一段时间过后，新的问题又出现了：猎人发现，猎狗们捉兔子的积极性在逐渐下降，而且越是有经验的猎狗下降得越厉害。这又是怎么回事呢？于是猎人又去问猎狗。猎狗们对猎人说："主人啊，我们把最宝贵的青春都奉献给您了，等我们以后老了，抓不动兔子了，你还会给我们骨头吃吗？"猎人一听，明白了，原来猎狗们需要养老保险，于是，他进一步完善激励机制。规定：每只猎狗每月捉到的兔子达到一个规定的量以后，多余部分可以转化为骨头的贮存，将来老了，捉不到兔子了，就可以享用这些贮存。这个决定宣布之后，猎狗们群情激昂，抓兔子的积极性空前高涨。猎人也无比欣慰，觉得从此可以万事无忧了。

就这样，过了一段时间之后，一件意想不到的事情发生了：一些优秀的猎狗开始离开猎人，自己捉兔子去了。面对这一情况，一开始，猎人以为是思想政治工作没做好。便连续举办了一系列"狗力资源与风险高层猎狗研修班，"培训主题为：缺乏统一指挥所造成的狗力资源浪费，强调猎人的规划对猎狗捕猎的重要性，并有意夸大了其负面影响。这一招对稳定猎狗队伍起到了一定的积极作用，但优秀猎狗流失的状况并未得到有效控制。猎人有些着急了。他想，难道是奖励的力度不够？于是，他将优秀猎狗的奖励标准提高了一倍。这一招收到了比较明显的效果，优秀猎狗流失的问题得到了暂时缓解，但却无法从根本上得到遏制，一段时间之后，离开猎人，自己去捉兔子的猎狗，又开始逐渐多了起来，而且基本上都是最优秀的。聪明的猎人这下可犯愁了，他百思不得其解。

万般无奈之下，他决定直接去向离开的猎狗们咨询。他用 10 根骨头的代价把 5 只猎狗请到一起，他十分动情地对它们说："猎狗兄弟们，我实在不知道我做了什么对不起你们的事，你们为什么一定要离开我呢？"猎狗们对猎人说："主人啊，你是天下最好的主人，我们有任何愿望，你都尽力给予满足，没有任何对不起我们的地方。我们离开你，自己去捉兔子，也不仅仅是为了多得几根骨头，更重要的是我们有一个梦想，我们希望有一天我们也能像您一样，成为老板。"猎人听后，恍然大悟，原来他们是想实现自我价值！怎么解决这一问题呢？

聪明的猎人经过较长一段时间的潜心研究，终于找到了解决方案。于是，他成立了一个猎狗股份有限公司，出台了三条新政策：第一条，实行优者有股。优秀的猎狗可以将贮存的骨头转化为公司的股份，并根据贡献率每年奖励一定数量的股份期权，使优秀的猎狗有机会在公司发财。第二条，实行贤者终身。连续三年或累计 5 年被评为优秀猎狗者，可成为终身猎狗，享受一系列诱人的优厚待遇。第三条，实行强者孵化。优秀的猎狗可以随着业绩增长，逐步成为团队经理、业务总监、总经理、董事长，实现做老板的梦想。这一招十分灵验。

从此以后，不仅该公司优秀的猎狗对猎人忠心耿耿，而且其他地方的优秀猎狗纷纷慕名加盟，猎人的公司越办越火，长盛不衰。

这个故事至少说明了三个重要道理：

①对组织内部人力资源的管理至关重要，我们要多研究人力资源管理的培训机制、激励机制，少责备组织成员，这样，管理才会不断完善，劳资关系也才会更加融洽与和谐。

②有没有激励大不一样，激励科学与不科学大不一样。

③员工的需求是不断增长的，企业必须满足员工不断增长的物质文化的需要，才能有效激励人才和长久地留住人才。

【本章主要内容】

1. 人力资源管理的含义及其六大模块的含义、程序；

2. 员工多元化；

3. 人事外包；

4. 知识型员工。

组织结构设计结束之后,组织内的人力资源配置等相关问题提上日程。人力资源管理活动主要有哪些,这些活动如何开展正是本章的主要内容。

第一节　人力资源管理概述

一、人力资源管理的含义

(一)人力资源的含义及特征

人力资源(Human Resource,HR)指在一个国家或地区中,处于劳动年龄、未到劳动年龄和超过劳动年龄但具有劳动能力的人口之和;或者表述为:一个国家或地区的总人口中减去丧失劳动能力的人口之后的人口;也指一定时期内组织中的人所拥有的能够被企业所用,且对价值创造起贡献作用的教育、能力、技能、经验、体力等的总称。

人力资源作为一种特殊资源,具有如下特征:

1. 生物性

与其他任何资源不同,人力资源属于人类自身所有,存在于人体之中是一种“活”的资源,与人的生理特征、基因遗传等密切相关,具有生物性。

2. 时代性

人力资源的数量、质量以及人力资源素质的提高,即人力资源的形成受时代条件的制约,具有时代性。

3. 能动性

人力资源的能动性是指人力资源是体力与智力的结合,具有主观能动性,具有不断开发的潜力。

4. 两重性

两重性即双重性,是指人力资源既具有生产性,又有消费性。

5. 时效性

人力资源的时效性是指人力资源如果长期不用,就会荒废和退化。

6. 连续性

人力资源是可以不断开发的资源,不仅人力资源的使用过程是开发的过程,培训、积累、创造过程也是开发的过程。

7. 再生性

人力资源是可再生资源,通过人口总体内各个个体的不断替换更新和劳动力的"消耗→生产→再消耗→再生产"的过程实现其再生。人力资源的再生性除受生物规律支配外,还受到人类自身意识、意志的支配,人类文明发展活动的影响,新技术革命的制约。

(二)人力资源管理的含义

人力资源管理就是指组织运用现代化的科学管理方法,对人力资源进行合理的招聘、培训、考核、薪酬、劳动关系管理等工作,使人力、物力等各要素经常保持最佳的比例,同时对人的思想、心理和行为进行恰当的引导、控制和监督,以充分发挥人的主观能动性,做到事得其人,人尽其才,人事相宜,事竟功成,以实现组织的目标。

二、人力资源管理的基本功能

人力资源管理活动在组织管理的过程中体现的功能是多方面的,主要表现为获取功能、激励和凝聚功能、整合功能、调控功能和开发功能。

(一)获取功能

只有首先获取了人力资源,才能对其进行管理。主要包括人力资源规划、招聘和录用。为了实现企业的战略目标,人力资源管理部门要根据企业结构和战略目标,确定职务说明书与员工素质要求,制定与企业目标相适应的人力资源需求与供给计划,并根据人力资源的供需计划而开展招聘、考核、选拔、录用与配置等工作。这是进行人力资源管理的第一步。

(二)激励和凝聚功能

激励和凝聚功能指对员工为组织所作贡献而给予奖酬的过程,进而体现人力资源管理的激励与凝聚职能,因而是人力资源管理的核心。其主要内容为:对员工绩效进行考评;设立合理的奖酬制度并给予公平合理的工资、奖励和福利。

(三)整合功能

现代人力资源管理奉行人本主义,强调个人在组织中的发展,个人的发展势必会引发个人与个人、个人与组织之间的冲突,产生一系列问题。所以,人力资源的第二个职能就是去解决这些冲突,使员工之间和睦相处,协调共事,我们称之为整合功能。整合的过程其实就是一个使员工之间和睦相处,协调共事,取得群体认同的过程,也是员工与组织之间、个人认知与组织理念、个人行为与组织规范的同化过程,因而又称之为人际协调功能与组织同化功能。其主要内容有:

①组织同化,即个人价值观趋同于组织理念,个人行为服从于组织规范,使员工与组织认同并产生归属感。

②群体中人际关系的和谐,人与组织的沟通。

③矛盾冲突的调解与化解。

(四)调控功能

调控功能指对员工实施合理、公平的动态管理过程,如晋升、调动、奖惩、离退、解雇等,它具有控制与调整职能。

(五)开发功能

开发功能是人力资源管理的重要职能。组织中的人力资源管理的开发功能重在对人力资源质量的开发。它是指对组织成员素质与技能的培养与提高,及对他们潜能的充分发挥,以最大地实现其个人价值,进而为组织创造更大的价值。

三、人力资源管理的影响因素

人力资源管理活动的有效实施,主要受内外部因素影响。外部因素主要来自国家政府政策、经济环境、劳动力市场、竞争对手等;内部因素主要包括组织的高层管理者对人力资源管理的认知,组织的规模、所处的生命周期、所属行业等。

(一)外部因素

1. 国家有关劳动人事法律法规法令

国家有关劳动人事的法律法规法令的出台,时刻督促组织的人力资源管理活动的正常运行。例如《劳动合同法》的颁布,放宽了劳动合同当事人解除劳动合同的法定条件。该法对于企业的人力资源管理来说,既是对组织成本的考验,又是对组织内过去工作的检验和未来工作的挑战。相关法律法规是对组织进行人力资源管理的监督,促使组织规范使用和管理人力资源要素,保障劳动者的合法权益。

2. 经济环境

外部的经济环境对组织采取的人力资源管理策略具有很大的影响。目前,全球的经济形势出现了经济增速放缓的局面,直接导致了众多企业用人成本的上升。在当前经济环境下,企业生存环境不容乐观,国内企业的低人力成本时代也将成为历史,企业之间的人才竞争也将使企业用工成本逐渐增大。面对这种变化,企业管理者必须进行人力资源战略的创新和调整,通过变革占领先机。只有加强人力资源管理的创新,积极进行自身人才优化,才能在激烈的市场竞争中脱颖而出。

3. 劳动力市场的供给与需求现状

劳动力市场是组织进行人力资源管理实践的外部大环境,其成熟、健全与否直接关系到组织人力资源管理的方方面面。随着市场经济体制的初步建立,我国的劳动力市场也在不断完善配套措施,特别是社会保障制度、收入分配制度等。劳动力供需是否平衡直接影响组织的人力资源管理活动。若市场劳动力供给大于需求,组织的人才选择范围加大,选择优秀的人才机会加大,人力成本下降;若劳动力供给小于需求,劳动力数量短缺,组织获取人力资源的成本提高,影响组织的人员配备及时性,进而降低了组织的管理效率。

4. 竞争对手在人力资源方面的情况

在每个组织里,人是最重要的组织要素。研究竞争对手的策略,必须研究竞争对手的人力资源策略。获取竞争对手对组织成员的招聘、培训、考核、薪酬等信息,对本组织起到"知己知彼,百战不殆"的效果。在组织资源允许的情况下,尽力使组织内部的培训、薪酬、组织文化与竞争对手相比,具有竞争性,这样才能保证吸引优秀人才,留住优秀人才。

(二)内部因素

1. 高层管理者对人力资源的认知

高层管理者是解决"实施组织战略与执行能力之间的匹配度"问题的人。在实施组织战略过程中,高层管理者对人力资源的认知程度越高,执行能力越高。这个认知程度直接会影响整个组织的人力资源内容。比如:组织设计、岗位分析、组织设计、胜任力素质模型、人力规划、招聘、培训、绩效管理、薪酬福利、人事制度手册、企业文化、任职资格、职业生涯、员工手册等内容。

2. 组织的规模

随着组织的不断发展,组织的规模越大,组织结构越复杂,人力资源需求量也就越大,相应的人力资源管理工作越规范。

3. 组织的生命周期

组织所处的生命周期不同,人力资源管理工作的重心不同,组织必须根据自身的条件,不断地解决这些矛盾,才有可能实现可持续发展。

(1)创业初始期

创业时期的组织,产品品种单一、产量低、市场占有率低、产品的成本高、管理不规范、知名度低,企业人员少,人才少,没有明确的分工,人才使用的特点是高低配置,即:高级人才低位使用,但创业者具有极大的热情和雄心、极强的创新精神。这一时期应做到:充分发挥创始的人的人格魅力、创造力和影响力,在工作中发现一批技术型和管理型人才,为以后组织向规范化、制度化方向发展打下坚实的基础;促进人才组织化,帮助员工设计自己的职业生涯。

(2)组织成长期

此阶段组织的特征是产品业务量逐渐增加、组织人员数量也大量增加,规模迅速地扩大,组织的规章开始建立,明确组织机构,进入规范化管理阶段,组织有一定的创新能力。这一时期应做到:完善组织结构,加强组织建设和人才培养,大量吸纳高级人才,让员工从事具有挑战性的工作,丰富工作内容,承担更多责任;根据市场法则确定员工与企业双方的权利、义务和利益关系;企业与员工建立共同愿景,在共同愿景的基础上就核心价值观达成一致;员工与组织的心理期望与组织与员工心理期望达成默契，在员工与企业间建立信任与承诺关系，实现员工的自我发展和管理。

(3)组织成熟期

组织成熟期，组织的规模、销量、利润、职工、市场占有率、竞争能力、研发能力、生产能力、社会认可度等都达到了最佳状态，人力资源方面，出现高高配置，即高级人才高位使用。这一时期应做到：激励组织的灵活性，具体措施是建立"学习型组织"、提供企业发展远景规划、建立人力资源储备库，采取比竞争对手更为优秀的人才垄断战略；组织岗位设计分析，明确人员职责；加强针对性培训，解决老员工知识老化问题；激励手段多样化，吸引、留着企业所需人才；制定关键人力资源名单，以防止关键人力资源跳槽或突发事件的发生。

(4)组织衰退期

组织衰退时期，管理不善，销售和利润大幅度下降，设备和工艺落后，产品更新速度慢，市场占有率下降、负债增加、财务状况恶化、职工队伍不稳定，员工士气不高，不公平感增强，对自己职业生涯发展期望值降低，敬业精神弱化，人才浪费严重，企业缺乏激励上进的组织气氛。企业的人力资源是低低配置，即低级人才低级使用。此时的企业有两种前途：要么衰亡，要么蜕变。这一时期应做到：人才转型，对职工后期发展出路给予指导，在新的领域进行人才招聘和培训，实现企业的二次创业。

4. 组织所处的行业

不同行业完成组织目标的战略不同，其组织结构不同，配置的人力资源数量与质量不同，组织采取的人力资源管理的策略、模式都会不同。有的行业侧重于控制人力成本的人力资源管理策略，有的行业侧重于员工能力开发的人力资源管理策略。

四、现代人力资源管理与传统人事管理的关系

传统人事管理是做好人力资源管理基础和前提，没有传统人事管理，就没有现代人力资源管理。市场经济环境下，组织只靠传统的人事管理已很难激发员工的积极性和潜力的发挥，现代的人力资源管理应运而生。二者的区别主要有以下几个方面：

(一)认识观念不同

传统的人事管理产生于计划经济时期，其观念是将人力视为"工具"，重在使用，并将其当做成本负担，组织尽量减低人力投资以减少成本，从而提高产品在市场上的竞争力；而现代人力资源管理是在市场经济条件下产生的，其思想观念将人视作"资源"，重在使用和开发，这种资源不但有价值，而且还是能够创造价值的资源，只有不断开发人力资源，才能产生巨大的经济利益。

(二)管理核心不同

传统的人事管理以"事"和"物"为核心，管理的对象是组织相关的制度、奖惩措施等可以

物化的东西,这也是传统人事管理部门重点的管理手段;而现代人力资源管理以"人"为核心,以人为本,人力资源部门更注重对职工的职业生涯规划、培训计划等提升人力资源能力的一些措施。但这些措施的有效实施,必须以传统人事管理的制度框架为基础,打破过去存在于组织中的各种关系网,形成一种公平、公正的激励和分配机制。

(三)管理内容不同

传统的人事管理工作内容是招募新人以填补职位的空缺,工资管理等等;而现代人力资源管理除了招聘工作之外,还要担负培训、绩效管理、薪酬设计等任务,这对人力资源管理部门人员素质的要求很高。

(四)管理地位不同

传统的人事管理属于功能性部门,管理活动处于执行层、操作层,往往无需特殊专长、不需要有专业知识、不需要有良好的管理水平和综合素质,着重展现各种功能及执行效率,单纯处理文书、事务性工作的人事行政、执行已制定的政策、活动、薪资管理及维持员工关系和谐的管理角色;而现代人力资源管理进入决策层、运作层,是具有战略和决策意义的管理活动,除承担传统人事管理的基础业务外,还扮演各部门的战略性伙伴角色,主要承担策略及执行前瞻性的人力资源规划等任务。

第二节 人力资源管理过程

人力资源管理的过程包括:人力资源规划、招聘管理、培训管理、绩效管理、薪酬管理和劳动关系管理。

一、人力资源规划

人力资源规划,又称人力资源计划,是为了实现企业的战略目标,根据企业目前的人力资源状况,为了满足未来一段时间企业的人力资源质量和数量的需要,在引进、保持、利用、开发、流出人力资源等方面工作的预测和相关事宜。

(一)人力资源规划的程序

企业的人力资源规划包括制定人力资源战略、企业内外环境分析、人力资源预测、制定人力资源规划、实施人力资源规划、监控和评估人力资源规划的效果六个步骤,缺一不可,各个过程紧密相连,如图7.1所示。

1. 制定人力资源战略

企业的一切工作都是为企业战略的实现服务,并围绕企业的战略展开,因此,首先要明确企业的发展战略和目标,来确定作为企业战略的重要组成部分——人力资源战略。

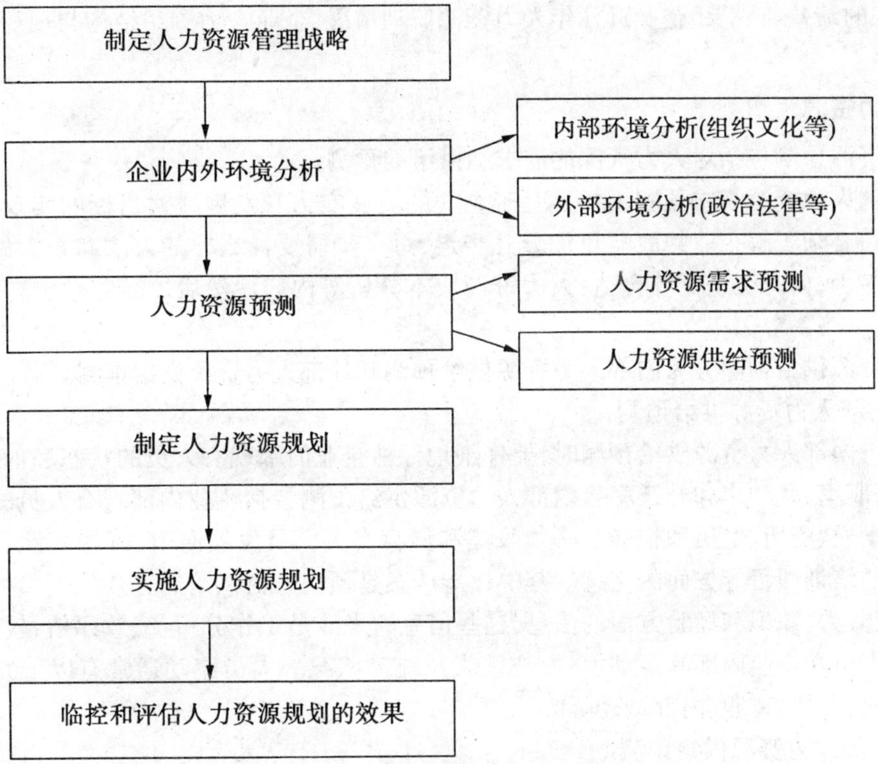

图 7.1　人力资源规划的基本过程

2. 企业内外环境分析

对本企业的环境和现状分析,是人力资源规划制定的重要前提、基础和起点,包括外部环境和内部环境。

人力资源规划的外部环境分析是对影响企业劳动力供求的数量和质量的各种外部环境因素的扫描,如政治环境、经济环境、政策和法律环境、人口环境、社会文化环境等等。特别的,对于企业外在人力资源相关调查分析,如劳动力市场的结果,市场供给与需要的现状,教育培训政策与教育工作,劳动力择业心理与整个外在劳动力市场的有关因素与影响因素均需作深入的调查研究。这些信息都是企业人力资源规划制定的基础。

人力资源规划的内部环境分析是对内部人力资源的大盘点,了解企业目前拥有或缺少多少以及什么类型的人力资源。具体地说,首先要调查企业与人力资源相关的基本信息,比如:企业组织结构的设置状况、职位的设置及必要性;企业现有员工的工作情况、劳动定额及劳动负荷情况;企业未来的发展目标及任务计划,生产因素的可能变动情况等。同时需要特别注意对组织内人力资源的调查分析。这一部分通常包括:企业现有员工的基本状况、员工具有的知识与经验、员工具备的能力与潜力开发、员工的普遍兴趣与爱好、员工的个人目标与发展需求、员工的绩效与成果、企业近几年人力资源流动情况、企业人力资源结构与现行的人力资源政策等。

3. 人力资源预测

人力资源预测包括对人力资源的需求和供给的预测。

企业的人力资源需求预测主要是基于企业的发展实力和发展战略目标的实现规划。人力资源部门必须了解企业的战略目标分几步走,每一步需要什么样的人才和人力做支撑,需求数量是多少,何时引进比较合适,人力资源成本分析等内容。然后才能够做出较为准确的需求预测。

人力资源供给预测分为内部人力资源供给预测和外部人力资源供给预测。

(1)内部人力资源供给预测

在进行内部人力资源供给预测时,要仔细地评估企业内部现有人员的状态和他们的运动模式,即离职率、调动率和升迁率。内部人力资源供给预测包括企业内部现有人员的状态:年龄、级别、素质、资历、经历和技能。必须收集和储存有关人员发展潜力、可晋升性、职业目标以及采用的培训项目等方面的信息。其中技能档案是预测人员供给的有效工具,它含有每个人员技能、能力、知识和经验方面的信息,这些信息的来源是工作分析、绩效评估、教育和培训记录等。人员在企业内部的运动模式,亦即人员流动状况。人员流动通常有以下几种形式:死亡和伤残、退休、离职、内部调动等。

(2)外部人力资源供给预测

外部人力资源供给预测包括:本地区人口总量与人力资源比率、本地区人力资源总体构成、本地区的经济发展水平、本地区的教育水平、本地区同一行业劳动力的平均价格与竞争力、本地区劳动力的择业心态与模式、本地区劳动力的工作价值观、本地区的地理位置对外地人口的吸引力、外来劳动力的数量与质量、本地区同行业对劳动力的需求等。

4. 制定人力资源规划

企业人力资源规划的制定是基于以上获得的信息来开展的,是与企业的发展战略相匹配的人力资源总体规划,是企业人力资源管理体系形成的基础和保证。企业的人力资源体系能否建立起来,建立的如何,取决于企业的人力资源战略规划制定的基本内容是否全面和水平的高低。人力资源战略规划的制定主要涉及的内容包括:与企业的总体战略规划有关的人力资源规划目标、任务的详细说明;企业有关人力资源管理的各项政策策略及有关说明;企业内外部人力资源的供给与需求预测的结果分析;企业人力资源净需求状况分析;企业业务发展的人力资源规划;企业员工招聘计划、升迁计划;企业人员退休、解聘、裁减计划;员工培训和职业发展计划;企业管理与组织发展计划;企业人力资源保留计划;企业生产率提高计划等相关内容。一份完整的人力资源战略规划是企业人力资源管理的基础和核心,企业的人力资源其他管理工作都会时刻围绕着它来不断展开。

5. 实施人力资源规划

人力资源规划的实施，是人力资源规划的实际操作过程，即把企业的发展战略和人力资源规划中的目标和计划进行分解和落实。实施人力资源规划时，必须授权专人负责既定方案的执行，这样能保证人力资源规划方案实现的权利和资源的落实，从而达到人力资源规划的目的，最终实现企业战略发展目标。

6. 监控和评估人力资源规划的效果

在企业人力资源规划的实施执行过程中，需要不断监控人力资源规划的具体落实情况，不断收集人力资源管理方面的资料和信息，查看人力资源规划是否与企业的发展战略相匹配，是否与企业的人力资源体系模块的设计相匹配、人力资源管理的各体系模块建立的合理性和可操作性，同时在企业人力资源管理体系实施和执行的一个相对周期内对人力资源规划实施情况进行必要的分析和评估，并根据企业内外部环境的变化来调整人力资源规划的内容以适应企业整个发展战略的变化。在规划期满后，必须及时对规划的实施效果进行评估，为下一个规划期提供经验和教训。

（二）人力资源规划编制的内容

企业编制的人力资源规划的内容各不相同，但一般来讲，一份完整的规划应包括两个方面，即人力资源总体规划和人力资源业务规划。

1. 人力资源总体规划

人力资源总体规划，是指根据人力资源管理的总目标而制定的组织总体人力资源数量、质量及岗位供需状况的安排。具体来说，人力资源总体规划包括：规划期内组织的人员需求和人力资源配置的总体框架；组织战略规划内组织对各种人力资源需求和供给的预测数量。做出这些预测的依据；供给和需求的比较结果，它是人力资源规划的目的；与人力资源管理相关的重要方针、政策和原则，如人才的招聘、培训与开发、晋升、奖惩和福利等方面的方针政策；确定人力资源投资的预算。

人力资源总体规划统筹、指导其他业务规划，其他业务规划要服从总体规划的安排。

2. 人力资源业务规划

人力资源业务规划是对总体规划的具体实施，也是人力资源管理的具体业务的体现。它包括以下几个方面。

（1）人员补充计划

组织中经常会因为各种原因而出现空缺的职位或新职位，例如，组织规模的扩大、人员的退休、辞职、解聘等。这就需要组织制定必要的政策和措施，以保证空缺职位和新职位能够得到及时的补充，这就是人员补充计划。人员补充计划的目标是在类型、数量、层次上对人员素质结构的改善，以达到组织内人员的质和量的平衡。人员补充计划的政策是相关岗位人员的合格标准、补充人员的来源范围、人员的起点待遇等。人员补充计划的预算是在招聘选拔过程中产生的费用。

人员补充计划包含晋升规划(内部补充)和配备规划(水平补充),必然涉及培训规划。

(2)人员配备计划

为了保持组织的长期发展,处于不同职位、部门所需要的人力资源,都有一个合适的规模,而且这一规模又会随着环境的变化而发生变化。人员配备计划就是要确定这个合适的规模以及与之对应的人员结构是怎样的,这是确定企业人员需求的重要依据。人员配备计划的目标是部门的编制、人力资源结构优化、职位匹配、职位轮换。人员配备计划的政策是确定任职条件、职位轮换的时间、频率和范围。

3. 人员晋升计划

人员晋升计划是根据企业的人员分布状况、层级结构、未来发展制定人员的晋升政策。晋升表现为员工岗位的垂直上升,企业晋升率的高低和晋升年资的长短,在相当大的程度上决定了员工的晋升机会,对员工的积极性和创造性有直接影响。因此,企业应统筹各方面的影响因素,如工作业绩与晋升年资、企业当前状况与未来发展等,科学确定人员晋升计划,以调动绝大多数员的积极性和创造性。需要注意的是,人员晋升计划与人员补充计划关系密切,晋升计划的结果是组织内的职位空缺逐渐向下移动,最终积累在较低层次的人员需求上,这就要求组织招聘较低层次人员时必须考虑若干年后的人员配备问题。

人员晋升计划的目标是保持后备人员数量、优化人员结构,提高组织绩效。人员晋升计划的政策是制定相应岗位的晋升标准、晋升比例、妥善安置未晋升人员。人员晋升计划的预算是职位的变化所引起的薪酬变动。

4. 人员培训与开发计划

人员培训与开发计划是企业在对员工所需知识和技术进行评估的基础上,为保证组织的中长期发展所需补充的空缺职位而事先制定的人才储备计划。

企业通过对员工进行培训开发,一方面可以使员工更好地适应工作,为企业的发展储备后备人才;另一方面,培训计划的好坏也逐渐成为企业吸引力大小的重要来源。需要注意的是,人员培训开发计划与人员配备计划有密切的联系,企业应根据可能出现的职位空缺和出现的时间,分阶段、有目的地对员工进行培训。培训包括企业经营班子培训、中层主管培训、学历培训、员工素养培训、技术与技能培训、晋升和轮岗培训、新员工上岗培训等。

人员培训与开发计划的目标是培训的数量和类型、提供内部的人员供给、提高工作效率,塑造组织文化。人员培训与开发需要组织支持员工发展的教育政策、培训计划的安排、培训时间和效果的保证政策等。人员培训与开发的预算是培训开发的投入和脱产培训造成的间接误工费用。

人员培训与开发计划是所有业务规划都会涉及的内容,发生在补充、晋升及配备之前。

5. 薪酬激励计划

薪酬激励计划包括薪酬结构、工资总额、福利项目、激励政策、激励重点等。

薪酬激励计划的目标是劳动供给增加、士气提高、劳动积极性提高、绩效改善。薪酬激励计划的政策是薪酬政策、激励政策、激励方式。薪酬激励计划的预算是增加工资奖金的数额和福利项目的投入。

6. 劳动关系计划

劳动关系计划是关于如何减少和预防劳动争议、改进劳动关系的计划。

劳动关系计划的目标是提高工作效率、员工关系改善、离职率降低、减少投诉和不满。劳动关系计划的政策是民主管理、员工参与组织管理政策、增加沟通机会的团队活动政策。劳动关系计划的预算是开展团队活动的费用、开发沟通管理的费用、对参与管理者的奖励金额及法律诉讼费用。

7. 退休解聘计划

企业需要通过制定退休解聘计划的途径,做好员工的退休工作和解聘工作,使员工离岗过程正常化、规范化。

退休解聘计划的目标是老龄化程度降低、劳动力成本降低、劳动生产率提高。退休解聘计划的政策是制定退休、返聘政策及解聘的相关程序。退休解聘计划的预算是安置费用、返聘津贴。

(三)人力资源供需的平衡

组织实现人力资源的供需平衡,必须做好人力资源规划工作。具体存在下列三种情况:

(1)人力资源供给和需求总量平衡,结构不匹配

组织需作如下调整:

①进行人员的置换,释放那些组织不需要的人员,补充企业需要的人员,以调整人员的结构。

②人员内部的重新配置,包括晋升、调动、降职等方法。

③对人员进行有针对性的专门培训,使他们能够从事空缺职位的工作。

(2)人力资源供给大于需求

组织需作如下调整:

①扩大组织的经营规模,或开拓新的增长点,以增加对人力资源的需求。

②冻结招聘,就是停止从外部招聘人员,通过自然减员来减少供给。

③鼓励员工提前退休,就是给那些接近退休年龄的员工以优惠的政策,让他们提前离开企业。

④缩短员工的工作时间、实行工作分享或者降低员工的工资,通过这种方式也可以减少供给。

⑤对富余员工实施培训,这相当于进行人员的储备,为未来的发展做好准备。

⑥永久性的裁员或辞退员工，虽然这种方法比较直接，但由于会给社会带来不安定因素，往往会受到政府的限制，因此，这种方法最后选择使用。

(3)人力资源供给小于需求

组织需作如下调整：

①从外部雇用人员，包括返聘退休人员。

②提高现有员工的工作效率。

③延长工作时间，让员工加班加点。

④降低员工的离职率，减少员工的流失，同时进行内部调配，增加内部的流动来提高某些职位的供给。

⑤可将企业的有些业务进行外包。

二、招聘管理

招聘是指组织为了发展的需要，根据人力资源规划和工作分析的要求，寻找、吸引那些有能力且又有兴趣到该组织任职的人员，并从中选出适宜人员予以录用的过程。

(一)招聘的渠道

招聘渠道包括内部招聘和外部招聘。

1. 内部招聘

内部招聘是指在单位出现职务空缺后，从单位内部选择合适的人选来填补这个位置。内部招聘的渠道有推荐法、布告法、档案法。

(1)推荐法

推荐法可用于内部招聘，也可用于外部招聘。它是由本组织成员根据组织的需要推荐其熟悉的合适人员，供用人单位和人力资源部门进行选择和考核。由于推荐人对用人单位和人力资源部门的情况比较熟悉，使得被推荐者更容易获得组织与岗位的信息，便于其决策，也使组织更容易了解被推荐者，成功聘用的概率大。

(2)布告法

布告法是在确定了空缺岗位的性质、职责及其所要求的情况后，将这些情况以布告的形式，公布在组织中一起可利用的墙报、告示栏、内部报刊上，尽可能使全体员工都能获取信息，所有对此岗位感兴趣并具有此岗位任职能力的员工均可申请此岗位。布告法经常用于非管理层人员的招聘，特别适合于普通职员的招聘。

(3)档案法

档案法是利用现代人力资源信息系统记录的员工档案(包括员工的特长、工作经历、受培训情况等)信息，发现那些具备了相应资格但由于种种原因没有申请的合格应聘者，通过组织内的信息系统寻找，在组织与员工达成一致意见的前提下，选择合适的员工来担任空缺或新增的岗位。

内部招聘的优点有：招聘成本比较低，效率也相对较高；用人风险比较小，成功率较高；内部招聘能够给员工提供更多的成长空间，使员工的成长与组织的成长同步，容易激励和鼓舞员工士气，形成积极进取、追求成功的氛围，达成美好的远景；内部员工对企业的现有人员、业务模式和管理方式非常熟悉，易于沟通和协调，因而可以更快地进入角色，学习成本更低，有利于发挥组织效能。

内部招聘的缺点有：由于新的岗位总是有限的，内部员工的竞争影响内部团结，有可能影响到员工之间的关系，甚至导致人才的流失；企业内部长期的“近亲繁殖”、“团体思维”“长官意志”等现象，不利于个体创新和企业的成长，尤其是中小型企业。

2. 外部招聘

外部招聘就是组织根据制定的标准和程序，从组织外部选拔符合空缺职位要求的员工。外部招聘的渠道有人才交流中心等中介机构、媒体广告、网上招聘、校园招聘、猎头公司、热人推荐等。

(1)人才交流中心等中介机构

我国很多城市都设有专门的人才交流服务机构，这些机构常年为企事业用人单位提供服务。人才交流中心或其他人才交流服务中介机构每年都要举办多场人才招聘会，用人单位的招聘者和应聘者可以直接进行接洽和交流。招聘会的最大特点是应聘者集中，用人单位的选择余地较大，费用也比较合理，而且还可以起到很好的企业宣传作用。

(2)媒体广告

通过报纸杂志、广播电视等媒体进行广告宣传，向公众传达招聘信息，覆盖面广、速度快。相比而言，在报纸、电视中刊登招聘广告费用较大，但容易醒目地体现组织形象；很多广播电台开设人才交流节目，播出招聘广告的费用较少，但效果也比报纸、电视广告差一些。

(3)网上招聘

网上招聘是一种新兴的一种招聘方式。它具有费用低、覆盖面广、时间周期长、联系快捷方便、成本低、供需双方选择余地大，且不受时间、空间的限制等优点。用人单位可以将招聘广告张贴在自己的网站上，或者张贴在某些网站上，也可以在一些专门的招聘网站上发布信息。但缺点是，比如容易鱼目混珠，筛选手续繁杂，以及对高级人才的招聘较为困难等。

(4)校园招聘

校园招聘是组织获取大批初级技术人员的重要渠道。即由企业单位的招聘人员通过到学校招聘、参加毕业生交流会等形式直接招募人员。对于应届毕业生和寒暑假临时工的招聘也可以在校园直接进行。

(5)猎头公司

一般认为，猎头公司是一种专门为雇主“猎取”高级人才和尖端人才的主要渠道。传统的招聘渠道很难获取高层次人才，但这类人才在组织中的作用却非常大。因此通过猎头公司招聘到高素质的人才,组织需要支付的服务费用较高,通常要付该职位年薪的25%~35%。

(6)熟人推荐

通过组织成员推荐人选,是组织招聘的重要形式。

外部招聘的优点是:候选人员来源广泛,具备各类条件和不同年龄层次的求职人员有利于满足企业选择合适人选的需要;有利于组织吸收外部先进的经营管理观念、管理方式和管理经验,内外结合不断开拓创新;对外招聘管理人员,在某种程度上可以缓解内部候选人竞争的矛盾。

外部招聘的缺点是:对应聘者的测评有一定风险,应聘者实际水平和能力很难准确判别,因此不称职者会占有一定或相当比例;应聘者带来的文化可能与企业文化有冲突;应聘者入选后对组织的各方面情况需要有一个熟悉的过程,即不能迅速进入角色开展工作;如果组织中有胜任的人未被选用或提拔,外聘人员的做法会挫伤组织员工的积极性。如果形成外聘制度,则更需慎重决定,因为其影响面可能更大。

(二)招聘的程序

招聘程序只要包括制定招聘计划、发布招聘信息、应聘者申请与选拔、体检、员工试用与正式录用、招聘评估。

1. 制定招聘计划

人力资源部门根据各部门人员编制情况和部门招聘申请,与各部门充分沟通后提出初步意见,报组织高层管理者审核,制订招聘计划。人员招聘计划的主要内容有此项招聘的目的、应聘职务描述和人员的标准和条件、招聘对象的来源、传播招聘信息的方式、招聘组织人员、参与面试人员、招聘的时间、新员工进入企业的时间、招聘经费预算等。

2. 发布招聘信息

发布招聘信息是利用各种传播工具发布岗位信息、鼓励和吸引人员参加应聘。企业根据面向内部或外部的不同招聘对象,选择最有效的发布媒体和渠道传播信息。

3. 应聘者申请

应聘人员如实填写应聘登记表,并提交学历、简历、身份证、各类职称证书等应聘材料的原件及复印件,以完成相应岗位的申请程序。

4. 应聘者的选拔

人力资源部门在收齐应聘者材料后,会同用人部门管理者对应聘者资格进行书面材料初审、笔试以及当场面试的相关环节,以选拔出合适的人选。

5. 体检

体验是看应聘者的身体状况是否适合其所谋求的职务和环境。体检可以保证每一位被录用的员工身体健康、体能符合工作要求,如视力正常、能举起重物、能站立工作等。这样可以避免员工投诉企业的工作环境危害健康而要求赔偿，并且可以防止疾病传染。

6. 员工试用

通过多阶段选拔，最后确定拟录用名单。许多企业在正式录用员工之前都有试用期，这使得企业可以根据工作业绩评价申请者的能力。试用期长短不一，视工作性质而定。对试用期的员工应进行监控，以确定录用决策是否正确。

7. 员工正式录用

试用期合格的员工，转为正式员工，组织与其签订劳动合同。是否录用主要由缺员部门的经理做出决定。

8. 招聘评估

这是整个招聘过程的最后阶段，对进行过的招聘过程作总结和评价，并将有关资料整理归档。招聘评估的内容有招聘成本的核算和对录用人员的评估。核算招聘成本是用经济指标衡量招聘的效率，招聘的费用支出低，而录用的人员数多，说明招聘的成本低，如果在低成本条件下，能招聘到高质量的人才则表明这些的招聘效率较高；录用人员评估是指根据招聘计划对录用人员的质量和数量进行评价的过程。

三、培训管理

员工培训管理是指组织为了提高劳动者素质和提高劳动生产率及个人对职业的满足程度，对组织里的各类人员进行的教育培训投资活动，其目标是使员工不断的更新知识，开拓技能，改进员工的动机、态度和行为，以适应组织新的要求。

（一）员工培训的原则

1. 与企业战略和规划相一致原则

战略规划是企业的最高经营纲领，对企业开展各项工作都具有指导意义，员工培训作为人力资源管理的一项重要职能，必须与企业的战略和规划相一致，员工培训工作的实施，既要以企业的战略和规划为依据，又要从企业的战略高度出发，为企业实现发展方向做好人才保证工作。

2. 讲求实效原则

员工培训的目的之一是为了提高员工和企业的工作绩效，因此员工培训就应讲求实效，学以致用，不能只注重形式，忽略内容。培训的内容要做到理论联系实际，能够做到在培训结束后，员工能够将在培训过程中所学到的知识有效地应用到实际工作中，提高工作效率。

3. 差异化原则

培训的差异化，要做到培训内容的差异化和培训人员的差异化。从培训内容上说，既要包含基本的工作知识和技能，也要包括价值观念、行为规范等精神道德层面的内容，同时还要积极地推广企业文化,做到专业知识技能和企业文化并重,以便形成统一、和谐的工作集体,进而提高劳动生产率。从培训人员上说,要做到全员培训与重点提高相结合,全员培训是指面向所有员工,对其进行相应的培训,以提高全员素质;重点提高则是指按照职级的高低安排先后次序,在培训中尽量向关键职位进行倾斜,特别是中高层管理人员和技术人员,这样既能突出重点,又能有效科学地利用培训资金。

4. 目标原则

目标理论指出,对人们的激励大多是通过设置目标来实现的,目标具有引导员工工作方向和努力程度的作用,因此应当重视目标在激励过程中的作用。员工培训也应遵循这一原则,即在培训的过程中,科学合理地设置目标。目标的设置首先必须具体、明确,其次目标的设置既不能太难也不能太容易,既要有挑战的难度,也要使员工通过努力能够达到的目标。

5. 严格考核和择优奖励原则

严格考核与择优奖励都是培训中不可缺少的环节。前者可以保障培训的顺利开展以及培训的质量,后者可以调动被培训者的积极性。

6. 效益原则

对任何一个组织来讲,进行员工培训要坚持效益原则,以最小的资金投入换取最大的价值收益。也就是说在费用一定的情况下,要使培训的效果最大化;或者在培训效果一定的情况下,使培训的费用最小化。

(二)员工培训的种类

根据不同的分类标准,员工培训有以下分类:

1. 按照培训对象的不同

按照培训对象的不同,可以将员工培训划分为新员工培训和在职员工培训。

新员工培训是指对刚入职的员工进行培训,在职员工培训指对已经上岗并正在从事本岗位工作的员工进行培训。由于两者所处的工作阶段以及对本岗位的工作认知不同,因此这两类培训之间存在着较大差异,新员工培训相对来说较为简单,大多是一些基础性质的培训,在职员工培训则相对复杂一些,通常所讲的培训开发往往是针对后者进行的。

【管理小故事】

你的心过门了吗?

洞房花烛夜,当新郎兴奋地揭开新娘的盖头,羞答答的新娘正低头看着地上,忽视间掩口而笑,并以手指地:“看,看,看老鼠在吃你家的大米。”

第二天早上,新郎还在酣睡,新娘起床看到老鼠在吃大米,一声怒喝:“该死的老鼠!敢偷吃我家大米!”“嗖”的一声一只鞋飞过去,新郎惊醒,不禁莞尔一笑。

此故事没别的意思,只想问问那些新进的员工甚至是一些干了两年、三年的老员工,当初你为何选这个工作？既已选了这个工作，为何身体过了门心态却迟迟不过门？

往往新来的人很容易发现公司的问题，因为旁观者清。问题是你是用嘲笑、忿然、指责的方式呢，还是以主人的心态来了解并积极地去改正这些缺点和漏洞？

问问我们自己，我们的心真正地过门了吗？

2. 按照员工所处层次不同

按照员工所处层次不同，在职员工培训可以分为基层员工培训、中层员工培训和高层员工培训。

由于这三类人员在企业中的位置不同，承担的责任和义务不同，对企业的作用也不同，因此这三类培训的开展，应该区别对待，要有所侧重，有所针对，不能千篇一律，以免影响培训效果。

3. 按照培训形式不同

按照培训形式不同，可以将员工培训划分为在职培训、脱产培训和半脱产培训。

在职培训也称不脱产培训，指员工不离开工作岗位，在实际工作中接受培训，这种培训方式经济实用且不影响工作与生产，能够最大限度地为企业节约成本，但在组织性、规范性上有所欠缺。

脱产培训指员工离开工作岗位，专门通过培训机构或相关院校进行培训，这种形式的优点主要是员工的时间和精力集中，没有工作压力，知识和技能水平会提高较快，但在针对性、实践应用性以及培训成本等方面往往有所欠缺。

半脱产培训是在职培训与不脱产培训的一种结合，其特点是介于两者之间，可在一定程度上取长补短，较好地兼顾培训的质量、效率与成本等因素。但两者如何恰当结合，却是一个难点，需要企业在实施过程中根据实际情况来选择。

4. 按照培训性质的不同

按照培训性质的不同，可以将员工培训划分为传授性培训和改变性培训。

传授性培训是指对员工进行其本来所不具备的知识技能的培训，例如对于新引进的生产设备，员工不知如何使用，通过培训可以使他能够正确操作。改变性培训是指改变员工原本具有的内容的培训。例如员工知道如何操作新引进的生产设备，但在操作过程中存在误差，通过培训使他掌握正确的操作方法。

5. 按照培训内容不同

按照培训内容不同，可以将培训开发划分为知识性培训、技能性培训和态度性培训。

知识性培训指以学习各种有用知识并运用知识进行脑力活动为主要内容的培训，例如学习语文、数学、外语等基础知识，与员工本职工作相关联的理论、专业知识等。

技能性培训指以工作技术和工作能力为主要内容的培训，例如培训员工如何操作生产设备，如何驾驶汽车等。

态度性培训指以工作态度为主要内容的培训，它主要涉及对员工的价值观、行为规范，以及个人行为活动方式等内容和项目的教育与培训，例如培训员工树立正确的职业道德观念，纠正员工不端正的工作态度等。

（三）员工培训的方法

1. 讲授法

讲授法属于传统的培训方法，优点是运用起来方便，便于培训者控制整个过程；缺点是单向信息传递，反馈效果差。这种方法常被用于知识性培训。

2. 视听技术法

通过现代视听技术（如投影仪、DVD、录像机等工具），对员工进行培训。其优点是运用视觉与听觉的感知方式，直观鲜明；但学员的反馈与实践较差，且制作和购买的成本高，内容易过时。它多用于企业概况、技能性培训等内容，也可用于知识性培训。

3. 讨论法

按照费用与操作的复杂程序，讨论法又可分成一般小组讨论与研讨会两种方法。小组讨论法的特点是信息交流时方式为多向传递，学员的参与性高，费用较低。多用于巩固知识，训练学员分析、解决问题的能力与人际交往的能力，但运用时对培训教师的要求较高。而研讨会多以专题演讲为主，中途或会后允许学员与演讲者进行交流沟通。优点是信息可以多向传递，与讲授法相比反馈效果较好，但费用较高。

4. 案例研讨法

通过向培训对象提供相关的背景资料，让其寻找合适的解决方法。这一方法费用成本低，反馈效果好，可以有效训练学员分析解决问题的能力。另外，近年的培训研究表明，案例、讨论的方式也可用于知识性培训，且效果更佳。

5. 角色扮演法

被培训者在培训教师设计的工作情况中扮演其中角色，其他学员与培训教师在学员表演后作适当的点评。由于信息传递多向化，反馈效果好、实践性强、费用低，因而多用于人际关系能力的训练。

6. 自学法

这一方法较适合于一般理念性知识的学习，由于成人学习具有偏重经验与理解的特性，让具有一定学习能力与自觉性的学员自学，是一种既经济又实用的方法，但此方法也存在监督性差的缺陷。

7. 互动小组法

互动小组法也称敏感训练法。此法主要适用于管理人员的人际关系与沟通训练。让学员在培训活动中的亲身体验来提高他们处理人际关系的能力。其优点是可明显提高人际关系与沟通的能力,但其效果在很大程度上依赖于培训教师的水平。

8. 网络培训法

网络培训法是一种新型的计算机网络信息培训方法,投入较大。但由于使用灵活,符合分散式学习的新趋势,节省学员集中培训时间与费用。这种方式信息量大,新知识、新观念传递优势明显,更适合成人学习。因此,特别为实力雄厚的企业所青睐,也是培训发展的一个必然趋势。

此外,针对管理人员的培训方法,还有工作轮换、设置助理职务培训方法和设置临时职务培训方法。

工作轮换是指一种短期的工作调动,是指在组织的几种不同职能领域中为员工做出一系列的工作任务安排,或者在某个单一的职能领域或部门中为员工提供在各种不同工作岗位之间流动的机会。通过工作轮换,使得被培训者了解多个工作流程,为日后的管理工作打基础。

设置助理职务培训方法,是在些较高的管理层级上设立助理职务,不仅可以减轻主要负责人的负担,而且有助于培训一些后备管理人员。这种方式可以使助理接触到较高层次上的管理实务,使他们不断吸收其直接主管处理问题的方法和经验,在特殊环境中积累特殊经验,从而促进助理的成长。

设置临时性职务可以使被培训者体验和锻炼在空缺职位上的工作情景,充分展示其个人能力,避免"彼得现象"的发生。劳伦斯·彼得曾经发现:在实行等级制度的组织里,每个人都崇尚爬到能力所不逮的层次。他把这种由于组织中有些管理人员被提升之后不能保持原来的成绩,反而可能给组织效率带来大滑坡的现象归结为"彼得原理"。

(四)员工培训的程序

员工培训程序包括培训需求分析、培训计划制定、培训计划实施、培训效果评价。

1. 培训需求分析

培训需求分析是指在规划与设计每项培训活动之前,由培训部门、主管人员、工作人员等采取各种方法和技术,对各种组织及其成员的目标、知识技能等方面进行系统的鉴别与分析,以确定是否需要培训及培训内容的一种活动或过程。

2. 培训计划制定

培训计划制定是培训目标的具体化和操作化,即根据培训目标所提出的要求,具体确定进行哪些项目的培训以及与培训相关联的诸多事宜等,例如:培训项目的形式、学制、培训课程的方案、大纲、教学材料、培训时间、地点、设施、培训者、培训对象、培训的方法及费用等内容。

3. 培训计划实施

培训计划的实施阶段,是员工培训工作的关键环节。在实施员工培训计划时,为保证培训的效果与质量,培训者应重点把握以下环节:选择和准备合适的培训场所,保证整个培训过程中培训设备的正常运行,制定符合组织实际的课程计划,根据学员情况和课程内容选择培训教师及相关教材,确定合适的培训时间等等。

4. 培训效果评价

培训效果评价的主要内容是调查收集培训对象和有关人员对培训项目的看法,检验培训对象学习之后态度行为的变化是否达到了培训的预期目标,以及培训项目的实施是否提高了组织的整体绩效和满足了培训需求。

四、绩效管理

绩效管理是指定期性地收集、分析、评价和反馈组织成员在其工作岗位上的工作行为表现和工作结果方面的信息情况的过程,以改善成员的工作绩效并最终提高企业整体绩效的制度化程度。

(一)绩效管理的程序

1. 制订绩效考核计划

首先明确考核的目的和对象,然后根据不同岗位的成员制定相应的考核内容,确定考核时间、地点等。

2. 进行技术准备

绩效管理是一项技术性很强的工作。根据不同岗位的工作分析,确定具体的考评标准、制备考评所需要的各种表格和工具,并选择或设计恰当的考核方法。

3. 选拔以及培训考核人员

考核人员是保证绩效管理有效运行和工作质量的主体,必须具备以下条件:作风正派、有主见、大公无私、具有实际工作经验、熟悉被考核者情况等。

为了公平公正地完成绩效考核工作,必须对所有的考核人员进行培训。培训的内容一般包括两个方面:

①培养正确的态度,提高对绩效考核及其意义、人力资源开发与管理和考评关系的认识。

②提供专业知识水平,包括考评中容易产生错误的原因及其防止对策、考评方法、文件资料和数据处理的方法、专用工具与设备的使用技术等。通过培训,可以使考核人员掌握考核原则,熟悉考核标准,掌握考核方法,克服常见偏差。

4. 收集资料信息

按照拟定的考评方案,收集所必需的绩效信息(其中包括日常工作记录等资料);安排有关人员填写各种考评表格,以期全面反映考评对象的绩效情况。

5. 做出分析评价

组织建立考评小组,根据考核标准,对收集到的绩效信息进行评价。按一定的规划,将分项统计和评定的结果加以综合运算，最后对绩效水平排序，以等级、名次的形式显示考评结果。

6. 绩效反馈

绩效反馈就是指绩效周期结束时，在上级和员工之间进行绩效考核面谈，由上级将考核结果告诉员工，指出员工在工作中存在的不足，并和员工一起制定绩效改进的计划。

（二）绩效管理的方法

常见的绩效管理方法有排队法、成对比较法、强制分配法、关键事件法、目标管理法和360度绩效考核法。

1. 排队法

在被考评员工人数不多，且所从事的工作又是相同的情况下，排队法是一种简便易行的方法。这种方法把被考评的员工按每个人绩效的相对优劣排出顺序或名次。排队时，可以按某种考评标准，首先选出绩效最优者，排在第一位，然后再选出次优者，排在第二位，以此类推，直到最后把绩效最差的一个排在末尾。也可采取交叉排队的方法，首先选出最优的，排在第一位，然后选出最差的，排在最后，下一步在分别选出次优与次差的，分别排在第二位与倒数第二位，直到全部排完为止。

2. 成对比较法

在使用排队法对员工进行绩效考评时，需按照某种绩效标准把全部员工从好到坏进行排列，随着员工数量的增加，排队的难度越来越大。为了降低排队的难度，可以采用成对比较的方法。这种方法要求按照某种绩效标准，将员工两两比较，绩效优者计为“+”，劣者计为“-”，然后把每个人的分数加起来，分数越高绩效越好。

3. 强制分配法

强制分配法，是指预先确定评价等级以及各等级在总数中所占的百分比，然后按照被考核者绩效的优劣程度将其列入其中某一等级。确定的等级如优、良、中、差、劣，常见的百分比为10%、20%、40%、20%、10%或者5%、20%、50%、20%、5%。但此法只适合于组织成员的工作绩效呈正态分布的组织。

4. 关键事件法

对部门的效益产生积极的或消极的重大影响的事件被称为关键事件。在考核期内，主管人员为每个员工准备一个记录册，随时记录员工的关键行为（包括好的和差的行为），考核期结束后，主管人员运用这些记录资料对员工进行绩效评价。使用此法时应注意：首先，关键行为的记录要贯穿于整个考评阶段，而不能仅仅集中在最后的几周或几个月里；其次，记录的关键行为必须是较突出的、与工作绩效直接相关的事件，而不是一般的、琐碎的、生活细节方面的事；再次，所记录的应当是具体的事件与行为，记录当中不能加进考评者个人的主观评价，如“该员工工作责任心强”、“工作热情高”等。

5. 目标考核法

目标考核法,是在目标管理的管理制度下对员工进行考核的方法。在考核之前,主管人员和员工共同制定考核期内要达到的工作目标,该目标必须具体、可计量。目标确定以后,还要制定达到目标的具体计划,以及执行计划中的绩效评估标准。绩效考评时,对照既定的目标和绩效评估标准,对员工完成目标的情况作具体的评估。通过绩效考评,可以发现员工的实际工作绩效与既定目标之间的差距,主管人员被考评员工一起找出造成这些差距的原因,并采取相应的改进措施,提高员工的工作绩效。

6. 360 度绩效考核法

360 度绩效反馈是指由员工本身、直接上级、下属、同事和外部客户等全方位的各个角度来考核员工的绩效。其大概操作如下:由员工的直接上级负责确定考绩指标,并成立考绩小组;每人(包括被考评者本人)按已确定的考绩指标,各以五分制给被考评者打分;统计出均值及其分布范围;主管对被考评者作反馈面谈。

(三)绩效管理的误区

由于绩效管理是一种人对人的评价,难免存在一些主观现象,从而影响考核的效果。这些主观现象容易产生的误区,一般有以下几种。

1. 晕轮效应

晕轮效应是指考评者根据被考评者某些特定方面的优异表现,就断定他别的方面一定就好,即一好百好,以偏概全,而不作具体分析。与此相反的是魔角效应,指根据被考评者某些特定方面的不良表现,便全盘否定。

2. 逻辑错误

这种错误是指考核主体使用简单的逻辑而不是根据客观情况来对员工评价。例如,按照“口头表达能力强,那么公共关系能力就强”这种逻辑,根据员工的口头表达能力来对公共关系能力做出评价。

3. 近因效应

这种错误是指以员工在近期的表现为根据而对整个绩效考核周期的表现做出评价。例如,考核周期为半年,员工只是在最近几周总提前上班,以前总是迟到,考核主体就根据最近的表现给员工的出勤情况评为优秀。

4. 首因效应

这种错误和近因效应正好相反,是指考核主体根据员工起初表现而对整个绩效考核周期的表现做出评价。例如,员工在考核周期开始时非常努力地工作,绩效也非常好,即使他后来的绩效并不怎么好,上级还是根据开始的表现对他在整个考核周期的绩效做出了较高的评价。

5. 溢出效应

这种错误就是指根据员工在考核周期以外的表现对考核周期内的表现做出评价。例如，生产线上的工人在考核周期开始前出了一次事故，在考核周期内他并没有出现问题，但因上次事故的影响，上级对他们绩效评价还是比较低。

6. 宽大化倾向

这种错误就是指考核主体放宽考核的标准，给所有员工的考核结果都比较高。与此类似的错误还有严格化倾向和中心化倾向，前者指掌握的标准过严，给员工的考核结果都比较低；后者指对员工的考核结果比较集中，既不过高，也不过低。

为了减少甚至避免这些错误，应当采取以下措施：第一，建立完善的绩效目标体系，绩效考核指标和绩效考核标准应当具体、明确；第二，选择恰当的考核主体，考核主体应当对员工在考核指标上的表现最为了解，这两个问题在前面已经做过详细的阐述；第三，选择合适的考核方法，例如强制分布法和排序法就可以避免宽大化、严格化和中心化倾向；第四，对考核主体进行培训，考核开始前要对考核主体进行培训，指出这些可能存在的误区，从而使他们在考核过程中能够有意识地避免这些误区。

五、薪酬管理

薪酬是员工因向所在的组织提供劳务而获得的各种形式的酬劳。既包括基本工资、奖金、绩效工资、激励工资、津贴、加班费、佣金、利润分红、单身公寓、免费工作餐、福利（如养老金、医疗保险）以及服务（带薪休假等）支付的薪酬，也包括参与决策、承担更大的责任等等。

薪酬管理是指企业在经营战略和发展规划的指导下，综合考虑内外各种因素的影响，确定自身的薪酬水平、薪酬结构和薪酬形式，并进行薪酬调整和薪酬控制的整个过程。

（一）薪酬管理的影响因素

影响薪酬管理的因素分析主要分为员工个人薪酬水平和企业整体薪酬水平两个方面。

影响员工个人薪酬水平的因素有：工作绩效、职务或岗位、综合素质与技能、工作条件、年龄和工龄等等。

影响企业整体薪酬水平的因素有：生活费用与物价水平、企业工资支付能力、所在地区和行业的工资水平、劳动力市场供求状况、产品的需求弹性、工会的力量和企业的薪酬策略等等。

（二）薪酬管理的原则

1. 公平性原则

设计薪酬体系和进行薪酬管理的首要原则，主要体现为同一个组织中不同职务所获薪酬正比于各自的贡献，比值一致才会被认为是公平的。

2. 竞争性原则

企业核心人才的薪酬水平至少不应低于市场平均水平。

3. 激励性原则

体现按劳按贡献分配的原则。

4. 经济性原则

受经济性的制约,员工的薪酬水平,还应联系员工的绩效。

5. 合法性原则

符合国家的法律政策。

（三）薪酬管理的程序

1. 明确企业薪酬政策及目标

首先要明确企业薪酬政策及目标,提出企业薪酬策略和薪资制度的基本原则,即应当明确企业是采用高薪资或低薪资政策,还是依照市场上人力资源的平均价位,将本企业员工的薪资控制在一般水平上。

2. 工作岗位分析与评价

工作岗位分析与评价是制定科学合理的薪酬制度的前提和依据。根据工作岗位分析所采集的数据和资料,采用系统科学的方法,对企业内各个层次和职别的工作岗位的相对价值做出客观的评价,并依据岗位评价的结果,按照各个岗位价值的重要性由高至低进行排列,以此作为确定企业基本薪酬制度的依据。

3. 不同地区、行业和不同类型企业的薪酬调查

通过必要的市场调查,充分了解和掌握企业外部的各种薪酬的影响因素,包括劳动力市场上人才竞争与供给状况、各行业的薪资水平以及其他企业所设立的薪酬福利保险项目等,以确保企业的薪酬制度对外具有一定竞争性,对内具有一定的公平性。

4. 企业薪酬制度结构的确定

所谓薪酬结构是指一个企业的组织机构中各项职位的相对价值及其对应的实付薪酬间保持着什么样的关系。根据工作岗位分析评价和薪酬调查的结果,以及企业的实际情况,可以确定本企业各级员工的薪酬结构,规划各个职级的薪酬幅度、起薪点和顶薪点等关键性指标。

5. 设定薪酬等级与薪酬标准

确定企业内各岗位的具体薪酬范围。各薪酬等级的薪酬范围,变化幅度不一定相同,属于不同薪酬等级的岗位的实付薪酬可能相同,属于同一薪酬等级的岗位其实付薪酬可能不同。

6. 工资制度的贯彻实施

在企业薪酬制度确定以后,应当完成以下工作,才能保证其得以贯彻实施。

①建立工作标准与薪酬的计算方式。

②建立员工绩效管理体系,对全员进行工作业绩的动态考评。

③通过有效的激励机制和薪酬福利计划，对表现突出的优秀员工进行必要表彰和物质鼓励，以鞭策员工对企业做出更多更大的贡献。

六、劳动关系管理

劳动关系又称为雇佣关系，在《中华人民共和国劳动法》中，对劳动关系作了明确的界定，是指劳动者与所在单位之间在劳动过程中发生的关系。

劳动关系管理，通过规范化、制度化的管理，使劳动关系双方（企业与员工）的行为得到规范，权益得到保障，维护稳定和谐的劳动关系，促使企业经营稳定运行。

（一）劳动关系的内容

1. 主体

劳动关系的主体是劳动法律关系的参与者，包括劳动者、劳动者的组织（工会、职代会）和用人单位。

2. 客体

劳动关系的客体是主体的劳动权利和劳动义务共同指向的事物。如劳动时间、劳动报酬、安全卫生、劳动纪律、福利保险、教育培训、劳动环境。

3. 内容

劳动关系的内容是主体双方依法享有的权利和承担的义务。员工与组织之间在工作时间、休息时间、劳动报酬、劳动安全卫生、劳动纪律与奖惩、劳动福利保险、职业教育培训、劳动环境等方面的具体事项。

（二）劳动关系与劳务关系的区别

1. 调整范围不同

劳动关系属《劳动合同法》调整的范围，而劳务关系属《民法》和《合同法》调整的范围。

2. 劳动关系和劳务关系主体的构成不同

劳动关系中的一方应是符合法定条件的用人单位，另一方只能是自然人，而且必须是符合劳动年龄条件，且具有与履行劳动合同义务相适应的能力的自然人；劳务关系的主体类型较多，如可以是两个用人单位，也可以是两个自然人。

3. 行政隶属关系不同

劳动关系中，指劳动者成为用人单位中的一员，即当事人隶属于该用人单位。而劳务关系中，不存在一方当事人是另一方当事人的职工这种隶属关系。如某一居民使用一名按小时计酬的家政服务员，家政服务员不可能是该户居民家的职工，与该居民也不可能存在劳动关系。

4. 当事人之间在承担义务不同

劳动关系中的用人单位必须按照法律法规和地方规章等为职工承担社会保险义务；而劳

务关系中的一方当事人不存在必须承担另一方当事人社会保险的义务。如居民不必为其雇用的家政服务员承担缴纳社会保险的义务。

（三）劳动合同

劳动合同是指劳动者与用人单位之间为确立劳动关系，依法协商达成的双方权利和义务的协议。劳动合同的内容是指当事人双方达成的劳动权利义务的具体规定，具体表现为劳动合同条款。根据《劳动法》第19条规定，劳动合同应当以书面形式订立，并包括法定条款和商定条款。

法定条款包括用人单位的名称、住所和法定代表人或者主要负责人，劳动者的姓名、住址和居民身份证或者其他有效身份证件号码，劳动合同期限，工作内容、工作地点、工作时间、休息休假、社会保险等等。

商定条款包括试用期条款、培训条款、保守商业秘密条款、竞业限制条款等等。

（四）劳动争议

劳动争议又称劳动纠纷、人事纠纷，是指劳动法律关系双方当事人即劳动者和用人单位，在执行劳动法律、法规或履行劳动合同过程中，就劳动权利和劳动义务关系所产生的争议。

劳动争议处理的程序包括四个阶段：协商、调解、仲裁、审判。

第三节　人力资源管理实践

一、员工多元化

（一）员工多元化的含义

员工多元化管理的概念是从西方国家管理界兴起的，其概念由最初对公平的就业机会的诉求，慢慢转化为现在的企业战略和企业管理的一种方式。它关注的重点是，具有不同文化背景和不同需要的人，是否得到了符合他们能力的工作机会。

多元化可以分为表层多元化和深层多元化。表层多元化是直观的表象，比如性别、高矮胖瘦、教育状态、收入状态和婚姻状态等都是表层的多元化。据沃尔玛美国公司一份报告显示，他们已经达到了员工多元化，其2005年32%的员工为少数族裔，有色人种在公司高管和经理层占21%，在专业人员中占20%，在销售工人中占33%；公司女性员工所占比例为60%，其中管理人员中女性占39%。深层的多元化是指员工的潜质、价值观和经历等，有些表层多元化容易改变，但深层多元化则不太容易改变。

（二）员工多元化的优点

①多元的员工构成会带来多元的视角、多元的个人背景，也因此使得公司的各项决策建

立在更广泛的基础上，也更具创新性。

②多元的员工构成恰好对应多元的顾客群体，能使公司的运作更符合不同层次、不同类型的顾客的需要。

③多元的员工构成会帮助公司更广泛地吸引并留住有着多元背景的人才。

除了以上优点之外，员工多元化对于组织来说，还存在一些缺点。例如，对员工的稳定，储备，培训等都有较高的要求，增加了企业运营成本。

二、人事外包

(一)人事外包的含义

人事外包(HR Outsourcing Managed Service)又称人力资源外包。人事外包就是企业根据需要将某一项或几项人力资源管理工作或职能外包出去，交由其他企业或组织进行管理，以降低人力成本，实现效率最大化。

根据企业的不同需求和发展的不同阶段，人力资源外包的内容也会从诸如发放工资/代缴社保金等事物性工作逐渐到包括人力资源规划、制度设计与创新、流程整合、薪资调查及方案设计等方方面面。

(二)人事外包的优点

1. 避免劳务纠纷

据统计，企业劳动人事纠纷以每年30%～40%的速度增长，频频发生劳务纠纷既影响企业形象，又耗费老板精力，消磨员工斗志。实行人力资源管理外包，加入翰尔森劳动关系俱乐部，公司各项规章制度的制定，员工守则的实行等劳动合同、劳动争议和劳动纠纷等事宜，委托专业的人力资源服务商来提供，他们集劳动仲裁员、律师、人力资源专家于一身，发挥其优势，解除企业后顾之忧，实现用工的“轻装上阵”。

2. 解决招聘难题

专业机构拥有人才储备，并有人才评估体系，且员工已经过岗前培训，专业机构成为企业的“人才配送中心”。

3. 提高企业核心竞争力

将劳动合同签订、解除，档案关系的转移、托管，社会保险缴纳等琐碎的事务性工作包给专业机构，整合利用外部最优秀的专业化资源，集中精力进行人力资源核心管理。

(三)降低人事外包风险的建议

尽管人力资源外包可以为中小企业带来这么多好处，但是同时，它也带来了风险。例如，规范外包业务具体运作的法律法规还不完善，更无章可循；许多企业迷信于外资咨询公司，但由于文化的差异，常常造成“水土不服”等。如何将风险降到最低，是值得我们思考的问题。

1. 正确判断企业的核心能力

首先要判断企业的核心能力，哪些工作是企业自己必须做的核心工作，哪些是可以外包的辅助工作等等。

2. 细化所要外包的职能

企业在外包前，最好将所要外包的职能进行细分，列出每一步骤的细节并给出预算成本，明确目标并制订完善的外包计划。然后让外包商说明将对整个过程中每一步如何改善，以及从中获取的收益。

3. 在企业内部进行充分的沟通

每一项变革都需要有公司执行层的全力支持，但这种推动力不是简单的动员大会和对外包结果进行评价，而是需要执行层的具体参与。将人力资源某些业务外包后，往往会招致该部门员工的反对，尤其是那些仍留在本部门的员工会觉得自己的晋升机会受到了很大的限制。所以要与员工进行合理有效的沟通，取得他们的信任，让员工了解其在外包中所应扮演的角色，以便更积极地进行相关工作内容，做好本职工作。

4. 选择合适的外包服务机构

企业选择外包供应商时，应对外包服务商对于此业务是否有长期承诺，是否有实质性的投资投于硬软件的建设、是否具有丰富的操作经验、是否会严格恪守国家法律的规定以及保密原则等方面的内容进行综合考量。选择合适的外包服务机构，是外包过程中非常重要的一环。企业除考虑价格因素外，更应对外包服务机构的整体能力进行综合评估。

5. 管理好与外包服务机构之间的关系

企业应致力于和外包机构建立长期合作关系，这样有助于外包商深入了解企业文化从而提供更好的服务。企业给予外包商的报酬是以他给企业带来的业绩提升为基础的，而不是以关系为基础。

6. 监控和评价外包入伍机构的业绩

企业应该在最初与外包服务机构签订合同时，就与之沟通双方期望达到的绩效水平并建立衡量标准，以此作为依据来评价外包服务机构所提供服务的质量，一旦发现问题及时解决，追求企业业绩的持续改进。

三、知识型员工管理

(一)知识型员工的含义及特点

1. 知识型员工的含义

“知识型员工”是美国学者彼得·德鲁克发明的，具体指“那些掌握和运用符号和概念，利用知识或信息工作的人。"当时主要指某个经理或执行经理。但在今天,知识型员工的概念已经涵盖了大多数的白领。

知识型员工,一般指从事生产、创造、扩展和应用知识的活动,为单位(或组织)带来知识资本增值,并以此为职业的人员。

2. 知识型员工的特点

(1)较高的个人素质

今天的知识型员工一般都具有较高的个人素质,拥有较高的学历和其他方面的能力素养,不再是仅仅出卖劳动力的"机械",不仅对于专业知识,而且对于经济、管理等都有较多的认识,掌握着最新的技术。

(2)很强的自主性

知识型员工是一个富有活力的群体。与流水线上的操作工人被动地适应设备运转相反,知识型员工更倾向于拥有一个自主的工作环境,不仅不愿意受制于物,而更强调工作中的自我引导。

(3)有很高价值的创造性劳动

知识型员工从事的不是简单的重复性工作,而是在易变和不完全确定的系统中充分发挥个人的才干和灵感,应对各种可能发生的情况,推动着技术的进步。

(4)劳动过程难以监控

知识型员工的工作主要是创造性活动,依靠大脑而非肌肉,劳动过程往往是无形的,而且可能发生在每时每刻和任何场所。加之工作并没有固定的流程和步骤,其他人很难知道应该怎样做,固定的劳动规则并不存在。因此,对劳动过程的监控既不可能,也没有意义。

(5)劳动成果难于衡量

由于知识型员工的劳动过程难以监控,而且也往往因为知识型员工的劳动成果依赖很多因素,包括同事、团队的协作完成,因此劳动成果一般难于衡量。

(6)强烈的自我价值实现愿望

知识型员工的需求一般在比较高的层次上,他们往往更在意自身价值的实现,并强烈期望得到单位或社会的认可。他们并不满足于被动地完成一般性事务,而是尽力追求完美的结果。因此,他们更热衷于具有挑战性的工作,渴望展现自我价值。

(二)知识型员工管理

1. 坚持以人为本,尊重"人性"

首先,给知识型员工以实现充分个人价值的发展空间。现代企业作为社会经济生活中最具活力的领域和组织形式,往往被知识型员工视为展示自我、实现自身价值的最佳平台。

其次,知识型员工特别是优秀人才对自身的价值往往估计较高,并极为看重他人、组织及社会对自己的评价。他们对自身才能是否得到充分发挥,自我价值是否得到相应承认,往往表现得比普通员工更为敏感,也更容易因组织评价与自我评价不一致而产生心理波动或挫折感,以至于弃组织而去。

2. 充分授权,委以重任,人尽其长,提高知识型员工的参与感

根据知识型员工从事创造性工作,注重独立性、自主性的特点,企业一方面要根据任务要求进行充分的授权,允许员工自主制定他们自己认为是最好的工作方法,而不宜进行过细的指导和监督,更切忌采用行政命令的方式强制性地发布指令;另一方面,要为知识型员工独立承担的创造性工作提供所需的资金、物资及人力支持,保证其创新活动的顺利进行。

此外,委以重任、人尽其长,也是激励知识型员工的重要途径。教育心理学中有翁格玛利效应之说,意思是对受教育者进行心理暗示:你很行;你能够学得更好。从而使受教育者认识自我,挖掘潜能,增强信心。在管理知识型员工方面,企业也可以利用翁格玛利效应,对员工委以重任、人尽其长,激发其内在潜力,使之焕发出巨大的能动性。

3. 为创造性人才提供宽松环境

具有创造性潜能的优秀人才往往有着强烈的个性,或者说,优秀人才的创造性往往蕴含于其独特鲜明的个性之中。而充满个性魅力的创造性人才恰恰是企业最宝贵的资本,是企业创新发展的源泉。因此,应当正确认识创造性人才的个性特点,为其提供舒展乃至张扬个性的宽松环境,使他们在不拘一格的自由发展中展示和发挥其聪明才智与创造性潜能。

4. 薪酬战略给知识型员工"通电"

近年来,很多发展迅速的企业均致力于设立更具激励效果的薪酬体系。让员工切实感受自己是企业实实在在的"主人"而非"过客",甚至让员工持有股份,从本质上承认劳动力、智力将成为资本存在于企业之中。在知识经济时代,员工的薪酬不再是简单的收入分配问题,而成为知识型人才价值实现的一种形式。企业制定合理的薪酬制度,不仅是吸引和留住一流知识型人才的前提,也是人力资本不断增值的重要基础。

5. 让培训给知识型员工"充电"

管理大师彼得·德鲁克曾说,员工的培训与教育是使员工不断成长的动力与源泉。

在知识经济时代,知识飞速发展,据不完全统计,现今我们所学知识的更新速度仅为9个月,在这样一种知识爆炸的现实面前。企业所提供的培训与教育将会成为吸引人才、留住人才的重要条件之一。为此,企业应将教育与培训贯穿于员工的整个职业生涯,使员工能够在工作中不断更新知识结构,随时学习到最先进的知识与技术,保持与企业同步发展,从而成为企业最稳定可靠的人才资源。

【案例分析】

销售部经理人选

某实业公司是一家电子计算机芯片的销售公司。它是美国一家知名公司在中国的总代理,也是欧洲其他两家著名公司在中国的分销商。该公司的总部设在广州市,其销售网点遍

及北京、上海、武汉等地,用户达八千余家,每年的销售业务以50%以上的速度递增。该公司设有产品、销售、服务、人事部等部门,其中销售部在武汉、南京、西安等地设有分部,负责当地的销售业务。

该公司总经理邵刚现在面临一个难题:公司的销售部需要改组。上星期,销售部经理杨帆向公司提交了辞呈,理由是另一家公司给他的薪水更加优厚。公司几次挽留杨帆,但仍没有改变他的决定。现在急需任命一位销售部经理来代替杨帆。同时,邵刚从这件事中得出教训:从公司长远利益着想,必须从现在起着手培养后备力量,这样才能形成人才梯队,使公司不至于出现一个走,整个部门都得进行大变动的局面。因此,邵刚决定再确定一两个作为销售经理未来接班人的人选。可是,问题并没有想象的那么简单。邵刚和公司其他部门几位负责人在一起讨论了几天,也没有形成明确的意见。

邵刚首先考虑销售部经理人选。他私下认为现任副经理于多不错,可以接杨帆的班。但邵刚的这个想法遭到其他几个人的反对,他记得前天开会的情景。当时他把想法向公司其他部门负责人宣布,这些人表情怪异。邵刚不解地望着他们:"你们该不会反对吧?你们都是有目共睹的,他的表现堪称一流。"人事部经理周林发言道:"于多这个人能力的确不错。他才思敏捷、犀利过人、分析透彻,对于外在变化永不畏缩,也能立刻适应情况,但我认为他担任销售部经理恐怕不合适。他实在太咄咄逼人,他不喜欢听别人的意见,目中无人。如果提拔他当经理,我担心他日后和下属关系搞不好而导致下属辞职而去。如今我们公司销售部有很多大学毕业生,他们会不会对让这样一个没有什么学历的人来担任经理表示不服气呢?另外,现在单位任命主管干部都考虑知识化,一般主管干部都要求有较高学历。我们这样做,会不会自毁公司的形象呢了?"

产品部负责人插言:"我认为于多是个很称职的销售员。但我总觉得他的过分热心和乐观态度令人感到有点不安。他可能无法进行正确而实际的市场调查和研究工作。而这一点对于我们公司销售部门及其他部门的发展是非常重要的。我也认为他不宜出任公司销售主管。"其他几个人也同意这种看法。

邵刚几乎不相信自己的耳朵,他没想到他一向欣赏的于多受到如此批评。虽然可以坚持己见任命于多,但其必然使于多处处树敌,公司的管理阶层会面目全非,往后利害斗争更是没完没了。更何况邵刚一向看重公司和谐,尊重下属的意见。为了公司长远发展着想,他或许应该换一个人选;可是于多会不会因此愤而辞职离开公司呢?如果真是这样,对公司是一个损失呀!想到这些,邵刚就变得心绪难平。

邵刚又想到销售部另一位副经理胡波。胡波与于多属于完全不同类型的人。胡波外表很不显眼,但他生性平和,善于团结下属,能让手下一群人很好地结合在一起。办起事来毅力十足,百折不挠,名利也看得很淡,做事不喜欢张扬。比如去年,胡波受命代表该公司与欧洲一家公司谈判分销事宜,事后,邵刚从这家公司代表口中听到他们对胡波的赞扬:"我们开始并不想与贵公司合作,因为我们认为贵公司在这一方面经验不足,但你们的代表胡波先生,把我们说服了。而结果证明,合作对大家都有利。"如果让胡波出任销售部经理,似乎顺应民心,可邵刚还是犹豫不定。胡波有时做事不够果断,缺乏领导魄力。他有时心太软,在他手下,有几位表现欠佳的销售员,按理说应该把这几个人辞掉,可胡波不忍心这样做,他让这些人留在销售部,干些不重要的事情。关于这件事,财务主管已向邵刚反映过,公司不能容纳吃闲饭的人,但胡波据理力争,这件事只好搁下。究竟胡波适不适合担任销售部主管呢?邵刚没有想好,既然如此,再考虑其他人选吧。

邵刚下一个想到的是现任要安分部负责人张庆。张庆计算机专业毕业,懂技术、头脑聪明,从事销售工作以后进步神速,积累了不少管理经验。去年被公司任命为西安分部负责人。他上任以来,西安分部的业绩突飞猛进,大大改革了以前那种奄奄一息的局面。但是就在公司决定对销售部进行改组的这几天,邵刚收到了几封检举信。这几封信与张庆有关。信的主要内容是检举张庆利用公款大吃大喝,在吃喝中拉拢用户,他的业绩都是用吃喝堆出来的。邵刚拿着信,觉得棘手。虽说不排除有人想趁此机会给张庆"使绊子",但张庆也的确让人家抓到了"小辫子"。现在居然闹得满城风雨。我们的公司毕竟同西方国家的公司有所不同,在提拔干部时不能不顾及社会影响。此外,虽然公司每月都要给销售人员一定的费用,用于必要的业务开支。但张庆这种做法是不是太明目张胆,不太妥当呢?难道就没有比吃喝更好的方式吗?

正当邵刚沉思时,周林走了进来。他兴冲冲地对邵刚说:"经理,既然我们对现有公司人选拿不定主意,为什么不把目光投到别的公司呢?M公司销售部经理王颖的能力我们都十分清楚。我听说最近她与公司老板闹翻了,要辞职不干。我们何不趁此机会把他挖过来?让她来接手销售部可以解决我们选人的矛盾。同时,我们也可以把握时机,击败M公司呀!"邵刚听后,觉得这也不失为一个解决问题的方法。但他认真考虑后,又觉得不太妥当。真如周林所说的那样,王颖的确是一位难得的人才,公司应不应该把她挖过来?把她挖过来后,公司又如何解决她的职务问题?如果任命她为销售部经理,是否能理顺各种关系,很快熟悉本公司的业务,有效地开展工作呢?这方面失败的例子比比皆是。外来的和尚不一定就会念经。再说,这样做很可能会挫伤本公司销售人员的积极性。于多、胡波等人并非平庸之辈,如何向他们解释?有可能出现这种局面:挖来一个人,走了一批人,公司得不偿失,此事必须三思而后行……

问题:如果你处于邵刚的地位,怎样处理眼前的问题?请给出有说服力的解决方案。

【点评】

要对问题进行识别,即要判断所给的案例是属于管理知识的什么范围。比如此题,关键是要在分析外部环境与内部条件的基础上,进行管理人员的选聘与培养。具体措施:

①考虑因事设职与因人设职相结合。销售经理这个职位需要有较强的实际市场调研能力与较强的人际交往能力。

②考虑到该职位人选确定的紧迫性,无论选择胡波、张庆或于波、王颖,都应尽快选出合理人选。

③鉴于该案例反映的问题，今后应根据需要与实际情况，采取有效的培训方式对后备人员进行培训。

④没有十全十美的人，高层管理者应该根据组织的整体利益和目标的实现进行最合理的人员决策。

⑤人员选定后，公司应建立有效控制，做好管理人员的培训、考核和储备，做好激励工作，做好各职能部门的有效协调与沟通。

本章小结

本章较为系统地着重介绍了人力资源规划、招聘、培训、绩效、薪酬、劳动关系管理等人力资源管理六大模块的相关内容，并且阐述了员工多元化、人事外包、知识型员工等人力资源管理实践内容。

练习库

一、单项选择题

1.(　　)是指人力资源既具有生产性，又有消费性。

A. 生物性　　B. 能动性　　C. 双重性　　D. 再生性

2. 组织制定必要的政策和措施，以保证空缺职位和新职位能够得到及时补充，这就是(　　)。

A. 人员补充计划　　B. 人员配备计划　　C. 人员晋升计划　　D. 人员培训计划

3.(　　)是组织获取大批初级技术人员的重要渠道。

A. 广告法　　B. 校园招聘　　C. 人才交流中心　　D. 猎头公司

4.(　　)可以使授训者体验和锻炼在空缺职位上的工作情景，充分展示其个人能力，避免“彼得现象”的发生。

A. 工作轮换　　B. 角色扮演法　　C. 设置助理性职务　　D. 设置临时性职务

5.(　　)只适合于组织成员的工作绩效呈正态分布的组织。

A. 排队法　　B. 成对比较法　　C. 强制分配法　　D. 目标管理法

6.(　　)是指考评者根据被考评者某些特定方面的优异表现，就断定他别的方面一定就好，即一好百好，以偏概全，而不作具体分析。

A. 晕轮效应　　B. 近因效应　　C. 首因效应　　D. 溢出效应

二、多项选择题

1. 人力资源管理活动的功能主要表现为(　　)。

A. 获取功能　　B. 激励和凝聚功能

C. 整合功能　　D. 调控功能

E. 开发功能

2. 人力资源管理活动的外部影响因素有(　　)。

A. 国家政府政策　　B. 经济环境

C. 劳动力市场　　D. 竞争对手

E. 所属行业

3. 人力资源供给大于需求,组织需(　　)。

A. 扩大组织的经营规模,以增加对人力资源的需求

B. 冻结招聘,通过自然减员来减少供给

C. 鼓励员工提前退休

D. 缩短员工的工作时间

E. 将企业的有些业务进行外包

4. 内部招聘的渠道有(　　)。

A. 推荐法　　B. 布告法

C. 猎头公司　　D. 档案法

E. 校园招聘

5. 按照培训内容不同,可以将培训开发划分为(　　)。

A. 知识性培训　　B. 技能性培训

C. 态度性培训　　D. 脱产培训

E. 在职培训

6. 薪酬管理的原则包括(　　)。

A. 公开性原则　　B. 竞争性原则

C. 激励性原则　　D. 经济性原则

E. 合法性原则

三、简答题

1. 简述人力资源管理与传统人事管理的区别。

2. 简述人力资源规划的程序。

3. 简述招聘的程序。

4. 简述培训的程序。

5. 简述绩效管理的程序。

6. 如何降低人事外包的风险?

四、案例分析题

老板提升员工报酬后的困惑

王氏公司前些年的发展业绩是有目共睹的,公司上下共同努力,在短短的几年内,该公司便从一个行业的追随者迅速成长为一个行业的主导者。为鼓励员工的积极性,促进企业的持

续发展,公司规定,员工的报酬随着企业效益的增长不断增加。为此,公司的员工获得了行业内最好的报酬。然而,近年来,该公司的经营者却发现,员工的报酬越升越高,而企业的凝聚力却越来越低。过去,公司每提升一次报酬,员工的工作热情就会涨上一个台阶,而如今,员工们似乎很是无所谓,更使人困惑的是,这种情绪大有蔓延之势。

1. 该公司为什么出现此困惑?

2. 如何解决王氏公司的问题?

五、论述题

1. 论述外部招聘与内部招聘的优缺点。

2. 论述劳动关系与劳务关系的区别。

实　　训

1. 项目名称

模拟招聘。

2. 实训目标

根据不同岗位的要求,招聘合适的人才,锻炼学生的招聘能力和应聘能力。

3. 实训内容

(1)按照上一章学习小组的安排,各小组准备本公司的职位招聘广告。

(2)每个组员准备应聘的简历(应聘其他学习小组的公司职位)。

(3)应聘现场(要求每个公司面试其他小组的5名组员)。

4. 实训成果

各组总结招聘中可能出现的问题及解决的对策。

第八章

Chapter 8

领　　导

【引导案例】

领导者的烦恼

美国参议院的一次会议上,参议员劳森说:“当今政府部门遇到的麻烦是,我们有许多领取高薪的行政管理者,但领导者太少了。领导者是天生的,不是任何管理开发培训项目能够造就出来的。我们应该做的事就是为政府挑选具有领导素质的人才,这些人具有良好的个人特性,如智慧、活力、魄力、创造力、热情、忠诚、自信心、与人共处的能力、鼓舞下属信心的能力等。”

另一位参议员肯特接着发言:“个人素质和特性对于政治领导人是至关重要的。然而,在政府部门中,我们需要的领导者是:既关心工作任务,又关心人。许多研究领导行为的学者已经把这些说清楚了。”

劳森申辩说:“我不管学者说什么,他们对领导者有什么了解?我们政府各部门长期苦于缺乏各级领导。”

【本章主要内容】

1. 领导与领导者概述;

2. 领导理论;

3. 领导艺术。

领导是一种特殊的社会现象,在人们的日常生活和工作中,“领导”是一个使用频率很高的词汇。领导职能是管理的一项重要职能,在管理实践中,管理和领导经常被混同起来,一位成功的管理人员往往是以一位成功的管理者的面目出现的,领导工作也是管理人员的根本职能。在任何社会、任何组织中,都离不开领导,大到一个国家的治理,小到一个企业的兴衰成败,都与领导的水平高低关系极大。

第一节　领导与领导者概述

一、领导的含义

领导作为名词,是指领导者,即组织中确定组织目标并实现这一目标的首领。就如乐队的指挥一样,他要影响和激励乐队的每个成员充分发挥才能并密切配合,奏出好的曲子。在更广泛的意义上,领导者通常是指与直线职权有关,在正式组织中担负一定领导责任的管理者。推而广之,未在正式组织中拥有“领导”职位的“领导者”被称为“非正式领导”。作为动词,领导指的是一项管理职能,是计划、组织、领导、决策、控制等管理职能之一。通过行使领导职能,领导者就能促成被领导者努力地实现既定的组织目标。

传统的领导理论认为,领导是上级组织赋予领导者一定的职位与权力,并应用这些法定的权力,带领下属完成组织的任务,实现组织的目标,其核心是强调领导者的权力因素。现代领导理论认为,领导是指激励、引导和影响个人或组织,在一定条件下,实现组织目标的行动过程。但是,不同的管理学派,对领导的理解和认识又各不相同。

斯托格迪尔认为:“领导是对组织内群体或个人施行影响的活动过程。”哈罗德·孔茨认为:“领导一般可以解释为影响力,或对人们施加影响的艺术或过程,从而使人们心甘情愿地为实现团体目标而努力。”泰瑞认为:“领导是影响人们自动为达成群体目标而努力的一种行为。”罗伯特认为:“领导是在某种条件下,经由意见交流的过程所实行出来的一种为了达到某种目标的影响力。”本尼斯和南思在《领导》一书中认为,领导就是“具备设想一个引人注目的前景并付诸行动逐步实现的能力”。同时,本尼斯提出要打破五个关于领导的神话:一是必须认识到领导能力不是稀世之物;二是领导不能横空出世,而是“造”出来的;三是大部分领导者都是平常人,而不是伟人;四是领导不是组织高层的专利,各级别都有相应的领导;五是领导不是如何控制支配,如何发号施令,如何操作摆布,而是如何使大家众志成城,追求无限美好的目标。

从上述几种认识可以看出,领导的实质是:领导是一种影响力,是影响个体、群体或组织来实现所期望目标的各种活动过程,这个过程由领导者、被领导者和其所处的环境这三个因素共同作用。

那么,什么是领导?综合以上认识和理解,所谓领导就是通过人与人之间的相互作用,使被领导者能义无反顾地追随他前进,自觉自愿而又充满信心地把自己的力量奉献给组织,促进组织目标更有效地实现。这个定义包含以下四层含义:

①领导一定要与群体或组织中的其他人发生联系,这些人包括下属和组织其他成员。

②权力在领导和其他成员中的分配是不平等的。

③领导者能够对组织中的成员产生各种影响。

④领导的目的是影响被领导者为实现组织目标做出努力，而不是更多地体现个人权威。

二、领导者与管理者

（一）领导与管理

领导与管理是管理实践中常用的两个概念，并且常常被混为一谈。实际上它们之间还是有区别的。

1. 领导只是管理的一项职能

如前所述，管理活动包括计划、组织、领导、控制等职能，领导只是其中的一项职能。领导更着重于研究在目标既定的条件下如何影响一个组织或群体成员去实现目标。

2. 领导与管理其他职能的区别主要表现在与人相联系的特征上

领导过程中，领导者具体承担着带领下属实现目标的任务。在开始阶段，他需要给下属下达指令，布置任务，配置资源；在完成任务的过程中领导者还需要协调关系，解决困难，处理冲突，更需要关注下属的工作情绪与积极性，注重对下属的激励。上述所有的工作都是在与人打交道。

（二）领导者与管理者

管理与领导具有不同的含义，领导者与管理者也不能混为一谈。领导者不一定是管理者，管理者也并不一定是领导者。管理者是正式组织中在组织结构中出现的部门负责人，他们都是组织正式任命的，在既定的权限范围内履行相应的职责。因此，管理者拥有正式的职位权力，他们主要靠这种权威性的职位权力来影响下属，下属也往往因为期望得到奖励或害怕受到惩罚而服从。

领导从根本上来讲是一种影响力，是一种追随关系。人们往往追随那些他们认为可以满足自身需要的人。正是人们愿意追随他，才使他成为领导者。领导者主要通过非职位权力——个人影响力发挥作用。因此，领导者既存在于组织中，也存在于一定的群体中；既存在于正式组织中，也存在于非正式组织中。

由此可见，如果有的管理者只能运用职权迫使人们去从事某一件工作，但不能影响他人去工作，他只是一名管理者而不是领导者；如果有的人并没有正式职权，却能以个人的影响力与魅力去影响他人，他不是一名管理者却是一位领导者；当然，有的管理者不仅有正式职位权力影响力，还具备良好的个人影响力，那么，他既是管理者又是领导者。作为一个组织，应该善于发现和培养具备领导者影响力的管理者。

三、领导者的类型

(一)按制度权力的集中与分散程度划分

1. 集权式领导者

所谓集权式领导者,就是指把管理的制度权力相对牢固地进行控制的领导者。由于管理的制度权力是由多种权力的细则构成的,如奖励权、强制权和收益的再分配权等,这就意味着对被领导者或下属而言,受控制的力度较大。在整个组织内部,资源的流动及其效率主要取决于集权领导者对管理制度的理解和运用,同时,个人专长权和影响权是他行使上述制度权力成功与否的重要基础。这种领导者把权力的获取和利用看成是自我的人生价值。

显然这种领导者的优势在于,通过完全的行政命令,管理的组织成本在其他条件不变的情况下,要低于在组织边界以外的交易成本。这对于组织在发展初期和组织面临复杂突变的变量时,是有益处的。但是,长期将下属视为某种可控制的工具则不利于他们职业生涯的良性发展。

2. 民主式领导者

与集权式领导者形成鲜明对比的,是民主式领导者。这种领导者的特征是向被领导者授权,鼓励下属的参与,并且主要依赖于其个人专长权和影响权影响下属。从管理学角度看,意味着这样的领导者通过对管理制度权力的分解,进一步通过激励下属的需要,去实现组织的目标。不过,由于这种权力的分散性使得组织内部资源的流动速度减缓,因为权力的分散性一般导致决策速度降低,进而增大了组织内部的资源配置成本。但是,这种领导者对组织带来的好处也十分明显。通过激励下属的需要,组织发展所需的知识,尤其是意会性或隐性知识,能够充分地积累和进化,员工的能力也会得到长足提高。因此,相对于集权式领导者,这种领导者更能为组织培育21世纪越来越需要的智力资本。

【管理小故事8.1】

汉代一位叫丙吉的宰相,有一次在吴国巡视的路上遇到一群乡民打架,看到有人被打死了,他竟然不予理睬,催促随从快走。走了不远,看到一头牛在路边不停地大口喘气,却立即叫人停下来向当地百姓仔细调查情况。随从们很不理解,问他为什么人命关天的大事他不去理会却关心一头牛的性命。丙吉说,路上打架杀人自有地方官吏去管,不必我过问,否则就是越俎代庖;而在温度不高的天气,牛大口喘气却是一种异常现象,可能引发瘟疫等关系民生疾苦的问题,这些问题地方官吏和一般人又不太注意,却正是我宰相要管的事情,所以我要调查清楚。

(二)按领导工作的侧重点不同划分

1. 事务型领导者

事务型领导者通过明确角色和任务要求而指导或激励下属向着既定的目标活动,并且尽量考虑和满足下属的社会需要,通过协作活动提高下属的生产率水平。他们对组织的管理职能推崇备至,以勤奋、谦和而且公正地把事情理顺、工作有条不紊地进行而自豪。

2. 变革型领导者

变革型领导者鼓励下属为了组织的利益而超越自身利益,并能对下属产生深远而且不同寻常的影响。他们关怀每一个下属的日常生活和发展需要;他们帮助下属用新观念看待老问题,从而改变了下属对问题的看法;他们能够激励、唤醒和鼓舞下属为达到群体目标而付出更大的努力。

3. 战略型领导者

战略型领导者的特征是用战略性思维进行决策。战略型领导者是将领导的权力与全面调动组织的内外资源相结合,实现组织长远目标,对组织的价值活动进行动态调整,在市场竞争中站稳脚跟的同时,积极竞争,抢占未来商机领域的制高点。

四、领导的作用

领导意味着组织成员的追随与服从。正是来自其下属成员的追随与服从,领导者在组织中的作用才得以发挥,使领导的过程成为可能。而下属成员追随和服从领导者的原因,就在于被他们信任的领导者能够满足他们的愿望和需求。在充满艺术性的领导过程之中,领导者巧妙地将组织成员个人愿望和需求的满足与组织目标的实现结合起来。在带领、引导和鼓励组织成员为实现组织的目标而努力的过程中,领导者要发挥指挥、协调、激励和沟通的作用。

(一)指挥作用

在人们的集体活动中,需要有头脑清晰、胸怀全局,能高瞻远瞩、运筹帷幄的领导者帮助人们认清所处的环境和形势,指明活动的目标和达到目标的途径。一方面,领导者必须具有广博的知识、深邃的思维、敏捷的反应、良好的判断力,有能力指明组织的战略方向和需达到的目标;另一方面,领导者还必须是个行动者,能率领员工为实现组织的目标而努力。惟其如此,领导者才能真正起到指挥作用。

(二)协调作用

在由许多人协同工作的集体活动中,即使有了明确的目标,也因各人的理解能力、工作态度、进取精神、性格等不同,加上各种外部因素的干扰,人们之间在思想上发生各种分歧、行动上出现偏离组织目标的情况是不可避免的。因此,就需要领导者来协调人们之间的关系和活动,引领大家朝着共同的目标前进。

(三)激励作用

在组织中,劳动仍是人们谋生的手段。劳动者为了取得更多的报酬,大都具有积极工作的愿望,但这种愿望能否变成现实的行动,取决于劳动者的经历、学识、兴趣及需要的满足程度等。当劳动者的利益在组织的各项制度中得到切实的保障,并与其自身的物质利益紧密联系时,劳动者的积极性、智慧和创造力就会充分发挥出来。因此,需要领导者创立满足劳动者各种需要的条件、激励劳动者的动机来调动劳动者的积极性,激发他们的创造力,鼓舞大家的士气,使组织中的每个人都自觉地融入组织的目标中去,为实现共同的目标而努力工作。

引导员工朝共同的目标努力,协调员工在不同时空作贡献,激发员工的工作热情,使其在组织活动中保持高昂的积极性,这便是领导者在组织和率领员工为实现组织目标而努力工作中所必须发挥的具体作用。

(四)沟通作用

领导者是组织的各级首脑和联络者,在信息传递方面发挥着重要作用,是信息的传播者、监听者、发言人和谈判者,在管理的各层次中起到上情下达、下情上述的作用,以保证管理决策和管理活动顺利进行。

五、领导活动的基本要素

领导活动是涉及计划、组织和控制职能能否在管理过程中正常发挥作用的关键因素。

(一)领导者

领导者是策划、组织和实施领导活动的主体,是影响、带领和引导组织成员实现组织目标的个人或团体。领导者在领导过程中处于主导地位,其知识素养、经验能力及价值观念等对决策的制定与选择具有重要的导向作用,直接影响领导活动效能。现代管理理论认为,领导者从事领导职能活动的一个关键因素是要有追随者,没有追随者的领导者不能称为领导者。

(二)被领导者

被领导者是肩负着执行和实施领导决策重任,并服从领导者指挥的人。在领导活动中,尽管被领导者处于从属地位,但是,被领导者对领导者的这种从属程度产生的效果,直接影响和制约领导者的工作绩效。这不仅与被领导者自身的思想观念、文化素养等因素密切相关,还涉及领导者和被领导者关系等一系列复杂的问题,其中,被领导者对领导者的追随程度是关系领导职能活动能否成功的一个重要因素。

(三)领导环境

领导环境是指对领导活动产生直接或间接影响的各种因素与条件的总和。领导环境是一个复杂的系统,它不仅包括组织内部各个部门、各层级组织成员、各种硬件资源与软件资源,还涉及组织外部的社会环境。一般来说,领导层次越高,面对的领导环境就越复杂。领导环境存在的不确定因素,主要来自组织内部或外部各种因素或条件的变化,组织内部因素如技术革新、组织外部因素如火山爆发等,都会增加领导环境的不确定性。领导环境中不确定性因素越多,给领导职能活动带来的风险性就越大,通常表现为机遇与挑战并存。

六、领导的权力

权力是领导的标志，是实施领导行为的基本条件。没有权力，领导者就难以有效地影响下属，实施真正的领导。一般认为，领导者的权力分为职位权力和个人权力两大类。

（一）职位权力

职位权力是指由于领导者在组织中所处的职位，由上级和组织赋予的权力，它由组织正式授予领导者，并受组织规章的保护，属于正式的权力。这种权力与领导者的职位相对应，在职就有权，不在职就无权。人们往往出于压力和习惯不得不服从这些权力。这些权力与特定的个人没有必然的联系，它只同职务相联系。职位权力包括法定权、奖赏权和强制权。

1. 法定权

法定权代表了由于领导者在组织中身处某一职位而获得的权力。它来自下级传统的习惯观念，即认为领导者处于组织机构中的特定地位，而具有合法的权力影响下级，下级必须接受领导者的影响。法定权力是领导者职权大小的标志，是其他各种权力运用的基础。法定权具有四个特性：一是层次性，权力的大小是由职位的高低决定的，职位高的权力大，职位低的权力小。二是固定性，法定权力的内容是由法律或有关政策规章相对固定下来的，如我国《公司法》中对公司经理的职权规定包括主持公司的生产经营管理工作，组织实施董事会决议，组织实施公司年度经营计划和投资方案等。三是自主性，当领导者的某一法定权被确定下来后，领导者也就相应地取得了在职权范围内相对独立用权的条件。领导者可以集权行使，也可以适当地分权来调动下属的积极性。四是单向性，法定权具有极强的线性约束力，只能指派职权范围内的下属。

2. 奖赏权

奖赏权指提供奖金、提薪、表扬、升职和其他任何令人愉悦的东西的权力。在组织中，下属认识到，如果按照上级的指示办事，上级就会给予一定的奖赏，满足自己的某些需要。奖赏权是采取奖励的办法来引导人们做出所需要的行为。它可以增加领导者对下属的吸引力，也能引起满意并提高工作效率，但这种权力的激励作用要视奖励值的大小和公平性程度而定。

3. 强制权

强制权也被称为惩罚权，是指可施加扣发工资奖金、批评、降职乃至开除等惩罚性措施的权力。这种权力依赖于下属的恐惧感，即下属感到领导者有能力惩罚他，使他产生痛苦，不能满足某些需求。强制权可以使下属基于恐惧而顺从，为了维持这种顺从，领导者必须时常监督下属是否照他的指示去做。如果发现下属不遵循行为规范，为了维持恐惧一定要加以惩罚。例如，一名销售人员没有按时完成预期的销售指标，他的上级主管就可以行使强制权批评他、训斥他，在他的绩效考核中加上一个负面的评价记录，取消他评优或加薪的资格。

(二)个人权力

个人权力是来自于领导者个人的权力。这种权力不是由于领导者在组织中的位置,而是由于其自身的某些特殊条件才具有的。例如,领导者具有高尚的品德,丰富的经验,卓越的工作能力,良好的人际关系。领导者善于体贴关心他人,令人感到可亲、可信、可敬,不仅能完成组织目标,而且善于创造一个充满激励的工作环境,以满足群众的需要,等等。这种权力不是外界附加的,它产生于个人的自身因素,与职位没有关系。而且这种权力对下属的影响比职位权力更具有持久性。个人权力包括专家权和感召权。

1. 专家权

专家权也被称为专长权,指由个人的专长、特殊技能或某些专业知识而产生的权力。一个人由于具有某种专业知识、特殊技能和经验,因而赢得了别人的尊敬,别人就会在一些问题上服从于这个人的判断和决定。在组织中,专家权力的实现来自于下属的尊敬和信任,即下属感到领导者具有某种专门的知识、技能和专长,能帮助自己,为自己指明方向,排除障碍,达到组织目标和个人目标。一些软件专家、知名律师、医学教授、建筑工程师以及各种专家都会因为他们的专业技能而获得一定的专家权力。

2. 感召权

感召权也被称为模范权,这是与个人的品质、魅力、经历和背景等相关的权力。一个拥有独特的个人特质、超凡魅力和思想品德的人,会使你认同他、敬仰他、崇拜他,以至于达到你要模仿他的行为和态度的地步,这样他对你就有了感召权。在组织中,感召权力的实现来自于下属对上级的信任,即下属相信领导者具有他所需要的智慧和品质,具有共同的愿望和利益,从而对他钦佩,愿意模仿和跟从他。一些政治领袖、体育明星、文艺明星、著名慈善家等都具有这样的权力,这种权力是无形的,它吸引了欣赏它、崇拜它、希望拥有它的追随者,从而激起追随者的忠诚和极大热忱。

(三)有效行使权力的原则

领导者在履行领导职能的过程中,需要有效地运用和行使其影响力,为了更好地实现组织目标,在使用权力的时候应遵循以下几条原则。

1. 职位权力和个人权力相结合

领导者的权力主要来自两个方面:一是来自于职位的权力,由于领导者在组织中所处的职位是由上级和组织赋予的,人们往往出于压力和习惯不得不服从这种权力。二是来自于领导者个人的权力,这种权力是由于领导者自身的某些特殊条件才具有的,是在组织成员自愿接受的情况下产生影响力的,因而易于赢得组织成员发自内心的长时期的敬重和服从。有效的领导者不仅要依靠职位权力,还必须注意提升个人权力,这样才会使被领导者心悦诚服,才能更好地进行领导。

2. 慎重、合理地用权

领导者在人事安排、财务分配和奖励惩罚等方面拥有较大的权力。如果领导者使用权力不适当，滥用职权，不但会阻碍组织目标的实现，还会导致人际关系恶化、组织凝聚力下降。少数领导者试图通过炫耀自己手中的权力来树立自己的权威，结果往往会适得其反，不但造成下属的反感和厌恶，还会损害其领导者的形象，降低自己的权威。所以，一个好的领导者应当用一种慎重小心的态度对待权力，十分珍惜组织赋予的权力，珍惜自己经过长期努力在同事下属中树立起的个人影响力，绝不夸耀张扬。但在确实需要使用权力时，领导者又要当机立断、雷厉风行地使用权力来维护组织和个人的利益。当然，为了防止出现滥用权力的现象，在组织设计时也应当建立良好的权力制衡机制和监督机制来约束领导者的行为。

3. 客观、公正地用权

领导者运用权力的一个最重要原则就是要客观公正、一视同仁。领导者必须以自己的实际行动使下属相信，自己在使用权力时是不分亲疏、不徇私情、不谋私利的。领导者完全是按照组织的规章制度来办事的，使用权力是为了实现组织的经营目标。领导者可以通过公开化、透明化的工作方式，建立良好的工作秩序，从而可以服众，提高组织的工作效率。

七、领导者的素质

所谓领导者的素质，就是指在一定的心理生理条件的基础上，通过学习、教育和实践的锻炼而形成的在领导工作中经常起作用的那些最基本的特征及其所达到的水平。领导者素质中的素质概念同心理学中的素质概念既有联系，又有区别。领导者素质不仅包括领导者的心理素质，同时又有更广泛的内容，如思想道德素质、文化专业素质、组织能力素质等。

（一）思想道德素质

1. 强烈的事业心和责任感

作为一个领导者，必须具有强烈的革命事业心和政治责任感。它在工作上的具体表现则体现在全心全意为人民服务，是一个领导者必须具备的基本道德品格。一个领导者具有全心全意为人民服务的精神境界，就会克己奉公，为人民群众的利益鞠躬尽瘁，死而后已，就会自觉地同形形色色的官僚主义、形式主义、假公济私、以权谋私的行为作斗争。

另外，它还要求领导者具有开拓进取精神和坚韧性，敢于打破陈规陋习的束缚，勇于研究新情况，解决新问题，并且在奋斗的过程中有百折不挠的精神和不怕失败的气概。

2. 公正民主、严于律己

领导者平时的行为应端庄正派，对上不吹不拍，对下不欺不压；维护团结和统一，不培植私人势力，不搞派别组织和小集团活动，不阳奉阴违；遇事走群众路线，多同群众商量，虚心听取专家意见，善于集思广益，不主观武断；平易近人，亲切和蔼，不专横跋扈、动辄教训别人；注意“慎独”，加强自我改造；不居功，不自傲，自觉接受组织和群众的监督；要面向实际，面向基层，虚心向自己的部下和群众学习；并且经常解剖自己，敢于承认自己的缺点和错误，鄙视别人对自己无原则的阿谀奉承，有勇于听取批评的勇气，有“闻过则喜”的胸怀。

（二）科学文化素质

科学文化素质指的是领导者应当具有的文化知识和专业技术水平。一个现代领导者应当具有较高的文化专业素质。具体来说，它应包括以下内容。

1. 扎实的文化基础和渊博的知识

当今世界各国对不同级别的领导者，在学识水平上均有具体的规定，并且通过学历和考试等多种手段，对领导者的学识水平进行检验。作为一名现代领导者，如果没有扎实的文化基础，不仅无法适应现代社会的发展，更不能承担现代社会各种领导责任。

2. 通晓现代管理科学的基础知识

要提高领导水平，就必须掌握现代管理科学和领导科学的理论和方法，学会计划、组织、决策、指挥、协调这一整套本领，并了解古典管理理论、“行为科学”理论和现代西方管理学流派，运用现代管理科学的理论来指导自己的工作，不断提高自己的管理水平和领导艺术。

3. 丰富的社会生活实际知识

在整个知识构成中，实际知识、实际经验也是十分重要的内容。领导者应该注意深入了解周围事物的历史和现状，熟悉多种多样的社会生活实际，积累自己的直接经验。同时，要把个别经验向一般知识转化，把实际知识向理论知识升华，把零散认识向系统知识提高。

（三）健康的心理素质

健康的心理素质也是现代领导者必备的素质。从心理学上讲，心理素质是指人们在心理过程、心理特征和心理状态方面表现出来的稳定的特点的总和。性格、气质、心智能力等都是心理素质的内容。现代领导者应该具备以下心理素质。

1. 敏锐的认识能力

现代领导者的思维过程是由分析与综合、比较与分类、抽象概括与具体化等环节交错而有机地构成的。这个过程贯穿着领导者发现问题、研究问题和解决问题的复杂的脑力劳动。在分析问题的过程中，要求能从模糊复杂的一大堆事物的现象中发现问题（即矛盾）的所在；解决问题的时候能选择最优化的方案，并有科学的预见。

2. 坚韧不拔的意志

领导者只有在自己的认知心理上树立起必胜的信心，才能冲破认知海洋中的惊涛骇浪，驾驶起认知的方舟，到达胜利的彼岸。领导对客观世界的认识是一个渐进的过程，不能一下子完成。特别是在目前新的形势下，必然要面临许多新情况、新问题，他既无前人的经验可借鉴，也无现成的公式可套用，特别是在遇到挫折、走弯路的时候，作为一个领导者绝不能悲观、失望、气馁，要以一个领导者坚韧不拔的意志从中吸取教训，解除症结，取得胜利。

3. 健全的人格

首先要求客观的自我认识和积极的自我态度，其次是客观的社会知觉和建立适宜的人际关系的能力，然后要有生活的热情和有效解决问题的能力，心理健康的人应该热爱生活，有投身于工作事业和家庭的热情，还要具有与自己年龄相适应的生活能力，最后，领导者的个性结构应具有协调性。

人格健全者应该有统一的人生观和世界观，个性倾向的各部分（需要、兴趣、动机、理想、信念和世界观）之间应该能保持一种动态的协调、平衡，而且他的认识、情感和行为之间也应该有协调性。

（四）组织决断能力素质

组织决断能力素质是现代领导者所具有的决策、计划、组织、指挥、协调和监督的才能。对领导者的组织能力素质的要求，因组织决断对象的不同，具体说来可分为两个方面：一是对事，二是对人。

1. 统揽全局、多谋善断、灵活机变的能力

统揽全局是指能够对复杂的社会现象进行科学分析、综合、概括和判断，能够从全局出发，正确认识本地区、本部门、本单位在全局中的层次和地位。

多谋善断是指处理事情、解决问题的主意多、点子多、办法多，能够从多种主意中选择出最好的主意，能够从多种办法中选择出最佳的办法，并且能够当机立断，坚决果断地执行它。多谋善断是“智多星”和“铁腕人物”的恰当结合，按照现代化的科学语言来说，多谋善断就是既能提出多种方案，又能善于优选决策。当然，在现代管理工作中，多谋善断常常不是单纯依靠领导者个人所能完全达到的，一般说来需要借助于“智囊团”、“思想库”之类的集体智慧，但最后的优选决策还是要管理者的多谋善断。

2. 知人善任，善与人同

现代领导者所以要有知人善任的素养，是因为现代领导工作的核心是管理人，是调动人的积极性和创造性去完成各项具体的工作任务，人管理不好就什么任务也完成不了，因此对现代领导者来说特别要强调知人善任的意义。

所谓知人，就是要知人之所长和知人之所短。所谓善任，就是要扬其所长而避其所短，知人才能善任，善任才能发挥人的潜力和积极性。宽容大度是善任贤才的一个重要条件，没有容人之量是成不了好的管理者的。“宰相肚里能撑船”，可以被认为是一条历史经验的总结，是保证能用人之所长、使人尽其才的一个重要条件。

现代领导者不但要知人善任，还需要“善与人同”。这里所说的“善与人同”包含两层意思：一是说要能善于和人求同存异，搞好上下左右的团结，使大家同心同德；二是说要把工作的成绩、利益荣誉和自己的下属同享。

现代领导者必须能够自觉地同他的下级和广大群众平等相处，具有关心别人、理解别人的本领；能够把握下级和群众的思想脉搏，循循善诱，会做思想工作；能够公正地评价他们的成败功过，处理好各种矛盾，以便调动一切积极因素，形成和谐的、配合默契的、协调一致的集体。

第二节　领导理论

不同的领导情境，需要不同的领导风格。

——保罗·赫塞与肯·布兰查德

领导必须对下属做出的决策负责，尽管在做出该项决策时依据的是集体意见。领导向下属授权时必须准备好承担可能由此而产生的一切风险。授权绝不是为了推卸责任。

——罗伯特·坦南鲍姆

一、领导性格理论

领导性格理论，即研究领导者的性格特征的理论。就是研究怎样的人才能成为良好的、有效的领导者。这个研究首先考虑的是领导者的特征，即关于领导者的个人特性。长期以来，西方国家的管理学者们，一直把领导者的各种个人性格特征作为描述和预测其领导成效的标准，认为这是与成功的领导密切关联的。这种研究试图区分领导者和一般人的不同特点，并以此来解释他们成为领导者的原因。

（一）个性特征的分类

研究人员列举了领导者所应具有的多种个性特征，这些特征大致可以分成以下几类：

（1）身体特征

身体特征包括体力、年龄、身高等。

（2）背景特征

背景特征包括教育、经历、社会地位、社会关系等。

（3）智力特征

智力特征包括知识、智商、判断分析能力等。

（4）个性特征

个性特征包括热情、自信、独立性、外向、机警、果断与工作有关的特征（包括责任感、首创性、强烈的事业心等）。

（5）社会特征

社会特征包括指挥能力、合作、声誉、人际关系、老练程度等。

（二）吉赛利的性格特征理论

美国管理学家吉赛利在其《管理才能探索》一书中指出八种个性特征和五种激励特征。

1. 个性特征

①才智:语言与文辞方面的才能。

②首创精神:开拓新方向、创新的愿望。

③督察能力:指导别人的能力。

④自信心:自我评价较高。

⑤适应性:为下属所亲近。

⑥决断能力。

⑦性别(男性或女性)。

⑧成熟程度。

2. 激励特征

①对工作稳定的追求。

②对金钱奖励的需求。

③对指挥别人的权力需求。

④对自我实现的需求。

⑤对事业成就的需求。

吉赛利的这些性格的研究,由于有严密的科学性而受到尊重。他的研究结果指出了这些个性特征的相对重要性。

(三)博伊斯的领导技能理论

美国管理学家博伊斯提出具有“改革精神”的领导者必须具备五种新的领导技能。

(1)预见技能

对经常不断变化的内外部环境能深谋远虑。

(2)想象技能

运用说服和榜样诱导下属按领导者或整个组织的意图行事。

(3)价值观综合技能

把员工在经济、安全、伦理、精神和物质等方面的需求结合起来,以便使人们有共同的动机、价值观和目标。

(4)授权技能

乐意并且有效地与下属分享权力。

(5)自知或反省技能

既明白自己的需求与目标,也了解下属的需求与目标。

傅伊斯理论的一个重要观点是:上述这些新的领导技能并不是生来就具备的,而是要在实践中锻炼、培养、学习和提高的。

事实上,性格理论所涉及的身体特征、才智和个性对管理成功的影响不是绝对重要的。其中大多数实际上也只不过是人们对于某一个领导者，特别是一个从事上层领导工作者的期望。

这一理论研究的缺陷是十分明显的：

①它们忽略了被领导者的地位和影响作用。事实上，一个领导者能否发挥其领导技能，会因被领导者的不同而不同。

②没有考虑环境对个性的影响，包括改变个性与否及其改变的程度。

③领导者的性格特征内容过于繁杂，且随不同情况而变化；难以探索领导者所有性格特征彼此的相对重要性；难以寻求由此获得成功的真正因素。

④这些特征难以度量，人们还无法去衡量领导者个性所应具有的程度。

⑤与各种有关实证研究所显示的结果相当不一致。

二、领导行为理论

领导行为理论主要研究领导者思想作风、工作能力在领导活动中的外在表现形式以及对领导活动的影响。领导行为理论研究成果很多，其中，经典的观点主要有以下几种。

（一）四分图理论

美国俄亥俄州立大学的教授斯多基尔和他的同事对上千名领导者行为模式进行了调查研究，在众多的领导行为中发现有两种具有普遍性的因素在发生作用。将这两种因素概括为：以人性化的关怀为中心和以任务化的工作为中心。以人性化的关怀为中心主要强调领导者采用多种方式支持、爱护和关心员工，在领导者和下属之间建立相互信任、尊重的关系，给下属一定的自主空间，并注重满足下属的需求。以任务化的工作为中心强调以完成工作任务为最高目标，重视和关心与完成工作任务相关的因素，如设计组织结构、理顺职权关系、调节工作效率、制定绩效标准等。

将上述领导者行为普遍存在的两种因素进行任意组合，可以构成4种领导行为方式，为了便于分析，将其置于平面坐标系中，如图8.1所示。

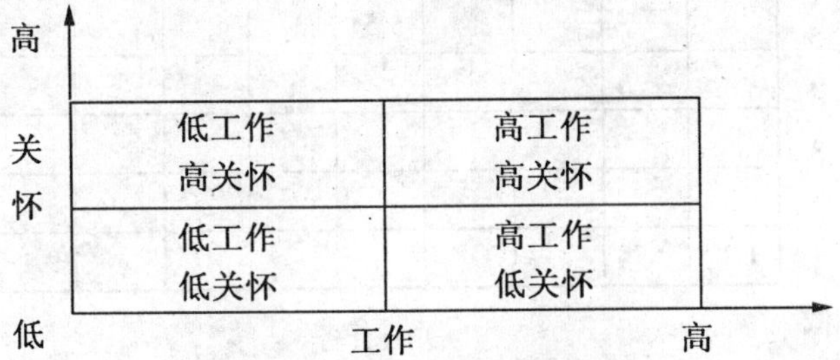

图8.1 四分图理论示意图

1. 授权式

这种领导方式表现为低工作和低关怀，它适合管理完成工作任务能力和处理各种关系能力都很强的员工。由于员工的成熟度高，可将一些决策权授予下属自主行使，领导者仅起指导和监督作用。

2. **指令式**

这种领导方式表现为高工作和低关怀，它适合管理完成工作能力弱，处理各种关系能力强的员工。由于员工完成工作的成熟度低，所以，领导者主要起指挥作用。

3. **参与式**

这种领导方式表现为低工作和高关怀，它适合管理完成工作能力强，处理各种关系能力弱的员工。由于员工处理各种关系的成熟度低，所以，领导者主要起协调作用。

4. **推销式**

这种领导方式表现为高工作和高关怀，它适合管理完成工作能力和处理各种关系能力都很弱的员工。由于员工完成工作和处理各种关系的成熟度都很低，所以，领导者起指挥与协调作用。

（二）方格理论

方格理论是美国得克萨斯大学的行为科学家罗伯特·布莱克和简·莫顿在《管理方格》一书中提出的，实质上是对四分图理论的延伸或扩展。这一理论认为，领导行为主要体现在关心人和关心任务两个方面，并分别对关心人和关心任务按照不同程度分出等级，置于平面坐标系中。在横坐标轴和纵坐标轴上分别划出 9 个等级，从而形成 81 种领导行为类型，如图 8.2 所示。

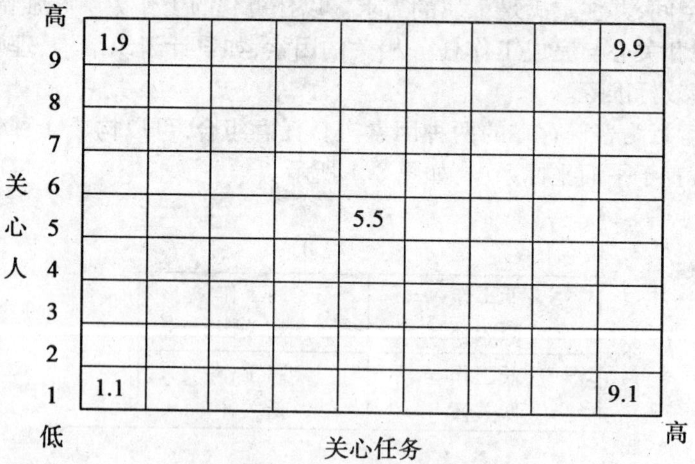

图 8.2　管理方格图

在图 8.2 中可以选择 5 种有代表性的领导方式。

1. **贫乏型**(1.1)

领导者对员工和工作任务均不关心，以最少的付出来应付所必须承担的管理职责与义务,属于不称职的领导行为。

2. 任务型(9.1)

领导者只重视完成工作任务,不关心员工,属于以任务为中心的极端性领导行为。

3. 中庸型(5.5)

领导者对员工和工作任务都比较关心,属于保持上下级关系平衡,追求正常工作业绩的领导行为。

4. 俱乐部型(1.9)

领导者只支持和体谅员工,而忽视工作任务,属于以关系为中心的极端性领导行为。

5. 团队型(9.9)

领导者对员工和工作任务都高度关心,属于理论上的理想领导行为,是领导者应该努力效仿的模式。

三、领导权变理论

从20世纪60年代后期,随着权变理论的出现,又产生了领导的权变理论。该理论认为,并没有万能的、固定不变的有效领导类型,只有结合具体情境,因时、因地、因事、因人制宜的领导方式,才是有效的领导方式。领导权变理论认为领导方式的有效性是受多种变量影响的,即 $S=f(L,F,E)$。式中,S 代表领导方式;L 代表领导者的特征;F 代表被领导者的特征;E 代表环境。

下面为大家介绍几个具有代表性的领导权变理论。

(一)领导方式的连续统一体理论

1958年,美国管理学家罗伯特·坦南鲍姆(Robert Tannenbaum)和沃伦·施密特(Warren H·Schmidt),提出了领导方式的连续统一体理论。他们认为,领导方式是多种多样的,并不存在一种固定的理想模式。在领导者与下属的关系中,究竟应当给予下属多少参与决策的机会,是采取专制型领导更好一些,还是采取民主型领导更好一些,取决于多种相关因素,因而要采取随机相宜的态度。在专制型和民主型两种极端的领导方式中间,存在着许多种过渡型的领导方式,这些不同的领导方式构成一个连续的统一体,如图8.3所示。

从图8.3中可以看出,领导者的领导方式或风格可有多种选择,其中有两种极端类型的领导风格:一种以领导者为中心(在连续统一体的左边),这样的领导者具有独裁主义的领导作风,往往自己决定所有的政策,对下属保持严密的控制,只告诉下属他们需要知道的事情并让他们完成任务;另一种以员工为中心(在连续统一体的右边),这样的领导者具有民主的领导作风,允许下属对所从事的工作有发言权,不采取严密的控制,鼓励下属参与决策、自我管理。从左到右领导者行使越来越少的职权,而下属人员得到越来越多的自主权。

领导方式的连续统一体理论认为,对于一种领导方式来讲,不能说哪一种总是正确的,或哪一种总是错误的。领导者究竟应当采取哪一种领导方式,主要取决于以下三个因素。

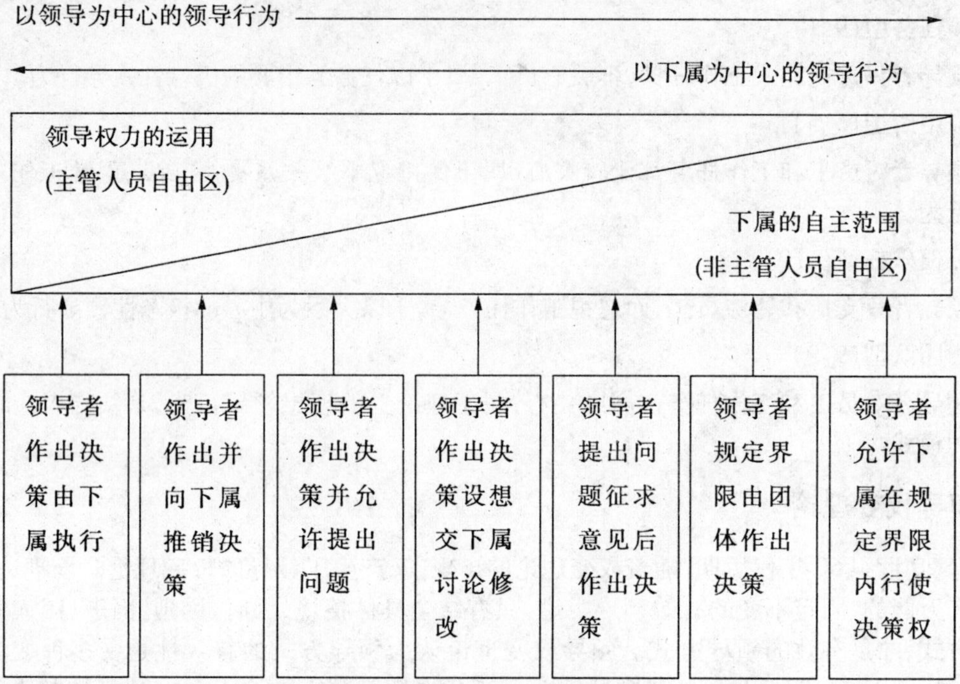

图 8.3　领导方式的连续统一体

(1)领导者的因素

领导者的价值观;对下属的信赖程度;对某种领导方式的爱好等。

(2)下属的因素

下属独立性的需要程度;是否愿意承担责任;对有关问题的关心程度;对不确定情况的安全感;对组织目标是否理解;下属的知识、经验和能力等。

(3)组织环境因素

组织的价值标准和传统;组织的规模;集体的协作经验;决策问题的性质及其紧迫程度等。

总之,必须全面考虑以上各方面的条件,才能确定一种适当的领导方式。

(二)费德勒模型

美国管理学家弗雷德·费德勒(F. E. Fiedler)在大量实证调查研究的基础上,提出了有效领导的权变模型。费德勒指出,有效的领导者不仅在于他们的个性,也在于各种不同的环境因素和领导者同组织成员之间的交互作用。

费德勒认为,影响领导有效性的环境因素主要有下列三个方面。

1. 职位权力

职位权力指领导者的职位所能提供的权力和权威是否明确、充分,在上级和整个组织中所得到的支持是否有力,对雇用、解雇、纪律、晋升和报酬等的影响程度的大小等。

2. 任务结构

任务结构指下属所从事工作的程序化、明确化的程度,如工作的目标、方法、步骤等是否清楚。如果工作任务是例行性、常规化、容易理解和有章可循的,则这种工作任务的结构是明确的;反之,则属于不明确或低结构化的工作任务。

3. 领导者与被领导者的关系

领导者与被领导者的关系指领导者得到下属拥护和支持的程度。如领导者是否受到下属的喜爱、尊敬和信任,是否能吸引并使下属愿意追随他等。如果双方高度信任、互相尊重支持、密切合作,则上下级关系是好的;反之,则关系是差的。

费德勒设计了“最难共事者”(Least-Preferred Co-worker,LPC)问卷来测定领导者的领导风格。该问卷是询问领导者对“最难共事者”的评价。如果一个领导者给最难共事者打了低分,说明该领导者对这种同事的评价是充满敌意的,这样的领导者惯于命令和控制,只关心生产不关心人,因此做出“低 LPC 分”评价的领导者是趋向于任务导向型的领导方式。同样,如果一个领导者给最难共事者打了高分,则反映出该领导者对人宽容、体谅,提倡人与人之间的友好关系,该领导者的领导方式趋向于关系导向型。

费德勒通过对 1 200 个企业和团体的调查研究,得出了在各种不同情境条件下的有效领导方式,其结果如图 8.4 所示。

费德勒的研究结果表明,在对领导者最有利和最不利的情况下(如图中 1、2、3、8),采用任务导向型领导方式将是最有成效的;在对领导者中等有利的情况下(如图中 4、5、6、7),采用关系导向型领导方式是最有成效的。

上下级关系	好				差			
任务结构	明确		不明确		明确		不明确	
职位权力	强	弱	强	弱	强	弱	强	弱
情境类型	1	2	3	4	5	6	7	8
情境特征	有利			适中				不利
有效的领导方式	任务型			关系型				任务型

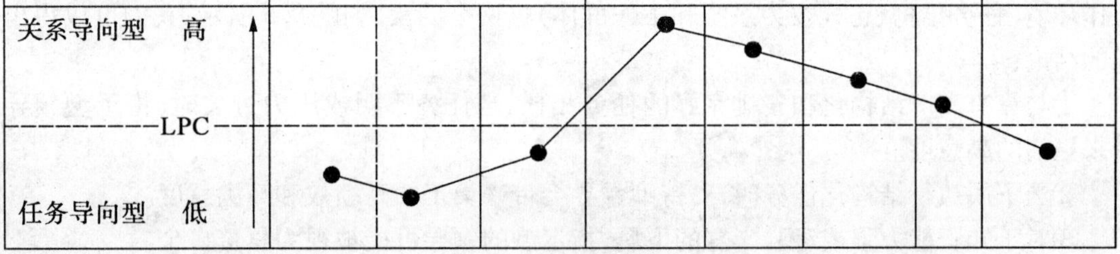

图 8.4 费德勒模型

因此,费德勒主张,要提高领导的有效性应从两方面着手:一是先确定某工作环境中哪种领导者工作起来更有效,然后选择具有这种领导风格的管理者担任领导工作,或通过培训使其具备工作环境要求的领导风格;二是先确定某管理者习惯的领导风格,然后改变他所处的工作环境(即在上下级关系、任务结构、职位权力等方面做些改变),使新的环境适合领导者的领导风格。

(三)途径-目标理论

途径-目标理论是由加拿大多伦多大学教授罗伯特·豪斯(Robert House)提出的。这种理论认为,领导者的效率是以能激励下属达成组织目标,并在其工作中使下属得到满足的能力来衡量的。领导者的主要责任和作用就在于为下属设置和指明目标,帮助他们找到实现目标的途径,并帮助他们解决困难,扫清障碍。影响领导有效性的因素包括:下属的特征,比如下属的需求、自信心和能力等;工作环境,比如任务复杂程度、奖励制度以及与同事的关系等方面。

途径-目标理论认为,领导方式可以分为以下四种类型。

1. 指示型

领导者对下属提出要求,指明方向,给下属提供相当具体的明确的指导和帮助,使下属能够按照工作程序去完成其工作任务,实现工作目标。

2. 支持型

领导者和蔼可亲,平易近人,了解下属的疾苦,关心下属的生活和幸福,理解下属的需要。

3. 参与型

领导者在做决策时,征求下属的意见,同下属商量对策,认真对待和研究下属的建议与要求,有助于激励下属的工作行为。

4. 成就导向型

领导者给下属设置富有挑战性的目标,鼓励下属最大限度地发挥自己的才能,不断提高工作的完善程度,并给予下属极大的信任,相信他们能达到目标。

途径-目标理论认为,有效的领导方式取决于下属的特点(控制点、经验和知觉能力)和工作环境(任务结构、正式权力系统和工作群体)这两个因素,如图 8.5 所示,我们可以得出这样的结论:

①与具有高度结构化和安排完好的任务相比,当任务不明或压力过大时,指示型领导会带来更高的满意度。

②当下属执行结构化任务时,支持型领导会带来员工的高绩效和高满意度。

③对于知觉能力强或经验丰富的下属,指示型的领导可能被视为累赘多余。

④组织中的正式权力关系越明确,领导者越应表现出支持型行为,降低指示型行为。当

工作群体内部存在激烈的冲突时，指示型领导会带来更高的员工满意度。

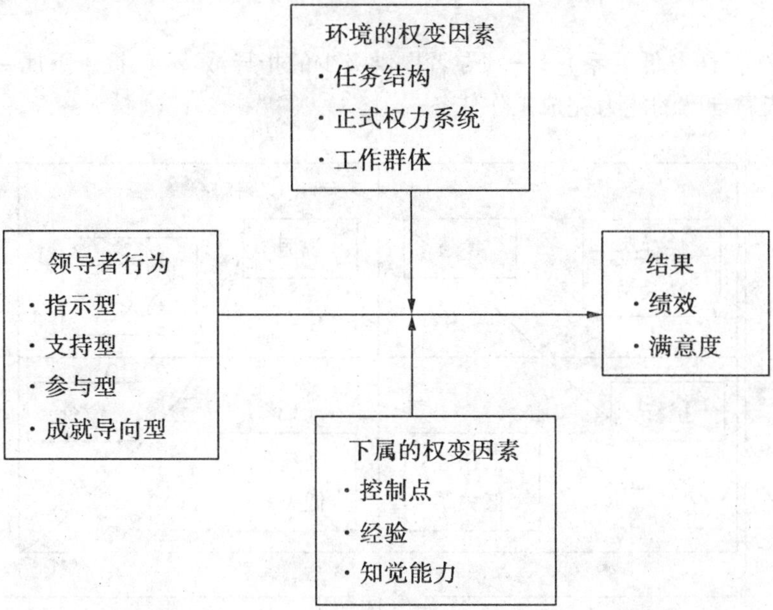

图 8.5 途径 - 目标理论

⑤当任务结构不清时，成就导向型领导将会提高下属的期待水平，使他们坚信努力必会带来成功的工作绩效。

⑥内控型下属对参与型领导更为满意，而外控型下属对指示型领导更为满意。

总之，当领导者可以弥补员工或工作环境方面的不足时，会对员工的绩效和满意度起到积极的影响。反之，如果任务本身已经非常明确而员工的能力足够强的话，过多的领导指示行为就是不恰当的，容易招致员工的反感。

（四）领导生命周期理论

领导生命周期理论也被称为情景领导理论，是由美国管理学家科曼（A. K. Kor-man）于 1966 年首先提出，后经赫塞（Paul. Hersey）和布兰查德（Kennet. Blanchard）加以发展形成的。

“领导生命周期理论”以领导的“四分图理论”和“管理方格理论”为基础，同时又结合了阿吉里斯（Chris Argyris）的“不成熟 - 成熟”，形成了一个由任务行为、关系行为和成熟程度组成的三维结构，如图 8.6 所示。

由任务行为和关系行为相组合，形成以下四种领导风格。

S_1：命令式（高任务低关系）——领导者对下属的工作进行详细、具体的指导，明确指出下属应该干什么、怎么干以及何时何地去干。

S_2：说服式（高任务高关系）——领导者既给予下属一定的指导，又注意激发和鼓励其积极性。

S_3:参与式(低任务高关系)——领导者与下属共同决策,领导者着重为下属提供便利条件和沟通渠道。

S_4:授权式(低任务低关系)——领导者提供极少的指导或支持,授予下属一定的权力,下属独立工作,依靠自己的能力完成工作任务。

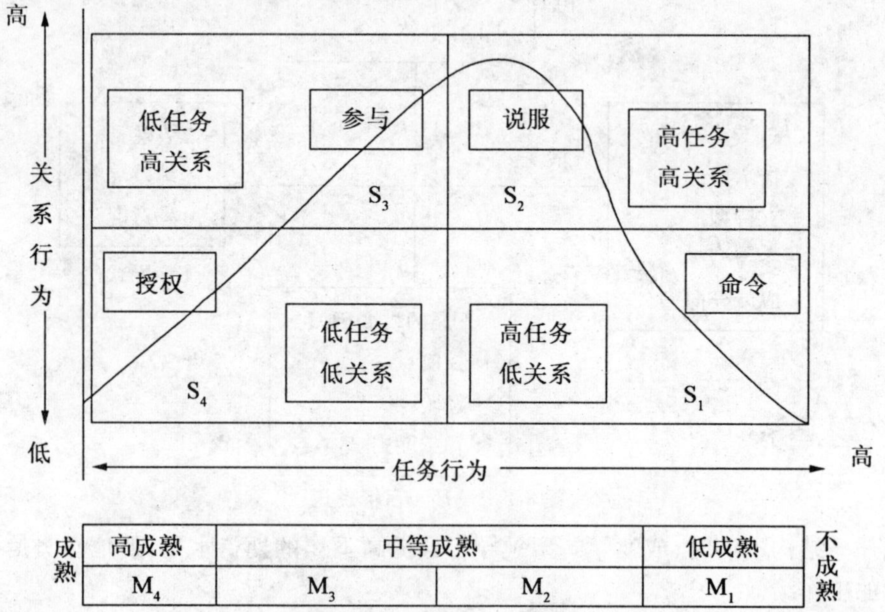

图 8.6　领导生命周期理论

同时,赫塞和布兰查德又把下属的成熟程度分为以下四个等级。

M_1(不成熟):下属既无承担工作任务的能力,又缺乏工作意愿,既不能胜任工作又不被信任。

M_2(稍成熟):下属愿意承担工作任务,但缺乏足够的能力,他们有积极性,却没有完成任务所需的技能。

M_3(较成熟):下属有能力完成工作任务,但却不愿去做。

M_4(高成熟):下属既有能力又愿意去做领导者分配给他们的工作。

领导生命周期理论认为,随着下属从不成熟走向成熟,领导者不仅可以逐渐减少对工作任务的控制,而且可以逐渐减少关系行为。当下属处于不成熟阶段(M_1)时,领导者必须给予下属明确而具体的指导以及严格的控制,需要采取高任务低关系的行为,即命令式领导方式;当下属处于稍微成熟阶段(M_2)时,领导者需要采取说服式领导方式,即高任务高关系的行为,高任务行为可以弥补下属能力上的不足,高关系行为可以激发下属的积极性,给下属以鼓励;当下属处于比较成熟阶段(M_3)时,由于下属能胜任工作,但却没有工作的动力,因此领导者的主要任务是做好激励工作,了解下属的需要和动机,通过提高下属的满足感来发挥其积极性，宜采用参与式领导方式；当下属处于高成熟阶段（M_4）时，由于下属既有能力又愿意承担工作，因此领导者可以只给下属明确目标、提出要求，由下属自我管理，可采用低任务低关系的授权式领导方式。

我们以父母与子女的关系为例来说明领导生命周期理论：当人处在儿童时期，难以独立适应环境，一切都需要父母的照顾和安排。此时父母的行为是高任务低关系。在这里要注意，疼爱不是高关系，高关系涉及尊重、信任、自立、自治等。当孩子进入小学和初中时，父母除安排照顾外，必须给孩子以信任和尊重，增加关系行为，即采取高任务高关系的行为；当孩子进入高中和大学时，他们逐步要求独立，开始对自己的行为负责，父母应该逐步放松控制，给予孩子高度的感情上的支持，应采取低任务高关系的方式；当孩子成年走向社会、成家立业以后，此时父母最适当的方式就是完全放手，即低任务低关系的方式。

总之，“领导生命周期理论”揭示出，随着下属成熟程度的提高，领导者应相应地改变自己的领导方式。从另一方面来说，对于不同成熟程度的下属，领导者应该采用不同的领导方式。

第三节　领导艺术

员工做不好工作，大多数都是领导安排不好，或者管理得不好造成的。每一个领导都应明白，自己的职责就是帮助员工做好工作，因此，他们要为事情的成败负责。也就是说，领导者要把下属的成功看作是自己的成功，积极地为下属的工作创造良好的条件。并且，当员工失败时，领导者也应该为此负责，因为失败不仅是员工没有做好，还有他们领导的失误。

——威廉·爱德华·戴明

一、领导艺术的含义

所谓领导艺术，是指领导者在一定的知识、经验、才能和气质等因素的基础上逐步形成的、创造性地运用各种领导策略、资源、方法和原则以有效实现组织目标的技能技巧。其中，领导者的知识、经验、智慧、才能等因素是领导艺术得以发挥的前提；对领导原则、条件、资源、方法等纯熟巧妙的运用并富有创造性，是领导艺术的核心；而领导风格和领导者创造性的实践所塑造的“美”的形象，是二者结合的结果，是领导艺术的外在表现。因此，领导艺术是非规范化、非程序化、非模式化的领导行为，是领导者把握领导规律、履行领导职能的最高境界。

二、组织中领导艺术范型

一个成功的领导者对于组织的发展起着至关重要的作用，可以毫不夸张地说，组织的成败与否，与领导者的管理方法和自身才能有着千丝万缕的联系，正因为如此，要求领导者不仅掌握各种科学的领导方法和原则，同时在管理过程中要讲求领导艺术。

(一)授权艺术

根据管理中的“例外原则”(例外原则是指作为高层管理者将一般性的日常事务交给下属去做,自己只处理一些例外事项,如重大人事安排、战略决策等),一个组织中的领导者要处理的事务包罗万象,涉及面广,而要做到真正的有效领导,必须要“有所为”、“有所不为”。要注意区分事务的轻重缓急,真正做到充分授权。

所谓授权,是指领导者将自己手中的部分权力和责任交给下属履行和承担的过程,包括任务委派、权力下授及监督下属承担相应的责任等。

领导者的授权,并不意味着权力和责任的脱离,而是使这两者更好地运用于实际。因此,授权要遵循以下原则。

(1)因能而授

要注意针对不同人的才能和知识进行授权,要知人善用,只有下属的才能足以担当此任,方能授权,否则会出现“因人设事”、“以功授权”等情况。

(2)责任不可下授

授权虽然是将领导者手中的部分权力和责任进行了下授,但对于领导者来说,仍然负有对该项任务的责任。一旦发生问题,领导者不能推卸责任,要勇于承担责任。

(3)适度原则

领导者在授权时,要掌握“度”,过度授权,会导致放任的领导方式;不授权或者少授权,则会出现专制的领导方式,这两种极端都不利于领导工作的有效开展。因此,凡是涉及组织全局的问题,比如组织的长远目标、战略决策等,不可轻易授权;而对于那些不必领导者参与,下属也能处理的问题,则可以授权下属去处理。

(4)有效控制

领导者在授权的同时,同样要做好有效的控制、监督工作。虽然权力下放了,但为了让下属更好地完成工作,领导者要事先建立一套健全、有效的控制制度。

(5)公开原则

为了充分发挥下属的积极性、主动性,领导者授权要注意遵循公开原则,增进上下级之间的协调配合与相互信任。

(二)用人艺术

为了充分发挥下属的长处,使组织的需要和个人的能力得以更好地结合,领导者用人要注意遵循以下原则。

(1)以身作则

这是用人的前提。一个有效的领导者,在对下属提出要求的同时,也要为下属树立榜样。只有领导“走得正”、“行得端”,凡事严于律己,以身作则,才能赢得下属的尊重和爱戴。

(2)用人所长

作为领导者,在用人时要注意用人之所长,发挥下属的长处,使之与组织目标更好地结合。

(3)用人不疑

领导者用人时,要以信任的态度对待下属,即用人不疑。给下属充分的信任,让他们发挥自己的聪明才干。

(4)奖赏一视同仁

作为领导者要看到每个下属的成绩,并采取及时的表扬和奖励措施,不因人而异。

(5)惩罚有度

领导者对下属的批评要采取谨慎态度,要查明事实真相,选择合适的时机和场合,运用正确的态度教育下属,使其真正意识到自己的错误。同时,针对同一种违规行为,做到处理结果公平一致。

(三)指挥和协调艺术

指挥与协调是领导者的工作内容,作为领导者应处理好以下几个问题。

(1)指挥要得当

在组织中,领导者能否带领下属成功完成工作,关键看领导的指挥是否得当,就像一个乐团能否奏出和谐动听的乐曲,指挥家的一举一动很重要。同样,领导者的指挥工作只有充分考虑到下属的工作能力和需求,才能得到下属的认可。

(2)多与下属交流

领导者在发挥指挥与协调职能时,必须要把自己的想法传达给下属,同时也需要及时了解下属的反应、感受和困难。因此,要多与下属交流意见,倾听下属的想法,同时要注意交流时的态度,要尊重对方,表达对此事的重视,及时发表意见,切忌在谈话中给人误解,或伤害到对方的自尊,这样会失去对方的信任。

(3)善于团结

领导者受到的尊重,往往是在与下属的接触中建立起来的,因此,在面对问题时,领导者要放下架子,与下属一起寻求解决的办法。要团结组织中的每一个成员,肯定成员的成绩和长处,创造一个相互信任、紧密团结的工作团队。当下属因经验不足或认识不到位等犯错时,领导者要注意解决问题的方式。

【管理小故事8.2】

小和尚的"椅子"

一位德高望重的长老,在寺院的高墙边发现一把坐椅,他知道有人借此越墙到寺外。长老搬走了椅子并在这儿等候。午夜,外出的小和尚爬上墙,再跳到"椅子"上,他觉得"椅子"不似先前硬,软软的甚至有点弹性。落地后小和尚定眼一看,才知道椅子已经变成了长老,原来是长老用脊梁来承接他的。小和尚仓惶离去,以后的一段日子他诚惶诚恐等候着长老的发落。但长老并没有这样做,压根儿没有提及此事。小和尚从长老的宽容中获得启示,他再没有去翻墙，若干年后成为这儿的住持。

（四）时间管理艺术

德鲁克在《有效的管理者》一书中指出“不能管理时间，便什么都不能管理”，说明了领导工作与时间的相关性。作为领导者应该重视时间，善于支配时间和分配时间。

如果组织不重视时间成本，不健全会议制度，忽略时间成本的计算和评估，势必影响其竞争能力。时间是一种特殊的资源，时间是效率的分母，在任何一项管理活动中都包含着时间管理的内容。

时间管理当作组织管理的一项非常重要的内容，特别是在市场经济条件下，讲究充分利用时间的艺术，对于提高生产效率，促进经济发展，显得更加重要。

所谓有效地利用时间的艺术，包括以下两个方面。

1. 科学分配时间的艺术

对于领导者来说，科学分配时间的艺术，就是要根据组织经营的总任务，按制度时间的规定，科学合理地给各个单位分配定额，并要求他们在执行中按制度时间的规定，科学合理地给各个单位分配定额，并要求他们在执行中严格按计划进行，做到按期、按质、按量完成。企业的综合经营计划、生产作业计划，从某种意义上说，就是在既定的经营任务情况下，如何科学分配时间的问题。科学地制定各种工时定额，都属于此。有人亦将这种做法称之为标准化时间法，即企业要将所有反复进行的生产作业或管理行为，包括工艺操作、设备陈设、工序结构、进度安排、管理流程等都力求做到标准化，并严格按照标准执行。科学分配时间的艺术主要有以下几种。

（1）采取重点管理法

组织领导者每天要完成与处理的事务很多，但不能不分主次和轻重缓急，遇到什么抓什么，必须从众多的任务中抓住重要的事情，集中时间和精力把它做好，把有限的时间分配给最重要的工作。

（2）采取最佳时间法

任务是靠人去完成的，而人由于受生物钟和习惯的影响，一日之内不同时间段的精神状态不同。作为管理者应该把最重要的工作安排在一天中效率最高的时间段去完成，而把零碎事务或次要工作放在精力较差的时间段去做。

（3）采取可控措施法

这主要是对组织领导者来说的，因为他们工作多，任务杂，与组织内外人员联系广泛，其时间有的可控，有的不可控，如何把自己不可控的时间转化为可控时间，提高管理效率，十分重要。例如，原联邦德国奈夫传动技术公司总经理米斯特鲁奇先生曾风趣地说，一周七天，五天属于企业，两天属于个人和家庭。一个要求较高生活品质和有所作为的经理，则必须竭尽全力，谋求企业和本人的发展。他每天的工作日程就像自己定的法，既是自己行动的指南，又是工作的记录与时间控制法。

2. 合理节约时间的艺术

合理节约时间的艺术，指的是如何节约时间及如何把节约的时间更好地利用起来。很多管理者在这方面都有自己的经验和方法。主要的有以下几种：

（1）采取时间记录分析法

因为有不少组织领导成天忙忙碌碌，事必躬亲，而其他管理人员则出现工作负荷不均衡，甚至无所事事的现象，严重影响管理效率。从管理艺术来看，一个领导者为了获得时间使用管理效用的反馈，就要详细记录自己每周、每月或每季一个区段时间的使用情况，再加以分析综合，做出判断，从而了解哪些时间内的工作是必要的、有用的，哪些是不必要的、无用的、浪费的，并加以改进，就可以提高时间的管理和使用效率。

（2）采取科学召开会议法

在现代组织管理中，会议已成为人们互通信息、安排工作、综合协调、进行决策的重要方式。可是在我们不少组织中，没完没了的会议和学习，各种形式的评比、检查，浪费了大量的时间。因此，必须科学地召开会议，计算会议成本，提高会议效率。为此，可从以下几方面入手：一是可开可不开的会，一般不要开。二是每次会议主题和要解决的问题必须明确，并事前通知与会者做好充分准备。三是要控制会议的规模和人数，可参加可不参加的人员，一般不要参加。四是会议时间不要太长，不开议而不决、坐而论道的会议。五是明确会后责任，切实组织实施，力避议而不决或决而不行。

综上所述可知，讲求领导艺术，尤其是对组织的高层领导者来说，是十分重要的。不懂得领导艺术，就不能有效地实施领导和管理，甚至还可能做出事与愿违的事。因此，所有组织领导都要十分注意讲究、分析和总结自己的领导和管理艺术，以提高领导效能。

【案例分析】

争取追随者

柳传志认为，振臂一呼、应者云集的领导能力绝不是一个领导职位就能赋予的，没有追随者的领导剩下的只是职权威慑的空壳。他认为是追随者成就了领导者，领导的过程就是争取追随者的过程。

柳传志争取追随者的第一步是"人行得正"。"在公司里面，我对他们要求挺严格，大家还都信我。甚至离开公司的人，想自己发展的人，也不会出去说联想不好。这其中，我觉得有一点很重要，就是决不搞宗派，决不给自己牟私利。不仅是不牟私利，对人处事还要公正。今天我把A训了一通，明天当他发现，其他人犯了错误也一样挨训的时候，他就不会感到委屈。"

争取追随者，以身作则、身先士卒很重要，"创业的时候，我没高报酬，我吸引谁？就凭着我多干，能力强，拿得少，来吸引住更多的志同道合的老同志"。

"要部下信你，还要有具体办法，通过实践证明你的办法是对的。我跟下级交往，事情怎么决定有三个原则：①同事提出的想法，我自己想不清楚，在这种情况下，肯定按照人家的想法做。②当我和同事都有看法，分不清谁对谁错，发生争执的时候，我采取的办法是，按你说的做，但是，我要把我的忠告告诉你，最后要找后账，成与否要有个总结，你做对了，表扬你，承认你对，我再反思我当初为什么要那么做，你做错了，你得给我说明白，当初为什么不按我说的做，我的话，你为什么不认真考虑。③当我把事想清楚了，就坚决地按照我想的做。第二种情形很重要，不独断专行，尊重人家意见，但是要找后账。这样做会大大增加自己的势能。其次，是取信于领导，取信于用户和合作者，取信于员工。说到的事情一定要做到，要不然，你就别说。联想订的指标全都不冒，联想定的指标肯定是超额完成，谁也不敢说大话。另外，公司立的规矩一定要不管不顾地坚持。比如公司开会迟到罚站的规矩。传了十几年了，传下来不容易，因为不断地来新人，谁信这个。”

在领导方式方面，柳传志认为，当企业小的时候，或者刚开始做一件全新的事的时候，一定要身先士卒，那个时候，领导是演员，要上蹿下跳自己去演。但是当公司上了一定规模以后，一定要退下来。“要做大事，非得退下来，用人去做。如果我一直身先士卒，就没有今天的联想了，我现在已经退到了制片人的角色。包括主持策划，都是由年青人自己搞，杨元庆他们自己的事，由他主持策划，我只是谈谈未来的方向”。

讨论题：柳传志赢得下属追随的关键因素是什么？结合案例说明领导者拥有追随者的重要意义。

【点评】

柳传志赢得下属追随的主要因素为：领导者行得正，以身作则，身先士卒，吸引资格老的员工志同道合；领导者既尊重下属，又对工作及下属负责，以理服人，同时工作求真务实，才能取信于员工、用户及合作者。柳传志赢得下属追随的方法从表面上看并不复杂，但是却能始终唤起下属对柳传志的信任、敬重和追随，从而成就联想的事业。领导者要掌握柳传志那样赢得下属追随的要领，尽管道理简单，但真正做起来却不是一件容易的事。

本章小结

本章较系统地对领导职能进行了阐述。首先介绍了领导的概念、作用和分类及领导者的素质等进行详细阐述；其次对领导理论进行详细介绍；最后着重分解领导艺术的含义和组织中领导艺术的范型。

练习库

一、单项选择题

1. 领导生命周期理论也被称为情景领导理论，是由（　　）首先提出来的。

A. 法约尔　　B. 科曼

C. 西蒙　　D. 泰勒

2. 作为领导者的健康心理素质不包括(　　)。

A. 敏锐的认识能力　　B. 坚韧不拔的意志

C. 健全的人格　　D. 强健的体魄

3. 领导的职位权力不包括(　　)。

A. 法定权　　B. 奖赏权

C. 专长权　　D. 强制权

4. 费德勒认为,影响领导有效性有三方面的环境因素,下列不属于的是(　　)。

A. 职位权力　　B. 任务结构

C. 领导者与被领导者的关系　　D. 组织结构

二、多项选择题

1. 按制度权力的集中与分散程度可划分为(　　)。

A. 集权式领导者　　B. 民主式领导者

C. 战略式领导者　　D. 战术式领导者

2. 按领导工作的侧重点不同可划分为(　　)。

A. 事务型领导者　　B. 变革型领导者

C. 战略型领导者　　D. 战术型领导者

3. 领导的作用主要包括(　　)。

A. 协调作用　　B. 激励作用

C. 沟通作用　　D. 指挥作用

4. 领导活动的基本要素主要包括(　　)。

A. 领导者　　B. 被领导者

C. 领导环境　　D. 领导权限

三、名词解释

1. 领导

2. 领导艺术

四、简答题

1. 简述有效行使权力的原则。

2. 领导的用人艺术主要体现在哪些方面?

五、论述题

试论述领导者应具备的素质。

实　训

1. 项目名称

十指相扣

2. 实训目标

表明被迫改变会让人感到不自在并因此产生抵触情绪或行为。

3. 实训内容与要求

(1)集体参与。

(2)在讨论“改变”这个话题,并承认我们中的很多人会公然拒绝任何改变时,你让大家做个简单的游戏,就能让大家欣然接受:十指相扣,做祈祷状。让大家低头看一下自己的手指是怎么交错的。现在,让他们将两手分开,再以相反的方式重新十指相扣(即,如果原先左拇指在上,现在右拇指在上)。向大家指出,对有些人来说,这种身体的变化是没有问题的,但对大多数人而言,即便是这样的一个小小的改变也会让人不舒服甚至感到别扭。因此,我们维持这种行为上的改变的可能性是不大的。

(3)讨论:

①在手指放在新的位置时,你们中有没有人觉得不自在?为什么?

②“人们抗拒改变。”你同意吗?如果同意,为什么?

③我们可以采取什么办法来减少对改变的抗拒?

4. 实训成果与检测

把讨论的结果以心得的形式写出来。

第九章

Chapter 9

管理沟通

【引导案例】

作为某医院的护理部主任,王雪负责管理9名值班主管及115名护士。她讲述了这样一段亲身经历:7月9日星期一刚上班,她就意识到自己犯了一个极大的错误。

王雪大约早上6:05来到医院,她看到一大群护士(正要下夜班的护士和即将上早班的护士)正三三两两聚在一起激烈地讨论着。当她们看到王雪正向她们走来时,便立即停止了交谈。这种突然的沉默和冰冷的注视,使王雪明白自己正是被谈论的对象,而且看来她们所说的不像是赞赏之辞。

王雪来到自己的办公室,半分钟后她的一名值班主管赵丹走了进来。赵丹直言不讳地说:“王雪,上周你发出的那些信对她们的打击太大了,现在每个人都心烦意乱。”

“发生了什么事?”王雪问道:“在主管会议上大家都一致同意向每个人通报我们单位财务预算的困难,以及裁员的可能性。我所做的只不过是执行这项决议。”

“可你说了些什么?”赵丹显然很失望,“我们需要为护士们的生计着想。我们当主管的以为你会直接找护士们谈话,告诉她们目前的困难,谨慎地透露这个坏消息,并允许她们提出疑问。那样的话,可以在很大程度上减小打击。而你却寄给她们这种形式的信,并且寄到她们家里。天哪!周五她们收到信后,整个周末都是在极度焦虑之中度过的。她们打电话告诉自己的朋友和同事,现在,传言四起,我们处于一种几乎骚乱的局势中,我从没见过员工的士气如此低落。”

王雪犯了一个错误,或者应该说两个。首先,她所寄出的信件显然未能成功地向员工传达她的意图;其次,选择信件来传递这一信息是不合适的。有时以书面形式进行沟通很有效,而有时口头交流的效果更好。当王雪回过头来反思这一举动时,她得出结论:和许多人一样,她倾向于回避口头沟通,因为她对这种方式心存疑虑。遗憾的是,在这件事上这种疑虑恰恰阻碍了她选择正确的方式来传递信息。她知道这一消息会使员工产生恐慌和不安。在这种情况下,王雪则需要以一种保证最大清晰度,并能使她和主管们迅速处理潜在危机的方法来传递信息。最好的方法是口头传达,而把这种未曾料到的坏消息以信件的形式寄至员工家中的决定,无疑是个极大的错误。

沟通是管理者的一项基本而重要的职能。对管理者而言,有效沟通不容忽视,这是因为管理者所做的每件事中都包含着沟通。管理者没有信息就不可能做出决策,而信息只能通过沟通才能得到。一旦做出了决策,还需要进行沟通,否则将不会有人知道一项决策已经做出。

【本章主要内容】

1. 沟通的概念;
2. 沟通的类型;
3. 沟通的过程;
4. 沟通网络;
5. 沟通障碍;
6. 有效沟通;
7. 沟通技巧。

第一节　沟通概述

良好的沟通不仅仅是个人成功的关键,也是企业成功的关键。在管理的领导职能中,如何使领导者与组织成员同心协力实现组织的目标,并不是简单地贯彻领导的方式和激励的基本内容,要真正地发挥这种职能,还要取决于作为组织成员的各方对组织目标及其实施方式的理解,并且在多大程度上达成一致。任何绝妙的想法、富有创意的建议、最优秀的计划,或者最有效的职务设计方案,不经由沟通都无法得到实施。因此,管理者需要掌握有效的沟通技巧。

一、沟通的概念

对于什么是沟通,看法有很多。美国主管人员训练协会把沟通解释为:人们进行思想或情况的交流,以此取得彼此的了解、信任及良好的人际关系。美国传播学者G. M. 戈德哈伯在对组织沟通进行了多年的深入研究后认为,组织沟通就是由各种相互依赖的关系而结成的网络为应付环境的不确定性而创造和交流信息的过程。著名的管理学者斯蒂芬. P. 罗宾斯认为,沟通就是意义的传递与理解。本章采用罗宾斯对沟通的定义,因为它简洁明了,易于理解。这一概念包含了如下几点含义:

(1)沟通强调意义的传递

如果信息或想法没有被传送到,则意味着沟通没有发生。比如,说话没有听众,或者写作者没有读者,这些都不能构成沟通。一个既有的意义(信息)要得到传递,至少涉及意义的发送过程、传递过程和接收过程三个重要环节,任何一个环节的缺失或中断都将导致意义不能被传递。

(2)沟通包含意义的理解

要使沟通成功,意义不仅要得到传递,还需要被理解。如果写给某人的一封信使用的是其一窍不通的葡萄牙语,那么不将之翻译为其能读懂并理解的语言,就不能称之为沟通。完美的沟通,如果存在的话,应是经过传递之后,接收者所认知的想法或思想恰好与发送者发出的信息完全一致。

(3)沟通是一个双向、互动的过程

沟通是一个意义的传递、理解、反馈和再传递、再理解、再反馈的过程。正如美国加州一家律师事务所门口所挂的招牌:"我知道你相信你对我所说出来的想法了解的程度完全正确,但是,我却不知道你听到我所说的想法的了解程度,是不是真的与我所知道你了解我所说的想法的了解程度完全一样。"只有进行双向互动的沟通,才能确保意义真的被传递和理解了。

(4)良好的沟通并不是沟通双方达成一致的意见,而是准确理解信息的意义

如果有人与我们意见不同,许多人会就此认为,这个人未能完全领会我们的看法。也就是说,很多人认为良好的沟通是使别人接受我们的观点。但是,我很清楚地明白你的意思,却不见得要同意你的观点。事实上,若一场争论持续了相当长的时间,旁观者往往断言这是由于缺乏有效的沟通而导致的。这种想当然的认识,反映了一种错误的倾向,即认为有效的沟通等同于意见一致。

(5)无效的沟通是许多管理问题的根源

组织管理中的许多问题,如人际关系紧张、员工积极性不高、人才流失严重、工作场所暴力、利益相关者怨声载道、安全事故频频发生等,都可能是由于无效的沟通造成的。因此,当组织中出现问题的时候,管理者需要从沟通方面来寻求原因和解决的办法。

(6)在管理工作中,沟通既包括人际沟通,也包括组织沟通

人际沟通指存在于两人或多人之间的沟通,后者指组织中沟通的各种方式、网络和系统。人际沟通是组织沟通的基础,管理者既要重视人际沟通,也要重视组织沟通,才能做好管理工作。

(一)沟通的功能

1. 沟通是润滑剂

由于员工的个性、价值观和生活经历等方面的差异,个体之间难免会有磕磕碰碰,产生矛盾冲突。通过沟通,使员工懂得尊重对方和自己,不仅了解自己的需要和愿望,也能通过换位思考,彼此理解,建立信任和融洽的工作关系。

2. 沟通是黏合剂

沟通能将组织中的个体聚集在一起,将个体和组织黏合在一起,使组织中的员工在企业的发展蓝图中描绘自己的理想,或在构建自身的人生道路中促进企业的发展,同时与其他个体协调合作,在实现企业愿景的努力和工作中,追求个人的理想和人生价值。

3. 沟通是催化剂

通过沟通可以激发员工的士气,引导员工发挥潜能,施展才华。良好的沟通可以通过上司与部下、员工与员工的沟通和交流,增进员工对组织目标的了解和理解,从而激发员工内在的潜力和潜能,众志成城,实现企业的目标。

(二)沟通的作用

沟通是管理工作中十分重要的组成部分:对于促进组织成员之间以及组织与其利益相关者之间的了解、增进组织的团结、提升组织的核心竞争力、促进组织目标的实现都有重要的作用。具体来说,沟通在管理中有以下几方面的作用。

1. 沟通是开展管理工作的重要手段

由于沟通把各项管理职能联成一体,所以它对企业内部职能的行使是必不可少的。哈罗德·孔茨指出,需要沟通来:

①设置并传播一个企业的目标。

②制订实现目标的计划。

③以最有效果和效率的方式来组织人力资源及其他资源。

④选拔、培养、评估组织中心成员。

⑤领导、指导和激励人们,并营造一个人人想要做出贡献的环境。

⑥控制目标的实现。

2. 沟通是使组织成为一个有机整体的凝聚剂

我们知道,每个组织都是由数人、数十人,甚至成千上万的人所组成的,组织每天的活动也是由许多具体的工作构成的。由于个体的地位、利益和能力的不同,他们所掌握的组织内外的信息不同,对组织目标的理解也不同,这就使得各个个体的目标有可能会偏离组织的总体目标,甚至完全背道而行。因此,为了保证组织目标的实现,就需要在组织内部互相交流意见,统一思想认识,协调好各个个体的工作。由此可见,没有沟通就没有协调,也就不可能实现组织的目标。

3. 沟通是领导者实现领导职能的基本途径

对于一个领导者来说,不论他的领导艺术和管理水平有多高,都必须将自己的远见卓识、组织的美好愿景、实现目标的发展战略等意图与下属进行沟通,只有这样,下属才能领会和理解领导的意图,才能为之努力奋斗。同时,为了正确地制定决策,激励下属的工作积极性,领导者还必须了解下属的意见、想法和要求。而这两方面的工作都需要沟通这个基本工具和途径。

4. 沟通是组织与外部环境之间建立联系的桥梁

任何一个组织在运行过程中都要处理好与其他组织的关系。例如,企业与顾客、供应商、竞争者、政府等的关系,企业必须按照顾客的需要调整产品结构,遵守政府的法令和法规,承担自己应尽的社会责任,获得生产必需的原材料,在激烈的竞争中占有一席之地。这些都要求企业必须与外部环境进行及时而有效的沟通。而且,由于外部环境总是处于不断的变化之中,企业为了生存就必须适应这种变化,这要求企业不断地与外界保持及时的沟通,以便把握成功的机会,避免或减少失败。

二、沟通类型

在管理工作中,根据不同的划分依据,可以把沟通分成不同的种类。以下是几种常见的划分方法及其简单的介绍。

(一)按照功能划分

按照功能划分,沟通可以分为工具式沟通和感情式沟通。工具式沟通(亦称为浅层沟通)指发送者将信息、知识、想法、要求等传递给接收者,如上级安排工作、下属汇报结果等,其目的是影响和改变接收者的行为,最终实现组织目标。工具式沟通是组织内部信息传递工作必不可少的重要内容,它一般仅限于管理工作表层的必要部分,管理者无法知道部属的情感、态度等。

感情式沟通(亦称深层沟通)指沟通双方在个人情感、态度、价值观等方面较为深入地进行交流,获得对方精神上的同情和谅解,最终改善相互之间的人际关系。情感式沟通有助于有效地管理下属,但与工具式沟通相比,情感式沟通更难进行,更容易发生沟通障碍。

(二)按照方法划分

按照方法划分,沟通可以分为口头沟通、书面沟通、非言语沟通、体态语言沟通、语调沟通以及电子媒介沟通等。各种沟通方式的比较见表9.1。

表9.1　各种沟通方式的比较

沟通方式	举例	优点	缺点
口头沟通	交谈、讲座、讨论会	快速传递、快速反馈、信息量大	传递经过层次越多,信息失真越严重,核实越困难
书面沟通	报告、备忘录、信件、文件、内部期刊、布告	持久、有形、可以核实	效率低,缺乏反馈
非语言沟通	声、光信号(红绿灯、警铃)、旗语、图形、服饰、体态(手势、肢体动作、表情)、语调	信息意义十分明确,内涵丰富,含义隐含、灵活	传送距离有限,界限含糊,只能意会,不能言传
电子媒介沟通	传真、闭路电视、计算机网络、电子邮件	快速传递、信息容量大、远程传递、同时多方向传递、廉价	单向传递,电子邮件可以交流,但看不到表情

1. 口头沟通

口头沟通是以口头交谈的形式进行的沟通,包括人与人之间面谈、电话、开讨论会以及发表演说等。口头沟通的特点是信息传递快,沟通双方双向交流,信息能够立即得到反馈,是最常见的一种沟通形式。但如果信息经过多人的口头传递,其失真的可能性就越大。

2. 书面沟通

书面沟通是以文字为载体的信息传递,包括文件、备忘录、信件、组织内发行的期刊、书面合同等任何传递书面文字或符号的手段。书面沟通比较规范,信息传递的准确性较高,传递范围广,有据可查,便于保存。但是,书面沟通也有缺陷,比如耗时较长,缺乏反馈。事实上,花费一个小时写出来的东西,往往只需十几分钟就能说完。

3. 非语言沟通

非语言沟通是指既非口头也非书面形式的沟通,它是通过非语言、非文字的信息加以传递的,沟通方式主要有语调、音量、体态语言、颜色、沉默、触摸、时间、信号和实物等。比如上课时,学生们无精打采或在做其他事情,传达给老师的信息是学生们已经开始分散注意力了;同样,当学生们纷纷开始把笔记本合上时,则意味着下课的时间快到了。还有如交通岗的信号灯变为红色,就意味着行驶中的车辆要马上停车等。

许多情况下,非语言沟通主要是辅助语言沟通,起进一步强化的作用。研究也表明,当人们发现语言和非语言所表达的信息不一致时,人们通常根据非语言信息来判断。

4. 电子媒介沟通

电子媒介沟通是指运用各种电子设备进行信息的传递,包括电话、电报、视频会议、电子邮件、传真、计算机网络、录音录像等,是将电子设备与言语和纸张结合起来的新型沟通方式。

当今社会电子媒介的使用越来越普遍,不仅各类组织沟通离不开这种现代信息传递方式,即使是在人们的生活中,电子媒介沟通也成为主要形式。一项研究表明,一家大型办公设备公司,由于使用电子邮件,人们打电话的时间减少了80%,办公之间的信件减少了94%,复印件减少了60%,备忘录减少了50%,甚至有些公司利用现代信息网络技术已经实现了无纸化办公。

电子媒介沟通具有传递信息快、信息容量大,信息可以同时传递给多人的特点。随着现代信息技术和通信技术的快速发展,电子媒介在现代信息沟通中将扮演越来越重要的角色。

(三)按照组织系统划分

沟通按照组织系统的不同,可分为正式沟通和非正式沟通。

1. 正式沟通

正式沟通是通过组织明文规定的渠道所进行的信息传递与交流。比如,当管理者向某一员工布置工作时,他是在进行正式沟通。员工向上级领导汇报工作情况和提交工作报告时,也是正式沟通。

正式沟通畅通无阻,组织的生产经营活动及管理活动才会顺利进行;反之,整个组织将陷入紊乱甚至瘫痪状态。正式沟通的优势是正规、权威性强、沟通效果好,参与沟通的人员普遍具有较强的责任心和义务感,从而可以保持沟通信息的准确性及保密性。管理系统的信息都应采用这种沟通方式。其缺陷是对组织机构依赖性较强，容易造成沟通速度缓慢，沟通形式刻板，如果组织管理层次多，沟通渠道过长，容易形成信息流失。

2. 非正式沟通

非正式沟通是指在正式沟通渠道以外信息的传递与交流。这类沟通主要是通过个人之间的接触来进行的，非正式沟通不受组织监督，是由组织成员自行选择途径进行的，比较灵活方便。比如，员工之间的人情交流、生日聚会、参加娱乐活动时的交谈，传播小道消息等都属于非正式沟通。

非正式沟通和正式沟通不同，它的沟通对象、时间及内容等各方面，都是未经计划和难以辨别的。其沟通途径是组织成员的人际关系，这种关系超越了组织、部门以及级别层次等。其优势是沟通方便，信息交流速度快，能够满足员工的情感需要，且能提供一些正式沟通中难以获得的信息。其缺陷是由于这种沟通多半是口头方式，信息传播人不必负责任，信息遭受歪曲或发生错误的可能性较大，会对组织的正式沟通造成干扰。

（四）按照沟通方向划分

沟通按照信息传递方向的不同，可分为纵向沟通、横向沟通和斜向沟通。

1. 纵向沟通

纵向沟通是指沿着指挥链进行的下行沟通和上行沟通。

（1）下行沟通

下行沟通是指自上而下的沟通，是信息从高层次成员向低层次成员的流动。如上级把组织目标、管理制度、政策、工作命令、工作程序及要求等传递给下级。下行沟通可以帮助下级员工明确工作任务、目标及要求，增强其责任感和归属感，协调企业各层次的活动，增强上下级之间的联系。但要注意，在逐层向下传达信息时应保持信息的准确性和完整性，防止信息被误解和丢失。

（2）上行沟通

上行沟通是指自下而上的沟通，与下行沟通方向相反，如下级向上级反映意见、汇报工作情况、提出意见和要求等。这种沟通既可以是书面的，也可以是口头的。上行沟通可以使管理者及时了解工作进展的真实情况，了解员工的需要和要求，体察员工的不满和怨言，了解工作中存在的问题。为了做出正确的决策，领导者应该采取措施，如开座谈会、设立意见箱和接待13制度等鼓励下属尽可能多地进行上行沟通。

2. 横向沟通

横向沟通是指在同一组织层次的员工之间发生的信息交流。横向沟通是加强各部门之间的联系、了解、协作与团结，减少各部门之间的矛盾和冲突，改善人际关系和群际关系的重要手段。

3. 斜向沟通

斜向沟通是指处于不同组织层次和不同职能部门的员工之间的沟通。比如，财务部的主管向销售部的员工了解某产品的销售收入情况时,就是斜向沟通,因为这两个人既不属于同一个职能部门,又不在一个组织层次上。斜向沟通方式有利于加速信息的流动,促进理解,并为实现组织的目标而协调各方面的努力。

(五)按照是否反馈划分

按照是否进行反馈划分,沟通可分为单向沟通和双向沟通。一般来说,单向沟通指没有反馈的信息传递。双向沟通指有反馈的信息传递,是发送者和接收者相互之间进行信息交流的沟通。表9.2对这两种沟通的优缺点进行了比较。

表9.2　单向沟通和双向沟通的比较

比较方面	单向沟通	双向沟通
沟通速度	快	慢
沟通内容的准确性	低	高
沟通者的心理压力	小	大
沟通前的准备工作	较充分	较不充分
沟通时需要的应变能力	较弱	较强
沟通对人际关系的促进	较不利	较小
沟通时的群体规模	较大	较小
接收者接收信息的把握度	小	大
工作秩序	好	差

(六)按照沟通主体的不同划分

按照沟通主体的不同划分,沟通可分为人际沟通、群体沟通、组织沟通和跨文化沟通。人际沟通指人和人之间的信息和情感相互传递的过程;群体沟通指沟通发生在具有特定关系的人群中;组织沟通指涉及组织特质的各种类型的沟通;跨文化沟通指发生在不同文化背景下的人们之间的信息和情感的相互传递过程。

三、沟通的过程

沟通过程就是发送者将信息通过选定的渠道传递给接收者的传播过程及接收者对发送者的信息做出反应的反馈过程。图9.1描述了一个简单的沟通过程。

在这个过程中,信息在沟通双方之间的传递是通过以下几个方面来进行的。

①发送信息者明确要进行沟通的信息内容。这里所说的信息包括想法、观点、资料等。

②发送者将这些信息译成接收者能够理解的一系列符号(编码),如文字、语言、手势等。要发送的信息只有经过编码才能使信息通过渠道得以传递。

③通过某种手段将上述符号传递给接收者。由于选择的符号种类不同,传递的方式也不

同,如口头交谈、书面文件、电话等。

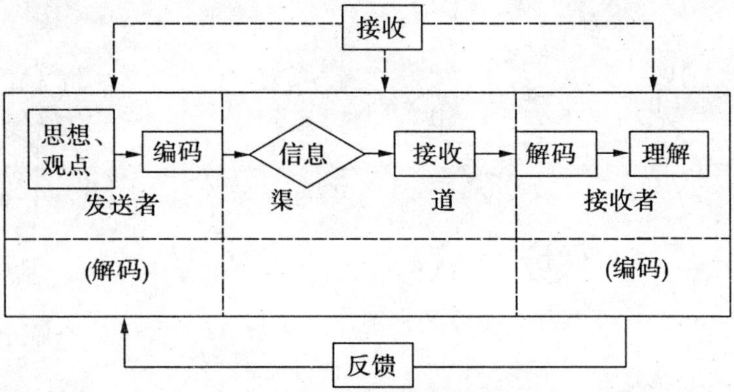

图 9.1　沟通过程模型简图

④接收者接受这些符号。接收者根据这些符号传递的方式,选择相对应的接受方式。

⑤接收者将这些符号译为(解码)具有特定含义的信息,即了解和研究所收到的信息的内容和含义。这个译码过程关系到接收者是否能正确理解信息,搞得不好,信息就会被误解。这一步是沟通的关键点。

⑥接收者理解信息的内容。由于发送者和接收者对信息的理解和接受程度,受到专业水平、工作经验及环境等多种因素的影响,对同一个信息,不同的人可能会有不同的理解和看法。

⑦发送者通过反馈来了解他想传递的信息是否被对方准确无误地接受。当接收者对发送者的信息做出反应即产生了反馈(此时接收者成了发送者)。反馈构成了信息的双向沟通,反馈有利于增强沟通的有效性。

⑧噪声是指妨碍信息沟通的任何因素。它存在于沟通过程的各个环节,并有可能造成信息的曲解和失真。如模棱两可的语言、难以辨认的字迹等,可能导致产生沟通错误。

四、沟通网络

在信息交流过程中,发送者直接将信息传给接收者,或者经过其他人转达给接收者,这就产生了沟通的途径问题。在组织沟通中,由各种沟通途径所组成的结构形式称为沟通网络。组织的沟通网络包括正式沟通网络和非正式沟通网络。

(一)正式沟通网络

正式沟通网络是根据组织机构、规章制度设计的,用以交流和传递与组织活动直接相关的信息的沟通途径。正式沟通有五种基本的信息沟通网络形式,如图 9.2 所示。在正式组织环境中,每一种网络形式相当于一定的组织结构形式。五种沟通模式分别为链式网络、Y 式网络、轮式网络、环式网络和全通道式网络。

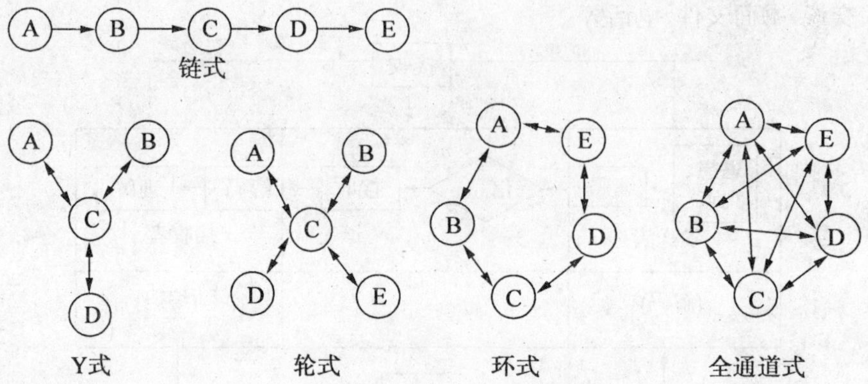

图 9.2　正式沟通网络

1. 链式网络

链式沟通网络是一种平行网络。其中居于网络首末两端的人只能与内侧的一个成员联系,居中的人则可与其相邻的两人沟通信息。在一个组织系统中,它相当于一个纵向沟通网络,代表一个五级层次,逐级传递,信息可自上而下,也可自下而上进行传递。这种网络结构严谨、规范。但由于信息传递环节较多,信息传递速度较慢,容易失真,成员平均满意度较低。在管理中,如果某一组织系统过于庞大,需要实行分权管理,那么,链式沟通网络是一种行之有效的方法。

2. Y 式网络

Y 式沟通网络也是一个纵向沟通网络,其中只有一个成员位于网络的中心,成为沟通的媒介。在组织中,这一网络大体相当于组织领导、秘书班子再到下级主管人员或一般成员之间的纵向关系,秘书是信息收集和传递中心。这种网络集中化程度高,解决问题速度快,除中心人员 C 外,组织成员的平均满意度较低,容易影响工作效率。

3. 轮式网络

轮式沟通网络属于控制型网络,网络中只有一个成员是各种信息汇集点与传递中心。在组织中,大体相当于一个主管领导直接管理几个部门的权威控制系统。在网络中,主管 C 控制力强,具有权威性,网络集中化程度高,信息传递速度快,准确性高。但成员的满意度和士气都比较低。轮式网络是加强组织控制、争时间、抢速度的一个有效方法。如果组织接受紧急攻关任务,要求进行严密控制,则可采取这种网络。

4. 环式网络

环式沟通网络可以看成是链式沟通网络的一个封闭式控制结构,网络中的每个人都可以同时与相邻的两人沟通信息。在这个网络中,成员的满意度和士气都比较高,但集中化程度低,信息传递速度慢,准确性较低。如果在组织中需要创造一种高昂的士气来实现组织目标,环式沟通是一种行之有效的措施。

5. 全通道式网络

全通道式沟通网络是一个完全开放式的沟通网络，沟通渠道多，成员之间地位平等，所有成员都可以相互联系。由于沟通渠道很多，组织成员的平均满意程度高且差异小，所以士气高昂，合作气氛浓厚。这对于解决复杂问题，增强组织合作精神，提高士气均有很大作用。但是，由于这种网络沟通渠道太多，易造成混乱，且又费时，影响工作效率。这种网络较适合于专家委员会之类的组织结构的沟通和一些复杂问题的讨论和解决。

上述五种正式沟通网络各有其优缺点：链式沟通网络传递信息的速度最快；Y 式网络沟通速度快，但成员的满意感较低；环式沟通网络能提高组织成员的士气；轮式和链式解决简单问题时效率最高。而在解决复杂问题时，环式和全通道式最为有效，见表 9.3。根据各种沟通网络的特点，管理者应该研究和建立适合本组织需要的信息沟通网络，以保证各部门、各人员之间的信息能够得到顺利沟通。

表 9.3　五种正式沟通网络的比较

评价标准	链式	Y 式	轮式	环式	全通道式
集中性	适中	较高	高	低	很低
速度	适中	快	快(简单任务) 慢(复杂任务)	慢	快
准确性	高	较高	高(简单任务) 低(复杂任务)	低	适中
领导能力	适中	高	很高	低	很低
成员满意度	适中	较低	低	高	很高

(二) 非正式沟通网络

非正式沟通网络是在组织成员进行非正式沟通中自然形成的。美国心理学家戴维斯教授将非正式组织沟通网络归纳为以下四种形态，如图 9.3 所示。

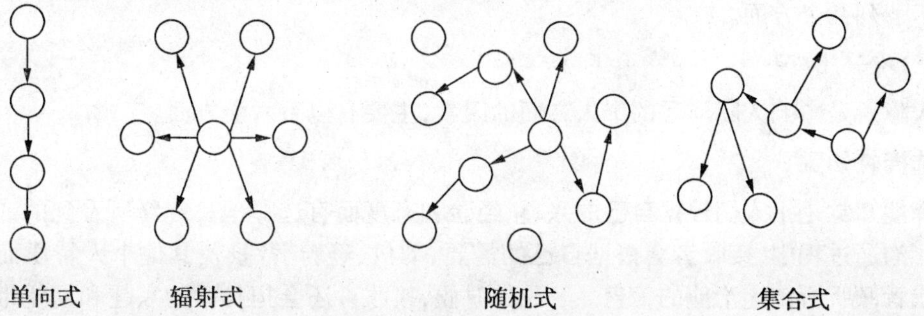

图 9.3　非正式沟通网络

1. 单向式

信息是以“一人传一人”的方式进行传递的，一人将消息传给下一人，下一人又传给再下一人，以此类推到达最终的接收者。

2. 辐射式

组织中的一个人主动将信息传递给多个人，即“一人传多人”。这种方式连续进行，可使传递的信息呈几何级数式扩散。

3. 随机式

组织中的一个人将信息随机地传递给一部分人，这一部分人再随机地将信息传递给其他人，以此类推。信息的传播范围带有相当的偶然性。

4. 集合式

组织中的人员将消息传给特定的一些人（如熟人），这些人再将信息有选择地传给其他一些人。集合式网络是非正式沟通网络中使用频率最高的。

非正式沟通网络是传播小道消息的主要途径。小道消息对于组织来说更像是一把双刃剑。一方面，小道消息有助于管理者识别员工普遍关注的问题，感到疑惑的问题以及产生焦虑的问题。了解小道消息的传播网络及信息流动方式，管理者就能掌握员工们的关注点，并利用非正式沟通网络传播一些重要的信息。另一方面，小道消息也是谣言的传播工具，管理者需要限定其传播的范围和影响力度，尽量减少谣言的负面作用。

第二节　沟通障碍与有效沟通

一、沟通障碍

在信息沟通过程中，常常会受到各种因素的影响和干扰，使沟通受到阻碍。沟通障碍主要存在于下列几个方面。

（一）个人障碍

个人障碍是影响人际沟通的个人方面的因素，主要有以下六个方面。

1. 选择性知觉

选择性知觉是指人们根据自己的兴趣、经验和态度而有选择地去解释所看到的或所听到的信息。沟通过程中，接收者会根据自己的需要、动机、经验、背景及其他个人特质而选择性地去看或者倾听所传递给他的信息。解码的时候，接收者还会把自己的兴趣和期望带到信息之中去。例如，如果一名面试主考官持有女性总是重家庭胜于事业的观点，那他就可能在女性求职者中“看出”这种情况，无论该求职者是否真的认为她自己是这样的人。

2. 情绪障碍

在接收信息时，接收者的感觉也会影响到他对信息的解释。一个人在高兴和痛苦的时候，会对同一信息做出截然不同的解释。极端的情绪更可能阻碍有效的沟通。这种状态常常使我们无法进行客观而理性的思维活动，而让一种情绪性的判断取而代之。因此，最好能避免在情绪化的状态中对一信息做出反应，因为此时已经无法清晰地进行思考了。

3. 防卫

如果人们感觉到自己正受到威胁，通常会以一种自我保护的方式做出反应，这降低了相互理解的可能性。这种防卫表现在对对方的言语攻击、讽刺挖苦、品头论足，以及怀疑对方的动机等行为上。当一方将另一方的意思理解为威胁性的时候，他就经常会以有碍有效沟通的方式做出反应。

4. 刻板印象与偏见

刻板印象是指人们对某个群体中的人形成的一种概括而固定的看法。刻板印象一旦形成，不仅很难改变，而且人们在社会知觉中会用它去“同化”某一个体，只要某一个体同化到群体中，对群体的刻板印象自然也适合于这个人。刻板印象对人们认识某类事物的总体特征有一定的帮助，但在认识个体时难免犯“以全概偏”的错误。偏见是指根据一定的表象或虚假的信息做出判断，从而出现判断失误或判断本身与判断对象的真实情况不相符的现象。在沟通中，如果刻板印象与偏见带来了不符合事实的期望，那么它就可能成为沟通的障碍。

5. 不一致的非语言暗示

正如前文所述，非语言沟通是人们传递信息的重要方法，并且往往与面对面的语言沟通同时发生。一般来说，如果非语言暗示与语言信息是一致的，就会彼此增强效果，促进有效沟通。然而，当两者不一致时，信息发送者就不能有效传递信息，甚至可能传递错误信息；另一方面，信息接收者也会困惑不解，从而造成沟通的障碍。

6. 沟通方式选择不当

沟通方式是信息的类型与特点、信息载体、信息技术、沟通渠道与网络、沟通时机与场合等的组合。不同的沟通方式具有不同的特点、优点和缺点，满足不同的沟通需要。如果沟通者选择的沟通方式不恰当，就不能实现有效的沟通，达不到沟通的目的。例如，重要而紧急的信息一般应采用直接的面对面沟通，不宜用传统信件。

（二）组织障碍

组织障碍是影响管理沟通的组织方面的因素，主要有以下六个方面。

1. 过滤

过滤指故意操纵信息，使信息显得更易得到接受。比如，当有人向上级的管理者陈述的都是该管理者想听到的东西,这个人就是在过滤信息。这种现象在组织中经常出现,当沿着组织层级向上传递信息时,为了避免高层人员信息超载或其他目的,发送者需要对信息加以浓缩和综合。而浓缩信息的过程受到信息发送者个人兴趣和对哪些信息更重要的认识的影响,因而也就造成了信息沟通中的过滤现象。过滤的程度和组织的层级数目和文化两个因素有关。组织纵向层级越多,过滤的可能性越大。另外,组织文化通过奖惩系统,对这类过滤行为也会起到或鼓励或抑制的作用。

2. 地位与权力的差异

地位指一个人在一定的社会、组织或关系结构中的职务、职位以及由此显示出的重要程度。权力是指特定主体因某种优势而拥有的对社会或他人的影响力。在组织沟通中,地位高的、权力大的人往往对地位低的、权力小的人有一种威压,从而给后者造成心理障碍(如担忧、紧张或反感),使得后者缺失判断和理解,要么盲目接收,要么盲目抵制,从而影响正常的沟通。

3. 部门间在需求和目标方面的差异

通常,组织中不同的部门有不同的需求和目标,每一个部门都以自己的观点看待问题并基于自身利益采取行动。例如,生产部门关心生产效率,而可能不会完全理解营销部门要将产品尽快交付给消费者的需求。这种差异在多业务公司中尤其突出,每一个事业部都有自己的需求和目标,并常常在公司总部争夺资源,从而导致事业部之间的横向沟通难以进行。

4. 沟通流量可能不适合团队或组织的任务

例如,如果用中央集权式的沟通结构处理例外任务,将会没有足够的信息交流来解决问题。又如,在矩阵型组织结构中,只有当项目部人员和职能部人员进行足够的沟通后,整个矩阵组织才会有效运转。所以,只有在员工间的信息交流总量适合团队或组织的任务时,整个组织、部门或团队才是最有效的。

5. 缺乏正式的沟通渠道

在很多时候,组织中的沟通障碍是缺乏正式的沟通渠道造成的。由于没有正式的沟通渠道,沟通的效率和效果降低。组织必须以员工调查、门户开放政策、时事通信、备忘录、任务小组,以及人员联络等方式,提供充足的上行、下行,以及横向沟通。没有这些正式渠道,组织就无法作为一个整体进行沟通。

6. 组织结构不健全、不合理

良好的组织结构是有效沟通的逻辑框架。如果一个组织机构臃肿,部门设置不合理,部门之间职责不明、分工不清,形成多头领导或无领导状态;或因人设事、人浮于事;或结构混乱、缺失、不合适等,都会造成沟通障碍,导致信息失真或丢失,从而影响组织沟通的有效进行。

(三)语言障碍

1. 语言种类障碍

在语言学中,语言系属分类法依据语言语音、词汇、语法规则之间的某些对应关系,把具有相似性的语言归于同一类语群，称为同族语言即“语族”；按“语族”之间的某些对应关系，又分出同系语言即“语系”。以母语使用人口排列就有印欧语系、汉藏语系、尼日尔－刚果语系、亚非语系（旧称闪含语系）、南岛语系、达罗毗荼语系、阿尔泰语系、南亚语系、壮侗语系、乌拉尔语系等十几个不同的语系。全世界现存的语言接近7 000种，分属不同的语族和语系，它们在发音、语义及拼写上都有巨大的差别，从而给属于不同语族和语系的人之间的沟通造成巨大的困难。

2. 语义障碍

同样的词汇或语言，对不同的人来说，含义是不一样的。年龄、教育和文化背景是三个最明显的因素，它们影响着一个人的语言习惯及其对词汇的界定。你我可能同说一种语言，但我们在语言的使用上却并不一致。信息发送者常常认为自己所用的词汇和短语在接收该信息的人心中也有同样的含义。这是错误的假设，常常造成沟通的障碍。在一个组织中，员工常常有不同的背景，有不同的语言习惯。在同一组织不同部门工作的人员，甚至还会有各自的行话——组织人员内部沟通中所用的专业术语或技术语言。总之，语音、字词、图像等的多重含义、下意识联想等都会造成语义障碍。

3. 语言风格障碍

据调查研究，确定了四对不同的有声语言沟通风格：直接与间接、详细与简洁、个人化与背景化、工具化与情感化。由于有声语言风格不同，很难将一种语言的精确意思用另一种语言表达出来，这在跨文化沟通中尤其突出，甚至成为沟通的巨大障碍。这四种语言风格的主要特征见表9.4。

表9.4　四种语言风格及其主要特征

语言风格	主要特征
直接与间接	直接：信息更明确，尽量通过词汇的选择传达其真实的感受 间接：信息更含蓄，说话者选用隐藏其真实感受的词汇
详细与简洁	详细：交谈质量相对较高，描述富含细节，常重复，多用暗喻、明喻和谚语 准确：交谈质量中等，重点在于精确性，使用适当数量的单词来传达意思 简洁：交谈质量相对较低，常用克制的陈述、停顿和沉默
个人化与背景化	个人化：焦点是说话者，意思表达的目的是强调人本身 背景化：焦点是说话者的角色和角色之间的关系
工具化与情感化	工具化：信息发送者使用目标导向的、以发送者为中心的语言 情感化：信息发送者使用过程导向的、以接收者为中心的语言

（四）情境障碍

情境障碍是影响沟通的一些背景条件、现实情况等相对客观的因素，主要有以下几方面内容。

1. 信息超载

信息超载是指一个人面临的信息超过了他的处理能力。当今的管理者常常抱怨信息超载,需要处理的信息不是太少了,而是太多了,以致人们无力处理和传送这些信息。当一个人所得到的信息超过了他能整理和使用的容量时,他们倾向于筛掉、轻视、忽略或遗忘某些信息,或者干脆放弃进一步处理的努力,直到超载问题得以解决。不论何种情况,结果都是信息缺失和沟通效果受到影响。

2. 距离障碍

在信息发送者和接收者之间存在一定的空间距离时,也会产生沟通障碍。由于空间距离的存在,沟通者无法在面对面的情况下沟通意见,因而在选用沟通媒介时就会受到限制,同时只能得到有限的反馈或没有反馈(如看不见对方的身体语言),而且可能会减少沟通的频率或简化沟通等,使有效沟通受到极大影响。

3. 时间障碍

沟通者迫于时间压力而减少沟通的时间或沟通不充分,会造成沟通障碍。一方面,时间压力可能造成信息发送者编码不当、有选择地传递信息、渠道选择不合适等;另一方面,时间压力可能造成信息接收者解码不当、有选择地接收信息、理解不充分等。此外,时间压力还可能造成信息超载,使人们不能吸收或利用所有的信息,不得不筛选掉大量的信息,从而大部分信息没有被解码而使沟通无效。

4. 民族文化差异

沟通障碍不仅产生于所用的语言不同,也可能产生于民族文化的差异。例如,克拉克洪-斯托特柏克构架将文化差异的基本维度分为:与环境的关系、时间取向、人的本质、活动取向、责任中心和空间概念。荷兰文化学者霍夫斯泰德从其调查数据的分析中,得出了以下描述各种民族文化差异的指标:权力距离、不确定性避免、个人主义与集体主义、男性化与女性化、长期取向与短期取向。不同民族文化背景中的人,在上述各方面存在较大的差异,会影响到对沟通方式的选择和信息的理解,这些差异要是没有得到很好的认识和认真的考虑,极有可能成为有效沟通的障碍。

5. 性别差异

男人和女人有不同的沟通风格,性别差异是男女之间有效沟通的障碍。德博恩·坦恩研究了男人和女人的沟通方式,结果表明:男人沟通时强调地位,女人则强调联系。也就是说,男人沟通主要是在等级社会中保持独立和地位的一种方法,而女人沟通则是获得支持与肯定的一种方法。在听和说时,女人关注关系度和亲密感,男人关注地位和独立性。于是,男女之间的沟通出现问题就不奇怪了。例如,男人经常抱怨女人喋喋不休地讲述她自己的问题,而女人则批评男人没有听她讲。又如,在谈话时,男人常常比女人更直接地说出自己的观点。

再如,男人常常批评女人喜欢道歉等。

6. 沟通者的心理特质差异

心理学认为,态度、人格、知觉和能力是影响个体行为的重要因素。态度是关于喜欢或不喜欢客观事物、人和事的评价性陈述,它反映了一个人是如何感受某些事物的。人格是区分个体稳定的心理特质的总和,它决定了一个人的行为方式和与他人的差异,如麦尔斯－布瑞格斯类型指标、“大五”维度模型、控制点、权力主义、马基雅维利主义、自我监控和冒险倾向等。知觉是个体为自己所在的环境赋予意义并解释感觉印象的过程,而个人的态度、动机、兴趣、经验和期望是影响个人知觉的重要因素。能力是个体完成某一或某些活动的心理特征的总和。如果沟通者在这些方面存在差异,就可能导致沟通障碍。

7. 沟通者之间人际关系不好

人际关系是个体之间在社会活动中形成的以情感为纽带的相互联系。人际关系的好坏是人际沟通的结果,也是影响人际沟通过程的主要因素。如果沟通者之间缺乏良好的人际关系,他们之间的沟通肯定会出现障碍和问题,如抵制、故意曲解、情绪化、沟通不充分或放弃沟通等。

二、有效沟通

(一)改善沟通的技巧和方法

1. 表达

进行有效的信息沟通的前提是人们表达的信息必须使别人能理解,信息必须是清楚明确的,无论是文字还是谈话,要做到让别人能懂。这看起来很容易,实际上不容易做得很好。一个好的沟通者应该具有较好的表达能力,能将自己的意思完整准确地表达出来。

如果是文字信息,应该简明扼要,应尽量选择精确的词汇,具有一定的可读性。经常看到一些文件、通知、简报等晦涩难懂,不用说理解,连读都很困难。特别是有些文字信息,不考虑对象的具体情况,使得普通员工很难理解。谈话同样如此,谈话的特殊性在于它是即时发生作用的,这就要求谈话者对自己要表达的内容有清楚的考虑,同时针对不同的对象“见什么人说什么话”。

一般来说,信息越简单明了,就越容易得到正确的理解。如果要表达的信息十分复杂,应该逐步表达出来,给接收者以理解、消化信息的机会。

2. 听取

信息的接受是沟通的重要环节。在工作实践中,大量的信息是通过口头语言形式传递的,因此,口头语言的接受成为改善沟通效果的基本方面,没有对信息的接受就谈不上继续进行沟通。很多人,特别是组织的管理者,由于不善于倾听其他人的意见和看法,而使沟通受到阻碍，不善于倾听的沟通者无法获得有价值的信息。

能够有效地听取信息并不是一件很容易的事情。人们经常不能抓住谈话者的中心意思；或者不能专心倾听，胡思乱想；或者为自己的情绪所左右，一听到不顺耳的信息就开始反驳争论；或者喜怒形于色，使得谈话对方要根据自己的脸色来决定如何谈话。而善于听取信息的人，则能在一定的时间内掌握更多的信息，他们善于理解人们的谈话，注意他人谈话时的表情和姿态，这些都会鼓励对方把自己想谈或要说的东西全部表达出来，而且认为自己的看法得到重视。善于听取的人，有可能掌握比平常的交谈更多的信息，一些在平常情况下不容易表达出来的想法，在一种融洽的谈话气氛中会自然而然地表达出来。因此，能够认真有效地听取信息，是一种重要的沟通能力。

3. 设身处地、换位思考

在沟通过程中，一个人把自己放到对方的位置上去思考问题，这样有助于双方的相互理解。心理学的研究表明，人类之所以能够相互交流思想，基础之一就是人类具有这种设身处地、由己及人的能力。人能够超越自身，在想象中站在他人的角度上，为相互理解提供共同的基础。如果有人缺乏这种能力，人与人之间的交流就会受到妨碍。因为这个人不能理解对方为什么这么说，也不知道自己的反应会给对方造成什么影响。常说有些人“不懂事”，实际上指的就是缺乏这种能力。

具有这种能力，意味着对他人的理解，了解他人的处境，首先与对方建立起感情上的沟通，而感情相通者甚至可以预测对方对信息的反应。一个管理者如果能设身处地为下级着想，了解下级的困难和问题，他就能够做出恰当的决定，通过信息沟通激励下级更加努力地工作。特别是当沟通出现困难时，设身处地站在对方立场上思考就变得十分重要。沟通者应运用这种方法，找出困难的原因所在，然后给予解释说明，解决存在的问题，沟通才会顺利进行。缺乏这种能力的人，往往在沟通已出现困难的情况下，依然不知所以然，完全忽视了对方的存在。

4. 双向沟通

为了避免沟通过程中的误解、曲解，人们可运用反馈原理建立起沟通渠道，即不断跟踪、调查和检查对信息的理解情况，了解接受者的反应，据此调整信息的传递过程，这种方法称为双向沟通。双向沟通可以分为直接和间接两种。直接双向沟通表现为面对面的、同时的；间接双向沟通表现为通过某种媒介、不同时的。直接的双向沟通更有利于相互理解。

美国管理心理学家莱维特对单向沟通和双向沟通总结如下。

①单向沟通比双向沟通速度快。

②双向沟通在正确理解内容上比单向沟通准确。双向沟通可通过不断的反馈对自己的理解做出判断。

③单向沟通过程比较有秩序，而双向沟通过程由于反复地提问、讨论，比较混乱吵闹，显

得无秩序。

④由于双向沟通存在反馈,信息接受者对自己的判断和行为比较有把握,随时可改正自己的错误。

⑤对于信息发送者,在双向沟通中会感到较大的心理压力,因为他所发布的指令或其他信息经常会受到接受者的反问,他必须随时准备做出解释,引导接受者。而单向沟通中一旦信息发送出去,发送者与接受者就不会再有直接的联系。

单向沟通和双向沟通各有其优点和缺点,各有自己的适应范围。如果是紧急的事情,或者是例行公事,单向沟通有其快速、简捷的优势。但是单向沟通过程不存在反馈,信息发送者对于发送的过程及信息接受的情况无法了解,没有办法及时进行调控,会在一定程度上影响沟通效果。双向沟通虽然速度慢,传递过程有些混乱,但能保证沟通的准确性,应该是尽可能采用的重要方法。

5. 例外与须知原则

为了解决信息过量妨碍沟通的问题,有两种方法可以考虑:

①只有那些属于"例外"的情况,而不是例行的指令等信息,才由下级按照正式渠道向上沟通,只有这样才能保证上级了解到的信息都属于他们必须要注意的,这些信息反映了对原有期望状态的偏离。

②上级只将那些必须让下级了解的信息向下传递,以免干扰下级对信息的理解。

但是必须注意,运用这两种方法有一个前提:组织的结构和日常行为比较规范,无须过多的沟通就可有条不紊地工作。因此,只有在必要的情况下,才进行必要的信息沟通。

(二)有效沟通的制度性措施

沟通的技巧和方法固然重要,但沟通绝不仅仅是一种临时性的技巧和方法。沟通是一种组织制度,改善沟通也必须有制度性措施,即对原有沟通制度进行改进或补充。

1. 建立常用沟通形式

为使组织管理人员和全体职工更好地了解情况,可考虑建立组织的内部报刊、印发小册子等,还可建立定期的例会制度,使有关工作的情况在会上得到及时沟通。

2. 职工会议

经常召开职工会议,让各类职工聚集在一起,发表意见、提出看法,是非常有价值的沟通形式。这种职工会议不是指每年一两次的职工代表大会,而是针对具体问题,利用会议形式鼓励大家发表意见。例会制度在组织中一般都有,但绝大多数例会属于同级人员的聚会,信息沟通因此而受限制。相反职工会议则由一定范围内的管理人员和普通员工共同参加,不同等级的成员直接接触、直接沟通。

3. 建议制度

针对组织内的普通职工,要鼓励他们就任何关心的问题提出意见,这实际上是为了避免向上沟通的信息被过滤掉,采取了某种强行向上沟通的办法。因此,单纯的鼓励是不够的,因为等级和权力上的差别会形成阻碍,组织必须建立起一套建议制度,保证强行向上沟通,诸如接待日、领导者直接深入基层、物质奖励等。

各种各样的参与管理、参与决策的制度,实际上也都起到了改善沟通的作用。

三、沟通技巧

为了进行有效的沟通,各种各样的沟通障碍必须加以克服。以下主要从个人和组织两个层面介绍改善沟通的方法,包括坚持有效沟通的原则、提高个人的沟通技能、强加组织的沟通管理等。

(一)坚持有效沟通的原则

无论是人际沟通还是组织沟通,都应当坚持有效沟通的基本原则,主要有以下几个方面。

1. 及时性原则

及时性原则指沟通双方要尽可能及时地传递与交流信息,尽早使信息发生效用,包括及时发送、及时接收、及时反馈、及时利用等。该原则要求沟通者正确区分信息的性质和轻重缓急,及时处理既重要又紧迫的信息以保证重要信息的及时传递和利用。同时,应缩短信息传递链,拓宽沟通渠道,保证信息畅通无阻。减少组织的沟通层次,因为层次越多,信息在渠道中滞留的时间就越长。在利用正式沟通渠道的同时,可开辟高级管理人员到低级管理人员的非正式沟通渠道,以便于信息的传递。

2. 准确性原则

当信息沟通所使用的语言和传递方式能被双方所理解时,这个沟通才是准确的和有价值的。沟通的目的是要将发送者的信息有效传递并能被接收者准确理解,这看起来很简单,但在实际工作中,常会出现接收者对发送者非常严谨的信息缺乏正确理解的现象。信息发送者的责任是将信息加以综合,无论是口头的还是书面的,都要求用容易理解的方式和逻辑来表达。这要求发送者有较高的语言或文字表达能力,并熟悉下级、同级和上级所用的语言。信息接收者需要尽可能使用各种手段来准确接收和理解信息。

3. 适量性原则

在沟通过程中,接收者在一定时间内接收的信息不足或过量,会影响其对信息的正确处理。信息量不足,接收者就无法完整地、准确地理解信息内容,达不到沟通的目的;信息量超载,不但造成浪费而且不能使有用的信息发挥作用。适量就是沟通优化的客观要求。因此,应限定信息发送的范围,有选择地根据沟通目的、内容和不同对象进行沟通;同时,注意信息加工,考虑接收者的承受能力,对各种信息进行必要的综合加工,以免接收者"消化不良"。

4. 灵活性原则

灵活性原则指沟通系统需要留有余地,以适应各种变化。传统的组织内信息沟通主要依靠下行沟通的命令式传递，现代组织的信息沟通则更多地利用非正式沟通和横向沟通，以增强沟通的可靠性和全面性。所以要高度重视非正式沟通，把它作为正式沟通的必要补充。这样可在一定程度上弥补正式沟通过程中信息传递缓慢、层次过多的不足，有助于形成组织内的和谐气氛，增强组织的凝聚力；另一方面，也有利于保持重要沟通环节的弹性，以确保沟通系统的可靠性和灵活性。

（二）提高个人的沟通技能

1. 运用反馈

很多沟通问题是误解或理解不准确造成的。如果在沟通过程中运用反馈回路，则会减少这些问题的发生。这里的反馈可以是语言的，也可以是非语言的。当然，良好的反馈并不仅仅包含是或否的回答。管理者为了核实其发送的信息是否得到意想的接收和理解，可以询问有关该信息的一些问题。但最好的办法是，让接收者用自己的话复述这一信息。如果管理者听到复述的话正如他的本意，则理解与准确性就有保证。反馈也可用非语言的方式来表达。比如，当你面对一群人演讲时，可以观察他们的眼神及其他非语言线索，就可以了解到他们是否接收了你的信息。

以下具体建议有助于提高反馈技能。

①关注具体行为。反馈应该是具体的而不是泛泛的。

②保持反馈的非人性化。反馈应该是与工作相联系的，不要进行人身攻击。

③反馈要做到目标导向，即以达到沟通目的和组织目的为原则。

④反馈要掌握好时机。通常要求及时和恰当。

⑤确保反馈被理解。这要求反馈足够简明和完整。

⑥建立起有关由接收者控制行为的反馈，即反馈应该直接指向接收者能够控制的某些行为上。

2. 简化用语

由于语言可能成为沟通的障碍，因此，管理者应选择好措辞，并注意表达的逻辑，使发送的信息清楚明确，易于接收者理解。管理者不仅需要简化语言，还要考虑到信息所指向的听众，以确保所用的语言能适合该类信息的接收者。通过简化用语，尽量使用与接收者一致的语言表达方式来发送信息，这可以增进理解。例如，应尽量使用清晰、易懂、常用的词汇，对群体外的人不要使用行话。

3. 积极有效地倾听

在别人说话的时候，我们是听众。但在很多情况下，我们并不是在倾听。倾听是对含义的一种积极主动的搜寻，而单纯地听则是被动的。在倾听时，接收者和发送者双方都在进行着思索。与单纯地听不同，积极倾听是指不带先入为主的判断或解释的对信息完整意义的接收，因此是全神贯注的。积极倾听者表现出的具体行为有：共鸣、保持目光接触、解释、肯定性的点头及适当的面部表情、提问、避免分心的举动或手势、不要讲得过多、避免打断说话者等。表9.5总结了有效倾听的10个关键要素。

表9.5 有效倾听的10个关键要素

关键要素	差的倾听者	好的倾听者
(1)积极倾听	被动,身体后倾	问问题,解释对方所说
(2)找到兴趣点	不听枯燥内容	寻找机会,学习新内容
(3)抗拒分散精力的事物	容易分神	努力防止分散精力,容忍对方的坏习惯,知道怎样集中注意力
(4)利用"思维"快于"说话"这一事实	面对说话慢的人容易走神	挑战、期待、在头脑中进行总结,区分事实的重要性,听出弦外之音
(5)做出反应	最低限度的反应	点头、表达兴趣、礼尚往来、积极反馈
(6)判断内容而不是发送	发送不好就不想听	判断内容,忽略发送错误
(7)控制情绪	有成见,开始争论	完全理解后才做判断
(8)听取意见	听事实	听中心思想
(9)致力于倾听	没有精力输出,假装注重	全神贯注,积极的身体姿态,目光接触
(10)锻炼头脑	抵制难懂的内容,喜欢轻松娱乐的内容	把运用困难材料作为一种脑力锻炼

4. 控制情绪

如果认为管理者总是以完全理性的方式进行沟通,那就错了。众所周知,情绪化会使信息的传递严重受阻或失真。当管理者对某件事十分失望时,很可能对所接收的信息发生误解,并在表述自己的信息时不够清晰和准确。遇到这种情况,最简单的做法就是暂停沟通,直到情绪恢复平静。

5. 注意非语言提示

有效的沟通者要十分注意自己非语言形式的沟通,保证它们真的在传达你所期望传达的信息。在沟通的时候,一定要注意自己的行为、眼神和面部表情等,确保它们和自己所说的语言一致,并能够起到强化语言的作用。有时,这可以从另一方的非语言反馈中得到线索。

6. 克服沟通中的不良习惯

有效的沟通是一个主动运用信息的过程,在这个过程中又受沟通者习惯的影响和制约。R. G. 尼柯斯认为,沟通过程中的不良习惯主要表现在以下十个方面。

①对对方所谈的主题没有兴趣。

②被谈话对方的态度所吸引,而忽略了对方所讲的内容。

③当听到与自己意见不同的地方,就过分激动,以致不愿再听下去,对其余信息也就此放

弃了。

④仅注意事实,而不肯注意原则和推论。

⑤过分重视条理,而对欠条理的人的讲话不够重视。

⑥过多注意造作掩饰,而不重视真情实质。

⑦分心干别的事情,心不在焉。

⑧对较难的言辞不求甚解。

⑨当对方的言辞带有感情时,则注意力分散。

⑩在听别人讲话时还思考别的问题,顾此失彼。

克服这些不良习惯,是改善人际沟通的重要方法。

7. 培养和掌握跨文化沟通的技能

管理者可通过文化差异培训、敏感性培训、建立共同的价值观等方法来培养和掌握跨文化沟通的技能。在与来自其他文化背景的人沟通时,遵循下面四项原则将有利于减少沟通过程中的曲解与误会。

(1)假定不同,除非你能确定相同

如果能假定对方与你不同,而不是认为与你相同的话,你就会少犯许多错误。

(2)强调描述而不是理解和评价

对一个人语言的理解和评价基于其文化背景,因此不要轻易评价,除非你对对方所处的文化背景有全面的理解。

(3)多强调,在发送信息之前,多从对方的角度思考

沟通前,需要对对方的教育、经历、背景、价值观和经验进行深入的了解。

(4)假定你的理解正确

一旦你对来自另一文化背景的人的信息产生了解释和评价,假定你的理解正确,进行更深入的考察,不要想当然。仔细评价接收者的反馈,以证明你的假定正确。

8. 换位思考和行动

由于沟通者之间可能存在各方面的差异,因此在沟通中需要进行换位思考和行动。信息发送者可能需要站在接收者的立场来考虑信息的意义、编码、传递、接收、理解和运用。当然,信息接收者同样也要考虑到对方的情形来提供反馈。总之,沟通者之间需要相互适应,需要接受、理解以及寻找双方都能适应的沟通方法。

9. 恰当运用信息技术

信息技术从根本上改变了人们沟通的方式,它可以使员工获得做出快速决策所需要的更加完整的信息,并为员工提供更多加强合作和共享信息的机会。此外,信息技术还使人们能够方便地随时随地进行联系。当前,主要有两大信息技术领域对沟通有重要的影响:计算机网络系统和无线通信技术。利用这些先进技术,可在一定程度上克服由于时空限制、信息过

载等造成的障碍。

（三）加强组织的沟通管理

1. 建立健全现代组织结构

组织结构决定了组织中的正式报告关系，也包含了确保跨部门沟通、协作与力量整合的制度设计。现代组织结构是一种能够提供实现组织总目标所必需的所有纵向和横向信息沟通的结构形态。纵向信息沟通中可通过层级安排、规则与计划、纵向信息系统来实现，横向交叉信息沟通中可通过信息系统、直接接触、任务小组、专职整合人员、团队来实现。这样的组织结构包括学习型组织、扁平化组织、无边界组织、横向型结构、基于团队的组织等。

2. 创建信任和开放的组织沟通氛围

在组织沟通中，管理者所能做的最重要的事情恐怕就是创建一种相互信任、公开透明的氛围了。这将鼓励人们开诚布公地沟通，特别是下属将会像传递正面信息一样，无拘无束地传递负面信息而不用担心受到惩罚。在这种氛围中，沟通者可以忽略地位、权势的差异，将自己的假设“悬挂”在面前，以便不断地接受询问与观察，并视彼此为平等、亲密的工作伙伴。只有这样，我们才能获知彼此的真实想法，从而实现深度的、有效的沟通。

3. 综合运用多种沟通方式

每种沟通方式都有优势和不足，管理者应开发和运用多种沟通方式，取长补短，以获得最满意的沟通效果。它包括：综合运用正式沟通渠道和非正式沟通渠道、单向沟通和双向沟通、直接沟通和间接沟通、语言沟通和非语言沟通、工具式沟通和情感式沟通、垂直沟通和横向交叉沟通等各种方式、方法、渠道和网络。

4. 恰当应用小道消息

管理者需要利用小道消息为沟通服务。小道消息能快速地传达信息，在决策最终制定之前，能验证不进行决策的后果。当管理者也是小道消息的传播者时，小道消息是一个有效的反馈渠道。当然，在正式的沟通场合，小道消息会破坏沟通的效果。为了减少这种潜在的破坏性，管理者应正确应用正式渠道，以保证它传递的是员工需要的、相关的和准确的信息。

本章小结

沟通是借助一定手段把可理解的信息、思想和情感在两个或两个以上的人群中传递或交换的过程，在管理工作中，根据不同的划分依据，可以把沟通分成不同的类型。

沟通过程就是发送者将信息通过选定的渠道传递给接收者的传播过程及接收者对发送者的信息做出反应的反馈过程。

任何绝妙的想法、富有创造性的建议、最优秀的计划，或者最有效的职务再设计方案，不经由沟通都无法得到实施。因此，管理者需要掌握有效的沟通技巧。本章从沟通概念、沟通类型、沟通过程、沟通网络、沟通障碍、有效沟通、沟通技巧七个方面进行简单阐述。

练 习 库

一、单项选择题

1. 沟通是各种技能中最富有(　　)的一种。

A. 人性化　　B. 管理化
C. 技术化　　D. 信息化

2. (　　)是指根据组织结构规定的路线和程序，由组织内部的规章制度明确规定进行的信息传递与交流的渠道。

A. 链式沟通渠道　　B. 轮式沟通渠道
C. 正式沟通渠道　　D. 双向沟通渠道

3. (　　)是指那种相对于正式组织而言的，不是由组织正式组建，而是因共同的兴趣和爱好自发形成的群体。

A. 正式组织　　B. 非正式组织
C. 单向组织　　D. 双向组织

4. 沟通的要素背景中包括(　　)。

A. 心理背景、反馈、噪声、沟通所发生的场所、通道等
B. 心理背景、社会背景、文化背景、物理背景
C. 沟通过程中对信息传递和理解产生干扰的一切因素
D. 将信息返回给发送者，并对信息是否被接受和理解进行核实

5. (　　)是指发生在同一工作群体的成员之间、同一等级的工作群体之间，以及任何不存在直线权力关系的人员之间的沟通。

A. 横向沟通　　B. 纵向沟通
C. 平行沟通　　D. 下行沟通

6. 日常生活中，非常重要的沟通方式也是最直接的沟通方式是(　　)。

A. 口头表达　　B. 书面表达
C. 副语言　　D. 肢体表达

7. 聊天属于(　　)。

A. 交谈　　B. 辩论
C. 说教　　D. 演讲

8. 善于说话的人首先要善于(　　)。

A. 演讲　　B. 谈心

C. 发言　　D. 倾听

9. 掌握(　　)控制的方法和技巧,成为演讲取得成功的关键环节。

A. 情绪　　B. 演讲

C. 行为　　D. 结果

10. (　　)是口语表达的最高形式,是有声语言与体态语言的有机统一。

A. 演讲　　B. 手势

C. 站姿　　D. 以上都不是

11. (　　)就是指使用除语言沟通以外的各种沟通方式来传递信息的过程。

A. 语言沟通　　B. 非语言沟通

C. 口头表达　　D. 副语言沟通

12. (　　)是指为了更好地实现团队目标,团队成员之间所进行的信息传递与交流。

A. 个体沟通　　B. 团队沟通

C. 集体沟通　　D. 整合沟通

13. 小型团队产生创意最流行的做法,它最早是由美国人奥斯本于 1957 年提出的。该方法的目的是引发创意,其规则很简单,但要求严格遵守:严禁提出批评、非难;鼓励随心所欲地自由遐想;提出的想法越多越好;对各种想法进行综合和改进,此法是(　　)。

A. 议会讨论法　　B. 冥想法

C. 头脑风暴法　　D. 德尔菲法

二、多项选择题

1. 管理沟通的内容包括(　　)。

A. 信息沟通　　B. 知识沟通

C. 情感沟通　　D. 语言沟通

2. 管理沟通的功能包括(　　)。

A. 协调　　B. 激励

C. 交流　　D. 创新

E. 控制

3. 演讲的特点包括(　　)。

A. 目的性　　B. 说服性

C. 艺术性　　D. 综合性

E. 以上都不是

4. 倾听的过程包括(　　)。

A. 感知信息　　B. 选择信息

C. 组织信息　　D. 解释信息

E. 理解信息

5. 书面沟通的优点包括(　　)。
   A. 可供阅读,可长期保留,并可作为法律凭证
   B. 可使下属放开思想,避免由于言辞激烈与上级发生正面冲突
   C. 内容易于复制,有利于大规模的传播
   D. 讲究逻辑性和严密性,说理性更强
   E. 可以反复推敲、修改,直到满意为止

三、简答题

1. 简述发送者的障碍的内容。
2. 简述管理沟通的常用方法。
3. 简述正式沟通渠道的结构形式。
4. 简述沟通的基本原则。

四、案例分析题

有一家大公司正在讨论技术革新的方案,老总想听听年轻人的意见,便把才来公司上班一个月的某名牌大学毕业生李某叫来列席会议。李某因为年少轻狂,口若悬河,在会上不顾一切地阐述个人见解,直指管理层的"失误",而忽视了整个大氛围中的各种错综复杂的关系。于是,说者无心的一番话,听者却留意了,最后一传十,十传百,李某成了全公司人人皆知的"野心狂"。更可怕的是,传到后来除了他的名字得以保留,其他内容被篡改得一塌糊涂,李某真是跳到黄河也洗不清。

这个案例反映了怎样的现实问题?请用所学沟通技巧提出改进方案。

实　训

1. 实训目的及要求

人对自我的认知往往存在着盲区,本实训的练习目的,在于通过对自我认知和接受反馈的训练,解除强加在自己身上的障碍,接收反馈信息,以信息共享方式精确认识自我形象和知觉偏差。

通过比较自我的认知和其他人对自我的认知,解除自我认知的盲区,更好地通过信息共享,进行自我认知。

2. 实训步骤

练习在4～6人组成的小组内进行,每个人都准备好笔和纸张。每个人在每一张纸的上端,分别写出组内一个其他成员的名字(包括自己)。每个人在相关的每一张纸上写上关于这个人的5种个人品质,或5种学习、工作习惯/特点,或5个长处/弱点。以上各项都是他对组内每一个成员(包括他自己)的感性认识。将纸交给组内每一个相关的成员。

每个成员轮流朗声读出：

①别人对自己的感性认识(如有不明之处可以请求解释)。

②自己对自己的感性认识。

思考:为什么你自己对自己的认识和别人对你的认识有差异？导致这些差异产生的原因是什么？如何认识自己和认识别人？

第十章

Chapter 10

激　　励

【引导案例】

一个位于闹市区的小饭馆，经营的业务是兰州拉面。在当年拉面盛行的时候，小饭馆生意很红火。可是，这种喜人的局面没有持续多久，饭馆的生意很快就陷入惨淡经营之中，业务一落千丈。原来，问题出在小饭馆的厨师的工资上。在固定工资下，厨师尽可能减少自己的工作量，顾客很少；采用计件工资，即按照工作量计算工资，厨师就在每一碗面里多放几片肉。不管怎样，本小利薄的小面馆都是赔。

上述“引导案例”给出了小面馆员工激励的问题。企业如何解决组织的激励问题，设计、建立一个良好的激励机制，合理地、有效地激发员工的工作积极性？解决这些问题所涉及的理论知识和技能正是本章要讲述的内容。

【本章主要内容】

1. 激励的基本知识：激励的含义、作用、分类、过程、人性假设。

2. 激励理论的主要内容：需要层次理论、双因素理论、成就需要理论、公平理论、强化理论等。

第一节　激励概述

“矢不激不远，人不励不奋”。人是组织活动的执行者和组织管理的主要对象，激励作为管理的一项重要职能，其本质就是了解组织中的人的需要和支配人的行为的动机，并从中探求人的行为特征及规律，从而采取相应的激励方式方法，充分地激发员工的工作热情，提高员工的工作积极性和主动性，以实现组织的目标。

激励的起点是寻求并满足组织成员未被满足并最为迫切的需要，通过一定的刺激和诱因激发组织成员动机，并采取行动实现组织既定目标的过程。有效地激励可以激发组织成员的动机和工作积极性，使其工作能力得以最大程度发挥。

一、激励的含义

激励是影响人们的内在需求或动机，从而加强、引导和维持行为的活动或过程。激励的对象主要是人，或者准确地说是组织范围中的员工或领导对象。

美国管理学家贝雷尔森和斯坦尼尔认为："一切内心要争取的条件、希望、愿望、动力等都构成了对人的激励。"我国管理学者芮明杰在《管理学》一书中认为"所谓激励，就是组织通过设计适当的奖酬形式和工作环境，以一定的行为规范和惩罚性措施，来激发、引导、保持和归化组织成员的行为，以有效地实现组织目标的系统活动"。叶国灿在《管理学》一书中认为"激励是通过鼓励组织成员，激发起潜在的工作动机并尽可能使之得到充分发挥和维持，从而更好地实现组织目标的过程"。

激励与人的动机、需要紧密地联系在一起。综上所述，激励就是发现员工的需要，通过各种刺激手段，激发员工的工作动机，从而使之产生实现组织目标的特定行为的过程。它对人的行为具有一定的激发、刺激、引导和强化的作用。激励的含义主要包含以下要点。

①激励的对象是组织员工。

②激励的出发点是员工的需要。

③激励的过程是通过各种刺激或诱因，激发组织员工的工作动机。

④激励的目标是使组织员工产生实现组织目标的特定行为。

二、激励的作用

(一)激发士气，提高凝聚力

激励的起点是寻求并满足组织成员未被满足并最为迫切的需要，通过一定的刺激和诱因激发组织成员动机，并采取行动实现组织既定目标。有效的激励可以激发组织成员的工作动机和工作积极性，使其工作能力得以最大程度发挥。同时，较高的生产率引发较高的工作满意度，可以使员工产生较高的成就感、产生对组织的较高的归宿感，更容易在工作中以一个有效的团队形式高效地实现组织目标。

(二)满足员工利益

无论是内在激励还是外在激励，物质激励、精神激励，其本质都是从员工的个人需要出发。组织是员工生存与发展的基础，每个组织成员通过完成组织目标实现个人的基本需要与高级需要的满足。

(三)提高组织绩效

激励是管理的一项重要职能，也是人力资源开发与管理的一项基本职能。根据美国哈佛大学威廉·詹姆士的研究成果，一个按时计酬的计时工，仅能发挥个人潜力的20%～30%；而通过恰当的激励，这些工人的个人潜力可以发挥出80%～90%。由此可见，同样的人在受到恰当的激励后所能发挥的潜能相当于激励前的3倍左右。显然,激励对于发挥人的潜能至关重要,它能够调动人的积极性和能动性,从而提高工作效率。组织要素之中最有能动性的要素是人,组织绩效的提高也主要取决于员工的工作积极性以及密切相关的工作效率。

(四)完成组织目标

激励是寻求并满足组织成员未被满足并最为迫切的需要,激发组织成员动机,并采取行动实现组织目标。所以,激励的一方面是指激励目标的设置要与个体能力相适应、相符合,即个体通过自身的努力可以实现或达到组织所设定的目标。否则,如果目标过高,会使组织成员产生挫败感,从而产生消极的态度及行为,违背了激励的目标。另一方面,激励目标的设置要将组织目标与个人目标相结合。首先,目标设置必须体现组织目标宗旨,否则激励将会偏离组织目标的方向。其次,目标设置还必须与员工个人目标结合,否则达不到满意的激励强度。只有将组织目标与个体目标相结合,才能得到更好的激励效果。

三、激励的分类

组织采取的激励手段,其具体形式可以根据激励的内容、作用方向、作用方式分为三个类别。

(一)根据激励的内容划分

根据激励的内容划分,可分为物质激励和精神激励。组织成员都具有物质上的需要和精神上的需要。物质需要是成员赖以生存的物质基础,也是任何组织不可或缺的激励措施。除了物质需要,成员还有较高层次的需要,比如社会交往、自尊、自我实现、责任感等精神需要。物质激励和精神激励可以满足组织成员不同方面、不同层次的需要,从而调动成员的积极性。因此,物质激励和精神激励密不可分,只强调物质激励或只强调精神激励都是片面的。只有把物质激励和精神激励相结合,才能达到较好的激励效果。

(二)根据激励的作用方向划分

根据激励的作用方向划分,可分为正激励和负激励。从激励的词语意义来看,激励包含两方面含义:一是激发、鼓励;二是斥责、批评。所以,激励具有两种形态。正激励是主动性的激励,用来强化和推动符合组织目标期望的行为,以使这种行为重复出现,例如奖励。负激励是抑制和消退违背组织目标期望的不正确的行为,以使这种行为不再发生,从而引导组织成员的行为向组织目标期望的方向转移,例如惩罚。在激励过程中,正负激励必不可少。但是由于负激励不可避免地具有一定的消极作用,容易使组织成员产生挫败感,所以管理者应该正确使用正激励与负激励,坚持以正激励为主,辅助以负激励。

(三)根据激励的作用方式划分

根据激励的作用方式划分,可分为内在激励和外部激励。内在激励是通过满足、激发员工的精神需要及动机,通过员工的内在因素发挥作用,激发员工的工作热情及主动性、积极性。外部激励是组织根据员工的个人需要及业绩给予的外部刺激。外因通过内因发挥作用,只有把外引与内因结合才能产生有效的激励。否则,外部的组织激励,无论是精神激励还是物质激励,只能流于形式,起不到应有的作用。

四、激励的过程

激励的过程简单地可以用需要→动机→行为→目标来表达。如图 10.1 所示。

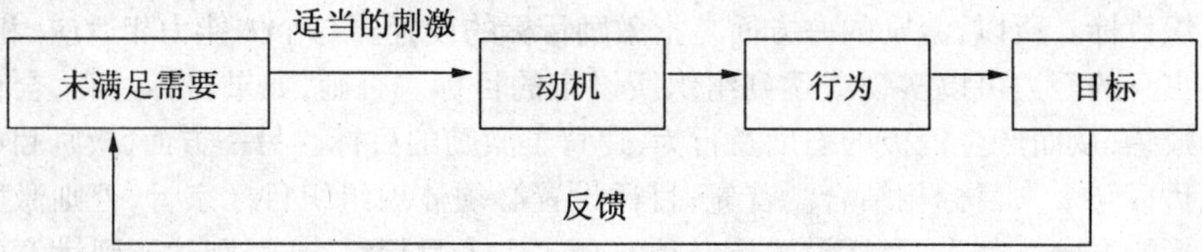

图 10.1　激励过程

在组织的管理过程中,从组织成员内在的心理状态到外在行为活动再到组织目标的实现是一个复杂的过程。激励的过程可以表述为:尚未得到满足的需要是激励的起点,一旦有满足需要的对象(目标或诱因)出现,需要就转化为动机;动机产生以后,人们就会确定满足需要的目标,进而进行满足需要的活动。当目标达成以后,会反馈于机体变量:个体行为的结果,可能使需要得到满足,之后又有新的目标出现,这样又开始了一个新的循环;个体行为的结果也可能使所追求的需求未得到满足,个体由此产生消极的或积极的行为。从需要到动机,从动机到目标再到人的新的需要→行为→目标,这个过程是一个周而复始、不断进行的循环。

需要是指人对改变自己当前状况的一种主观感受和渴望。需要是人对客观要求的反应,是人因某种生理或心理刺激未被满足而产生的心理上的不平衡状态。

动机是人类行为的内在驱动力,是个体通过高水平的努力而实现目标的愿望。动机同样也是一种内在的心理活动,但动机是需要的进一步延伸,它是为了满足需要而寻求具体目标、方法的过程,或者说动机是为满足需要、达成某种目标而付出的努力。

行为是个体的活动,包括心理行为与外部行为。激励理论主要研究个体外部行为,当动机付诸实际行动时,个体的行为就产生了。

反馈是指系统输出结果以某种形式返回于系统输入,以此来影响系统行为的方式。个体行为目标的实现称之为成功,成功的心理体验会导致个体行为的强化,强化可以决定下一轮个体行为的性质及模式,比如持续、加强等。个体行为目标不能实现称为失败,失败的体验会导致挫折,挫折也可以决定下一轮个体行为的性质及模式,比如中止、转向、调整等。

综上所述,激励的过程就是以组织成员未被满足的需要为起点,以实现组织目标为导向,通过提供一定的物质刺激与精神刺激,激发、引导、保持和归化组织成员行为的过程。

五、人性假设理论

作为组织的人,对个人本性的认识决定着所要追求的目标、为实现目标采取的行为、满足目标后的反应等内容。关于人性假设的理论较多,主要有如下四种。

(一)"经济人"假设

"经济人"理论是由经济学鼻祖亚当·斯密提出来的,该理论认为人们只对经济利益感兴趣,受经济利益的驱动,是"利己主义者",所谓"天下熙熙,皆为利来;天下攘攘,皆为利往"。经济人理论是管理理论中古典管理理论的前提和基础。

根据"经济人"假设的观点,人的行为受自我利益的支配。每个人都是理性的,都在努力估算着他所采取的行动所能取得的最大收益,努力达到以最小的代价获得最大的满足。经济型的人生性好争且很自私,他们唯一关心的是自身的生存以及利益。科学管理学派所提出的劳动定额化、工作职责专业化和超额奖励制度就是建立在经济人观点上的。在具体的管理实践中,典型的例子是福特汽车的管理。汽车大王——亨利·福特,在"经济人"假设的理论背景下在管理实践中做出了高水平的绩效,即高工资所带来的高效率 。

(二)"社会人"假设

随着时间的推移,在"经济人"假设的理论背景下虽然曾经建立了规范的管理制度,做出了高水平的工作绩效,但是,伴随着社会化大生产的逐步深入,工人越来越感到自己与机器之间存在着巨大的矛盾。"经济人"假设认为,工人是"机器" ,是"会说话的机器",对工人的管理简单而枯燥,同时车间管理也是以任务完成和提高生产效率为主。工人们普遍存在着厌恶工作的心理,逃避工作、消极怠工,甚至砸毁机器、举行大规模罢工。这时,人们发现,传统的"经济人"假设似乎出了问题,仅仅注重于任务管理而不考虑工人的心理,导致生产效率下降。以梅奥为首的科学家通过"霍桑实验" 提出了"社会人"假设。

"社会人"假设的主要观点:

①工人是"社会人"而不是"经济人",金钱也不是决定工作效率的唯一因素。除了经济利益之外还有许多社会性因素影响工人的行为。

②工人的"士气"是影响工作效率的重要因素之一。在组织中建立良好的人际关系有助于提高工人士气。

③正式组织中存在着非正式组织,非正式组织在很多方面、很大程度上影响着内部成员的行为。

④人的行为与人的情感有密切关系,管理人员要更多地关心工人、理解工人,在组织中建立良好的人际关系,提高工人满意度。

(三)X-Y 理论

X-Y 理论是由美国管理心理学家道格拉斯·麦格雷戈于 1957 年提出的。麦格雷戈提出了关于人性的两种完全不同的观点:一种是消极的 X 理论(Theory X);另一种是积极的 Y 理论(Theory Y)。

1. X 理论

①一般人天性好逸恶劳,只要可能,就会逃避工作。

②一般人以自我为中心,漠视组织要求。

③一般人只要有可能就会逃避责任,安于现状,缺乏创造性。

④一般人不喜欢工作,需要对他们采取强制措施或惩罚办法,迫使他们实现组织目标。

⑤一般人都不很机灵,缺乏理智。

2. Y 理论

①人们并非好逸恶劳,而是自觉勤奋,喜欢工作。

②人们并非天生讨厌组织所要求的工作,而是有很强的自我控制能力,在工作中执行完成任务的承诺。

③适当的条件下,每个人不仅能够承担责任,而且主动寻求承担责任。

④绝大多数人都具备做出正确决策的能力,具备较高的解决问题的想象力和创造力。

⑤麦格雷戈认为,Y 理论的假设相比 X 理论更实际有效,因此他建议员工参与决策,为员工提供富有挑战性和责任感的工作,建立良好的群体关系,这都会极大地调动员工的工作积极性。

(四)复杂人理论(超 Y 理论)

对于以上不同学者所提出的人性假设理论,很多管理学者提出了不同的看法。实际上,每个人的本性是不能一概而论的,有些人可能适合 X 理论多一些,有些人适合 Y 理论多一些。人的内心是复杂多变的,因人而异,简单地把人性归为一种类型是不现实的。美国心理学家莫尔斯和洛希应用 X 理论和 Y 理论,分别在工厂和研究所进行了实验。实验结果表明,X 理论、Y 理论各有所长。根据这一实验结果,他们提出了“复杂人”假设,即所谓的超 Y 理论或权变理论,其主要内容有:

①不同的人有不同的需要结构。人们的需要层次不同,承担责任的能力不同,对决策的理解也不同。

②人们的大部分需要是后天形成的,是在外部环境影响下所形成的。

③人们在不同的组织或部门有不同的需要。在正式组织中是满足物质利益的需要,在非正式组织中是满足社会心理方面的需要。

④单独的个人是否感到满足、乐于奉献,在于组织目标结构是否与其自身的目标结构相一致。如果一致,则产生满足感、积极向上;否则,不为组织所用。

⑤每个人对一定的管理方式会产生不同的反应。每个人都有不同的需要结构及目标,以及满足目标的能力,所以,同样的管理方式对于不同的人所产生的作用及其所做出的反应也是不同的。

第二节　激励理论

激励理论主要包括需要层次理论、双因素理论、成就需要理论、公平理论、期望理论、强化理论等方面的内容。

一、需要层次理论

需要层次理论是由美国社会心理学家、行为科学家、人本主义心理学派的代表人物亚伯拉罕·马斯洛(Abraham Maslow)提出的。

(一)人的需要层次

马斯洛认为,每个人都有由低级到高级五个层次的需要:生理需要、安全需要、社交需要、尊重需要、自我实现需要。如图 10.2 所示。

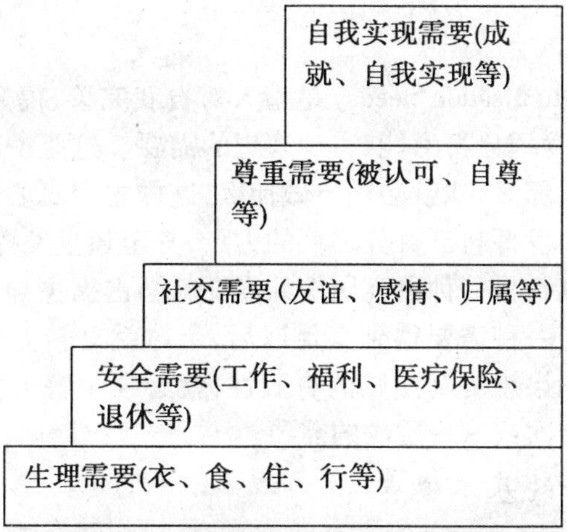

图 10.2　马斯洛的需要层次理论

1. 生理需要

生理需要(Physiological needs)是人类最基本的需要,也是人类赖以生存的基本保障,包括食物、水、住房、交通、性等方面的需要。生理需要是维持和满足人类生存的必要条件,是最低层次的需要,如果生理需要得不到满足,根本谈不上其他需要。在一切需要中,生理需要是最基本的、优先的。

2. 安全需要

安全需要(Safety needs)是指人对身体、经济、生命等方面安全可靠、不受威胁的需要。这种需要不仅包括对于现在生活的保障,还希望今后生活有所保障。例如对自己及家人的人身安全、生活稳定、职业保证、免除疾病、年老时生活有所保障等方面的需要。当一个人生活在惊恐和不安之中时,其积极性是很难被调动起来的。

3. 社交需要

社交需要(Social needs)也称感情和归属方面的需要。社交需要是指人对友谊、爱情、隶属关系等的需要,属于人的社会性需要。马斯洛认为人是一种社会动物,无论生活还是工作都是在群体中的,不是孤立的。这种需要包括与他人保持良好的关系、希望得到别人的关爱、需要有良好的组织氛围、同事之间有共同语言、对组织有归属感。这些需要多半是在一定的组织中,尤其是在以个人情感为纽带建立起来的非正式组织中得到满足。

4. 尊重需要

尊重需要(Esteem needs)是指人对理解、尊重、赏识、荣誉的需要,是希望自己保持自尊和自重、获得别人的尊敬、得到别人的高度评价。尊重需要包括内部尊重和外部尊重。内部尊重需要包括自尊、自信、自主、成就感、人对环境的适应、胜任工作等;外部尊重需要包括地位、认可、关注、威望、他人的尊重和信赖等。

5. 自我实现需要

自我实现需要(Self-actualization needs)是指人对自我完善、提升自身价值、发挥自我潜能的需要,包括成长与发展、发挥自身潜能、实现理想的需要。这是一种追求个人能力极限的内驱力。一个人能够做什么,那么,他就必须要做什么,这样才会身心愉快;做自己感兴趣的事,做自己认为重要的事,才会发挥自己百分之百的力量,甚至超量发挥自己的潜能。

当一种需要得到满足后,另一种更高层次的需要就会占据主导地位。个体的需要是逐层上升的,是动态的过程。当一种需要得到满足以后,个体就会转向追求更高层次的需要。按照马斯洛需要层次理论,如果想提高激励的有效性,就必须了解个体目前所处的需要层次及需要类型,然后满足这一层次或这一层次的需要。

(二)需要层次理论的基本观点

马斯洛的需要层次理论存在四个基本论点:

①人是有需要的动物,他的需要取决于他已经得到了什么,还缺少什么;只有尚未得到满足的需要才能够激发人的动机进而影响人的行为,起到激励的作用。人的需要是有固定顺序的,某一层级的需要得到满足以后,更高一层次的需要才会出现并影响人的行为。

②每个人处于不同的时期、不同的发展阶段,其需要结构不同,但是总有一种需要发挥主导作用。

③五种需要的等级顺序并不是固定不变的,有时会出现本末倒置现象。有些人的需要可能很久保持着僵化或低下的状态,即有些人只追求较低层次的需要不追求较高层次的需要;有些人追求较高层的需要动机强烈,牺牲追求较低需要的愿望。具有崇高思想和情操的人,往往会抛弃个人利益,追求大众的幸福、全人类的幸福。

④每种需要的满足程度不同。绝大多数人的需要往往只有部分地得到满足,而且随着需

要层次的提高,满足需要的难度加大,满足的程度逐渐减少。

马斯洛还将这五种需要划分为高级和低级需要。生理需要和安全需要成为较低级的需要,社会需要、尊重需要和自我实现需要称为较高级需要。高级需要是从内部使人得到满足,低级需要则主要是从外部使人得到满足。在物质条件丰富的条件下,几乎所有人的低级需要都能够得到满足。

马斯洛的需要层次理论在管理实践中得到管理者的普遍认可。因为该理论简单明了、易于理解、具有内在的逻辑性、实用性强。但也有人提出一些问题,比如这样的分类方法是否科学、五种需要层次的划分是绝对的还是相对的。马斯洛需要层次理论在逻辑上没有对此做出回答。

二、双因素理论

这种激励理论又称之为"保健 - 激励理论",是美国心理学家弗雷德里克 · 赫兹伯格于20世纪50年代后期提出的。他认为影响人们行为的因素主要有两类:保健因素和激励因素。

赫兹伯格认为个人和工作的关系是一个最基本的方面,而个人对工作的态度在很大程度上决定着任务的成功与失败。从这个假设出发,赫兹伯格在匹兹堡地区的11个工商业机构中,向近200名白领工作者进行了调查。在调查中,用所设计的诸多有关个人与工作关系的问题,要求受访者在具体情景下详细描述他们认为工作中特别满意或特别不满意的方面。最后,通过对调查结果的综合分析,赫兹伯格发现,引起人们不满意的因素往往是一些工作的外在因素,大多同他们的工作条件和环境有关;而工作本身、工作内在的因素能给人们带来满意的因素。

赫兹伯格提出,影响人们行为的因素可分为两类,即保健因素和激励因素。保健因素是与人们不满情绪有关的因素,如公司的政策、管理和监督制度、人际关系、工作条件、工作环境等。保健因素处理不好,会使人们对工作产生不满情绪,处理得好,可以预防或消除这种不满情绪。保健因素不能直接对员工起到激励的作用,只能维持人们工作的现状;激励因素是与人们满意情绪有关的因素,如成就、责任、晋升、工作本身的挑战、成长等。激励因素处理得好,可以使人们产生满意情绪,如果处理不当,不会导致不满情绪的产生,最多是没有满意情绪。

基于调查结果,赫兹伯格进一步指出满意的对立面不是不满意,消除了工作中的不满意因素并不一定能使人满意。也就是说,满意的对立面是没有满意,而不是不满意;不满意的对立面是没有不满意,而不是满意。这个结论对管理者的启示是:在管理过程中,首先要注意保健因素,防止成员不满情绪的产生,但更要利用激励因素激发成员工作热情和积极性,只有激励因素才能让员工满意。

赫兹伯格的"激励 - 保健因素"理论同样存在争议,比如人们容易把满意的原因归于自己,而把不满意的原因归于外部因素;赫兹伯格认为满意度和工作效率之间有关系,但他所进行的研究只是员工关注的满意度,而没有涉及组织所关注的工作效率。见表10.1。

表 10.1 激励－保健因素

激励因素	保健因素
成就	监督
承认	公司政策
工作本身	与监督者的关系
责任	工作条件
晋升	工资
成长	同事关系
	个人生活
	与下属的关系
	地位
	保障

三、成就需要理论

美国心理学家、行为科学家麦克利兰在《促使取得成就的事物》(1966)一书中提出了成就需要理论。他认为人有三大类社会性需要:成就需要(need for Achivement ,nAch)、权力需要(need for Power ,nPow)和归属需要(need for Affiliatoan,nAff)。

(一) 成就需要理论的基本内容

1. 成就需要

成就需要指达到标准、追求卓越、争取成功的需要。一般来说,追求成就的人,对成功的要求比较强烈,他们愿意接受挑战,愿意承担个人责任,对他们正在进行的工作情况期望得到明确而迅速的反馈。

2. 权力需要

权力需要是指影响或控制他人且不受他人控制的欲望。具有较大权力欲的人对施加影响和控制表现出极大的关切。这种人一般追求领导者的地位、好辩论、健谈、直率、头脑冷静、有能力并善于提出要求,喜欢演讲。

3. 归属需要

归属需要指建立友好亲密的人际关系的愿望。具有归属需要的人常从友爱中得到快乐,并因被某个社会团体拒绝而痛苦,他们关心保持融洽的社会关系、亲密无间、互相谅解、助人为乐。

(二)成就需要与激励

高成就需要者对于自己感到成败机会各半的工作,表现得最为出色。他们不喜欢成功可能性很低的工作,因为这种工作成功碰运气的几率比较大,并且偶然性的成功并不能满足他们对于成就感的需要。同样,他们也不喜欢特别容易成功的工作,因为这对其本身没有任何挑战性。只有通过自身一定的努力而成功的任务对他们来说最具吸引力的,因为可以从自身的努力奋斗中体验成功的喜悦和满足。

高权力需要者喜欢承担责任,喜欢竞争性和地位取向的工作环境。

高归属需要者渴望友谊,喜欢合作而不是竞争的环境,希望彼此之间的沟通与理解。

在大量研究的基础上,麦克利兰对成就需要与工作绩效的关系进行了推断。首先,高成就需要者喜欢能独立负责、可以获得信息反馈和中度冒险的工作环境。在这种工作环境下,高成就需要者可以获得高度有效的激励。其次,高成就需要者并不一定是一个优秀的管理者,尤其是对规模较大的组织而言。一个高成就需要的人,不一定能够领导组织取得成功,组织的领导人是激励众人取得成功,而不只是要考虑自己的工作成就。激发他人、鼓舞团队,需要有与解决具体问题完全不同的动机和技巧。第三,归属需要与权力需要和管理的成功密切相关。最优秀的管理者是权力需要很高而归属需要很低的人。

四、公平理论

公平理论是美国心理学家亚当斯在 1965 年提出来的,这种理论主要讨论报酬的公平性对人们工作积极性的影响。

公平理论又称社会比较理论。该理论认为员工首先考虑自己收入与付出的比率,然后将自己的收入-付出之比与相关他人的收入-付出之比进行比较。如果员工感觉自己的比率和他人相同,则为公平状态;如果感到二者的比率不相同,则产生不公平感,产生的不公平感就会影响员工以后的付出和努力。该理论主要讨论报酬公平性对员工工作积极性的影响。如下式所示:

$$(O/I)A \longleftrightarrow (O/I)B$$

在上述的公式中,O(Outcome)代表个人的报酬,如工资、奖金、提升、赏识等,包括物质方面和精神方面的所得;I(Income)代表个人的投入,如工作的数量和质量、技术水平、努力程度、能力等;A 代表当事人,即进行比较的人;B 代表参照对象,即被比较的他人。

在公平理论中,员工选择与自己进行比较的对象是一个重要的变量。通常有三种参照类型:“他人”、“制度”和“自我”。“他人”包括本组织中从事类似工作的其他人以及其他组织中与自己能力相当的人,包括朋友、邻居、同行、配偶等。“制度”是指本组织的薪酬制度与程序以及这种制度的运作,不仅包括明文规定,还包括一些隐含的不成文的规定。“自我”是指员工把自己目前工作的收入与付出的比率与过去的比率进行比较。

$$(O/I)A = (O/I)B$$

当员工自己收入/付出的比率与自己对他人收入/付出感觉的比率相比较,如果二者相等时,他会认为报酬是公平的,员工可能会因此而保持现有工作积极性和努力程度。

$$(O/I)A > (O/I)B$$

当员工自己收入/付出的比率大于他人收入/付出的比率,员工会认为自己得到了过高的报酬或者付出的努力比较少。在这种情况下,员工不会要求减少报酬,而是会增加自我付出和努力程度。但一段时间员工可能会重新过高估计自己的付出和努力程度而认为报酬是公平的。

$$(O/I)A < (O/I)B$$

当员工自己收入/付出的比率小于他人收入/付出的比率,员工会认为组织的管理不公平。通常他们会采取下列做法:曲解自己或他人的付出和收入;采取某种行为改变他人的付出或收入;采取某种行为改变自己的付出或收入;选择另外一个比照对象进行重新比较;辞去现有工作。

员工除了会在横向上与他人进行比较,还会在纵向上将自己目前的收入/付出比率和自己过去的收入/付出比率进行比较,同样会产生三种结果。

当员工目前收入/付出比率和自己过去的收入/付出比率相等,员工的积极性和努力程度会保持不变;当员工目前收入/付出比率大于自己过去的收入/付出比率,员工可能会认为自身的工作能力有所提高,其工作积极性不会提高很多;当员工目前收入/付出比率小于自己过去的收入/付出比率,员工会感到不公平,工作积极性会因此而下降。

从以上分析可以看出,员工不仅关心由于自己的努力和付出所得到的绝对报酬,而且关心自己的报酬和他人报酬、自己目前报酬和自己过去报酬的相对关系。他们对自己的付出与所得和他人的付出与所得之间的关系做出判断。他们对工作的付出,如努力程度、工作经验、教育程度及能力水平等为依据,比较其所得,如工资、晋升、认可等因素。如果发现自己的付出与所得之比和其他人相比不平衡,就会产生紧张感,这种紧张又会成为他们追求公平和平等的动机基础。

公平理论同样也存在不足之处,比如员工如何界定付出和所得,另外员工对自己和他人的付出与所得的界定以及对公平的判断是主观的,员工可能倾向于过高地估计自我的付出,而过低地估计自己所得到的报酬,而对他人的估计则恰恰相反。

五、期望理论

期望理论是由美国心理学家 V. 弗鲁姆在 1964 年出版的《工作与激励》一书中正式提出的。期望理论认为,当人们预期到某一种行为能够给个人带来既定的结果,而且这种结果对个体具有吸引力的时候,个人才会采取特定行为。根据期望理论的基本观点,人之所以能够积极地从事某项工作或完成某个任务,是因为这项工作或任务会帮助他们满足自己某方面的需要,也就是说,有效的激励取决于个体对完成工作任务以及接受预期奖赏的能力的期望。

根据期望理论,组织成员对工作的积极程度以及激励程度基于对下列三种关系的判断。

（一）努力－绩效的关系

个体感觉通过一定程度而达到工作绩效的可能性，即个体通过是否能完成工作任务或达到一定的绩效水平，成功的几率有多大。

（二）绩效－奖赏的关系

个体对于达到一定工作绩效以后可获得理想的奖赏结果的信任程度，即个体当达到一定绩效水平后，会得到什么奖赏结果。

（三）奖赏－个人目标的关系

个体达到一定工作绩效水平或工作完成后可以得到的奖赏对个体的重要性程度，这一奖赏结果能否满足个人目标，对个人的吸引力有多大，这与个人的目标和需要有关。

这三种关系可以用一个公式来表达，即成员在工作中的积极性或努力程度（激励力）是效价和期望值的乘积，其中 M 表示激励力；V 表示效价；E 表示期望值。

$$M = V \times E$$

激励力是指个人工作积极性的高低和持久程度；期望值是指人们对自己能够完成某项工作可能性的估计，即能在对工作目标能够实现几率的估计；效价是指个人对完成这项工作或实现组织目标可能给自己带来满足程度的评价。效价和期望值的不同组合，会产生不同的激励程度，一般包括下列几种情况：

高效价×高期望值＝高激励力
中效价×中期望值＝中激励力
低效价×低期望值＝低激励力
高效价×低期望值＝低激励力
低效价×高期望值＝低激励力

由此可以看出，要想使激励力达到最大，效价和期望值必须同时保持比较高的水平，只要效价和期望值有一项的值较低，员工都难以发挥足够的积极性。

期望理论的关键是要弄清楚个人目标以及三种关系，即努力－绩效的关系、绩效－奖赏的关系、奖赏－个人目标的关系。作为管理者，为了提高激励力，需要明确员工个体的目标和需要，并明确组织能够提供的结果，确保员工有能力和条件得到这些结果。

六、强化理论

强化理论是由美国心理学家斯金纳在20世纪50年代提出的，其主要观点是人的行为是其所获刺激的函数。强化理论主张进行针对性的刺激，只看员工的行为及其结果之间的关系，而不是突出激励的内容和过程。

斯金纳通过实验研究得出结论，人的行为可以分为三种类型：本能行为，是人生来就有的行为；反应性行为，是环境作用于人引起的反应；操作性行为，是人为了达到一定目的而作用于环境的行为。

强化理论被广泛应用于激励人和改造人的行为。与其他激励理论不同,强化理论不涉及个体主观判断、感受等内在心理过程,而是只讨论刺激和行为之间的关系。该理论认为人的行为与他所获得的刺激成函数关系,即员工行为及行为结果所导致的奖赏或惩罚会反过来影响其行为的发生。如果刺激对个体有利,那么这种行为就会重复出现;如果刺激对个体不利,那么相应的行为就会减弱甚至消退。因此管理者可以通过不同的刺激手段使个体行为符合组织目标。在组织管理实践中,强化可以分为两种类型。

(一)正强化

所谓正强化是指对组织成员符合组织目标的行为予以肯定和奖赏,从而使这些行为重复出现,得到进一步强化,以确保组织目标的实现。一般来说,正强化的刺激手段包括奖金、表扬、晋升等。有的正强化是连续的,对每一次符合组织目标的行为都予以强化,但这种强化方法久而久之会使人们认为这种正强化是理所当然的,从而起不到激励和刺激行为的作用,如奖金的作用。另一种正强化的方式是间断的、不固定的,也就是管理者根据组织的实际情况和个体的行为,不定期、不定量的实施强化。实践证明,后一种正强化方法更有利于起到激励和刺激行为的作用。

(二)负强化

所谓负强化是指对组织成员不符合组织目标行为予以惩罚,以使这些行为减弱甚至消退。负强化的手段包括减少薪酬、罚款、批评、降级等。实施负强化同正强化一样,分为固定的、连续的负强化和间断的负强化,但从激励效果来看,连续性、固定的负强化更能刺激个体行为,也就是对每一次不符合组织目标的行为都及时予以负强化,这样可以消除人们的侥幸心理,减少或消除这些行为的重复发生。

【案例分析】

海尔集团的人员激励

让海尔员工感到巨大压力的首先是公司“三工并存,动态转换”管理办法的实施。

所谓“三工转换”,是指全体员工分为优秀员工、合格员工、试用员工三种,分别享受不同的三工待遇(包括工龄补贴、工种补贴、分房加分等),并根据工作业绩和贡献大小进行动态转换,全厂分布。

海尔有一套完善的绩效考核制度,业绩突出者进行三工“上”转,试用员工转为合格员工,合格员工转为优秀员工;不符合条件的进行三工“下”转,甚至退到劳务市场,内部待岗。退到劳务市场的人员无论原先是何种工种,均下转为试用员工。试用员工必须在单位内部劳务市场培训3个月方可重新上岗。同时,每月由各部门提报符合转换条件员工到人力资源管理部门,填写三工转换建议表,然后由人力资源管理部门审核和最后公布。

对于刚毕业的大学生,其典型的转换历程往往是这样安排的:首先到生产一线、市场一线等部门锻炼，为期一年，在这一年当中，员工都是试用员工。一年试用期满后，由人力中心公布事业部所需人数及条件，本人根据实际情况选择岗位。如果经考核合格，则可以正式定岗，同时转为合格员工。在合格员工的基础上，历时3个月，如果为企业做出很大贡献，被评为标兵、获希望奖等，可以由部门填写三工转换建议表，并交到人力资源管理部门审核。审核合格后，发给当事人转换回音单，通知已转为优秀员工，并在当月兑换待遇。

在海尔集团内部，三工的比例保持在4:5:1，整个转换过程全部实行公开招聘、公平竞争、择优聘用。通过"三工转换"，员工的工作表现被及时加以肯定，解决了员工在短时期内得不到升迁、积极性受到影响的问题。员工逐步培养起"今天工作不努力，明天努力找工作"的职业意识，调动了工作积极性，一部分员工三上转，成为优秀员工，在一定程度上实现了自我。

【点评】

自创立以来，海尔集团向社会奉献了真诚，向全球的用户提供了数亿台的高质量产品，成为一家国际知名企业。海尔集团的成功之处很多，其中之一就是人员激励政策。"三工转换"，是指全体员工分为优秀员工、合格员工、试用员工三种，根据工作业绩和贡献大小进行动态转换，全厂分布。这种人力资源管理政策，使得海尔的员工在业绩面前人人平等，不是"相马"而是"赛马"，一切都以工作绩效为衡量依据，不是根据学历、资历，而是根据实际表现。只要工作能力突出，有实际贡献，就可以有相应级别的薪酬。"能者上"、"劣者下"，没有一劳永逸，只有不断奋斗，通过激发员工的内在动机去完成工作，激励效果有目共睹。

本章小结

本章较为系统地介绍了激励职能的主要内容。

首先，对激励的基本内容进行介绍。

其次，介绍了激励的主要理论，即需要层次理论、双因素理论、成就需要理论、公平理论、期望理论、强化理论。

练习库

一、单项选择题

1. 激励过程的出发点是(　　)。

A. 紧张感　　B. 目标　　C. 未得到满足的需要　　D. 不满意

2. 马斯洛需要层次理论强调最基本的需要是(　　)。

A. 归属需要　　B. 自尊需要　　C. 自我实现需要　　D. 生理需要

3. 当某人力图同他人交往，建立亲近和睦关系时，表现出的是以下哪种需要(　　)。

A. 对权力的需要　　B. 对成就的需要　　C. 安全需要　　D. 对社交的需要

4. 组织的绩效是由以下哪些因素决定的(　　)。

A. 激励　　B. 环境　　C. 能力　　D. 上述都正确

5. “挨饿的艺术家”与下述哪一理论不相矛盾(　　)。

A. 马斯洛需要层次理论　　B. 期望理论

C. 强化理论　　D. 公平理论

6. 下列哪一类需要没有在马斯洛的需要层次理论中列出(　　)。

A. 安全需要　　B. 自我实现需要　　C. 心理需要　　D. 归属需要

7. 薪金和工作条件属于以下哪一种因素(　　)。

A. 保健因素　　B. 自我实现需要　　C. 激励因素　　D. 成长需要

8. 期望理论是由谁提出的(　　)。

A. 泰勒　　B. 赫茨伯格　　C. 弗鲁姆　　D. 马斯洛

9. 撤销正强化属于下述哪种强化方式(　　)。

A. 负强化　　B. 惩罚　　C. 自然消退　　D. 以上均不是

10. 按照期望理论,在下述哪种情况下激励力量为0(　　)。

A. 效价等于0　　B. 效价等于1.0

C. 期望值等于1.0　　D. 期望值等于0.5

二、简答题

1. 什么是激励,激励产生的原因是什么?
2. 试分析激励的作用。
3. 布置一项新任务时,为什么要进行动员和形势分析?
4. 内容型激励理论主要包括哪些理论?简述各理论的主要内容。
5. 过程型激励理论包括哪些理论?简述各理论的主要内容。

三、案例分析题

寻找真正的“激励因素”

一家公司的老板每年中秋节都会给员工发放一笔1 000元的奖金。几年下来,老板感到这笔奖金正在丧失它应有的作用,因为员工在领取奖金的时候反应相当平和,每次都像领取自己的薪水一样自然,并且在随后的工作中也没有人会为这1 000元表现得特别努力。既然奖金起不到激励作用,老板决定停发,加上行业不景气,这样做也可以减少公司的一部分开支。但停发的结果却出乎意料,公司上下几乎每一个人都在抱怨老板的决定,有些员工明显情绪低落,工作效率也受到不同程度的影响。老板很困惑:为什么有奖金的时候,没有人会为此在工作上表现得积极主动,而取消资金之后,大家都不约而同地指责抱怨甚至消极怠工呢?

问题:

这一案例体现了什么激励理论?如何利用这一理论对员工进行激励?

实 训

某公司是一家中外合资的集开发、生产、销售于一体的高科技企业，其技术在国内同行业中居于领先水平，公司拥有员工100人左右，其中的技术、业务人员绝大部分为近几年毕业的大学生，其余为高中学历的操作人员。

目前，公司员工当中普遍存在着对公司的不满情绪，辞职率也相当高。公司的技术、业务人员素质较高，但关键职能部门，如人事部门的人员却普遍素质较低。近来整个行业不景气，受经济形势的影响，企业连年亏损，人们更是关心企业的下一步发展和对策，但公司领导在这方面很少与员工沟通，更没有做鼓动人心的动员工作，使得员工看不到公司的希望，导致士气低下，人心涣散。

实训内容：

1. 找出该公司激励方面的主要问题。

2. 为该公司设计一份激励方案。

第十一章

Chapter 11

控　制

【引导案例】

中国香港有一家卫星电视台，在开播之初，出现过繁荣的景象，收视率在行业中占据领先位置。但是，不久之后，该电视台的收入只能占到初始投资的20%。也就是说，80%的运营费用、高达2 000万港币的支出需要补贴。电视台犹如吸金黑洞。在开播第三年的时候，该电视台累计亏损2亿港币，已经很难取得融资了，只好出卖。

上述“引导案例”给出了中国香港电视台财务控制管理的问题。组织在经营管理过程中，财务管理、成本控制是一个非常重要的问题。解决这些问题所涉及的理论知识和技能是本章要讲述的内容。

【本章主要内容】

1. 控制的基本知识：控制的含义，控制的作用，控制的类型。

2. 控制的过程：确立标准，衡量工作绩效，纠正偏差。

3. 控制的方法：预算控制，比率控制，审计控制，质量控制，会计技术。

第一节　控制的概念及作用

管理的控制职能，是对组织内部的管理活动及其效果进行衡量和校正，以确保组织的目标以及为此而拟定的计划得以实现。与管理的其他主要职能一样，控制职能也有其原理和方法，正确地和因地制宜地运用这些原理和方法，是使控制工作更加有效的重要保证。

一、控制的含义

自从诺伯特·维纳（Nobert Wiener）创立控制论（Cybernetics）以来，控制论的概念、原理和方法，被许多学科广泛吸收，用来丰富自己的理论和方法体系，管理学就是其中之一。用控制论的原理和方法分析管理活动中的控制问题，更便于提示和描述其内在的机理。

控制，又称管理控制，是指为了确保组织目标以及为此而定的计划能否得以实现，各级主管人员根据事先确定的标准（或因组织发展的需要重新拟定的标准），对下级的工作进行测量和评价，并在出现偏差时进行纠正，以防止偏差继续发展或今后再度发生；或者，根据组织内外环境的变化和组织发展的需要，在计划执行过程中，对原来的计划方案进行修订或制订新的计划，并调整整个管理工作的过程。

简单地说，控制职能是对组织内部的计划执行情况及其效果进行衡量和校正，以确保组织目标的实现。

二、控制与其他职能的关系

（一）计划职能是控制职能的基础和前提

要理解控制工作职能的含义，必须把它放在与计划工作职能的联系中加以说明。控制工作职能按计划编制标准来衡量所取得的成果并纠正所发生的偏差，以保证计划的实现。如果说管理的计划工作是谋求一致、完整而又彼此衔接的计划方案，那么管理控制工作则是使一切管理活动都按计划进行。

计划和控制是一个问题的两个方面。主管人员首先制订计划，然后计划又成为用以评定行动及其效果是否符合需要的标准。计划越明确、全面和完整，控制的效果也就越好。这个基本观点在实际工作中有几重意义。

首先，一切有效的控制方法首先就是计划方法，例如预算、政策、程序和规则，这些控制方法也是计划方法或计划本身。

其次，如果不首先考虑计划以及计划的完善程度，就试图去设计控制系统的话，那是不会有效果的。换句话说，之所以需要控制就是因为要实现目标和计划。控制到什么程度、怎么控制都取决于计划的要求。

最后，控制职能使管理工作成为一个闭路系统，成为一种连续的过程。在多数情况下，控制工作既是一个管理过程的终结，又是一个新的管理过程的开始。

（二）控制职能是其他职能发挥作用的保障

组织职能是进行工作分析、部门化、形成组织结构，本质上是一种控制活动。领导职能，指的是管理者在制订计划、组织资源和控制工作进展之外，还要发挥不同于一般组织成员的作用，即影响和带动组织成员共同为实现组织目标而努力，某种程度上是控制活动。激励的过程就是以组织成员未被满足的需要为起点，以实现组织目标为导向，通过提供一定的物质刺激与精神刺激，激发、引导、保持和归化组织成员行为的过程。所以，控制的本质是制定标准、衡量绩效、纠正偏差，是其他职能顺利开展的前提、基础，又是其他职能发挥作用的保障。没有控制职能，计划职能、组织职能、领导职能、激励职能的作用很难体现，组织目标难以实现。

三、控制的作用

（一）计划职能完成的保障

计划职能是确定组织目标、制订计划方案并实施的过程。在计划职能管理活动的每个环节中，控制职能是保障或者是保障机制。组织作为人员、物资、时间、资金等要素的集合体，为实现组织目标需要编制完善的、适合于组织需要的计划方案，控制职能则是在计划实施的过程中，衡量计划的执行效果，当出现偏差时予以纠正，使得计划方案能够按时完成，达到所需要的目标。

（二）衡量绩效

控制职能的基本任务之一。根据计划方案确定的标准衡量计划执行的效果，监测计划的执行情况，保证计划能够按照预先设置的目标顺利完成。

（三）监督作用

控制职能的派生作用。控制职能的基本任务之一是衡量绩效，是监测计划的执行情况。通过衡量绩效可以对组织内部资源的使用情况、收益情况、计划执行情况深入详细了解与掌握，做到组织内部信息的明确，便于组织管理活动的开展以及管理措施的制定与实施。

（四）提高效益的手段

效益，简单地说就是投入与产出之比。组织资源的管理是需要支付巨大的成本的。只有做好控制工作，才能在有限的资源条件下，实现组织目标。财务控制、成本控制、质量控制、比率控制等，广义上都是控制成本，从而在管理中产生效益，提高组织的收益。

四、控制的类型

（一）根据确定控制标准 Z 值的方法分类

1. 程序控制

程序控制的特点是，控制标准 Z 值是时间 t 的函数。即：

$$Z=f(t)$$

在工程技术中，如程序控制的机器人或程序控制的机床，都严格按照预先规定的程序进行运作。某种动作什么时间开始，什么时间结束，都根据计数器给出的时间数值加以控制，到时间就进行规定的动作，而不管实际的具体情况如何。

在企业生产经营活动中，大量的管理工作都属于程序控制性质。例如计划编制程序、统计报告程序、信息传递程序等都必须严格按事前规定的时间进行活动，以保证整个系统行动的统一。

2. 跟踪控制

跟踪控制的特点是，控制标准 Z 值是控制对象所跟踪的先行量的函数。若先行量为 W，则：

$$Z=f(W)$$

例如，要求军舰的航线必须与海岸线保持12海里的距离。那么，海岸就是先行量 W，航线就是跟随量，控制标准 Z 就是12海里。军舰要不断地测量自己与海岸的距离来控制自己的航线。在企业生产经营活动中，税金的交纳，利润、工资、奖金的分配，资金、材料的供应等都属于跟踪控制性质。实行利改税后，企业产品的销售额就是先行量，税金就是跟随量，控制标准就是各个税种的纳税率。这是一种动态的跟踪控制。国家通过制定各种税种和税率，就可有效地控制国家与企业在经济利益上的分配关系。随着企业生产的发展，销售额的增长，国家的税金收入也水涨船高，水降船落。

3. 自适应控制

自适应控制的特点是没有明确的先行量，控制标准 Z 值是过去时刻（或时期）已达状态 K_t 的函数。也就是说，Z 值是通过学习过去的经验而建立起来的。即：

$$Z=f(K_t)$$

例如，工程技术中的学习机器人就是一种自适应控制的机器人。它通过学习过去的经验，会对活动中遇到的各种情况采取相应的行动。但如果发生了它在学习中没有遇到过的事情，它将无法采取行动。因此，自适应是相对的，有一定限度的。

在企业的生产经营活动中，情况是千变万化的，企业最高领导人对企业的发展方向很难进行程序控制或跟踪控制，而必须进行自适应控制。他们往往要根据过去时刻企业所处的外部环境和内部已经达到的状态，凭自己的分析、判断、经验、预感做出重大的经营决策，使企业适应外部环境发生的新变化。

4. 最佳控制

最佳控制的特点是，控制标准 Z 值由某一目标函数的最大值或最小值构成。这种函数通常含有输入量 X、传递因子 S 和 K 及各种附加参数 C，即：

$$Z=\max f(X、S、K、C)$$

或

$$Z=\min f(X、S、K、C)$$

在企业的生产经营活动中，普遍应用了最佳控制原理进行决策和管理。例如用最小费用来控制生产批量，用最低成本来控制生产规模，用最大利润率控制投资规模，用最短路程控制运输路线等。几乎所有可以用线性规划、网络技术等运筹学方法和其他数学方法求解的问题，都毫无例外地要得出某种过程的最优解，并以此作为对过程施行管理的控制标准。

(二)根据时机、对象和目的的不同分类

1. 前馈控制

前馈控制,又称预先控制,是在企业生产经营活动开始之前进行的控制。其目的是防止问题的发生而不是当问题出现时再补救。因而,这种控制需要及时和准确的信息并进行仔细和反复预测,把预测和预期目标相比较,并促进计划的修订。控制的内容包括检查资源的筹备情况和预测其利用效果两个方面。

为了保证经营过程的顺利进行,管理人员必须在经营开始以前就检查企业是否已经或能够筹措到在质和量上符合计划要求的各类经营资源。如果预先检查的结果是资源的数量、质量无法得到保证,那么就必须修改企业的活动计划和目标,改变企业产品加工的方式或内容。已经或将能筹措到的这些经营资源经过加工转换后取得的结果是否符合需要?这种利用预测方法对经营成果的事先描述,并使之与企业的需要相对照,也是事先预测的一个内容。如果预测的结果符合企业需要,那么企业活动就可以按原定的程序进行;如果不符合,则需要改变企业经营的运行过程及其投入。

2. 同期控制

同期控制,又称现场控制或过程控制,是指组织经营活动开始以后,对活动中的人和事进行指导和监督。主管人员越早知道业务活动与计划的不一致,就可以越快地采取纠偏措施,可以在发生重大问题之前及时纠正。

对下属的工作进行现场监督,其作用有两个。首先,可以指导下属以正确的方法进行工作。指导下属的工作,培养下属的能力,这是每一个管理者的重要职责。现场监督,可以使上级有机会当面解释工作的要领和技巧,纠正下属错误的作业方法与过程,从而可以提高他们的工作能力。其次,可以保证计划的执行和计划目标的实现,通过现场检查,可以使管理者随时发现下属在活动中与计划要求相偏离的现象,从而可以使经营问题消失在萌芽状态,或者避免已经产生的经营问题对企业不利影响的扩散。

3. 反馈控制

反馈控制,又称成果控制或事后控制,是指在一个时期的生产经营活动结束以后,对本期的资源利用状况及其结果进行总结。由于这种控制是在经营过程结束以后进行的,因此,不论其分析如何中肯,结论如何正确,对于已经形成的事实结果来说都是无济于事的,它们无法改变已经存在的现实状况。反馈控制的主要作用,是通过总结过去的经验和教训,为未来计划的制订和活动的安排提供借鉴。

反馈控制主要包括财务分析、成本分析、质量分析以及职工成绩评定等内容。财务分析的目的是通过分析反映资金运动过程的各种财务资料,了解本期资金占用和利用的结果,弄清企业的盈利能力、偿债能力、维持营运能力以及投资能力,以指导企业在下期活动中调整产品结构和生产方向,决定缩小或扩大某种产品的生产。

成本分析是通过比较标准成本(预定成本)和实际成本,了解成本计划的完成情况;通过分析成本结构和各成本要素的情况,了解材料、设备、人力等资源的消耗与利用对成本计划执行结果的影响程度,以发掘降低成本、提高经济效益的潜力。

质量分析是通过收集的统计数据分析,了解产品质量水平与其费用要求的关系,找出企业质量工作的薄弱环节,判断企业产品的平均等级系数,为组织下期生产过程中的质量管理和确定关键的质量控制点提供依据。

职工成绩评定是通过检查企业员工在本期的工作表现,分析他们的行动是否符合预定要求,判断每个职工对企业提供的劳动数量和质量贡献。成绩评定不仅为企业确定付给职工的报酬(物质或精神上的奖惩)提供了客观的依据,而且会通过职工对报酬公平与否的判断,影响他们在下期工作中的积极性。公开报酬的前提是公开评价,这种评价要求以对职工表现的客观认识和组织对每个人的工作要求(计划任务书或"职务说明书")为依据。

第二节 控制的过程

控制是管理工作的最重要职能之一。它是保障企业计划与实际作业动态相适应的管理职能。控制工作的主要内容包括确立标准、衡量工作绩效和纠正偏差。一个有效的控制系统可以保证各项活动朝着组织目标的方向前进,而且,控制系统越完善,组织目标就越易实现。

一、确立标准

管理控制过程的第一步就是拟定标准。这里所说的标准,是指评定成效的尺度,它是从整个计划方案中选出的对工作成效进行评价的关键指标。

控制指标的设立应当具有权威性。最理想的标准是以可考核的目标直接作为标准,但更多的情况下则往往是需要将某个计划目标分解为一系列标准。

控制必须有标准,否则就不可能判定组织活动中是否存在着偏差、员工的绩效如何、组织的效率应当如何改进,要求达到什么样的水准。计划是控制的基本标准,但仅有计划作为标准是不够的。计划在大多数情况下只是一个概略的、总括性的标准。管理者还必须在计划的指导下,建立起明确的、具体的控制标准。简单地说,标准就是评定工作成绩的尺度,它是从整个计划工作的方案中挑选出来对工作成效进行评判的关键点。这样就使主管人员在执行计划过程中无须亲历全过程就能了解整个工作的进展状况。

在一个组织中,控制标准按其特性可以分为两大类,其一是定量化的控制标准,它是以明确的、数量化的指标来表现的。这种标准客观性强,容易把握。如企业生产经营中的工时定额、成本定额、月销售额等都是定量化的控制标准。只要有可能,控制标准都应数量化。其二是定性标准,即反映事情基本性质的指标标准。如衡量员工工作态度的"优良、一般、差"等就是定性化的标准。在控制过程中,定性化的控制标准也是必不可少的。因为有许多活动和事物,还不可能对其水准做出确切的数量划分,不可能用数量指标来表示。定性标准如果定得好,与定量标准互相补充,就会形成较完整的控制标准体系。

此外,控制标准还必须随事物的发展进行必要的调整,它需要控制标准保持一定的稳定性,但这种稳定不是绝对的,一般来说,随着组织效率的提高和组织的发展,控制标准应不断提高,但也不排除对过高的标准做出降低的调整。

常用的拟定标准的方法有三种:

(1)统计方法

相应的标准称为统计标准。它是根据企业的历史数据记录或是对比同类企业的水平,运用统计学方法确定的。最常用的有统计平均值、极大(或极小)值和统计指数等。统计方法常用于拟定与企业的经营活动和经济效益有关的标准。

(2)经验估计法

它是由有经验的管理人员根据实践经验确定的,一般是作为统计方法和下面将要提到的工程方法的补充。

(3)工程方法

相应的标准称为工程标准。它是以确定的技术参数和实测的数据为基础的,例如,确定机器的产出标准,就是根据设计的生产能力确定的。工程方法的重要应用是用来测量生产者个人或群体的产出定额标准。这种测量又称为时间研究和动作研究,它是由科学管理之父泰罗首创的。经过几十年乃至上百年的实践和完善,形成今天所谓的"标准时间数据系统"(Standard Data System,SDS)。这是一种计算机化的工时分析软件,使用者只要把一项作业所规定的加工方法分解成相应的动作元素,输入计算机,就可以立刻得出完成该项作业所需要的工时。SDS 的特殊之处在于,它可以在待定工时的作业进行之前,就将整个作业的工时预先确定下来。SDS 的这一特点,决定了它可以用于成本预算,决定一个特定零部件是自制还是外购以及决定一项业务是否应当承揽等工作。

为保证有效控制,控制标准应满足以下几个方面的要求:

①控制标准应尽可能数量化,具有可操作性,这样在控制过程中,施控者和受控者心中都有明确的行动界线和标准,有助于发现行动中出现的偏差。受控者由此可自觉地、主动地纠偏。模棱两可、解释起来主观随意性大的控制标准是不利于控制的。

②控制标准应尽量简洁明了,不仅能为控制者所了解、所掌握,更要能为全体执行人员所掌握,所了解。

③控制标准体系应协调一致。一个组织内的活动是多种多样的,各职能管理部门都会制订出各自的控制标准,这些标准应该协调一致,形成一个有机整体,不能互相矛盾,否则会使计划执行者陷入两难困境或管理真空地带。

二、衡量工作绩效

衡量工作绩效,评定管理活动成效,依据是在拟定标准时制定的可考核的标准,以及计量的单位、计算方法、统计的口径等。此外,为评定工作绩效,还需要做的是及时收集适用的和可靠的信息,并将其传递到对某项工作负责而且有权采取纠正措施的管理人员手中。

衡量工作绩效的主要内容体现为五个方面,即人员、财务、作业、信息和组织的总体绩效评价。

衡量工作绩效,就是对计划执行的实际情况进行实地检查,并做出判断。衡量工作绩效是控制的中间环节,也是工作量最大的一个环节。在这个阶段,实施控制者可发现计划执行中所存在的缺陷,有什么样的偏差以及程度,它们是由什么原因引起的,应采取什么样的纠正措施。可见,该环节的工作影响着整个控制效果。

做好绩效衡量工作主要应注意以下几个方面:

①必须深入基层,踏踏实实地了解实际情况,切忌只凭下属的汇报作判断,也要防止检查中走过场、搞形式,工作不踏实,走马观花,点到为止。

②绩效衡量工作必须制度化。通过制度建设,管理者可以及时、全面地了解计划执行的情况,以便从中发现问题,迅速纠正,尽可能地将重大偏差在萌芽状态消除。衡量绩效没有相应的制度,每个管理人员自定标准,随心所欲,就极有可能直到出现了大问题,才仓促应对。

③衡量工作绩效的方法应科学。考核应根据所确立的标准考核,对计划执行中存在的问题,不夸大、不缩小,实事求是地反映情况。

衡量工作绩效的目的是对计划执行状况做出判断,是判断是否存在偏离计划路线和目标的现象的工作。实际计划执行中的偏差有两种,一种为正偏差,是指超额完成计划的情况。在实际的管理实践中,超额完成计划一般认为是好的,应该鼓励。事实上,超额完成计划并非都是有利的,有些正偏差会加剧组织在计划执行时资源结构失衡。所以,在检查考核中发现存在着正偏差,也必须全面分析,然后再做出结论。另一种是负偏差,即没有完成计划和偏离计划的情况,显然,负偏差是不利的,施控者必须深入分析产生负偏差的原因,并及时采取对策加以纠正。

衡量工作绩效的主要方法包括现场观察法、统计报表制度、抽样调查、口头报告、会议法等。

1. 现场观察法

现场观察法是根据一定的研究目的、调查提纲或观察表,通过实地观察工作以获取工作分析信息的方法。现场观察法所获得的资料比较真实,具有及时性强的特点,应用广泛。现场观察法的一般步骤是观察准备、进入观察、进行面谈、合并工作信息和核实工作描述五个阶段。

现场观察法的基本作用在于可以获得第一手的信息。作业层(基层)的主管人员通过视察,可以判断出产量、质量的完成情况以及设备运转情况和劳动纪律的执行情况等;职能部门的主管人员通过视察,可以了解到文件是否得到了认真的贯彻,生产计划是否按预定进度执行,劳动保护等规章制度是否被严格遵守,以及生产过程中存在哪些偏差和隐患等;而上层主管人员通过视察,可以了解到组织的方针、目标和政策是否深入人心,可以发现职能部门的情况报告是否属实以及员工的合理化建议是否得到认真对待,还可以从与员工的交谈中了解他们的情绪和士气等。

2. 统计报表制度

统计报表是按统一规定的表格形式,统一的报送程序和报表时间,自下而上提供基础统计资料。组织使用的统计报表主要是指部门统计报表——为了适应各部门业务管理需要而制定的专业技术报表。

统计报告是用来向负责实施计划的主管人员全面地、系统地阐述计划执行进展情况,是一种详细阐述存在问题与原因,目前已经采取了什么措施,收到了什么效果,预计还可能出现什么问题,希望上级给予什么样的支持和帮助的信息传递方式。统计报告一般比较规范,特别是文字化的书面报告,信息量大,反映情况全面,留存时间长,是主管人员掌握计划执行情况和实施控制的基本方式。

在一个组织中,应建立起完善的统计报告制度,形成时间上定期、任务上定人、内容上定性、格式上定型的制度。此外,对重点活动,重要项目,应批准随时报告制度。统计报告方式应统一、规范,并且尽可能文字化。另一方面要注意的是,统计报告要突出重点,文字报告言简意赅,简明扼要,以免主管人员陷入文山会海之中,也就是说报告应讲求效率,防止文牍主义和八股作风。

3. 抽样调查

抽样调查是从研究对象的全部单位中抽取一部分单位进行考察和分析,并用这部分单位的数量特征去推断总体的数量特征的一种调查方法。其中,被研究对象的全部单位称为"总体";从总体中抽取出来,实际进行调查研究的那部分对象所构成的群体称为"样本"。

在组织工作量较大、工作质量比较平均的条件下,管理者可以使用抽样调查方法衡量工作,即随机抽取一部分工作进行深入调查,以此来推测、估计全部工作质量的情况。

4. 口头报告

口头报告是书面报告、统计报表的补充。口头报告具有快捷、方便,能够立即得到反馈的优点,但是又有不够精确全面、无法分类存档保存的缺点。

5. 会议法

会议法是采用开会的形式收集计划完成信息,方便、快捷,但是,往往所取得的数据不够全面、准确,缺乏系统性,是其他几种绩效衡量方法的补充。另外,在发生重大事件时,会议法可以迅速了解情况,及时做出判断,快速解决问题。

三、纠正偏差

如果发现计划执行过程中已经出现了偏差,必须尽快分析偏差产生的原因,以及时做出纠正措施。偏差产生的原因主要有两大类。第一种情况是计划脱离实际,使执行者无法执行。这种偏差产生的原因是计划制定得不合理,或是标准过高,或是标准过低。这时纠正偏差的措施是重新调整计划,修改标准。第二种情况是员工努力不够。这时需要坚持标准,同时分析员工努力不够的原因,排除消极情绪,督促其完成计划。

纠正偏差是控制的最后一个环节,也是控制的目的。管理者应予以充分重视。在这个环节主要应注意如下几个方面的问题:

①纠正偏差一定要及时,发现问题及时、迅速解决,不能拖拖拉拉、问题积累成堆才去解决。

②纠正偏差的措施一定要贯彻落实,切忌使其仅仅成为一种文件,一种形式。

严格意义上说,纠正偏差不是控制过程的一个步骤,它只是其他管理职能参与控制工作并发挥作用的一个联结点。因为,当组织工作陷入困境时,控制职能就不仅限于按标准评定工作成绩而不做其他任何弥补工作。控制工作的职能与其他职能交叉在一起,说明管理人员的工作是一个统一的整体,管理过程是一个完整的系统。

总之,建立标准、衡量工作绩效、纠正偏差是控制工作的三项基本要素、三个基本阶段,它们相互关联、相互依存、缺一不可。无论何时,也无论控制的对象是什么,着眼于纠正偏差的控制过程都包括这三项基本要素,并开展与这三项要素相对应的工作。

第三节 控制方法

控制方法主要包括预算控制、比率控制、审计控制、质量控制、会计技术控制等。

一、预算控制

预算就是用数字编制未来某一个时期的计划,也就是用财务数字(例如在财务预算和投资预算中)或非财务数字(例如在生产预算中)来表明预期的结果。预算控制就是指编制预算进行控制的方法。

(一)预算的特点

1. 预算是一种计划

编制预算的工作是一种计划工作。预算的内容可以简单地概括为以下三个方面。

①“多少”——为实现计划目标的各种管理工作的收入(或产出)与支出(或投入)各是多少。

②“为什么”——为什么必须收入(或产出)所规定的数量,以及为什么需要支出(或投

入)这么多数量。

③“何时”——什么时候实现收入(或产出)以及什么时候支出(或投入),必须使得收入与支出取得平衡。

2. 预算是一种预测

它是对未来一段时期内的收支情况的预计。确定预算数字的方法可以采用统计方法、经验方法或工程方法。

3. 预算主要是一种控制手段

编制预算实际上就是控制过程的第一步——拟定标准。由于预算是以数字化的方式来阐明管理工作的标准,因此其本身就具有可考核性,因而有利于根据标准来评定工作成效,找出偏差(控制过程的第二步),并采取纠正措施,消除偏差(控制过程的第三步)。编制预算能使确定目标和拟定标准的计划工作得到改进,但是,预算的最大价值还在于它对改进协调和控制的贡献。当为组织的各个职能部门都编制了预算时,就为协调组织的活动提供了基础。同时,由于对预期结果的偏离将更容易被查明和评定,预算也为控制工作中的纠正偏差措施奠定了基础。所以,预算可以导致制订出更好的计划和协调,并为控制提供基础,某种意义上是编制预算的基本目的。

预算把各种计划缩略为一些确切的数字,以便使主管人员清楚地看到哪些资金将由谁来使用,将在哪些单位使用,并涉及哪些费用开支计划、收入计划和以实物表示的投入量和产出量计划。主管人员明确了这些情况,就有可能放手地授权给下属,以便使之在预算的限度内去实施计划。

(二)预算的编制

为了有效地从预期收入和费用两个方面对组织经营进行全面控制,不仅需要对各个部门、各项活动制定分预算,而且要对组织整体编制全面预算。分预算是按照部门和项目来编制的,它们详细说明了相应部门的收入目标或费用支出的水平,规定了各部门在生产活动、销售活动、采购活动、研究开发活动或财务活动中筹措和利用人力、资金等生产要素的标准;全面预算则是在对所有部门或项目分预算进行综合平衡的基础上编制而成的,它概括了企业相互联系的各个方面在未来时期的总体目标。只有编制了总体预算,才能进一步明确组织各部门的任务、目标、制约条件以及各部门在活动中的相互关系,从而为正确评价和控制各部门的工作提供客观的依据。

任何预算都需用数字形式来表述,全面预算必须用统一的货币单位来衡量,而分预算则不一定用货币单位计量。例如,原材料预算可能用千克或吨等单位来表述;劳动预算可能用职工数量或人工小时来表述。这是因为对一些具体的项目来说,用时间、长度或重量等单位来表达能提供更多、更准确的信息。采用货币金额来表达原材料预算,只能知道原材料消耗的总费用标准,而不能知道原材料使用的确切种类和数量,也难以判断价格变动会产生何种影响。当然,不论以何种方式表述的各部门或项目的分预算,在将它们综合平衡以编制企业的全面预算之前,必须转换成用统一的货币单位来表达的方式。

二、比率控制

仅仅考察反映经营结果的某个数据,往往不能说明任何问题。例如,某企业本年度盈利100万元,某部门本期生产了5 000个单位产品或本期人工支出费用为85万元,这些数据本身没有任何意义。只有根据它们之间的内在关系,相互对照分析才能说明某个问题。比率分析就是将企业资产负债表和收益表上的相关项目进行对比,形成一个比率,从中分析和评价企业的经营成果和财务状况。

利用财务报表提供的数据,我们可以列出许多比率分析,常用的有两种类型:财务比率和经营比率。

(一)财务比率控制

财务比率及其分析可以帮助我们了解企业的偿债能力和盈利能力等财务状况。

1. 流动比率

流动比率是企业的流动资产与流动负债之比。它反映了企业偿还需要付现的流动债务的能力。一般来说,企业资产的流动性越大,偿债能力就越强;反之,偿债能力则弱,这样会影响企业的信誉和短期偿债能力。因此,企业资产应具有足够的流动性。资产若以现金形式表现,其流动性最强。但要防止为追求过高的流动性而导致财务资源的闲置,从而避免使企业失去本应得到的收益。

2. 速动比率

速动比率是流动资产和存货之差与流动负债之比。该比率和流动比率一样,是衡量企业资产流动性的一个指标。当企业有大量存货且这些存货周转率低时,速动比率比流动比率更能精确地反映客观情况。

3. 负债比率

负债比率是企业总负债与总资产之比。它反映了企业所有者提供的资金与外部债权人提供的资金的比率关系。只要企业全部资金的利润率高于借入资金的利息,且外部资金不从根本上威胁企业所有权的行使,企业就可以充分地向债权人借入资金以获取额外的利润。一般来说,在经济迅速发展时期,债务比率可以很高。例如,20世纪60年代到70年代初,日本许多企业的外借资金占全部营运资金的80%左右。确定合理的债务比率是企业成功地举债经营的关键。

4. 盈利比率

盈利比率是企业利润与销售额或全部资金等相关因素的比例关系。它反映了企业在一定时期从事某种经营活动的盈利程度及其变化情况。常用的比率有销售利润率和资金利润率。

销售利润率是销售净利润与销售总额之间的比例关系，它反映企业从一定时期的产品销售中是否获得了足够的利润。将企业不同产品、不同经营部门在不同时期的销售利润率进行比较分析，能为经营控制提供更多的信息。

资金利润率是指企业在某个经营时期的净利润与该期占用的全部资金之比，它是衡量企业资金利用效果的一个重要指标，反映了企业是否从全部投入资 金的利用中实现了足够的净利润。同销售利润率一样，资金利润率也要同其他经营单位和其他年度的情况进行比较。一般来说，要为企业的资金利润率规定一个最低的标准。同一笔资金，投入到企业营运后的净利润收入，至少不应低于其他投资形式（比如购买短期或长期债券）的收入。

（二）经营比率控制

经营比率，也称活力比率，是与资源利用有关的几种比例关系。它们反映了企业经营效率的高低和各种资源是否得到了充分利用的情况。

1. 库存周转率

库存周转率是销售总额与库存平均价值的比例关系，它反映了与销售收入相比库存数量是否合理，表明了投入库存的流动资金的使用情况。

2. 固定资产周转率

固定资产周转率是销售总额与固定资产之比，它反映了单位固定资产能够提供的销售收入，表明了企业固定资产的利用程度。

3. 销售收入与销售费用比率

销售收入与销售费用比率表明单位销售费用能够实现的销售收入，在一定程度上反映了企业营销活动的效率。由于销售费用包括人员推销、广告宣传、销售管理费用等组成部分，因此还可进行更加具体的分析。

另外，反映经营状况的这些比率分析通常也需要进行横向的（不同企业之间）或纵向的（组织不同时期之间）比较，才更有意义。

（三）人事比率控制

人事比率控制主要是指分析组织内各种人员的比率，观察其是否处于合理的水平，以采取调整和控制措施。例如，管理人员与职工的比率，生产工人与后勤服务人员的比率，正式员工与临时员工的比率，人员流动率和旷工缺勤率等。如果人员流动率较高，将会影响组织员工队伍的稳定以及培训费用的提高；如果人员流动率较低，也会使组织缺乏活力，因此，人员流动率应该保持在一个较为合理的水平上。

三、审计控制

审计是对反映企业资金运动过程及其结果的会计记录及财务报表进行审核、鉴定，以判断其真实性和可靠性,从而为控制和决策提供依据。

根据审查主体和内容的不同,可将审计划分为三种主要类型。

①由外部审计机构的审计人员进行的外部审计。

②由内部专职人员对企业财务控制系统进行全面评估的内部审计。

③由外部或内部的审计人员对管理政策及其绩效进行评估的管理审计。

(一)外部审计

外部审计是由外部机构(如会计师事务所)选派的审计人员对企业财务报表及其反映的财务状况进行独立的评估。为了检查财务报表及其反映的资产与负债的账面情况与企业真实情况是否相符,外部审计人员需要抽查企业的基本财务记录,以验证其真实性和准确性,并分析这些记录是否符合公认的会计准则和记账程序。

外部审计实际上是对企业内部虚假、欺骗行为的一个重要的系统的检查,因此起着鼓励诚实的作用:由于知道外部审计不可避免地要进行,企业就会努力避免做那些在审计时可能会被发现的不光彩的事。

外部审计的优点是审计人员与管理当局不存在行政上的依附关系,与企业主要管理人员不存在利害关系,只需对国家、社会和法律负责,因而可以保证审计的独立性和公正性。但是,由于外来的审计人员不了解企业内部的组织结构、生产流程和经营特点,对具体业务的审计过程中可能产生困难。此外,处于被审计地位的内部组织成员可能产生抵触情绪,不愿积极配合,这也可能增加审计工作的难度。

(二)内部审计

内部审计提供了检查现有控制程序和方法能否有效地保证达成既定目标和执行既定政策的手段。例如,制造质量完善、性能全面的产品是企业孜孜以求的目标,这不仅要求利用先进的生产工艺、工人提供高质量的工作,而且对构成产品的基础——原材料,提出了相应的质量要求。这样,内部审计人员在检查物资采购时,就不仅限于分析采购部门的账目是否齐全、准确,而且要力图测定材料质量是否达到要求。

根据对现有控制系统有效性的检查,内部审计人员可以提供有关改进公司政策、工作程序和方法的对策建议,以促使公司政策符合实际,工作程序更加合理,作业方法的正确掌握,从而更有放地实现组织目标。

内部审计有助于推行分权化管理。从表面上来看,内部审计,作为一种从财务角度评价各部门工作是否符合既定规则和程序的方法,加强了对下属的控制,似乎更倾向于集权化管理。但实际上,企业的控制系统越完善,控制手段越合理,越有利于分权化管理。因为主管们知道,许多重要的权力授予下属后,自己可以很方便地利用有效的控制系统和手段来检查下属对权力的运用状况,从而可能及时发现下属工作中的问题,并采取相应措施。内部审计不仅评估了企业财务记录是否健全、正确,而且为检查和改进现有控制系统的效能提供了重要的手段,因此有利于促进分权化管理的发展。

虽然内部审计为经营控制提供了大量的有用信息,但在使用中也存在不少局限性,主要表现在以下几方面。

①内部审计可能需要很多的费用,特别是进行深入、详细的审计。

②内部审计不仅要搜集事实,而且需要解释事实,并指出事实与计划的偏差所在。要能很好地完成这些工作,而又不引起被审计部门的不满,需要对审计人员进行较充分的技能训练。

③即使审计人员具有必要的技能,仍然会有许多员工认为审计是一种“密探”或“侦察性”的工作,从而在心理上产生抵触情绪。如果审计过程中不能进行有效的信息和思想沟通,那么可能会对组织活动带来负激励效应。

(三)管理审计

外部审计主要核对企业财务记录的可靠性和真实性;内部审计在此基础上对企业政策、工作程序与计划的遵循程度进行测定,并提出必要的改进企业控制系统的对策建议;管理审计的对象和范围则更广,它是一种对企业所有管理工作及其绩效进行全面系统的评价和鉴定的方法。管理审计虽然也可组织内部的有关部门进行,但为了保证某些敏感领域得到客观的评价,企业通常聘请外部的专家来进行。

管理审计的方法是利用公开记录的信息,从反映企业管理绩效及其影响因素的若干方面将企业与同行业其他企业或其他行业的著名企业进行比较,以判断企业经营与管理的健康程度。

反映企业管理绩效及其影响因素主要有下列内容:

1. 经济功能

检查企业产品或服务对公众的价值,分析企业对社会和国民经济的贡献。

2. 企业组织结构

分析企业组织结构是否能有效地达成企业经营目标。

3. 收入合理性

根据盈利的数量和质量(指盈利在一定时期内的持续性和稳定性)来判断企业盈利状况。

4. 研究与开发

评价企业研究与发展部门的工作是否为企业的未来发展进行了必要的新技术和新产品的准备,管理当局对这项工作的态度如何。

5. 财务政策

评价企业的财务结构是否健全合理,企业是否有效地运用财务政策和控制来达到短期和长期目标。

6. 生产效率

保证在适当的时候提供符合质量要求的必要数量的产品,这对于维持企业的竞争能力是相当重要的。因此,要对企业生产制造系统在数量和质量的保证程度以及资源利用的有效性等方面进行评估。

7. 销售能力

销售能力影响企业产品能否在市场上顺利实现。这方面的评估包括企业商业信誉、代销网点、服务系统以及销售人员的工作技能和工作态度。

8. 对管理当局的评估

对管理当局的评估即对企业的主要管理人员的知识、能力、勤劳、正直、诚实等素质进行分析和评价。

管理审计在实践中遇到了许多批评,其中比较重要的意见是认为,这种审计过多地评价组织过去的努力和结果,而不是致力于预测和指导未来的工作,以至于有些企业在获得了极好评价的管理审计后不久就遇到了严重的财政困难。尽管如此,管理审计不是在一两个容易测量的活动领域进行了比较而是对整个组织的管理绩效进行了评价,因此可以为指导企业在未来改进管理系统的结构、工作程序和结果提供有用的参考。

四、质量控制

在企业经营管理中,质量具有两个方面的含义,一是指产品质量,二是指工作质量。二者既有联系,又有区别,产品质量是工作质量的体现,工作质量是产品质量的保证。质量控制既指管理中对企业产品或服务质量的控制,又包括对工作质量(包括制度、标准等)的控制。

产品质量指产品适合社会和人们一定用途和需要所具备的特性。它包括产品的结构、性能、精度、纯度、物理化学性能,以及产品的外观、形状、色彩、手感、气味等,可影响产品使用价值的一切方面。对产品质量控制是保证企业生产出合格产品,减少无效劳动的重要保障。在市场经济中,产品的质量控制应达到两个方面的目标,一是使生产出来的产品达到产品质量标准,二是使企业以最低的成本生产出符合产品质量标准的产品。这两个方面是相辅相成的。企业生产出的产品符合质量标准是产品能为市场所接受的必要条件,而企业只有在低于社会平均劳动时间的条件下生产出合格产品,其产品才有竞争力。

工作质量就是企业为了保证和提高产品质量在经营管理和生产技术工作方面所要达到的水平。工作质量的好坏,是通过企业内各单位、各部门以及企业每一个职工的工作态度、工作绩效、产品质量等方面反映出来的。工作质量是产品质量的保证,从一定意义上讲,提高工作质量比提高产品质量更重要。所以,在现代质量管理中,对工作质量的控制已经占据重要地位。

迄今为止,质量管理和控制已经经历了三个阶段,即质量检查阶段、统计质量管理阶段和全面质量管理(Total Quality Management,TQM)阶段。质量检查阶段发生在20世纪20至40年代,工作重点在产品的质量检查。统计质量管理阶段发生在20世纪40至50年代,管理人员主要采用统计方法为工具,对生产过程加强控制,提高产品质量。从20世纪50年代开始的全面质量管理是以保证产品质量和工作质量为中心,企业全体员工参与的质量管理体系。它具有多指标、全过程、多环节和综合性的特征。如今,全面质量管理已经形成了一整套管理理念,为大多数企业所采用。

五、会计技术控制

会计工作在组织管理中的地位越来越重要。通过会计工作,可以保证企业财产物资的安全和完整,为企业提供有用的会计信息,同时,会计工作还可以控制经济活动的全过程,参与企业的经营与管理。

会计核算是对企业发生的所有经济业务,以货币的形式进行连续、系统、全面的核算,并提供真实、准确、完整、及时的记录、计算和报告。会计监督是指会计人员根据国家的财经法规与政策、《企业会计准则》及企业财务制度的要求,对企业经营活动的合法性、合理性进行审查。例如,审查会计凭证的真实性、合法性;监督资金的使用;审查企业资产是否合理使用;审查财务收支;审查利润分配等。

会计技术控制包括责任会计、成本会计、标准成本会计、直接费用分析等。责任会计是明确每一位管理者的责任,明确会计记录的责任。在成本会计中,主要是对成本进行详细分析,并显示为提供某一产品和运营某一部门所耗费的成本。

【案例分析】

海尔集团 OEC 管理

不了解海尔,就不会了解 OEC 管理;不了解海尔的企业文化,也不会真正了解 OEC 管理模式。

在 20 年的发展历程中,海尔始终保持着较快的发展速度。之所以取得这样的成就,有以下两个原因:第一,始终坚持高标准。海尔公司领导人张瑞敏曾说,海尔必须坚持跨越式创新,实现超常规发展。因此,在 20 年的发展历程中,海尔公司不是渐进式发展,而是跨越式发展。第二,拼搏的精神。海尔快速发展的根本原因是拼搏的精神。“有条件要上,没条件也要上”谓之“拼”;目标一旦确定,必须不惜一切代价去实现谓之“搏”。在海尔,拼搏的精神已经形成了企业文化,正是拼搏的企业文化促成了海尔的快速发展。

OEC 是英文 Overall Every Control and Clear 的缩写,指全方位地对每人、每天、每件事进行控制和清理。海尔公司领导人张瑞敏把 OEC 精炼地总结为“日事日毕,日清日高”,即每天的工作必须每天完成,并且每天比昨天有一个创新和提高。

OEC 管理的要点可以总结为五句话:总账不漏项,事事有人管,人人都管事,管事凭效果,管人凭考核。

OEC 管理有 9 个控制要素,被简称为“5W3H1S”(见表 11.1)。

表 11.1 OEC 管理控制 9 要素

5W	Why	目的
	What	标准
	Where	地点
	Who	责任人
	When	进度
3H	How	方法
	How much	数量
	How much cost	成本
1S	Safety	安全

【点评】

海尔集团的发展过程就是一个控制的过程。从最早的“不准在车间大小便”到“砸冰箱”,发展到现在的海尔集团运用的是更为先进的控制手段及方法。

OEC 是英文 Overall Every Control and Clear 的缩写,是指全方位地对每人、每天、每件事进行控制和清理,即“日事日毕,日清日高”,即每天的工作必须每天完成,并且每天比昨天有一个创新和提高。

OEC 管理的要点可以总结为五句话:总账不漏项,事事有人管,人人都管事,管事凭效果,管人凭考核。

OEC 管理是一种全方位管理,对控制过程中的人、事、设备都做出了详细规定,即“总账不漏项,事事有人管,人人都管事,管事凭效果,管人凭考核”,可以说管理活动的方方面面、事无巨细,都有人负责,工作过程的任何一个环节都有人管,任何一件工作都有人去做,工作绩效与管理绩效的衡量依据是“考核”和“效果”。正是在这样的严格管理下,海尔集团一步一步从一个名不见经传的小厂成为“质量明星”,进入国际市场,成为国际品牌。

本章小结

本章较为系统地介绍了控制职能的主要内容。

首先,对控制的基本内容进行介绍,阐述了控制的含义、控制的作用、控制的类型。

其次,介绍了控制的过程,即确立标准、衡量工作绩效、纠正偏差。

最后,阐述了控制的主要方法,即预算控制、比率控制、审计控制、质量控制、会计技术等。

练 习 库

一、单项选择题

1. 控制工作得以开展的前提条件是(　　)。
A. 建立控制标准　　B. 分析偏差原因
C. 采取矫正措施　　D. 明确问题性质

2. 一般而言,预算控制属于(　　)。
A. 反馈控制　　B. 前馈控制
C. 现场控制　　D. 实时控制

3. 下面的论述中属于现场控制的优点的是(　　)。
A. 防患于未然
B. 有利于提高工作人员的工作能力和自我控制能力
C. 适用于一切领域中的所有工作
D. 不易造成管理者与被管理者的心理冲突

4. 对于建立控制标准的说法不恰当的是(　　)。
A. 标准应便于衡量
B. 标准应有利于组织目标的实现
C. 建立的标准不可以更改
D. 建立的标准应当尽可能与未来的发展相结合

5. 为了对企业生产经营进行控制,必须制定绩效标准作为衡量的依据,这个标准(　　)。
A. 应该有弹性,以适应情况的变化　　B. 越高越好,从严要求
C. 一旦制定便不能改动　　D. 应尽量具体,最好用数量来表示

6. “根据过去工作的情况,去调整未来活动的行为。”这句话是对下述哪种控制的描述(　　)。
A. 前馈控制　　B. 反馈控制　　C. 现场控制　　D. 实时控制

7. 外科实习医生在第一次做手术时需要有经验丰富的医生在手术过程中对其进行指导,这是一种(　　)。
A. 预先控制　　B. 事后控制　　C. 随机控制　　D. 现场控制

8. 在常用的控制标准中,“合格率”属于(　　)。
A. 时间标准　　B. 数量标准　　C. 质量标准　　D. 成本标准

9. 下面关于控制工作的描述,哪一种更合适(　　)。
A. 控制工作主要是制定标准以便和实际完成情况进行比较
B. 控制工作主要是纠正偏差,保证实际组织的目标
C. 控制工作是按照标准衡量实际完成情况和纠正偏差以确保计划目标的实现,或适当修改计划,使计划更加适合于实际情况
D. 控制工作是收集信息、修改计划的过程

10. 不适合进行事后控制的产品是(　　)。
A. 相机　　B. 胶卷　　C. 水泥　　D. 洗发精
11. 在现代管理活动中,管理控制的目标主要是(　　)。
A. 纠正偏差　　B. 修订计划
C. 保持组织这一系统的稳定运行　　D. 以上都对
12. 进行控制时,首先要建立标准。关于建立标准,下列四种说法中哪一种有问题(　　)。
A. 标准应该越高越好　　B. 标准应考虑实施成本
C. 标准应考虑实际问题　　D. 标准应考虑顾客需求

二、简答题

1. 什么是控制?
2. 控制具有哪些作用?
3. 控制和计划的关系是什么?
4. 控制的基本类型是什么?
5. 简述控制的基本过程。

三、案例分析题

巨人集团兴衰史

巨人集团创始人史玉柱1986年毕业于浙江大学数学系,之后进入深圳大学攻读软科学管理硕士研究生。1989年初毕业后被分配到安徽省统计局工作。同年7月回到深圳,以身上仅有的4 000元和自己开发的M－6401桌面排版印刷系统开始了创业。

1989年8月,史玉柱和3个伙伴承包了天津大学深圳科技工贸发展公司电脑部,M－6401此时推向市场,巨人事业起步。首先史玉柱用全部4 000元做了8 400元的广告:“M－6401,历史性的突破。”

13天后的8月15日,史玉柱的银行账户上第一次收到三笔共计15 820元的汇款。到9月4 000元的广告投入已带来10万元的回报。面对第一笔利润,史玉柱索性又一次将10万元全部变成广告。4个月后,M－6401带来100万元的利润。

初步成功的史玉柱,预感要想进一步发展必须有新的产品,1990年5月研究设计出M－6402。有了资产和新产品,1991年春史玉柱移师珠海,珠海巨人新技术公司应运而生。他宣布:“巨人要成为中国的IBM,东方的巨人”。同年1月公司员工增加到30人,公司注册资金15万元。M－6403汉卡销售量居全国同类产品之首,比当时的联想汉卡还畅销,获纯利1 000万元。9月,巨人公司更名为珠海巨人高科技集团公司,注册资金1.19亿元,史玉柱任总裁,公司员工发展到100人。12月底,公司纯获利3 500万元,年发展速度500%。

1995年5月18日,巨人三大战役正式在全国打响:电脑、保健品、药品营销,这一天,几乎在全国各大报都刊登了巨人集团的广告。

1996年2月26日,巨人集团召开了全国营销会议,宣布进入“巨不肥会战”战役状态。参加会议的“正规军”和“民兵”7 000多人集团,组成三大“野战军”。8月8日至18日,巨人集团召开第七次全国营销会议,组织“秋季攻势”。

巨人发展战略转移是1993年。是年,中国电脑业的灾年,随着西方16国组成的巴黎统筹委员会的解散,西方国家向中国出口计算机禁令失败,康柏、惠普、AST、IBM、INTEL、MICROSOFT、西门子等跨国公司开始围剿中国的硅谷－北京中关村。这是一场生死决战,中国民族电脑业步入了低谷。巨人集团亦受到了重创。巨人集团制定了"必须寻找新的产品支柱"的战略决策。当时正值全国房地产热,史玉柱决心抓住这一机遇。因此,一脚就踏进了房地产业。原来想建18层办公楼,后来一改再改,从38层到54、64到70层。盖一座珠海标志性建筑,也是当时全国最高的大厦。从64层改为70层的原因,是由于集团的几个负责人认为"64"有点犯忌讳,只打个电话向香港的设计单位咨询,对方告诉技术上可行。投资由原来的2亿元增加到12亿元。但由于大厦地质勘测不好,建在三层断裂带上,光地基就投入了1亿元,又延误了工期。

1993年,巨人集团同时又进入了生物工程产业,起初较好。但后来由于管理不善,仅康元公司累计损失1亿元,然而总体来说生物工程效益尚可。投资12亿元的大厦,没向银行贷一分款,所需资金主要来自生物工程。但不断抽血,使生物工程失去了造血功能。到了1996年下半年,进入集团资金几近枯竭。由于全国各分销公司管理不善,各地侵吞财物现象屡屡发生。人心也开始涣散,6 000多名员工只有5%有珠海户口。

在管理上,史玉柱独断专行。1995年,史玉柱意识到了企业的危机,他走访了太平天国起义的旧址——金田,仔细研究了洪秀全的成败得失;又走访了红军长征路线,在遵义会议旧址,研究了战略与战术的转移;他又来到大渡河,恰逢那天阴云密布,秋风怒号,史玉柱随生一种悲壮之气,面对滔滔河水而仰天长叹:"我们面前就横着一条大渡河呀!"

问题:

1. 试析"巨人集团"失败的原因。

2. "巨人集团"的经营对于组织管理来说有什么启示?

实　训

山西焦化集团有限公司(简称山焦)前身是山西洪洞焦化厂,1970年开工建设,1982年全面竣工验收,经过十几年的发展建设目前已形成固定资产原值4.49亿元,职工7 100人,生产冶金焦、尿素、焦化苯、焦油、洗精煤等50余种产品的大型化工企业,其中省优产品占总产值的93.54%,公司连续10年实现利润、上交利税每年递增10%以上,一直保持山西省利税大户和创收大户的地位,成为"全国现场管理先进企业"、"全国化工优秀企业"和"山西省管理示范企业"。

实训内容:

1. 为该企业设计可行的控制制度。

2. 为该企业选择适当的控制方法。

第十二章
Chapter 12

管理创新

【引导案例】

吉姆·史密斯(Jim Smith)是宇航公司系统开发部经理,他在这家公司工作的15年间,训练了许多管理人员,他鼓励他们成长发展。但他看到的是,大多数人获得高级学位之后离开了公司。该公司实行一种开明的教育补偿政策(公司负担75%的学费和书费)。工程师中大约有50%的人有技术方面的硕士学位,他们中的很多人得益于这种教育政策。

一位叫做琼·哈里斯(Joan Harris)的电气工程师来见她的上司吉姆·史密斯,史密斯祝贺她通过公司教育计划的帮助获得了工商管理硕士学位。

令史密斯吃惊的是,哈里斯女士说她要离开公司到这家公司的竞争对手那里去工作,因为她在宇航公司内看不到任何升职的机会。

史密斯先生大为恼火,因为这种事以前已经发生过好几次了。他立即去见主管的副总经理,对公司的教育补偿和缺乏系统的人事管理方法表示不满。

上述“引导案例”给出了宇航公司知识员工管理的问题。在信息化背景下企业如何解决组织自身的知识员工、知识管理机制问题?解决这些问题所涉及的理论知识和技能是本章要讲述的内容。

【本章主要内容】

1. 管理创新的基本知识:创新,创新的七个来源,管理创新。
2. 管理创新的主要内容:制度创新,组织创新,文化创新,技术创新。
3. 管理创新的发展:知识管理,团队合作,学习型组织。

第一节 管理创新概述

从管理工作的主要内容来看,维持和创新是管理工作的本质内容,有效的管理在于适度的维持与适度的创新组合。

一、管理创新的含义

进入21世纪,人类社会进入了信息社会、知识经济时代,任何一个企业或个人,要想获得可持续发展,取得竞争优势,很大程度上取决于其创新能力。只有不断创新,才能够不断产生可差异性,才能取得不断的竞争优势。

(一)创新的界定

经济学家约瑟夫·熊彼特于1912年首次提出了"创新"的概念。

1912年熊彼特在《经济发展理论》一书中首先提出了"创新理论"。他认为,所谓"创新",就是"建立一种新的生产函数",也就是说,把一种从来没有过的关于生产要素和生产条件的"新组合"引入生产体系。一种创新通过扩散,刺激大规模的投资,引起了经济高涨。

这种新组合包括五项内容:①引进新产品;②引进新技术;③开辟新市场;④掌握新的原材料供应来源;⑤实现新的组织形式。根据熊彼特的理论,"创新"是一个"内在的因素","经济发展"也是"来自内部自身创造性的关于经济生活的一种变动"。

管理学大师彼得·德鲁克,在创新方面也有自己独到的见解。德鲁克认为,创新是指"企业家将资源从生产力和产出转化的领域转移到较高的领域"。

创新由三个基本要素组成,首先这个组织需要具有强烈的使命感和对企业目的的认识;其次,这个组织要把使命感和企业目的转化成愿景,描绘出一幅令人兴奋的未来画卷;第三,这个组织必须坚持不懈地评估与愿景相关事务的进展。

从创造价值的角度,创新就是不停地创造出新价值的过程,如果不能持续这个过程,组织就不能继续生存下来。从另一个角度说,如果企业不能创造价值,就要消亡。

斯蒂芬·罗宾斯的观点是,创新首先是一种思想及在这种思想指导下的实践,是一种原则以及在这种原则指导下的具体活动,是管理的一种基本活动。创新是指形成一种创造性思想并将其转换为有用的产品、服务或作业方法的过程,即富有创新力的组织能够不断地将创造性思想转变为某种有用的结果。

(二)创新的来源

彼得·德鲁克在《创新与企业家精神》中对创新的来源作了一个恰当的总结:创新来源于企业内部和企业外部的机遇。

企业内部的四个来源:

①意外之事——意外的成功、意外的失败、意外的外在事件。意外的成功能够提供较多的成功创新的机遇,而且,风险较小,发现意外的成功的过程也较为容易,在企业组织经营管理过程中经常会遇到这类事件。但是,对于意外的成功,大多数人并不把它作为一种机遇,只是由于因循守旧,造成良机丧失。意外的失败会引起人们的重视,通常反映了隐藏的变化,同时伴随着有可能成功的机遇。外在事件,不作为管理者的经营资料(作为决策参考、记录经营

过程)之内的事件,会被管理者所忽略,但是它往往反映了外部环境重大的变化。

②不一致之事——现实与设想或推测的不一致。

③基于程序需要的创新。

④每一个人都没注意的工业结构或市场结构的变化。

企业外部的来源:

①人口统计数据(人口变化)。

②认知、情绪及意义上的变化。

③新知识,包括科学和非科学的。

(三)管理创新

管理创新是企业把新的管理要素(管理方法、管理手段、管理模式等)或管理要素组合引入企业管理系统以更有效地实现组织目标的创新活动。

管理创新是指组织形成创造性思想并将其转换为有用的产品、服务或作业方法的过程。富有创造力的组织能够不断地将创造性思想转变为某种有用的结果。当组织的管理者提出要将组织变革成更富有创造性的时候,他们通常指的就是要激发管理创新。

通常而言,管理创新是指以独特的方式综合各种思想或在各种思想之间建立起独特的联系的能力。能激发创造力的组织,可以不断地开发出做事的新方式以及解决问题的新办法。

二、管理创新的内容

(一)技术创新

技术创新是企业创新的主要内容。企业的技术创新主要表现在要素创新、要素组合方法的创新以及产品创新三个方面。其中,要素创新包括材料创新、设备创新和人事创新;要素组合方法的创新包括生产工艺和生产过程的时空组织两个方面;产品创新包括品种创新和产品结构创新。产品创新是企业技术创新的核心内容。

(二)制度创新

制度是组织运行方式的原则性规定。企业制度主要包括产权制度、经营制度和管理制度三个方面。产权制度、经营制度、管理制度这三者之间的关系是错综复杂的。一般来说,一定的产权制度决定相应的经营制度。制度创新是指创建组织对各种资源、生产要素的合理有效组合的管理体制以及对权力的约束、监督机制。

(三)组织创新

组织创新是指组织机构和结构的创新。不同的企业有不同的组织形式,同一企业在不同的时期,随着经营活动的变化,也要求组织的机械的结构不断调整。组织创新的目的在于更合理地组织管理人员的努力,提高管理劳动的效率。

（四）组织文化管理创新

组织文化是组织在长期的生存和发展中所形成的、为组织所特有的、为组织多数成员共同遵循的最高目标价值标准、基本信念和行为规范等的总和。组织文化使组织独具特色，区别于其他组织。组织自身以及组织外部环境的变化促使组织文化也随之改变。

三、管理创新的发展

随着科技、经济、社会的发展，尤其是管理实践的发展，组织的人员、管理技术、管理方式都发生了巨大的变化，具体表现在知识管理、学习型组织、团队合作等方面。

（一）知识管理

人类的经济活动发展到今天，知识经济已经在各行各业中深度应用。与此相适应，在企业管理理念上，也正在经历一个新的转折，相对于有形资本，无形资本的重要性日益凸现，知识资本已经成为企业经营的最重要的资源。传统企业本身的结构、内容和经营方式正在发生深刻的变化，以服务业为特征的知识经济发展迅速。

在互联网极大普及的经营环境下，以知识为基础的工作和传统的以物品为基础的生产在行为上有非常不同的特点。传统的物品生产在激烈竞争的市场环境下不可避免地会随着有形资产的消耗而逐步缩小。与之相区别的是，知识在其自身作用（生产、分配、使用）下是在不断增长的，它可以创造以前从来不存在的市场，引起并产生更多的创新。因此，知识的生产是“报酬递增”，即在以知识为基础的特定市场中的企业，其获得的优势在竞争中也是不断增强的。信息化背景下的企业在管理行为、管理风格和企业文化等方面都呈现出了有别于传统企业的新特色，在管理模式上事实上正在进行知识管理的新尝试。

（二）学习型组织

学习型组织是针对19、20世纪组织管理的弊端、新时代全球经济竞争的新环境及组织管理的新趋势而提出的。学习型组织是要再造组织的无限生机，促使组织员工学会整体运作的全新思考方式，提升组织整体运作的群体智力，从而使组织业绩更佳、竞争力更强。学习型组织重在强调通过思维方式的变革，提升系统思维的能力，从机械观走向系统观。另外，在学习型组织中领导者将扮演新角色。

（三）团队合作

1994年，斯蒂芬·罗宾斯首次提出了“团队”的概念，团队是为了实现某一目标而由相互协作的个体所组成的正式群体。在团队的概念提出后至21世纪初的十年里，“团队合作”的理念在管理理论与实践界得到普及。当组织内的团队合作是出于组织成员自觉自愿时，它将会产生一股强大而且持久的力量。团队合作指的是一群有能力、有信念的人为了一个共同的目标而组成团队相互支持、合作奋斗。团队合作可以调动团队成员的全部才能，消除组织中的不和谐以及不公正现象。

第二节　传统管理创新

一、制度创新

一般来说，制度创新是指创建对组织所拥有的各种资源、生产要素的合理有效组合的管理体制以及对权力的约束、监督机制。制度创新是指引入新的制度安排，如组织的结构、组织运行规范等。大的如整个国家的经济体制，小的如具体企业的组织形态、运行机制。

（一）企业制度创新的含义

所谓企业制度创新，就是指随着生产力的发展，要不断对企业制度进行变革，因而通常也可以称之为企业制度再造。企业制度创新的目的是建立一种更优的制度安排，调整企业中所有者、经营者、劳动者的权力和利益关系，使企业具有更高的活动效率。企业制度创新对企业来讲是极其重要的，因为企业本身就是一种生产要素的组合体，企业对各生产要素的组合，实际上就是依靠企业制度而组合起来的。

企业制度创新是为了实现管理目的，将企业的生产方式、经营方式、分配方式、经营观念等规范化设计与安排的创新活动。制度创新是把思维创新、技术创新和组织创新活动制度化、规范化，同时又具有引导思维创新、技术创新和组织创新的功效。它是管理创新的最高层次，是管理创新实现的根本保证。

（二）企业制度创新的主要内容

我国的经济体制改革是逐步建立起社会主义市场经济体制。而作为市场微观基础的企业组织要适应这一巨大的变革，必须要建立适应市场经济体制运作的各种规章制度及运作方式，也就是建立现代企业制度。现代企业制度，主要表现为“产权清晰、权责明确、政企分开、管理科学”四个方面。

目前，我国企业制度创新主要有以下几个方面。

1. 建立出资人制度

改变国有企业的产权为国家投资，经过资产评估或清产核资，量化对企业投资的总量，国家对国有资产的管理从委托、授权转变为运营和投资。政资分离后，那些代表国家专营国有资产的部门、控股公司、资产运营公司承担出资人的有限责任。

2. 建立法人财产权制度

企业总资产一方面来自出资人，一方面来自债权人，企业具有对总资产所表现出来的如资金、物资、人力、设备、物业等多种资源形态的优化、处置、组合权力，以达到资产增值和扩充的目的。

3. 所有者权益制度

国有出资人对投资企业，已经组织起集团的母公司对控股子公司，充分建立起所有者权益制度，它表现为对经营者选择的控制、对投资回报的控制、对重大经营决策的控制。

4. 建立法人治理结构

科学地规范和健全企业的治理结构，实现股东会、董事会、经理层的各司其职、相互制约是企业领导体制的重大变革。

5. 现代企业的配套制度

现代企业的配套制度主要指与制度创新的配套展开相关的基本制度，如人事制度、分配制度、财务制度、投资管理制度等。

制度创新是一个多层次的体系，需要各不同主体包括政府、企业和个人，形成“合力”才能完成。

二、组织管理创新

组织管理创新主要是指设计和创建、配置新的技术、新的战略、新的市场环境、新的企业战略、新的管理流程的组织结构和组织过程。任何组织机构，经过合理的组织设计并实施后，都不是一成不变的。它们如同生物机体一样，必须随着外部环境和内部条件的变化而不断地进行调整和变革，才能顺利地成长、发展，避免老化和死亡。所谓组织创新，就是应用行为科学的知识和方法，把人的成长和发展希望与组织目标结合起来，通过调整和变革组织结构及管理方式，使其能够适应外部环境及组织内部条件的变化，从而提高组织活动效益的过程。

组织管理创新是不以组织成员个人的意志为转移的客观过程。引起组织结构变革的因素通常是：外部环境的改变、组织自身成长的需要以及组织内部生产、技术、管理条件的变化等。实行组织变革，就是根据变化了的条件，对整个组织结构进行创新性设计与调整。组织管理创新的内容随着环境影响因素的变动与组织管理需求发展方向等而各不相同。一般可涉及以下几方面。

1. 组织功能体系的变动

组织功能体系的变动即根据新的任务目标来划分组织的功能，对所有管理活动进行重新设计。

2. 组织管理结构的变动

组织管理结构的变动即对职位和部门设置进行调整，改进工作流程与内部信息联系。

3. 组织管理体制的变动

组织管理体制的变动包括管理人员的重新安排、职责权限的重新划分等。

4. 组织管理行为的变动

组织管理行为的变动包括各种规章制度的变革等。上述开发工作往往需要经历一定的时间，从旧结构到新结构也不是一个断然切换的简单过程，一般需较长的过渡、转型时期。所以，作为领导者要善于抓住时机，发现组织变革的征兆，及时地进行组织开发工作。以企业为例，企业组织结构老化的主要征兆有：企业经营业绩下降；企业生产经营缺乏创新；组织机构本身病症显露；职工士气低落，不满情绪增加等。当一个企业出现上述征兆时，应当及时进行组织诊断，以判断企业组织结构是否有开发创新的需要。

组织管理创新是组织所进行的一项有计划、有组织的系统变革过程，应遵循以下基本原则。

①必须按照组织管理部门制定的规划来进行。

②应使组织既能适应当前的环境要求和组织内部条件，又能适应未来的外部环境要求以及未来的内部条件的变化。

③应预见到知识、技术、人员的心理和态度的变化，以及工作程序、行为、工作设计和组织设计的改变，并根据这些变化，采取相应的措施。

④组织结构调整必须建立在提高组织的效率和个人工作绩效的基础上，使个人和组织的目标达到最佳配合。

组织创新模式有两种主要模式，一是“业务流程重组”，二是“分权制”。

1. 业务流程重组

业务流程重组又可称之为业务流程再造。业务流程是企业为实现经营目标而进行的一系列相关活动的总和，而业务流程重组则是企业为达到组织关键业绩（如成本、质量、服务和速度）的巨大进步，而对业务流程进行的根本性再思考和再设计，其核心是业务流程的根本性创新，而非传统的渐进性变革。业务流程重组属于企业内源型的根本性组织创新，创新的动力来自于企业家精神或企业战略导向变化。

2. 分权制组织

分权制组织结构是现代企业特别是大企业所普遍采取的一种组织结构形式，也是目前我国企业组织创新中的重要目标模式。我国企业面临着规模扩大、市场竞争加剧、竞争核心环节向研发和营销转移、环境动荡性增加以及人员成长需求增强等趋势，分权制组织创新是不可避免的趋势。同时，与西方企业相比，我国企业的分权基础能力普遍较弱，提高企业的分权基础能力是我国企业取得分权制组织创新成功的关键所在。

三、文化管理创新

（一）组织文化的含义

组织文化是组织在长期的生存和发展中所形成的、为组织所特有的、为组织多数成员共同遵循的最高目标价值标准、基本信念和行为规范等的总和。具体来说，组织文化是指组织全体成员共同接受的价值观念、行为准则、团队意识、思维方式、工作作风、心理预期和团体归属感等群体意识的总称。组织文化使组织独具特色，区别于其他组织。

(二)组织文化的理论来源

20 世纪 80 年代初，美国哈佛大学教育研究院的教授泰伦斯·迪尔和麦肯锡咨询公司顾问艾伦·肯尼迪在长期的企业管理研究中积累了丰富的资料。他们在 6 个月的时间里，集中对 80 家企业进行了详尽的调查，写成了《企业文化——企业生存的习俗和礼仪》一书。该书在 1981 年 7 月出版后，就成为最畅销的管理学著作。后又被评为本世纪 80 年代最有影响的 10 本管理学专著之一，成为论述企业文化的经典之作。它用丰富的例证指出：杰出而成功的企业都有强有力的企业文化，即为全体员工共同遵守，但往往是自然约定俗成的而非书面的行为规范；并有各种各样用来宣传、强化这些价值观念的仪式和习俗。正是企业文化——这一非技术、非经济的因素，导致了这些决策的产生、企业中的人事任免，小至员工们的行为举止、衣着爱好、生活习惯。在两个其他条件都相差无几的企业中，由于其文化的强弱，对企业发展所产生的后果就完全不同。

(三)组织文化的构成要素

迪尔和肯尼迪把企业文化整个理论系统概述为五个要素，即企业环境、价值观、英雄人物、文化仪式和文化网络。

(1)企业环境

企业环境是指企业的性质、企业的经营方向、外部环境、企业的社会形象、与外界的联系等方面。它往往决定企业的行为。

(2)价值观

价值观是指企业内成员对某个事件或某种行为好与坏、善与恶、正确与错误、是否值得仿效的一致认识。价值观是企业文化的核心，统一的价值观使企业内成员在判断自己行为时具有统一的标准，并以此来选择自己的行为。

(3)英雄人物

英雄人物是指企业文化的核心人物或企业文化的人格化，其作用在于作为一种活的样板，给企业中其他员工提供可供仿效的榜样，对企业文化的形成和强化起着极为重要的作用。

(4)文化仪式

文化仪式是指企业内的各种表彰、奖励活动、聚会以及文娱活动等，它可以把企业中发生的某些事情戏剧化和形象化，来生动地宣传和体现该企业的价值观，使人们通过这些生动活泼的活动来领会企业文化的内涵，使企业文化“寓教于乐”。

(5)文化网络

文化网络是指非正式的信息传递渠道，主要是传播文化信息。它是由某种非正式的组织和人群,以及某一特定场合所组成,它所传递出的信息往往能反映出职工的愿望和心态。

四、技术创新

技术创新又称技术革新,是技术变革中在发明之后的一个技术应用阶段。熊彼特认为,技术创新是生产条件与生产要素的新组合;国际经济合作与发展组织认为,技术创新包括新产品与新工艺以及产品与工艺的显著变化。我国学者认为,技术创新是在经济活动中引入新产品或新工艺以实现生产要素的重新组合,在市场上获得成功的过程。

企业技术创新主要包括产品创新和工艺创新两方面。产品创新是为市场提供新产品或新服务、创造一种产品或服务的新质量。工艺创新是指引入新的生产工艺条件、工艺流程、工艺设备、工艺方法。技术创新的根本目的是通过满足消费者不断增长和变化的需求来保持和提高企业的竞争优势。

技术创新的主要方式有四种。根据结构变动(产品要素结构和连接方式的变动)、模式变动(创新所依据的原理的变动)进行划分。

①结构性创新,产品要素结构和连接方式的变动所形成的创新。

②全面创新,技术结构和模式均发生变动所形成的创新。

③局部创新,技术结构和模式均未发生变动的局部技术改进。

④模式创新,在技术原理变动基础之上的创新。

第三节　新世纪管理创新——知识管理与团队合作

一、知识管理

(一)知识经济的由来

知识经济(The Knowledge Economy),通俗地说就是“以知识为基础的经济”(The Knowledge-based Economy)。这里的以知识为基础,是相对于“以物质为基础的经济”而言的。工业经济和农业经济,虽然也离不开知识,但总地说来,经济的增长取决于能源、原材料和劳动力,即以物质为基础。知识经济是人类知识,特别是科学技术方面的知识,积累到一定程度,以及知识在经济发展中的作用,增加到一定阶段的历史产物。

(二)知识与知识管理

知识(knowledge)是指通过学习、实践或探索所获得的认识、判断或技能,可以分为两大类。其中,显性知识是指以文字、符号、图形等方式表达的知识;隐性知识是指存在于人的大脑中,不以文字、符号、图形等方式表达的知识。

知识经济的范畴下的“知识”概念，是一个已经拓展的概念，包括：

①是什么的知识(Know-what)，是指关于事实方面的知识。

②为什么的知识(Know-why)，是指原理和规律方面的知识。

③怎么做的知识(Know-how)，是指操作的能力，包括技术、技能、技巧和诀窍等。

④是谁的知识(Know-who)，是指对社会关系的认识，以便可能接触有关专家并有效地利用他们的知识，也就是关于管理的知识和能力。

知识管理(Knowledge Management，KM)是对知识、知识创造过程和知识的应用进行规划和管理的活动，是为企业实现显性知识和隐性知识共享提供新的途径，知识管理是利用集体的智慧提高企业的应变和创新能力。知识管理包括几个方面的工作：建立知识库；促进员工的知识交流；建立尊重知识的内部环境；把知识作为资产来管理。

(三)知识型员工

知识型员工的概念是德鲁克提出来的，他认为，知识型员工是掌握符号和概念，运用知识和信息工作的人。现在，知识型员工的概念已经扩展到普通白领阶层，即组织内部的员工，大部分都是知识型员工。知识型员工的特点有四个：

第一，知识工作者在自己所从事的专业领域内都是专家，因此工作上的自主性较高，而不再是听从命令或按规定程序操作的员工。知识工作者凭借自身的能力和知识进行工作，而非职位权责。因此，他的工作具有更多的灵活性和创新性，他同时也必须对自己的工作负责。

第二，知识工作者对组织的忠诚度较低。这是因为在传统社会中，一个人的地位和价值通常是由其所工作的机构和职位所界定的，一旦离开这些，他便沦为“失业者”，不但丧失了收入来源，同时也失去了社会地位和价值。然而，知识工作者却可凭借自己的专业知识和能力，可以独立于机构之外而获得聘用，同时也建立起自己的声誉和地位。

第三，知识工作者为了保持其能力和价值，需要不断加强学习。只有在不断学习中才能够适应环境改变的需要，继续发挥自身价值。

此外，对于知识工作者来说，他们是不可相互替代的，因为每个成员都有自己特定的知识结构。

(四)知识管理流程

知识管理流程主要分为五个阶段。

第一阶段，知识管理认知。

认知是企业实施知识管理的第一步，其主要任务是统一企业对知识管理的认知，评估企业的知识管理现状，确定知识管理实施的方向。其主要工作包括：全面完整的知识管理认知，对企业中的高层进行知识管理认知培训，特别是让企业高层认识知识管理；利用知识管理成熟度模型等评价工具多方位评估企业知识管理现状及通过调研分析企业管理的主要问题；评估知识管理为企业带来的长、短期效果；制定知识管理战略和推进方向等。

第二阶段,知识管理规划。

在充分认知企业需求的基础上,详细规划是确保知识管理实施效果的重要环节。在这个环节主要是通过对知识管理现状、组织知识类型的详细分析,并结合业务流程等多角度,进行知识管理规划。其主要工作包括:从战略、业务流程及岗位等角度来进行知识管理规划;企业管理现状与知识管理发展的真实性分析;制订知识管理相关战略目标和实施策略,并对流程进行合理化改造;知识管理的内在需求分析及规划;在企业全面建立知识管理的理论基础。

第三阶段,知识管理试点。

此阶段是第二阶段的延续和实践,按照规划选取适当的部门和流程依照规划基础进行知识管理实践试点。从短期效果来评估知识管理规划,同时结合试点中出现的问题进行修正。其主要工作内容:根据不同业务体系的任务特性和知识应用特点,拟订最合适、成本最低的知识管理方法,即知识管理模式分析。另外,考虑到一种业务体系下有多方面的知识,如何识别关键知识,并判断关键知识的现状,进而在知识管理模式的指导下采取有针对性的提升行为,即知识管理策略规划。此阶段在知识管理系统实施中难度最大,需要建立强有力的项目保障团队。

第四阶段,知识管理推广。

在知识管理试点阶段不断修正知识管理规划的基础上,知识管理将大规模在企业推广,以全面实现其价值。其主要内容是知识管理试点部门的实践,在企业中其他部门的复制;知识管理全面的溶入企业业务流程和价值链;知识管理制度初步建立;知识管理系统的全面运用。

第五阶段,知识管理制度化。

知识管理制度化阶段既是知识管理项目实施的结束,又是企业知识管理的一个新开端,同时也是一个自我完善的过程。要完成这一阶段,企业必须重新定义战略,并进行组织构架及业务流程的重组,准确评估知识管理在企业中实现的价值。

(五)知识管理系统

知识管理系统(Knowledge Management System)是收集、处理、分享一个组织的全部知识的信息系统,通常有计算机系统支持。

知识管理系统是利用软件系统或其他工具,对组织中大量的有价值的方案、策划、成果、经验等知识进行分类存储和管理,积累知识资产避免流失,促进知识的学习、共享、培训、再利用和创新,是有效降低组织运营成本,强化其核心竞争力的管理方法。

二、团队合作

(一)团队的含义

团队是由员工和管理层组成的一个共同体,它合理利用每一个成员的知识和技能协同工作,解决问题,达到共同的目标,团队的构成要素分别为目标、人员、定位、权限、计划。

一般根据团队存在的目的和拥有自主权的大小将团队分为三种类型:问题解决型团队、自我管理型团队、多功能型团队。

(二)团队合作的基础

1. 建立信任

建设一个具有凝聚力并且高效的团队,第一个且最为重要的一个步骤,是建立信任。以人性脆弱为基础的信任是不可或缺的。一个有凝聚力的、高效的团队中所有成员必须学会自如地、迅速地、心平气和地承认自己的错误、弱点、失败,及时向他人求助。他们还要乐于认可别人的长处,即使这些长处超过了自己。

2. 良性的冲突

团队合作一个最大的阻碍,就是对于冲突的畏惧。这来自于两种不同的担忧:一方面,很多管理者采取各种措施避免团队中的冲突,因为他们担心冲突会减弱甚至丧失对团队的控制,以及有些人的自尊会在冲突过程中受到伤害;另一方面,一些人则是把冲突当作浪费时间。团队及成员需要做的,是学会识别虚假的和谐,引导和鼓励适当的、建设性的冲突。这是一个杂乱的、费时的过程,但这是不能避免的。否则,一个团队建立真正的承诺就是不可能完成的任务。

3. 坚定不移地行动

要成为一个具有凝聚力的团队,团队成员必须学会在没有完善的信息、没有统一的意见时做出决策。完全信息和绝对的一致在组织环境中非常罕见,决策能力就成为一个团队最为关键的行为之一。如果一个团队没有鼓励建设性的和没有戒备的冲突,就不可能学会决策。只有当团队成员彼此之间热烈地、不设防地争论,直率地说出自己的想法,团队领导才可能有信心做出充分集中集体智慧的决策。不能就不同意见而争论、交换坦诚而直率意见的团队,往往会发现自己总是在一遍遍地面对同样的问题。实际上,看来机制不良、总是争论不休的团队,往往是能够做出和坚守艰难决策的团队。

4. 彼此负责

卓越的团队不需要提醒,团队成员会竭尽全力工作,因为他们很清楚需要做什么,他们会彼此提醒注意那些无助于成功的行为和活动。而不够优秀的团队一般对于不可接受的行为采取向领导汇报的方式,甚至更恶劣:在背后说闲话。这些行为不仅破坏团队的士气,而且让那些本来容易解决的问题迟迟得不到办理。

(三)团队合作的原则

1. 平等友善

团队成员相处的第一步便是平等。不管你是资深的老员工,还是新进的员工,都需要改变先入为主的思想,丢掉不平等的关系,心存自大或心存自卑都是团队成员相处的大忌。团队成员之间相处具有相近性、长期性、固定性,彼此都有较全面深刻的了解。要特别注意的是真诚相待，才可以赢得同事的信任。信任是联结同事间友谊的纽带，真诚是同事间相处共事的基础。

2. 善于交流

团队成员之间会存在某些差异，知识、能力、经历造成团队成员们在对待和处理工作时，会产生不同的想法。这时，交流是协调的开始，把自己的想法说出来，听对方的想法，你要经常说这样一句话："你看这事该怎么办，我想听听你的看法。"

3. 谦虚谨慎

法国哲学家罗西法古曾说过："如果你要得到仇人，就表现得比你的仇人优越；如果你要得到朋友，就要让你的朋友表现得比你优越。"当我们让朋友表现得比他们还优越时，他们就会有一种被肯定的感觉；但是当我们表现得比他们还优越时，他们就会产生一种自卑感，甚至对我们产生敌视情绪，因为大家都在自觉不自觉地强烈维护着自己的形象和尊严。所以，团队成员间对自己要轻描淡写，要学会谦虚谨慎。为此，卡耐基曾有结论："你有什么可以值得炫耀的吗？你知道是什么原因使你成为白痴？其实不是什么了不起的东西，只不过是你甲状腺中的碘而已，价值并不高，才五分钱。如果别人割开你颈部的甲状腺，取出一点点的碘，你就变成一个白痴了。在药房中五分钱就可以买到这些碘，这就是使你没有住在疯人院的东西——价值五分钱的东西，有什么好谈的呢？"

4. 化解矛盾

团队成员在共同协作、完成团队目标的过程中，团队成员间产生摩擦、隔阂，是很正常的事。这时要注意的是不要把这种"小矛盾"演变成"大对立"，甚至成为敌对关系。对其他团队成员的行动和成就表示真正的关心，是一种表达尊重与欣赏的方式，也是化敌为友的纽带。

5. 接受批评

从批评中寻找积极成分。如果团队成员对他人的错误大加抨击，有时甚至带有强烈的感情色彩，也不要与之争论不休，而是要从积极方面来理解这种抨击。这样，不但对团队成员改正错误有帮助，也避免了语言敌对场面的出现。

6. 创造能力

协同效应下会出现"一加一大于二"的局面，但团队下的协同会产生"一加一大于三"的效应。这种效应与团队及成员的创造能力不无关系。培养团队成员的创造能力，不安于现状，尝试发掘团队成员自身的潜力。

团队合作并非是难以理解的理念，需要团队成员间在技能、知识、背景等方面互补，同时还要求团队成员个性一致，能够协同合作，否则难以实现。

三、学习型组织

(一)学习型组织的背景

伴随着经济社会的发展,人们越来越意识到,原有的组织结构和管理方式远远不能适应新的形势,需要变革。20世纪的组织是一种直线制的结构,这种结构曾经发挥过它的作用。直线制组织结构其运作的准确性、坚定性、严格性和可靠性,以其更高的效率而成功超过所有其他管理组织形式。这种结构符合工业时代的需要,创造了一种合理的管理制度,能有效地管理大量投资、劳动分工和资本主义的机械化规模生产。

然而,由于直线性组织结构过于专制和过于依赖规则,其规则抑制了创新和对人的关心,抑制了现代工作的本质,不能激励和运用产生创新和关心人的智慧,而创造力及其相关的其他因素需要交往、个人责任以及灵活的思考和行动。因而,进入21世纪,直线制组织结构的规模和组织原则不再适用知识生产和创新管理。

早在20世纪70年代,著名管理学家彼得·德鲁克就谈到,以获取和利用知识作为竞争优势的知识型行业需要新的管理方式,在过去适用于制造业的那一套组织结构和管理模式已经不适用了,思想的交流与传播难以从等级制的直线式渠道进行沟通,直线式的组织结构已经不能适应以知识为背景的组织机构的需要了。随着信息经济与知识经济的兴起和发展,全球化进程的加速,组织管理变革的任务越来越需要,越来越紧迫。人们作了许多有益的探索和试验,其中最重要的有全面质量管理、企业流程再造、无边界管理、企业战略联盟、未来情景计划等。尽管寻求变革目标的名称不同,切入的路径各异,但期望与愿景却不谋而合,目的在于找出一种能取代传统的、直线制的组织管理的新模式。但迄今为止,这些努力的结果似乎都不十分理想,而最被人看好的则是学习型组织。

学习型组织管理方法在全世界范围内的传播是伴随着《第五项修炼——学习型组织的艺术与实务》(1990年)一书的问世而兴起的。该书作者彼得·圣吉博士是美国麻省理工史隆管理学院教授,他整合美国麻省、哈佛大学著名教授的成果,结合东西方文化精华,历时十年写成。学习型组织的学习是一套系统的提升组织文化的修炼方法。彼得·圣吉从第一本书《第五项修炼——学习型组织的艺术与实务》开始,到2000年主编出版的第四本书《学习型学校》,都着力强调系统思考的重要性。他十几年如一日,孜孜不倦地致力于将系统动力学与组织学习、创造原理、认知科学、群体深度访谈与模拟演练游戏相融合,逐渐实现一项组织管理的创新。

2003年11月20日,彼得·圣吉应北京大学光华管理学院的邀请,作了题为《作为下一个产业时代建造可持续的学习型企业》的报告,报告分三部分:①牛顿的机械观;②对系统思维的认识;③改变组织结构。整个报告贯穿一个思想,即批判机械论思维方式,确立系统思维方式。

(二)学习型组织的塑造途径

彼得·圣吉在《第五项修炼》一书中提出的五项修炼实际上是改善个人与组织的思维模

式，使组织朝向学习型组织迈进的五项技术。作为一个整体，它们是紧密相关、缺一不可的。这五项修炼是：

第一项修炼：自我超越。

“自我超越”的修炼是学习不断厘清并加深个人的真正愿望，集中精力，培养耐心，并客观地观察现实的过程。它是学习型组织的精神基础。精通“自我超越”的人，能够不断实现他们内心深处最想实现的愿望，他们对生命的态度就如同艺术家对于艺术一样，全心投入、锲而不舍，并不断追求超越自我。有了这种精神动力，个人的学习就不是一个一蹴而就的项目，而是一个永无尽头的持续不断的过程。而组织学习根植于个人对于学习的意愿与能力，也会不断学习。

第二项修炼：改善心智模式。

“改善心智模式”的修炼是把镜子转向自己，发掘自己内心世界深处的秘密，并客观地审视，借以改善自身的心智模式，更利于自己深入地学习。壳牌石油公司之所以能成功地度过七八十年代石油危机的巨大冲击，并成长为全球首强，主要得益于学习如何显现管理者的心智模式，并加以改善。

第三项修炼：建立共同愿景。

2500 年前，孙子在《孙子兵法·计篇》中就讲到“五事七计”首要的因素就是“道”。“道者，令民与上同意者也，可与之死，可与之生，民弗诡也”。故“上下同欲者胜”。千百年来，组织中的人们一直梦寐以求的最高境界就是“上下同欲”，即建立共同的愿望、理想、远景或目标（愿景）。唯有有了衷心渴望实现的共同目标，大家才会发自内心地努力工作、努力学习、追求卓越，从而使组织欣欣向荣。否则，一个缺乏共同愿景的组织必定人心涣散，相互掣肘，难成大器。

共同的愿景常以一位伟大的领袖为中心，或激发自一件共同的危机。但是，很多组织缺乏将个人愿景整合为共同愿景的修炼。

第四项修炼：团队学习（Team Learning）。

团队作为一种新兴的管理方法，现在正风靡一时。团队中的成员互相学习，取长补短，不仅使团队整体的绩效大幅提升，而且使团队中的成员成长得更快。组织学习存在局限性，以至于在管理实践中出现了组织中每个人的智商都在 120 以上，而集体的智商却只有 62 的窘境。团队学习的修炼就是要处理这种困境。

团队学习的修炼从“对话”开始。所谓“对话”，指的是团队中的所有成员敞开心扉，进行心灵的沟通，从而进入真正统一思考的方法或过程。另外，“对话”也可以找出有碍学习的互动模式。

团队学习之所以非常重要，是因为在现代组织中，学习的基本单位是团队而非个人。除非团队能学习，否则组织就无法学习。

第五项修炼：系统思考。

企业与人类社会都是一种“系统”,是由一系列微妙的、彼此息息相关的因素所构成的有机整体。这些因素通过各不相同的模式或渠道相互影响,“牵一发而动全身”。但是,这种影响并不是立竿见影、一一对应的,而常常是要经年累月才完全展现出来。身处系统中的一小部分,人们往往不由自主地倾向于关注系统中的某一片段(或局部),而无法真正把握整体。系统思考的修炼就在于扩大人们的视野,让人们“见树又见林”。

上述五项修炼中,“系统思考”的修炼是非常重要的。它是整合其他各项修炼成一体的理论与实务,防止组织在真正实践时,将各项修炼列为互不相干的名目或一时流行的风尚。少了系统思考,就无法探究各项修炼之间如何互动。系统思考强化其他每一项修炼,并不断提醒我们:融合整体能得到整体大于部分之和的效果。

但是,“系统思考”也需要其他四项修炼来配合,以发挥它的潜力。“建立共同愿景”培养成员对团队的长期承诺;“改善心智模式”使人专注于以开放的方式体认我们认知方面的缺失;“团队学习”是发挥团体力量,全面提升团队整体力量的技术;而“自我超越”是不断反照个人对周边影响的一面镜子,缺少了它,人们将陷入简单的“压力—反应”式的结构困境。因此,五项修炼是一个有机整体,不能孤立或分割开来。

(三)领导人的新角色

学习型组织成功与否,领导人的角色定位十分重要。在传统组织中,领导人的工作是规划,做出关键的决策,并创造控制机制,使上层管理决策转换成整个组织的和谐行动。但这种“计划、组织和控制”三位一体的管理模式已经越来越难以适应新的变化了。这种传统的领导观,来自一个不言而喻的假定,即下属人员缺乏个人愿景,认为他自己没有能力改变所处的环境,只有少数强有力的领导者才有能力补救这些缺陷;他们的工作是“给员工明确的方向,率领大家一起工作,追求共同目标”。但在学习型组织中,领导人所专注的工作变化了:领导者不再是“船长”、“舵手”、“领航员”、“组织者”等角色,而是设计师、仆人和教师。学习型组织领导者的重要设计工作包括整合愿景、价值观、理念、系统思考以及心智模式这些项目;更广泛地说,就是要整合所有的学习修炼,并使之获得综合效应。学习型组织领导者要有献身精神,不把自己看作是高居于组织之上的“英雄”,不把个人的成败得失看得太重,而是全力以赴,学习如何使人产生奉献精神,为理想而工作。学习型组织的领导者应促进每个人的学习,培养每个人对系统的了解能力。学习型组织的建立需要有一群全心全意为之奋身的人,更要有一群集设计师、仆人和教师“三位一体”的领导者。

【案例分析】

“同仁堂”是提起中药,许多人都不约而同会想到的三个字。同仁堂(原名同仁堂药室,同仁堂药铺)是乐显扬创建于中国清朝康熙八年(1669 年)的一家药店。其服务宗旨是“修合无人见,存心有天知”。“同仁堂”是国内最负盛名的老药铺。历经数代、载誉 300 余年的北京同仁堂,如今已发展成为跨国经营的大型国有企业——同仁堂集团公司。其产品以其传统、严谨的制药工艺,显著的疗效享誉海内外。

“同仁堂”成药配方独具特色，选料炮制可谓一丝不苟。一次，老板服用本堂生产的银翘解毒丸时，口感有渣滓，便一追到底，发现是箩底的细绢并丝，造成箩目过大，他当场用水果刀划破所有箩底，令工人更换……

俗话说：字要习，马要骑，拳脚要踢打，算盘要拨拉，久练即熟，熟能生巧……“同仁堂”选料是非上乘不买，非地道不购……火候不济，功效难求，火小了，香出不来，香入脾；如果火大，炒焦了，焦气入心经，所以又有火候太过，气味反失一说。一颗牛黄上清丸就有100多道工序，药真工细，“同仁堂”一等品出厂达标率达100%。

“炮制虽繁必不敢省人工，品味虽贵必不敢减物力。”……同仁堂人也琢磨同仁堂老而不衰的谜，说法不一，却有一点共识：传统也罢，现代也罢，兢兢业业，一丝不苟的敬业精神，啥时都重要。一位女工出远门回来后写道：“我深深懂得，踏踏实实工作，认认真真做人，才是最根本的，因为我的根基在同仁堂！”。

问题：试分析“同仁堂”的组织文化管理。

【点评】

该案例体现了组织文化管理创新理论。

组织文化是组织在长期的生存和发展中所形成的、为组织所特有的、为组织多数成员共同遵循的最高目标价值标准、基本信念和行为规范等的总和。具体地说，组织文化是指组织全体成员共同接受的价值观念、行为准则、团队意识、思维方式、工作作风、心理预期和团体归属感等群体意识的总称。组织文化使组织独具特色，区别于其他组织。

“同仁堂”（原名同仁堂药室，同仁堂药铺）是乐显扬创建于中国清朝康熙八年（1669年）的一家药店。其服务宗旨是“修合无人见，存心有天知”。是国内最负盛名的老药铺。历经数代、载誉300余年的北京同仁堂，如今已发展成为跨国经营的大型国有企业——同仁堂集团公司。其产品以其传统、严谨的制药工艺，显著的疗效享誉海内外。

“同仁堂”是负有盛名的“中华老字号企业”，经营历史悠久，形成了优秀的组织管理文化，并为组织员工所共同遵循，成为“同仁堂”独有的特色。如下所例：

“同仁堂”成药配方独具特色，考料炮制可谓一丝不苟。一颗牛黄上清丸就有100多道工序，药真工细，“同仁堂”一等品出厂达标率达100%。“炮制虽繁必不敢省人工，品味虽贵必不敢减物力。”……同仁堂人也琢磨同仁堂老而不衰的谜，说法不一，却有一点共识：传统也罢，现代也罢，兢兢业业，一丝不苟的敬业精神，啥时都重要。一位女工出远门回来后写道：“我深深懂得，踏踏实实工作，认认真真做人，才是最根本的，因为我的根基在同仁堂！”

组织文化作为组织员工共同遵守的原则，为组织长期经营所形成，历久弥新，虽然世易时移，但是“同仁堂”的组织文化在原有基础上不断发展、变化，成为自己经营的独特“法宝”。

本章小结

本章较为系统地介绍了管理创新的主要内容。

首先,对创新与管理创新的基本内容进行介绍。

其次,介绍了传统管理创新内容,即制度创新、组织管理创新、文化管理创新、技术创新。

最后,阐述了管理创新的发展,对知识管理、团队合作、学习型组织等内容进行探讨。

练习库

一、单项选择题

1. 最先提出创新的概念的学者是(　　)。

A. 熊彼特　　B. 德鲁克

C. 泰勒　　D. 法约尔

2. 将创新的来源分为 7 个的学者是(　　)。

A. 熊彼特　　B. 德鲁克

C. 泰勒　　D. 法约尔

3. 传统管理创新是指(　　)。

A. 制度创新　　B. 组织创新

C. 技术创新　　D. 以上都是

4. 团队与群体的区别主要在于(　　)。

A. 由多人组成　　B. 成员之间紧密协作

C. 有共同目标　　D. 完成组织目标

5. 学习型组织的提出者是(　　)。

A. 熊彼特　　B. 德鲁克

C. 彼得·圣吉　　D. 法约尔

二、简答题

1. 简述创新的来源。

2. 简述传统管理创新的主要内容。

3. 简述学习型组织的建立程序。

4. 简述知识管理要点。

三、案例分析题

某石化公司是一个现代石油化工生产企业,由于石油化工行业具有特殊性和危险性,公司一开始就实行从严从实管理,制定岗位操作要求,实行公司、厂两级的检查和奖惩制度。